LE MISSEL
POUR CHAQUE
DIMANCHE
2024

Direction : **Romain Lizé**
Directeur de la rédaction : **Pierre-Marie Varennes**
Direction éditoriale : **David Gabillet**
Coordination éditoriale interne : **Claire Stacino**
Coordination éditoriale externe :
Dominique Pérot-Poussielgue/Plume sur Loire
Conception graphique : **Diane Denis**
Secrétaire général de rédaction : **Arnaud Gancel**
Mise en pages : **Véronique Sommeilly**
Correction des textes : **Anne Guirado**
Relecture des textes : **Catherine Mas-Mézéran**
Iconographie : **Isabelle Mascaras**
Fabrication : **Thierry Dubus, assisté de Morgane Lajeunesse**
Photogravure : **IGS**

Ont collaboré à ce missel :
Commentaires de l'ordinaire des messes : **Père Arnaud Toury**
Présentation des temps liturgiques, des dimanches et des lectures :
Rédaction de Magnificat et Père Paul-Antoine Drouin
Commentaire de l'œuvre d'art en couverture : **Pierre-Marie Varennes**
Traduction des notices bibliographiques des saints (de l'américain) :
Delphine Billaut

LE MISSEL
POUR CHAQUE
DIMANCHE
2024

ANNÉE LITURGIQUE B

DU DIMANCHE 3 DÉCEMBRE 2023

AU DIMANCHE 24 NOVEMBRE 2024

Imprimé avec autorisation ecclésiastique donnée le 20 avril 2023
par Mgr Patrick CHAUVET, vicaire épiscopal
à l'*Imprimatur* de l'archevêque de Paris.

Dépôt légal : août 2023
ISBN : 978-2-3840-4015-5
MDS : MT40155

Magnificat SAS
57, rue Gaston-Tessier, CS 50061, 75166 Paris Cedex 19

www.magnificat.fr

FSC
www.fsc.org
MIX
Papier aus verantwortungsvollen Quellen
FSC® C019821

Achevé d'imprimer en juillet 2023 chez Beck en Allemagne,
sur du papier FSC®
N° d'édition : 23L0303

PRÉSENTATION GÉNÉRALE

Un missel est un précieux compagnon que l'Église nous offre pour entrer, par l'action de l'Esprit Saint, dans le dialogue entre Dieu et son peuple. Il nous invite à prendre plus profondément part à la prière que le Christ fait monter vers son Père. Nombreux sont les baptisés qui ont trouvé en lui un appui très sûr pour la croissance de leur vie spirituelle, car il est un des trésors de l'Église, le livre de sa prière commune pour entrer pleinement dans le mystère chrétien.

Depuis notre baptême, nous sommes membres de l'Église et en tant que tels appelés à participer à la croissance du Corps du Christ avec une joyeuse liberté. Cet appel implique une participation authentique à l'Eucharistie qui est mystère à croire et à célébrer pour en vivre puisqu'elle est « source et sommet de toute la vie chrétienne », selon les termes du dernier concile. Car le mystère de l'Eucharistie est mystère du salut : à chaque messe, le Christ nous rend plus profondément participants du mystère pascal que nous proclamons après les paroles de la consécration : « Il est grand, le mystère de la foi ». La mort de Jésus, sa résurrection et son ascension nous ouvrent les portes de la vie. Dans l'attente de son retour, nous nous tournons vers le Père dans la louange et l'action de grâce.

Ce *Missel pour chaque dimanche* porte une dynamique heureuse qui nous ouvre aux mystères du Christ, à notre devenir en Christ comme Corps dont il est la Tête. Pour nous disposer à nous émerveiller devant le mystère pascal déployé au fil de l'année liturgique, nous serons aidés par des présentations et des commentaires, non seulement de l'ordinaire de la messe, qui nous donne des points d'appui pour comprendre les gestes et les paroles de la célébration, mais encore de la parole de Dieu et des temps liturgiques. Le mystère du don de Dieu est si grand que notre vie entière ne suffira pas à le comprendre, mais la lecture, la méditation des prières et des lectures de la messe nous aideront à nous nourrir plus substantiellement de la parole de Dieu faite chair, et du Pain de Vie offert.

Puissent nos oreilles se faire attentives aux mots de la prière de l'Église, nos regards et nos gestes être habités par les rites célébrés. Nul doute alors que les lettres imprimées sur ces pages prendront une vie nouvelle, une vie selon l'Esprit du Seigneur ressuscité présent au milieu de nous à chacune de nos eucharisties. Portés par la messe, nous serons transformés, toujours plus unis au Christ ressuscité.

Nous venons à la table de cet admirable sacrement
pour être imprégnés de la douceur de ta grâce,
et transformés à l'image de ce que nous serons au ciel.

(Préface de la solennité du Saint Sacrement
du Corps et du Sang du Christ)

David Gabillet
Rédacteur en chef

INDICATIONS PRATIQUES

La « **Liturgie de la messe** » commentée est proposée au milieu de ce missel. Vous y retrouverez les textes récurrents des célébrations.

La partie « **Messes et solennités de l'année B** » contient les textes propres à chaque dimanche ou fête selon les cas.
Elle est divisée par temps liturgiques. Chacun d'eux fait l'objet d'une présentation.
Chaque formulaire de messe propose :

- une introduction au dimanche ou à la fête pour aider à entrer dans la célébration du mystère chrétien ;
- une courte présentation des lectures bibliques ;
- une méditation d'un Père ou docteur de l'Église ;
- le calendrier liturgique de la semaine avec les références des lectures et une citation, suivies d'une indication de fêtes à souhaiter ;
- le saint de la semaine présenté dans la rubrique « Nous fêtons » ;
- quelques lignes de notes pour présenter ses intentions de prière personnelles, actions de grâce ou résolutions pour la semaine à venir.

Quelques **prières usuelles** et les **tables des références** (psaumes, lectures bibliques, saints, etc.) concluent ce missel.

Le **calendrier liturgique** de l'ensemble de l'année est proposé en 2e et 3e pages de couverture du missel.

Les dimanches et solennités de l'année B

LE TEMPS DE L'AVENT

Le temps du désir

« Vous croyez que le Fils unique de Dieu est déjà venu, et vous attendez qu'il vienne de nouveau », dit la bénédiction solennelle de l'Avent. Ce qu'elle souligne ainsi, c'est que l'Avent n'est pas d'abord et seulement l'attente de la naissance de Jésus, mais bien l'attente du jour où il viendra de nouveau. Et cette attente trouve son origine dans la foi – « vous croyez » – en sa venue initiale dans la chair que nous fêtons à Noël. C'est en nous appuyant sur cette venue, réalisation des promesses qui courent tout au long de l'Ancien Testament, que nous pouvons attendre, espérer et préparer la venue définitive dans la gloire.

Les premières lectures des dimanches de l'Avent redisent cette attente du Messie qui a traversé les siècles. Isaïe en est le chantre particulier, lui qui ne cesse de fortifier la foi chancelante de ses contemporains – avec raison, car les temps étaient difficiles pour eux – en leur annonçant la venue d'un consolateur, qui apporte la paix, la justice, la joie, l'abondance, etc. « Voici votre Dieu! Voici le Seigneur Dieu! » Tel est le cri qui traverse l'Avent et auquel répond le désir de toute l'Église: « Viens, Seigneur, viens nous sauver! »

Loin d'être un acte passif, l'attente à laquelle nous sommes conviés passe par une mise en route pour « *aller par les chemins de la justice à la rencontre de celui qui vient, le Christ* » (oraison, 1er dimanche de l'Avent).

Le Seigneur vient et nous allons vers lui, non pas tant par le mouvement de nos pieds que par celui de notre cœur et celui de notre agir juste, ajusté à Dieu. Et comment notre agir s'ajuste-t-il à l'agir de Dieu ? En faisant sa volonté et en mettant en pratique sa parole : *Aucun don de grâce ne vous manque* (1 Co 1, 7 ; 1er dim.), pour vivre *dans la sainteté et la piété* (2 P 3, 11 ; 2e dim.), pour *discerne[r] la valeur de toute chose* (1 Th 5, 21 ; 3e dim.) et garder ce qui nous fera progresser dans l'amour de Dieu et de nos frères. Ainsi, nous préparons la venue du Seigneur. Ce qui impose quelques efforts, quelques points d'attention, et autre ascèse du regard, de la parole, des attitudes.

Pour nourrir l'espérance, la liturgie de l'Avent nous propose des témoins à contempler et à suivre : Jean Baptiste et Marie, en cette année B. Témoins de la première heure, celle qui touche au plus près la venue dans la chair du Verbe de Dieu, ils induisent une posture spirituelle qui inspire notre vie d'aujourd'hui. Jean Baptiste, l'ascète du désert qui a renoncé aux affaires du monde pour en contester la vénalité, nous redit qu'il est bon de se détacher des courants de pensée, des habitudes d'un monde sans Dieu, du consumérisme, etc. Marie est la femme du « oui », qui laisse toute la place à Dieu, tellement de place qu'elle en est *« comblée »*, elle est aussi la femme, *« servante du Seigneur »* (Lc 1, 28.38 ; 4e dim.) et de ses frères, qui part, en toute hâte, se mettre au service de toute détresse.

Attente, espérance, préparation, autant d'attitudes pour rester éveillés et soutenir notre désir de la venue de notre Sauveur !

DIMANCHE 3 DÉCEMBRE 2023

1er dimanche de l'Avent

Le temps de l'Avent *nous rappelle que nous sommes toujours en attente, tels des serviteurs veillant jusqu'au retour de leur maître. En ce premier dimanche, cette attente est en nous comme un désir mis par Dieu, désir qui aspire à la révélation de son visage et de sa miséricorde.*

Antienne d'ouverture. Vers toi, Seigneur, j'élève mon âme. Mon Dieu, je m'appuie sur toi : épargne-moi la honte ; ne laisse pas triompher mon ennemi. Pour qui espère en toi, pas de honte.

On ne dit pas le **Gloire à Dieu.**

Prière. Donne à tes fidèles, Dieu tout-puissant, la volonté d'aller par les chemins de la justice à la rencontre de celui qui vient, le Christ, afin qu'ils soient admis à sa droite et méritent d'entrer en possession du royaume des Cieux. Par Jésus Christ, ton Fils, notre Seigneur, qui vit et règne avec toi dans l'unité du Saint-Esprit, Dieu, pour les siècles des siècles.

● *Isaïe s'adresse à Dieu au nom de tout le peuple d'Israël. Celui-ci, conscient de son péché et de ses fautes, ne veut plus être séparé de Dieu son Sauveur, et se tourne vers lui comme vers un père dont il implore le pardon.* ●

Lecture du livre du prophète Isaïe 63, 16b-17.19b ; 64, 2b-7

C'est toi, Seigneur, notre père ; « Notre-rédempteur-depuis-toujours », tel est ton nom. Pourquoi, Seigneur,

nous laisses-tu errer hors de tes chemins ? Pourquoi laisser nos cœurs s'endurcir et ne plus te craindre ? Reviens, à cause de tes serviteurs, des tribus de ton héritage. Ah ! Si tu déchirais les cieux, si tu descendais, les montagnes seraient ébranlées devant ta face.
Voici que tu es descendu : les montagnes furent ébranlées devant ta face. Jamais on n'a entendu, jamais on n'a ouï dire, nul œil n'a jamais vu un autre dieu que toi agir ainsi pour celui qui l'attend. Tu viens rencontrer celui qui pratique avec joie la justice, qui se souvient de toi en suivant tes chemins. Tu étais irrité, mais nous avons encore péché, et nous nous sommes égarés. Tous, nous étions comme des gens impurs, et tous nos actes justes n'étaient que linges souillés. Tous, nous étions desséchés comme des feuilles, et nos fautes, comme le vent, nous emportaient. Personne n'invoque plus ton nom, nul ne se réveille pour prendre appui sur toi. Car tu nous as caché ton visage, tu nous as livrés au pouvoir de nos fautes. Mais maintenant, Seigneur, c'est toi notre père. Nous sommes l'argile, c'est toi qui nous façonnes : nous sommes tous l'ouvrage de ta main.
— Parole du Seigneur.

Psaume 79

℟ Dieu, fais-nous revenir ;
que ton visage s'éclaire, et nous serons sauvés !

Berger d'Israël, écoute,
resplendis au-dessus des Kéroubim !
Réveille ta vaillance
et viens nous sauver.

Dieu de l'univers, reviens !
Du haut des cieux, regarde et vois :
visite cette vigne, protège-la,
celle qu'a plantée ta main puissante.

Que ta main soutienne ton protégé,
le fils de l'homme qui te doit sa force.
Jamais plus nous n'irons loin de toi :
fais-nous vivre et invoquer ton nom !

• *Paul écrit aux chrétiens de Corinthe pour leur recommander de rester fidèles au Christ et de vivre dans l'unité. Vous avez tout reçu, leur dit-il; aussi ne détachez pas votre regard du Christ qui est présent au milieu de vous.* •

Lecture de la première lettre de saint Paul apôtre aux Corinthiens 1, 3-9

FRÈRES, à vous, la grâce et la paix, de la part de Dieu notre Père et du Seigneur Jésus Christ. Je ne cesse de rendre grâce à Dieu à votre sujet, pour la grâce qu'il vous a donnée dans le Christ Jésus ; en lui vous avez reçu toutes les richesses, toutes celles de la parole et de la connaissance de Dieu. Car le témoignage rendu au Christ s'est établi fermement parmi vous. Ainsi, aucun don de grâce ne vous manque, à vous qui attendez de voir se révéler notre Seigneur Jésus Christ. C'est lui qui vous fera tenir fermement jusqu'au bout, et vous serez sans reproche au jour de notre Seigneur Jésus Christ. Car Dieu est fidèle, lui qui vous a appelés à vivre en communion avec son Fils, Jésus Christ notre Seigneur.
— *Parole du Seigneur.*

Alléluia. Alléluia. Fais-nous voir, Seigneur, ton amour, et donne-nous ton salut. **Alléluia.**

● *Quelle que soit l'heure de la nuit, il s'agit de se tenir prêt à tout moment en vue du retour du maître. Qui est ce maître ? C'est Jésus le Christ, qui est venu, et qui reviendra nous ouvrir le chemin de la maison du Père.* ●

Évangile de Jésus Christ selon saint Marc 13, 33-37

En ce temps-là, Jésus disait à ses disciples : « Prenez garde, restez éveillés : car vous ne savez pas quand ce sera le moment. C'est comme un homme parti en voyage : en quittant sa maison, il a donné tout pouvoir à ses serviteurs, fixé à chacun son travail, et demandé au portier de veiller. Veillez donc, car vous ne savez pas quand vient le maître de la maison, le soir ou à minuit, au chant du coq ou le matin ; s'il arrive à l'improviste, il ne faudrait pas qu'il vous trouve endormis. Ce que je vous dis là, je le dis à tous : Veillez ! »

— Acclamons la Parole de Dieu.

Credo — page 395

Prière sur les offrandes. Nous t'offrons, Seigneur, ces dons prélevés sur les bienfaits reçus de toi : nous t'en prions, accueille-les ; puisse la célébration fervente, que tu nous donnes d'accomplir dans le temps présent, nous obtenir la rédemption éternelle. Par le Christ, notre Seigneur.

Préface de l'Avent I — page 400

Antienne de la communion. Le Seigneur donnera ses bienfaits, et notre terre donnera son fruit.

Prière après la communion. Nous t'en prions, Seigneur, fais fructifier en nous les mystères que nous avons célébrés : tandis que nous marchons dans ce monde qui passe, tu nous enseignes par eux à aimer dès maintenant les biens du ciel, et à nous attacher à ceux qui demeurent. Par le Christ, notre Seigneur.

Bénédiction solennelle

Vous croyez que le Fils unique de Dieu est déjà venu,
et vous attendez qu'il vienne de nouveau ;
à la clarté de son avènement,
que Dieu tout-puissant, dans sa miséricorde,
vous sanctifie et vous comble de sa bénédiction.
Amen.
Dans le combat de cette vie, qu'il rende ferme votre foi,
joyeuse, votre espérance, efficace, votre charité.
Amen.
La venue prochaine de notre Rédempteur selon la chair
vous procure déjà une joie spirituelle ; lors de son
avènement dans la gloire, qu'il vous donne
la récompense de la vie éternelle.
Amen.
Et que la bénédiction de Dieu tout-puissant,
le Père, et le Fils, ✠ et le Saint-Esprit,
descende sur vous et y demeure toujours.
Amen.

Méditons avec saint Cyrille de Jérusalem

Les deux avènements du Christ

Le prophète Malachie a parlé des deux avènements. *Soudain viendra dans son Temple le Seigneur que vous cherchez.* Voilà pour le premier.

Et aussitôt il ajoute pour le second : *Le messager de l'Alliance que vous désirez, voici qu'il vient, le Seigneur tout-puissant. Qui pourra soutenir sa vue ? Car il est pareil au feu du fondeur, pareil à la lessive des blanchisseurs. Il s'installera pour fondre et purifier* (Ml 3, 1-3).

Saint Paul veut parler aussi de ces deux avènements lorsqu'il écrit à Tite : *La grâce de Dieu s'est manifestée pour le salut de tous les hommes. C'est elle qui nous apprend à rejeter le péché et les passions d'ici-bas, pour vivre dans le monde présent en hommes raisonnables, justes et religieux, et pour attendre le bonheur que nous espérons avoir quand se manifestera la gloire de Jésus Christ, notre grand Dieu et notre Sauveur* (Tt 2, 11-13).

Tu vois comment il a parlé du premier avènement, dont il rend grâce ; et du second, que nous attendons. Donc, notre Seigneur Jésus Christ viendra du ciel. Il viendra vers la fin de ce monde, avec gloire, au dernier jour. Car la fin du monde arrivera et ce monde créé sera renouvelé.

Évêque de Jérusalem, saint Cyrille († 386 ou 387) prêcha les catéchèses baptismales, modèle d'enseignement religieux au IVe siècle. Il connut trois fois l'exil à cause de sa foi en la divinité du Christ.

Cette semaine

Lu 4	Férie ou saint Jean de Damas	Is 2, 1-5 ; Ps 121 ; Mt 8, 5-11
	« Dis seulement une parole et mon serviteur sera guéri. » Mt 8, 8	
Ma 5	Férie	Is 11, 1-10 ; Ps 71 ; Lc 10, 21-24
	« Ce que tu as caché aux sages et aux savants, tu l'as révélé aux tout-petits. » Lc 10, 21	
Me 6	Férie ou saint Nicolas	Is 25, 6-10a ; Ps 22 ; Mt 15, 29-37
	« Tous mangèrent et furent rassasiés. » Mt 15, 37	
Je 7	Saint Ambroise	Is 26, 1-6 ; Ps 117 ; Mt 7, 21.24-27
	« C'est en faisant la volonté de mon Père qu'on entrera dans le royaume des Cieux. » Cf. Mt 7, 21	

Ve 8	Immaculée Conception de la bienheureuse Vierge Marie / sol.	Gn 3, 9-15.20 ; Ps 97 ; Ep 1, 3-6.11-12 ; Lc 1, 26-38
	« Voici la servante du Seigneur. » Lc 1, 38	
Sa 9	Férie ou saint Juan Diego Cuauhtlatoatzin	Is 30, 19-21.23-26 ; Ps 146 ; Mt 9, 35 à 10, 1.5a.6-8
	« Sur votre route, proclamez que le royaume des Cieux est tout proche. » Mt 10, 7	

Bonne fête ! **3** : François-Xavier • **4** : Barbara • **5** : Gérald • **6** : Nicolas • **7** : Ambroise • **8** : Joseph-Marie, Romaric • **9** : Diego, Cyprien

Nous fêtons

Saint Nicolas († IVe siècle), le 6 décembre

Nicolas, évêque de Myre, en Lycie (actuelle Turquie), est vénéré depuis l'Antiquité, autant en Orient qu'en Occident. Ce que nous savons de lui nous vient en grande partie de saint Méthode qui, en 847, rassembla les récits le concernant afin que cet « illustre berger » fût mieux connu des croyants.

Selon Méthode, Nicolas naquit à Patare de parents aisés qui moururent alors qu'il était encore jeune. Déterminé à suivre le Christ, il céda toutes ses possessions. En un grand acte de générosité, il vint en aide à un homme extrêmement pauvre dont les trois filles risquaient de sombrer dans la prostitution. Trois nuits d'affilée, il vint à leur fenêtre et jeta un sac de pièces d'or dans la maison. Le troisième soir, le père aperçut leur mystérieux bienfaiteur, le jeune Nicolas. C'est ainsi que celui-ci devint le saint patron des enfants et des démunis.

Nicolas aurait été un certain temps emprisonné sous le règne de l'empereur Dioclétien et aurait assisté au concile de Nicée, en 325. C'est après sa mort que sa célébrité grandit. Au VIe siècle, une église lui fut dédiée à Constantinople.

parce que je suis nu, et je me suis caché. » Le Seigneur reprit : « Qui donc t'a dit que tu étais nu ? Aurais-tu mangé de l'arbre dont je t'avais interdit de manger ? » L'homme répondit : « La femme que tu m'as donnée, c'est elle qui m'a donné du fruit de l'arbre, et j'en ai mangé. » Le Seigneur Dieu dit à la femme : « Qu'as-tu fait là ? » La femme répondit : « Le serpent m'a trompée, et j'ai mangé. » Alors le Seigneur Dieu dit au serpent : « Parce que tu as fait cela, tu seras maudit parmi tous les animaux et toutes les bêtes des champs. Tu ramperas sur le ventre et tu mangeras de la poussière tous les jours de ta vie. Je mettrai une hostilité entre toi et la femme, entre ta descendance et sa descendance : celle-ci te meurtrira la tête, et toi, tu lui meurtriras le talon. » L'homme appela sa femme Ève (c'est-à-dire : la vivante), parce qu'elle fut la mère de tous les vivants.
— Parole du Seigneur.

Psaume 97

℟ Chantez au Seigneur un chant nouveau,
car il a fait des merveilles.

Chantez au Seigneur un chant nouveau,
car il a fait des merveilles ;
par son bras très saint, par sa main puissante,
il s'est assuré la victoire.

Le Seigneur a fait connaître sa victoire,
et révélé sa justice aux nations ;
il s'est rappelé sa fidélité, son amour,
en faveur de la maison d'Israël.

La terre tout entière a vu
la victoire de notre Dieu.

Acclamez le Seigneur, terre entière,
sonnez, chantez, jouez !

● *La plénitude de la bénédiction divine repose sur Marie, choisie « avant la fondation du monde ». À la suite de la Vierge, tous les hommes ont vocation à devenir « saints, immaculés devant lui, dans l'amour ».* ●

Lecture de la lettre de saint Paul apôtre aux Éphésiens 1, 3-6.11-12

BÉNI SOIT DIEU, le Père de notre Seigneur Jésus Christ !
Il nous a bénis et comblés des bénédictions de l'Esprit, au ciel, dans le Christ.
Il nous a choisis, dans le Christ, avant la fondation du monde, pour que nous soyons saints, immaculés devant lui, dans l'amour.
Il nous a prédestinés à être, pour lui, des fils adoptifs par Jésus, le Christ.
Ainsi l'a voulu sa bonté, à la louange de gloire de sa grâce, la grâce qu'il nous donne dans le Fils bien-aimé.
En lui, nous sommes devenus le domaine particulier de Dieu, nous y avons été prédestinés selon le projet de celui qui réalise tout ce qu'il a décidé : il a voulu que nous vivions à la louange de sa gloire, nous qui avons d'avance espéré dans le Christ.
— *Parole du Seigneur.*

Alléluia. Alléluia. Je te salue, Marie, Comblée-de-grâce : le Seigneur est avec toi, tu es bénie entre les femmes. **Alléluia.**

● *La salutation de l'ange révèle que la plénitude de la grâce divine repose sur Marie, élue pour porter en son sein le Rédempteur et lui donner son nom : Jésus, qui signifie « Le Seigneur sauve ».* ●

Évangile de Jésus Christ selon saint Luc 1, 26-38

En ce temps-là, l'ange Gabriel fut envoyé par Dieu dans une ville de Galilée, appelée Nazareth, à une jeune fille vierge, accordée en mariage à un homme de la maison de David, appelé Joseph ; et le nom de la jeune fille était Marie. L'ange entra chez elle et dit : « Je te salue, Comblée-de-grâce, le Seigneur est avec toi. » À cette parole, elle fut toute bouleversée, et elle se demandait ce que pouvait signifier cette salutation. L'ange lui dit alors : « Sois sans crainte, Marie, car tu as trouvé grâce auprès de Dieu. Voici que tu vas concevoir et enfanter un fils ; tu lui donneras le nom de Jésus. Il sera grand, il sera appelé Fils du Très-Haut ; le Seigneur Dieu lui donnera le trône de David son père ; il régnera pour toujours sur la maison de Jacob, et son règne n'aura pas de fin. » Marie dit à l'ange : « Comment cela va-t-il se faire, puisque je ne connais pas d'homme ? » L'ange lui répondit : « L'Esprit Saint viendra sur toi, et la puissance du Très-Haut te prendra sous son ombre ; c'est pourquoi celui qui va naître sera saint, il sera appelé Fils de Dieu. Or voici que, dans sa vieillesse, Élisabeth, ta parente, a conçu, elle aussi, un fils et en est à son sixième mois, alors qu'on l'appelait la femme stérile. Car rien n'est impossible à Dieu. » Marie dit alors : « Voici la servante du Seigneur ; que tout m'advienne selon ta parole. » Alors l'ange la quitta.

— Acclamons la Parole de Dieu.

Credo page 395

PRIÈRE SUR LES OFFRANDES. Accueille avec bienveillance, Seigneur, le sacrifice du salut que nous t'offrons en fêtant la conception immaculée de la bienheureuse Vierge Marie ; puisque nous reconnaissons que la prévenance de ta grâce l'a gardée pure de tout péché, accorde-nous, à son intercession, d'être libérés de toute faute. Par le Christ, notre Seigneur.

PRÉFACE. Vraiment, il est juste et bon, pour ta gloire et notre salut, de t'offrir notre action de grâce, toujours et en tout lieu, Seigneur, Père très saint, Dieu éternel et tout-puissant. Car tu as préservé la bienheureuse Vierge Marie de toute souillure du péché originel, tu l'as comblée de ta grâce en plénitude pour préparer en elle une mère vraiment digne de ton Fils et manifester l'origine de l'Église, l'Épouse sans tache ni ride, resplendissante de beauté. Cette vierge très pure devait nous donner le Fils, l'Agneau innocent qui effacerait nos fautes. Pour ton peuple, tu la disposais à être, parmi toutes les femmes, l'avocate de la grâce et le modèle de la sainteté. C'est pourquoi, unissant nos voix à celles des anges, nous te louons dans la joie en proclamant : **Saint !…**

PRIÈRE EUCHARISTIQUE I, II OU III ——— pages 409 à 420

ANTIENNE DE LA COMMUNION. Pour ta gloire, on parle de toi, Marie : par toi s'est levé le soleil de justice, le Christ, notre Dieu.

PRIÈRE APRÈS LA COMMUNION. Que notre participation à ces sacrements, Seigneur notre Dieu, guérisse en nous les blessures de la faute originelle dont tu as préservé de manière unique la bienheureuse Marie en sa conception immaculée. Par le Christ, notre Seigneur.

BÉNÉDICTION SOLENNELLE

Dans sa bienveillance, Dieu a voulu sauver le genre humain par son Fils, né de la bienheureuse Vierge Marie ;
qu'il vous comble de sa bénédiction.
Amen.

Puissiez-vous ressentir toujours et partout
la protection de celle qui vous a permis de recevoir
l'auteur de la vie.
Amen.
Vous qui êtes rassemblés aujourd'hui avec ferveur,
repartez dans la joie de l'Esprit et l'espérance du ciel.
Amen.
Et que la bénédiction de Dieu tout-puissant,
le Père, et le Fils, ✠ et le Saint-Esprit,
descende sur vous et y demeure toujours.
Amen.

MÉDITONS AVEC LE CONCILE VATICAN II

Marie et l'Église

L'Église, en la personne de la Vierge bienheureuse, atteint déjà la perfection, puisqu'elle est sans tache ni ride ; les fidèles du Christ s'efforcent de vaincre le mal et de grandir en sainteté. C'est pourquoi ils lèvent les yeux vers Marie qui rayonne sur toute la communauté des élus comme un modèle de vertu. L'Église, en méditant sur elle avec piété, et en la contemplant dans la lumière du Verbe fait homme, pénètre plus profondément, avec un grand respect, dans le mystère capital de l'Incarnation et devient de plus en plus conforme à son Époux.

Du fait que Marie se trouve située au cœur de l'histoire du salut, elle rassemble en quelque sorte en elle-même et elle rend plus évidentes les données essentielles du salut ; lorsqu'on prêche sur elle et qu'on lui rend un culte, on voit qu'elle attire les croyants vers son Fils et le sacrifice de celui-ci, ainsi que vers l'amour du Père. Quant à l'Église, en recherchant la gloire du Christ, elle ressemble davantage à son modèle sublime, puisqu'elle progresse continuellement dans la foi, l'espérance et la charité, puisqu'en toutes choses elle recherche la volonté divine et lui obéit.

La Vierge a donné par sa vie l'exemple de cet amour maternel dont doivent être animés tous ceux qui coopèrent à la mission apostolique de l'Église pour procurer aux hommes la nouvelle naissance.

Le concile Vatican II, qui rassembla tous les évêques du monde, fut un événement pour le renouvellement de la liturgie, l'ancrage de l'Église dans le monde moderne et le rapport aux autres religions.

DIMANCHE 10 DÉCEMBRE 2023

2^E^ DIMANCHE DE L'AVENT

EN CE DEUXIÈME DIMANCHE, ***un baptême de conversion est proclamé par Jean pour le pardon des péchés. Accueillons ce salut qui vient à nous, laissons notre cœur être transformé car le Seigneur veut changer ce monde en une terre nouvelle, où s'embrasseront justice et paix.***

ANTIENNE D'OUVERTURE. Peuple de Sion, voici que le Seigneur va venir pour sauver les nations. Il fera entendre sa voix majestueuse pour la joie de vos cœurs.

***On ne dit pas le* Gloire à Dieu.**

PRIÈRE. Dieu de puissance et de miséricorde, ne laisse pas le souci de nos tâches présentes entraver la marche de ceux qui se hâtent à la rencontre de ton Fils ; mais forme-nous à la sagesse d'en haut, qui nous fait entrer en communion avec lui. Lui qui vit et règne avec toi dans l'unité du Saint-Esprit, Dieu, pour les siècles des siècles.

● *Fini le temps du malheur et de l'exil à Babylone ! Dieu vient lui-même chercher son peuple pour le rassembler et le reconduire chez lui, avec puissance mais aussi avec une infinie douceur.* ●

Lecture du livre du prophète Isaïe — 40, 1-5.9-11

CONSOLEZ, consolez mon peuple, – dit votre Dieu – parlez au cœur de Jérusalem. Proclamez que son service est accompli, que son crime est expié, qu'elle a reçu de la main du Seigneur le double pour toutes ses fautes. Une voix proclame : « Dans le désert, préparez le chemin du Seigneur ; tracez droit, dans les terres arides,

une route pour notre Dieu. Que tout ravin soit comblé, toute montagne et toute colline abaissées ! Que les escarpements se changent en plaine, et les sommets, en large vallée ! Alors se révélera la gloire du Seigneur, et tout être de chair verra que la bouche du Seigneur a parlé. »
Monte sur une haute montagne, toi qui portes la bonne nouvelle à Sion. Élève la voix avec force, toi qui portes la bonne nouvelle à Jérusalem. Élève la voix, ne crains pas. Dis aux villes de Juda : « Voici votre Dieu ! » Voici le Seigneur Dieu ! Il vient avec puissance ; son bras lui soumet tout. Voici le fruit de son travail avec lui, et devant lui, son ouvrage. Comme un berger, il fait paître son troupeau : son bras rassemble les agneaux, il les porte sur son cœur, il mène les brebis qui allaitent.
— Parole du Seigneur.

Psaume 84

℟ Fais-nous voir, Seigneur, ton amour
et donne-nous ton salut.

J'écoute : que dira le Seigneur Dieu ?
Ce qu'il dit, c'est la paix pour son peuple
et ses fidèles.
Son salut est proche de ceux qui le craignent,
et la gloire habitera notre terre.

Amour et vérité se rencontrent,
justice et paix s'embrassent ;
la vérité germera de la terre
et du ciel se penchera la justice.

Le Seigneur donnera ses bienfaits,
et notre terre donnera son fruit.

La justice marchera devant lui,
et ses pas traceront le chemin.

● *Dans l'attente du retour définitif du Christ et de l'établissement d'un monde totalement nouveau, nous sommes appelés à collaborer, chaque instant, à la venue d'un règne de justice et de paix.* ●

Lecture de la deuxième lettre de saint Pierre apôtre 3, 8-14

BIEN-AIMÉS, il est une chose qui ne doit pas vous échapper : pour le Seigneur, un seul jour est comme mille ans, et mille ans sont comme un seul jour. Le Seigneur ne tarde pas à tenir sa promesse, alors que certains prétendent qu'il a du retard. Au contraire, il prend patience envers vous, car il ne veut pas en laisser quelques-uns se perdre, mais il veut que tous parviennent à la conversion. Cependant le jour du Seigneur viendra, comme un voleur. Alors les cieux disparaîtront avec fracas, les éléments embrasés seront dissous, la terre, avec tout ce qu'on a fait ici-bas, ne pourra y échapper. Ainsi, puisque tout cela est en voie de dissolution, vous voyez quels hommes vous devez être, en vivant dans la sainteté et la piété, vous qui attendez, vous qui hâtez l'avènement du jour de Dieu, ce jour où les cieux enflammés seront dissous, où les éléments embrasés seront en fusion. Car ce que nous attendons, selon la promesse du Seigneur, c'est un ciel nouveau et une terre nouvelle où résidera la justice. C'est pourquoi, bien-aimés, en attendant cela, faites tout pour qu'on vous trouve sans tache ni défaut, dans la paix.

— *Parole du Seigneur.*

Alléluia. Alléluia. Préparez le chemin du Seigneur, rendez droits ses sentiers : tout être vivant verra le salut de Dieu. **Alléluia.**

● *Jean le Baptiste est un prophète : il annonce la venue du Seigneur et invite les hommes à la préparer en renonçant au péché. Cette disposition nous ouvre à l'accueil de la grâce du baptême offert à tous.* ●

Évangile de Jésus Christ selon saint Marc 1, 1-8

COMMENCEMENT de l'Évangile de Jésus, Christ, Fils de Dieu. Il est écrit dans Isaïe, le prophète : *Voici que j'envoie mon messager en avant de toi, pour ouvrir ton chemin. Voix de celui qui crie dans le désert : Préparez le chemin du Seigneur, rendez droits ses sentiers.* Alors Jean, celui qui baptisait, parut dans le désert. Il proclamait un baptême de conversion pour le pardon des péchés. Toute la Judée, tous les habitants de Jérusalem se rendaient auprès de lui, et ils étaient baptisés par lui dans le Jourdain, en reconnaissant publiquement leurs péchés. Jean était vêtu de poil de chameau, avec une ceinture de cuir autour des reins ; il se nourrissait de sauterelles et de miel sauvage. Il proclamait : « Voici venir derrière moi celui qui est plus fort que moi ; je ne suis pas digne de m'abaisser pour défaire la courroie de ses sandales. Moi, je vous ai baptisés avec de l'eau ; lui vous baptisera dans l'Esprit Saint. »

— Acclamons la Parole de Dieu.

CREDO page 395

PRIÈRE SUR LES OFFRANDES. Laisse-toi fléchir, Seigneur, par nos offrandes et nos humbles prières ; nous ne pouvons pas invoquer nos mérites, viens par ta grâce à notre secours. Par le Christ, notre Seigneur.

PRÉFACE DE L'AVENT I page 400

ANTIENNE DE LA COMMUNION. Debout, Jérusalem ! tiens-toi sur la hauteur, et vois l'allégresse qui te vient de ton Dieu.

PRIÈRE APRÈS LA COMMUNION. Comblés par cette nourriture spirituelle, nous te supplions, Seigneur : quand nous participons à ce mystère, apprends-nous à évaluer avec sagesse les réalités de ce monde et à nous attacher aux biens du ciel. Par le Christ, notre Seigneur.

BÉNÉDICTION SOLENNELLE page 16

MÉDITONS AVEC LE CONCILE VATICAN II

Un ciel nouveau, une terre nouvelle

Nous ignorons le temps de l'achèvement de la terre et de l'humanité, nous ne connaissons pas le mode de transformation du cosmos. Elle passe, la figure de ce monde défigurée par le péché, mais Dieu nous prépare une nouvelle demeure et une nouvelle terre où régnera la justice et dont la béatitude comblera et dépassera tous les désirs de paix qui montent au cœur de l'homme. Alors, la mort vaincue, les fils de Dieu ressusciteront dans le Christ, et ce qui fut semé dans la faiblesse et la corruption revêtira l'incorruptibilité. La charité et ses œuvres demeureront et toute cette création que Dieu a faite pour l'homme sera délivrée de l'esclavage du péché.

Nous en sommes bien avertis : il n'y a aucun avantage à gagner le monde entier si l'on se perd soi-même (cf. Lc 9, 25). Cependant l'attente de la terre nouvelle ne doit pas diminuer, mais plutôt exciter le souci de cultiver notre terre : c'est là que le corps de la nouvelle famille humaine grandit, lui qui peut déjà présenter l'esquisse du monde à venir.

Sur cette terre, le Royaume est déjà mystérieusement présent ; lorsque le Seigneur viendra, ce royaume atteindra sa perfection.

Le concile œcuménique Vatican II est ouvert le 11 octobre 1962 par le pape Jean XXIII et se clôture le 8 décembre 1965, sous Paul VI.

Cette semaine

Lu 11	Férie ou saint Damase Ier	Is 35, 1-10 ; Ps 84 ; Lc 5, 17-26
	« Homme, tes péchés te sont pardonnés. » Lc 5, 20	
Ma 12	Férie ou bienheureuse Vierge Marie de Guadaloupé	Is 40, 1-11 ; Ps 95 ; Mt 18, 12-14
	« Votre Père qui est aux cieux ne veut pas qu'un seul de ces petits soit perdu. » Mt 18, 14	
Me 13	Sainte Lucie	Is 40, 25-31 ; Ps 102 ; Mt 11, 28-30
	« Venez à moi, vous tous qui peinez sous le poids du fardeau. » Mt 11, 28	
Je 14	Saint Jean de la Croix	Is 41, 13-20 ; Ps 144 ; Mt 11, 11-15
	« Celui qui a des oreilles, qu'il entende ! » Mt 11, 15	
Ve 15	Férie	Is 48, 17-19 ; Ps 1 ; Mt 11, 16-19
	« La sagesse de Dieu a été reconnue juste à travers ce qu'elle fait. » Mt 11, 19	
Sa 16	Férie	Si 48, 1-4.9-11 ; Ps 79 ; Mt 17, 10-13
	« Élie est déjà venu ; au lieu de le reconnaître, ils lui ont fait tout ce qu'ils ont voulu. » Mt 17, 12	

Bonne fête ! 10 : Eulalie • 11 : Daniel • 12 : Corentin • 13 : Lucie, Jocelyne • 14 : Odile, Mélodie • 15 : Ninon, Virginie • 16 : Alice

Nous fêtons

Sainte Lucie († v. 304), le 13 décembre

Lucie est l'une des grandes saintes du calendrier romain. Sa mention dans les prières eucharistiques, aussi bien dans les rites romain et ambrosien, témoigne de l'étendue et de l'importance de la dévotion dont elle a bénéficié dès les premiers temps de l'Église. Son histoire a inspiré de nombreux artistes.

Selon la légende, elle naquit à Syracuse, en Sicile. Bien qu'elle se fût promise à Dieu, un jeune homme païen la demanda en mariage ; mais quand il découvrit qu'elle était chrétienne, il la dénonça au consul, qui somma Lucie de rendre un sacrifice aux dieux romains. Elle refusa, déclarant : « Ceux qui vivent dans la piété et la chasteté sont les temples du Saint-Esprit. » Le consul ordonna qu'on la conduise dans un lupanar, mais personne ne réussit à la transporter. Même des bœufs ne purent la déplacer de l'endroit où elle se trouvait. Le consul la condamna alors à être brûlée, mais les flammes, bien qu'ardentes, ne la touchèrent pas. Elle mourut finalement la gorge percée d'une épée.

Lucie signifie « lumière ». Elle est souvent invoquée par les malades souffrant de troubles oculaires, ainsi que par les pauvres et, en raison de la scène des bœufs, par les laboureurs.

Intentions • Résolutions • Action de grâce

DIMANCHE 17 DÉCEMBRE 2023

3e dimanche de l'Avent

Le désir de Dieu suscité en nos cœurs *par le temps de l'attente est nommé en ce troisième dimanche de l'Avent : c'est le travail de l'Esprit Saint en nous qui produit un fruit de paix, de fidélité et de discernement pour que nous soyons toujours dans la joie.*

Antienne d'ouverture. Soyez toujours dans la joie du Seigneur ; je le redis : Soyez dans la joie. Le Seigneur est proche.

On ne dit pas le **Gloire à Dieu.**

Prière. Tu le vois, Seigneur Dieu, ton peuple attend avec foi la fête de la naissance de ton Fils ; nous t'en prions, accorde-nous de parvenir au bonheur d'un tel salut, et de le célébrer solennellement avec une joie toujours nouvelle. Par Jésus Christ, ton Fils, notre Seigneur, qui vit et règne avec toi dans l'unité du Saint-Esprit, Dieu, pour les siècles des siècles.

● *Le voilà, le Messie, celui qui console, guérit, libère. Tout à la joie de sa venue, nous nous préparons à le recevoir. Avec quels vêtements du salut allons-nous revêtir notre cœur ? La joie ? Le sens du partage ? La fidélité dans la prière… ?* ●

Lecture du livre du prophète Isaïe 61, 1-2a.10-11

L'Esprit du Seigneur Dieu est sur moi parce que le Seigneur m'a consacré par l'onction. Il m'a envoyé annoncer la bonne nouvelle aux humbles, guérir ceux qui ont le cœur brisé, proclamer aux captifs leur

délivrance, aux prisonniers leur libération, proclamer une année de bienfaits accordée par le Seigneur.
Je tressaille de joie dans le Seigneur, mon âme exulte en mon Dieu. Car il m'a vêtu des vêtements du salut, il m'a couvert du manteau de la justice, comme le jeune marié orné du diadème, la jeune mariée que parent ses joyaux. Comme la terre fait éclore son germe, et le jardin, germer ses semences, le Seigneur Dieu fera germer la justice et la louange devant toutes les nations.
— Parole du Seigneur.

CANTIQUE (LUC 1)

℟ **Mon âme exulte en mon Dieu.**

Mon âme exalte le Seigneur,
exulte mon esprit en Dieu, mon Sauveur !
Il s'est penché sur son humble servante ;
désormais tous les âges me diront bienheureuse.

Le Puissant fit pour moi des merveilles ;
Saint est son nom !
Sa miséricorde s'étend d'âge en âge
sur ceux qui le craignent.

Il comble de biens les affamés,
renvoie les riches les mains vides.
Il relève Israël, son serviteur,
il se souvient de son amour.

● *Comment distinguer le bien du mal ? L'Esprit Saint reçu à notre baptême aiguise notre jugement. Dans la prière quotidienne, il vient éclairer nos esprits et guider nos choix.* ●

Lecture de la première lettre de saint Paul apôtre aux Thessaloniciens 5, 16-24

Frères, soyez toujours dans la joie, priez sans relâche, rendez grâce en toute circonstance : c'est la volonté de Dieu à votre égard dans le Christ Jésus. N'éteignez pas l'Esprit, ne méprisez pas les prophéties, mais discernez la valeur de toute chose : ce qui est bien, gardez-le ; éloignez-vous de toute espèce de mal.
Que le Dieu de la paix lui-même vous sanctifie tout entiers ; que votre esprit, votre âme et votre corps soient tout entiers gardés sans reproche pour la venue de notre Seigneur Jésus Christ. Il est fidèle, Celui qui vous appelle : tout cela, il le fera.
— *Parole du Seigneur.*

Alléluia. Alléluia. L'Esprit du Seigneur est sur moi : il m'a envoyé porter la Bonne Nouvelle aux pauvres. **Alléluia.**

● *Jean annonce la venue du Messie, que le peuple d'Israël attend. Il vient préparer sa route, comme jadis les routes étaient réparées avant l'arrivée du roi. S'il est le témoin de l'aube du salut, il ne lui appartient pas de la faire se lever sur le monde.* ●

Évangile de Jésus Christ selon saint Jean 1, 6-8.19-28

Il y eut un homme envoyé par Dieu ; son nom était Jean. Il est venu comme témoin, pour rendre témoignage à la Lumière, afin que tous croient par lui. Cet homme n'était pas la Lumière, mais il était là pour rendre témoignage à la Lumière.

Voici le témoignage de Jean, quand les Juifs lui envoyèrent de Jérusalem des prêtres et des lévites pour lui demander : « Qui es-tu ? » Il ne refusa pas de répondre, il déclara ouvertement : « Je ne suis pas le Christ. » Ils lui demandèrent : « Alors qu'en est-il ? Es-tu le prophète Élie ? » Il répondit : « Je ne le suis pas. – Es-tu le Prophète annoncé ? » Il répondit : « Non. » Alors ils lui dirent : « Qui es-tu ? Il faut que nous donnions une réponse à ceux qui nous ont envoyés. Que dis-tu sur toi-même ? » Il répondit : « *Je suis la voix de celui qui crie dans le désert : Redressez le chemin du Seigneur*, comme a dit le prophète Isaïe. » Or, ils avaient été envoyés de la part des pharisiens. Ils lui posèrent encore cette question : « Pourquoi donc baptises-tu, si tu n'es ni le Christ, ni Élie, ni le Prophète ? » Jean leur répondit : « Moi, je baptise dans l'eau. Mais au milieu de vous se tient celui que vous ne connaissez pas ; c'est lui qui vient derrière moi, et je ne suis pas digne de délier la courroie de sa sandale. »
Cela s'est passé à Béthanie, de l'autre côté du Jourdain, à l'endroit où Jean baptisait.

— *Acclamons la Parole de Dieu.*

CREDO ———— page 395

PRIÈRE SUR LES OFFRANDES. Nous t'en prions, Seigneur, accorde-nous de t'offrir toujours ce sacrifice d'un cœur généreux : qu'il réalise le mystère sacré que tu as institué, et opère en nous ton salut avec puissance. Par le Christ, notre Seigneur.

PRÉFACE DE L'AVENT I OU II ———— page 400

ANTIENNE DE LA COMMUNION. Dites aux esprits abattus : « Soyez forts, ne craignez pas. Voici notre Dieu : il vient et va nous sauver. »

PRIÈRE APRÈS LA COMMUNION. Nous implorons, Seigneur, ta bonté : que ce réconfort divin nous délivre de nos penchants mauvais et nous prépare aux fêtes qui approchent. Par le Christ, notre Seigneur.

BÉNÉDICTION SOLENNELLE ——— page 16

MÉDITONS AVEC LE CONCILE VATICAN II

Viens, Roi de paix

Pour construire la paix, il est requis avant tout que l'on extirpe les causes de discordes entre les hommes ; car ce sont elles qui alimentent les guerres, à commencer par les injustices. Beaucoup de celles-ci proviennent d'excessives inégalités d'ordre économique et du retard à y apporter les remèdes nécessaires. D'autres naissent de l'esprit de domination, du mépris des personnes et, si nous en recherchons les causes profondes, de l'envie, de la méfiance, de l'orgueil et des autres passions égoïstes. L'homme étant incapable de supporter de si nombreux désordres, il s'ensuit que, même sans que la guerre soit déchaînée, le monde est continuellement empoisonné de rivalités et de violences.

L'Église du Christ, plongée dans les angoisses de notre temps, n'abandonne pas une très ferme espérance. Elle veut présenter à notre époque, sans arrêt, à temps et à contretemps, le message de l'Apôtre : *Voici maintenant le moment favorable* pour la conversion des cœurs, *voici maintenant le jour du salut* (2 Co 6, 2).

Le concile œcuménique Vatican II est ouvert le 11 octobre 1962 par le pape Jean XXIII et se clôture le 8 décembre 1965, sous Paul VI.

Cette semaine

Lu 18	FÉRIE	Jr 23, 5-8; Ps 71; Mt 1, 18-24
	« La Vierge concevra, et elle enfantera un fils; on lui donnera le nom d'Emmanuel, qui se traduit: " Dieu-avec-nous ". » Mt 1, 23	
Ma 19	FÉRIE	Jg 13, 2-7.24-25a; Ps 70; Lc 1, 5-25
	« Jean fera revenir de nombreux fils d'Israël au Seigneur leur Dieu. » Cf. Lc 1, 16	
Me 20	FÉRIE	Is 7, 10-14 ; Ps 23 ; Lc 1, 26-38
	« Sois sans crainte, Marie, car tu as trouvé grâce auprès de Dieu. » Lc 1, 30	
Je 21	FÉRIE, saint Pierre Canisius	Ct 2, 8-14 ou So 3, 14-18a; Ps 32; Lc 1, 39-45
	« Heureuse celle qui a cru à l'accomplissement des paroles qui lui furent dites de la part du Seigneur. » Lc 1, 45	
Ve 22	FÉRIE	1 S 1, 24-38; 1 S 2; Lc 1, 46-56
	« Il s'est penché sur son humble servante; désormais tous les âges me diront bienheureuse. » Lc 1, 48	
Sa 23	FÉRIE, saint Jean de Kenty	Ml 3, 1-4.23-24; Ps 24; Lc 1, 57-66
	« Zacharie se fit donner une tablette sur laquelle il écrivit: "Jean est son nom." » Cf. Lc 1, 63	

Bonne fête! • 17 : Gaël • 18 : Gatien • 19 : Urbain • 20 : Zéphyrin, Théophile • 21 : Michée • 22 : Xavière • 23 : Armand

Nous fêtons

Saint Dominique de Silos, abbé (1000-1073), le 20 décembre

Né à Cañas, en Navarre, Dominique passa sa jeunesse à garder les moutons. Sur les collines, où il conversait avec Dieu, il se sentit appelé à la vie monastique. Il se rendit au monastère bénédictin San Millán de la Cogolla, où son goût pour la prière le recommanda auprès de ses frères. Il fut nommé abbé.

Il fut brutalement mis un terme à ses fonctions quand le roi de Navarre revendiqua la possession d'une partie des terres du monastère et l'envoya en exil. Mais le roi de Castille l'accueillit et le fit entrer au monastère Saint-Sébastien de Silos. Les bâtiments tombaient en ruine, les terres étaient en friche et le respect de la règle, laxiste. Dominique s'attela à chaque problème avec force prière et prudence. Avec le temps, le monastère retrouva la prospérité.
Après sa mort, Dominique devint rapidement l'un des saints les plus vénérés d'Espagne, invoqué notamment par les femmes en couches et les prisonniers. La bienheureuse Jeanne d'Aza se recueillit sur sa tombe parce qu'elle peinait à concevoir un enfant. Son fils Dominique, fondateur de l'ordre des Frères prêcheurs, fut également canonisé. Un groupe de trois cents prisonniers retenus captifs par des musulmans en appelèrent à Dominique de Silos et auraient été miraculeusement libérés.

Intentions • Résolutions • Action de grâce

....

....

....

....

....

....

....

....

....

....

DIMANCHE 24 DÉCEMBRE 2023

4e DIMANCHE DE L'AVENT

CE N'EST PAS DAVID *qui aurait pu construire une maison pour le Seigneur, mais le Seigneur qui désirait fonder la maison de David. L'ange est venu annoncer le dessein de Dieu et Marie a laissé Dieu faire en elle sa demeure : voilà le mystère manifesté en ce quatrième dimanche.*

ANTIENNE D'OUVERTURE. Cieux, distillez d'en haut votre rosée, que descende le Juste, comme une pluie, que la terre s'ouvre, et que germe le Sauveur.

On ne dit pas le **Gloire à Dieu.**

PRIÈRE. Nous te prions, Seigneur, de répandre ta grâce en nos cœurs ; par le message de l'ange, tu nous as fait connaître l'incarnation de ton Fils bien-aimé ; conduis-nous par sa Passion et par sa croix jusqu'à la gloire de la résurrection. Par Jésus Christ, ton Fils, notre Seigneur, qui vit et règne avec toi dans l'unité du Saint-Esprit, Dieu, pour les siècles des siècles.

● *Dieu fait à David la promesse que sa « maison », c'est-à-dire sa royauté, subsistera pour toujours. Cette promesse trouvera son accomplissement avec la venue du Messie, le Christ, dont le « règne n'aura pas de fin ».* ●

Lecture du deuxième livre de Samuel — 7, 1-5.8b-12.14a.16

LE ROI DAVID habitait enfin dans sa maison. Le Seigneur lui avait accordé la tranquillité en le délivrant de tous les

ennemis qui l'entouraient. Le roi dit alors au prophète Nathan : « Regarde ! J'habite dans une maison de cèdre, et l'arche de Dieu habite sous un abri de toile ! » Nathan répondit au roi : « Tout ce que tu as l'intention de faire, fais-le, car le Seigneur est avec toi. » Mais, cette nuit-là, la parole du Seigneur fut adressée à Nathan : « Va dire à mon serviteur David : Ainsi parle le Seigneur : Est-ce toi qui me bâtiras une maison pour que j'y habite ? C'est moi qui t'ai pris au pâturage, derrière le troupeau, pour que tu sois le chef de mon peuple Israël. J'ai été avec toi partout où tu es allé, j'ai abattu devant toi tous tes ennemis. Je t'ai fait un nom aussi grand que celui des plus grands de la terre. Je fixerai en ce lieu mon peuple Israël, je l'y planterai, il s'y établira et ne tremblera plus, et les méchants ne viendront plus l'humilier, comme ils l'ont fait autrefois, depuis le jour où j'ai institué des juges pour conduire mon peuple Israël. Oui, je t'ai accordé la tranquillité en te délivrant de tous tes ennemis.

« Le Seigneur t'annonce qu'il te fera lui-même une maison. Quand tes jours seront accomplis et que tu reposeras auprès de tes pères, je te susciterai dans ta descendance un successeur, qui naîtra de toi, et je rendrai stable sa royauté. Moi, je serai pour lui un père ; et lui sera pour moi un fils. Ta maison et ta royauté subsisteront toujours devant moi, ton trône sera stable pour toujours. »

— *Parole du Seigneur.*

PSAUME 88

℟ Ton amour, Seigneur, sans fin je le chante !

L'amour du Seigneur, sans fin je le chante ;
ta fidélité, je l'annonce d'âge en âge.

Je le dis : C'est un amour bâti pour toujours ;
ta fidélité est plus stable que les cieux.

« Avec mon élu, j'ai fait une alliance,
j'ai juré à David, mon serviteur :
J'établirai ta dynastie pour toujours,
je te bâtis un trône pour la suite des âges.

« Il me dira : "Tu es mon Père,
mon Dieu, mon roc et mon salut !"
Sans fin je lui garderai mon amour,
mon alliance avec lui sera fidèle. »

● *Au jour de la naissance de Jésus, le mystère du plan de salut de l'humanité est manifesté. L'Incarnation réalise la promesse annoncée dans tout l'Ancien Testament. Dieu notre Sauveur va venir parmi nous.* ●

Lecture de la lettre de saint Paul apôtre aux Romains 16, 25-27

FRÈRES, à Celui qui peut vous rendre forts selon mon Évangile qui proclame Jésus Christ : révélation d'un mystère gardé depuis toujours dans le silence, mystère maintenant manifesté au moyen des écrits prophétiques, selon l'ordre du Dieu éternel, mystère porté à la connaissance de toutes les nations pour les amener à l'obéissance de la foi, à Celui qui est le seul sage, Dieu, par Jésus Christ, à lui la gloire pour les siècles. Amen.
— *Parole du Seigneur.*

Alléluia. Alléluia. Voici la servante du Seigneur : que tout m'advienne selon ta parole. **Alléluia.**

● *Choisie pour être la Mère de Dieu, Marie met sans réserve sa confiance dans le Seigneur et accepte d'accueillir le Messie en son sein, même si l'annonce d'un si grand mystère dépasse toute intelligence humaine.* ●

Évangile de Jésus Christ selon saint Luc 1, 26-38

En ce temps-là, l'ange Gabriel fut envoyé par Dieu dans une ville de Galilée, appelée Nazareth, à une jeune fille vierge, accordée en mariage à un homme de la maison de David, appelé Joseph ; et le nom de la jeune fille était Marie. L'ange entra chez elle et dit : « Je te salue, Comblée-de-grâce, le Seigneur est avec toi. » À cette parole, elle fut toute bouleversée, et elle se demandait ce que pouvait signifier cette salutation. L'ange lui dit alors : « Sois sans crainte, Marie, car tu as trouvé grâce auprès de Dieu. Voici que tu vas concevoir et enfanter un fils ; tu lui donneras le nom de Jésus. Il sera grand, il sera appelé Fils du Très-Haut ; le Seigneur Dieu lui donnera le trône de David son père ; il régnera pour toujours sur la maison de Jacob, et son règne n'aura pas de fin. » Marie dit à l'ange : « Comment cela va-t-il se faire, puisque je ne connais pas d'homme ? » L'ange lui répondit : « L'Esprit Saint viendra sur toi, et la puissance du Très-Haut te prendra sous son ombre ; c'est pourquoi celui qui va naître sera saint, il sera appelé Fils de Dieu. Or voici que, dans sa vieillesse, Élisabeth, ta parente, a conçu, elle aussi, un fils et en est à son sixième mois, alors qu'on l'appelait la femme stérile. Car rien n'est impossible à Dieu. » Marie dit alors : « Voici la servante du Seigneur ; que tout m'advienne selon ta parole. » Alors l'ange la quitta.

— *Acclamons la Parole de Dieu.*

CREDO page 395

PRIÈRE SUR LES OFFRANDES. Ces offrandes déposées sur ton autel, Seigneur, que l'Esprit les sanctifie, lui dont la puissance a fécondé le sein de la bienheureuse Marie. Par le Christ, notre Seigneur.

PRÉFACE DE L'AVENT II page 400

ANTIENNE DE LA COMMUNION. Voici que la Vierge concevra, elle enfantera un fils, auquel on donnera le nom d'Emmanuel : Dieu-avec-nous.

PRIÈRE APRÈS LA COMMUNION. Après avoir reçu le gage de la rédemption éternelle, Dieu tout-puissant, nous te prions : à mesure qu'approche le jour où nous fêterons le salut, donne-nous une ferveur de plus en plus grande, pour célébrer dignement le mystère de la nativité de ton Fils. Lui qui vit et règne pour les siècles des siècles.

BÉNÉDICTION SOLENNELLE page 16

MÉDITONS
AVEC SAINT BERNARD DE CLAIRVAUX

La réponse de Marie

Tu l'as entendu, ô Vierge : tu concevras un fils, non d'un homme – tu l'as entendu – mais de l'Esprit Saint. L'ange, lui, attend ta réponse : il est temps pour lui de retourner vers celui qui l'a envoyé. Nous aussi nous attendons, ô Notre Dame.

Ta réponse, ô douce Vierge, Adam l'implore tout en larmes, exilé qu'il est du paradis avec sa malheureuse descendance ; il l'implore, Abraham, il l'implore, David, ils la réclament tous instamment, les autres patriarches, tes ancêtres, qui habitent eux aussi au pays de l'ombre de la mort. Cette réponse, le monde entier l'attend, prosterné à tes genoux. Et ce n'est pas sans raison, puisque de ta parole dépendent le soulagement des malheureux, le rachat des captifs, la délivrance des condamnés, le salut enfin de tous les fils d'Adam, de ta race entière.

Ne tarde plus, Vierge Marie. Vite, réponds à l'ange, ou plutôt par l'ange réponds au Seigneur. Réponds une parole et accueille la Parole ; prononce la tienne et conçois celle de Dieu ; profère une parole passagère et étreins la Parole éternelle.

Saint Bernard († 1153), de noble famille bourguignonne, entre au monastère de Cîteaux en 1112. Bientôt abbé de Clairvaux, il est à l'origine d'un prodigieux renouveau monastique en Occident.

Cette semaine

Lu 25	Nativité du Seigneur / sol.	Nuit : Is 9, 1-6 ; Ps 95 ; Tt 2, 11-14 ; Lc 2, 1-14 Aurore : Is 62, 11-12 ; Ps 96 ; Tt 3, 4-7 ; Lc 2, 15-20 Jour : Is 52, 7-10 ; Ps 97 ; He 1, 1-6 ; Jn 1, 1-18
	« Aujourd'hui vous est né un Sauveur qui est le Christ, le Seigneur. » Cf. Lc 2, 11	
Ma 26	Saint Étienne / fête	Ac 6, 8-10 et 7, 54-60 ; Ps 30 ; Mt 10, 17-22
	« Vous serez détestés de tous à cause de mon nom ; mais celui qui aura persévéré jusqu'à la fin, celui-là sera sauvé. » Mt 10, 22	
Me 27	Saint Jean / fête	1 Jn 1, 1-4 ; Ps 96 ; Jn 20, 2-8
	« Il vit, et il crut. » Jn 20, 8	
Je 28	Saints Innocents / fête	1 Jn 1, 5 à 2,2 ; Ps 123 ; Mt 2, 13-18
	« Joseph se leva ; il prit l'enfant et sa mère, et se retira en Égypte. » Cf. Mt 2, 14	

Ve 29	OCTAVE, saint Thomas Becket	1 Jn 2, 3-11 ; Ps 95 ; Lc 2, 22-35
	« Mes yeux ont vu le salut que tu préparais à la face des peuples. » Lc 2, 30-31	
Sa 30	OCTAVE	1 Jn 2, 12-17 ; Ps 95 ; Lc 2, 36-40
	« Anne parlait de l'enfant à tous ceux qui attendaient la délivrance de Jérusalem. » Cf. Lc 2, 38	

Bonne fête ! 24 : Adèle • 25 : Emmanuel • 26 : Étienne • 27 : Jean • 28 : Innocent, Gaspard • 29 : David • 30 : Roger, Rainier

Nous fêtons

Saint Étienne († Ier siècle), le 26 décembre

Au chapitre 6 des Actes des Apôtres, on apprend qu'Étienne était l'un des *sept, hommes estimés de tous, remplis d'Esprit Saint et de sagesse*, que les Apôtres choisirent comme premiers diacres de l'Église (Ac 6, 3). Distingué y compris entre ces hommes, Étienne accomplit *parmi le peuple des prodiges et des signes éclatants* (v. 8).

Incité à débattre par les chefs de la synagogue des Affranchis, Étienne parla du Christ de manière si convaincante que ses interlocuteurs, incapables de le surpasser, l'accusèrent de blasphème. Comme Jésus, il fut amené devant le sanhédrin. Le chapitre 7 présente son émouvante défense, un récit de la miséricorde de Dieu envers son peuple. Mais à la fin, il ne put s'empêcher d'interpeller les hommes avec lesquels il avait débattu, qu'il qualifia, « *comme* [leurs] *pères,* [d'hommes] *à la nuque raide, dont le cœur et les oreilles sont fermés à l'Alliance* » (v. 51).

Cette dernière déclaration rendit furieux les accusateurs d'Étienne qui, malgré leur rage, eut encore une vision : « *Voici,* cria-t-il, *que je contemple les cieux ouverts et le Fils de l'homme debout à la droite de Dieu* » (v. 56). Ses juges se jetèrent alors sur lui et le traînèrent hors de la ville, où ils le lapidèrent. Dans un dernier souffle, Étienne leur offrit son pardon : *« Seigneur, ne leur compte pas ce péché »* (v. 60).

Intentions • Résolutions • Action de grâce

« Ils se hâtèrent d'y aller, et ils découvrirent Marie et Joseph, avec le nouveau-né couché dans la mangeoire. » Lc 2, 16

LE TEMPS DE NOËL

Le temps de la manifestation

Le temps de Noël ne se concentre pas sur la fête de Noël, même si cette fête en est le point de départ. Ce cycle de quelques semaines va *crescendo*, de manifestation en manifestation, d'épiphanie en épiphanie, de l'enfant nouveau-né à l'homme sur qui repose l'Esprit de Dieu.

La liturgie déploie devant nous une grande fresque des épiphanies du Nouveau Testament qui, loin des théophanies retentissantes de l'Ancien Testament, adviennent de manière assez confidentielle.

Un instant, mettons de côté les sapins lumineux, les friandises et les papiers cadeaux pour mieux comprendre ce que la liturgie nous donne de célébrer.

À Noël, Dieu, en Jésus, se fait homme. Bouleversante réalité qui sous-tend une réalité tout aussi incroyable : « En naissant [Dieu] nous fait naître à la vie divine », selon les mots de la prière après la communion du jour de Noël. Dieu se manifeste au monde sous les traits d'un enfant, né d'une femme pauvre. Mais le ciel s'ouvre pour attester que l'enfant « *est le Christ, le Seigneur* » (Lc 2, 11 ; Év. de la nuit de Noël). Cette désignation est le sceau initial du Père sur son Fils bien-aimé.

La liturgie nous fait avancer sur un chemin de foi où, toujours, nous devons réapprendre à côtoyer le mystère d'un Dieu qui déroute nos attentes et nos illusions. Une étoile (Is 9, 1 ; messe de la nuit de Noël), qui les guidera jusqu'à Bethléem, a interrogé de lointains mages. Ils ont compris que quelque chose de divin venait de se produire. Et ils sont partis, en quête de ce divin qu'ils ont finalement découvert dans un endroit insolite, et qu'ils ont honoré de leurs présents. Épiphanie silencieuse. Acte de foi silencieux. Les mages ont adoré l'enfant, se prosternant devant le Dieu qu'ils ont reconnu.

La troisième épiphanie de Dieu a lieu dans le Temple de Jérusalem, où Syméon et Anne reconnaissent dans la simple présence de Jésus enfant la présence de Dieu. L'attente et la prière ont pétri leur âme d'une sensibilité particulière qui leur permet de voir Dieu sous le plus improbable des manteaux, celui d'un enfant. À Syméon, Dieu révèle le but de sa mission terrestre : « *provoque[r] la chute et le relèvement de beaucoup* » (Lc 2, 34 ; Év. du dim. de la Sainte Famille).

Le cycle de Noël s'achève sur le bord du Jourdain où Jésus, méconnu de tous, s'approche de Jean pour être baptisé. La sobriété de Marc, dont nous lisons l'Évangile en cette année B, confirme la simplicité de l'événement, tout autant que l'inouï de la révélation concernant Jésus : « *Tu es mon Fils bien-aimé* » (Mc 1, 11 ; Év. du Baptême du Seigneur).

La révélation de Dieu s'auréole d'une lumière ténue marquée de l'ombre portée par la croix, que soulignent les lectures de la fête de la Sainte Famille, mais aussi celles qui jalonnent l'octave de Noël et imprègnent de rouge le blanc de la joie. Le cycle de Noël nous ouvre au mystère de la vie donnée jusqu'au bout du Verbe fait chair, seule source de la joie qui confère à nos cœurs et à nos maisons leurs parures de fête.

LUNDI 25 DÉCEMBRE 2023

Nativité du Seigneur

Aujourd'hui, Dieu se fait l'un de nous. *L'Église célèbre sa foi en l'incarnation du Fils, premier abaissement de Dieu pour venir dans le monde, nu comme Job. Mystère de Dieu qui se révèle en un nouveau-né pour que la nouvelle Alliance prenne naissance pour toujours. Dieu veut être homme pour offrir la plénitude de la vie divine. Le Fils de Dieu s'est fait homme pour que l'homme devienne fils de Dieu.*

Messe de la nuit

Antienne d'ouverture. Le Seigneur m'a dit : « Tu es mon Fils ; moi, aujourd'hui, je t'ai engendré. »

Ou bien :

Tous ensemble, réjouissons-nous dans le Seigneur : notre Sauveur est né sur terre ! Aujourd'hui, pour nous, descend du ciel la paix véritable !

Gloire à Dieu page 392

Prière. Seigneur Dieu, tu as fait resplendir cette nuit très sainte des clartés de la vraie lumière ; nous t'en prions, puisque nous reconnaissons la splendeur des mystères du Christ sur la terre, accorde-nous aussi de goûter pleinement sa joie dans le ciel. Lui qui vit et règne avec toi dans l'unité du Saint-Esprit, Dieu, pour les siècles des siècles.

● *Le prophète Isaïe annonce une grande joie : le peuple qui marchait dans la nuit a vu se lever une grande lumière ! Un enfant est né, notre marche de l'Avent est achevée. Adorons l'enfant Jésus, le Prince de la Paix.* ●

Lecture du livre du prophète Isaïe 9, 1-6

LE PEUPLE qui marchait dans les ténèbres a vu se lever une grande lumière ; et sur les habitants du pays de l'ombre, une lumière a resplendi. Tu as prodigué la joie, tu as fait grandir l'allégresse : ils se réjouissent devant toi, comme on se réjouit de la moisson, comme on exulte au partage du butin. Car le joug qui pesait sur lui, la barre qui meurtrissait son épaule, le bâton du tyran, tu les as brisés comme au jour de Madiane. Et les bottes qui frappaient le sol, et les manteaux couverts de sang, les voilà tous brûlés : le feu les a dévorés.
Oui, un enfant nous est né, un fils nous a été donné ! Sur son épaule est le signe du pouvoir ; son nom est proclamé : « Conseiller-merveilleux, Dieu-Fort, Père-à-jamais, Prince-de-la-Paix. » Et le pouvoir s'étendra, et la paix sera sans fin pour le trône de David et pour son règne qu'il établira, qu'il affermira sur le droit et la justice dès maintenant et pour toujours. Il fera cela, l'amour jaloux du Seigneur de l'univers !
— *Parole du Seigneur.*

PSAUME 95

℟ Aujourd'hui, un Sauveur nous est né :
c'est le Christ, le Seigneur.

Chantez au Seigneur un chant nouveau,
chantez au Seigneur, terre entière,
chantez au Seigneur et bénissez son nom !

De jour en jour, proclamez son salut,
racontez à tous les peuples sa gloire,
à toutes les nations ses merveilles !

Joie au ciel ! Exulte la terre !
Les masses de la mer mugissent,
la campagne tout entière est en fête.

Les arbres des forêts dansent de joie
devant la face du Seigneur, car il vient,
car il vient pour juger la terre.

Il jugera le monde avec justice,
et les peuples selon sa vérité !

● *Saint Paul rappelle à Tite, le compagnon mis à la tête de l'Église de Crète, comment la grâce de Dieu s'est manifestée : Jésus le Christ a accepté de mourir sur une croix, il nous a aimés jusqu'au bout et nous a libérés du mal.* ●

Lecture de la lettre de saint Paul apôtre à Tite 2, 11-14

Bien-aimé, la grâce de Dieu s'est manifestée pour le salut de tous les hommes. Elle nous apprend à renoncer à l'impiété et aux convoitises de ce monde, et à vivre dans le temps présent de manière raisonnable, avec justice et piété, attendant que se réalise la bienheureuse espérance : la manifestation de la gloire de notre grand Dieu et Sauveur, Jésus Christ. Car il s'est donné pour nous afin de nous racheter de toutes nos fautes, et de nous purifier pour faire de nous son peuple, un peuple ardent à faire le bien.

— *Parole du Seigneur.*

Alléluia. Alléluia. Je vous annonce une grande joie : Aujourd'hui vous est né un Sauveur qui est le Christ, le Seigneur ! **Alléluia.**

● *Un enfant nous est donné. La gloire de Dieu illumine les premiers témoins de cette Bonne Nouvelle, de simples bergers. Dès sa naissance, Jésus se manifeste comme le Sauveur de tous, et en premier lieu des pauvres et des pécheurs.* ●

Évangile de Jésus Christ selon saint Luc 2, 1-14 ou 1-14.15-20

EN CES JOURS-LÀ, parut un édit de l'empereur Auguste, ordonnant de recenser toute la terre – ce premier recensement eut lieu lorsque Quirinius était gouverneur de Syrie. Et tous allaient se faire recenser, chacun dans sa ville d'origine. Joseph, lui aussi, monta de Galilée, depuis la ville de Nazareth, vers la Judée, jusqu'à la ville de David appelée Bethléem. Il était en effet de la maison et de la lignée de David. Il venait se faire recenser avec Marie, qui lui avait été accordée en mariage et qui était enceinte.

Or, pendant qu'ils étaient là, le temps où elle devait enfanter fut accompli. Et elle mit au monde son fils premier-né ; elle l'emmaillota et le coucha dans une mangeoire, car il n'y avait pas de place pour eux dans la salle commune. Dans la même région, il y avait des bergers qui vivaient dehors et passaient la nuit dans les champs pour garder leurs troupeaux. L'ange du Seigneur se présenta devant eux, et la gloire du Seigneur les enveloppa de sa lumière. Ils furent saisis d'une grande crainte. Alors l'ange leur dit : « Ne craignez pas, car voici que je vous annonce une bonne

nouvelle, qui sera une grande joie pour tout le peuple : Aujourd'hui, dans la ville de David, vous est né un Sauveur qui est le Christ, le Seigneur. Et voici le signe qui vous est donné : vous trouverez un nouveau-né emmailloté et couché dans une mangeoire. » Et soudain, il y eut avec l'ange une troupe céleste innombrable, qui louait Dieu en disant : « Gloire à Dieu au plus haut des cieux, et paix sur la terre aux hommes, qu'Il aime. »

On peut poursuivre avec l'Évangile de la messe de l'aurore :
Lorsque les anges eurent quitté les bergers pour le ciel, ceux-ci se disaient entre eux : « Allons jusqu'à Bethléem pour voir ce qui est arrivé, l'événement que le Seigneur nous a fait connaître. » Ils se hâtèrent d'y aller, et ils découvrirent Marie et Joseph, avec le nouveau-né couché dans la mangeoire. Après avoir vu, ils racontèrent ce qui leur avait été annoncé au sujet de cet enfant. Et tous ceux qui entendirent s'étonnaient de ce que leur racontaient les bergers. Marie, cependant, retenait tous ces événements et les méditait dans son cœur. Les bergers repartirent ; ils glorifiaient et louaient Dieu pour tout ce qu'ils avaient entendu et vu, selon ce qui leur avait été annoncé.
— *Acclamons la Parole de Dieu.*

Credo ——— page 395

On s'agenouille à : il a pris chair de la Vierge Marie.

Prière sur les offrandes. Reçois favorablement, Seigneur, l'offrande présentée en cette nuit de fête, afin que, par ce mystérieux échange, nous soyons configurés à ton Fils en qui notre nature est unie à la tienne. Lui qui vit et règne pour les siècles des siècles.

Préface de la Nativité I, II ou III ——— page 401

PRIÈRE EUCHARISTIQUE I, II OU III ——— pages 409 à 420

ANTIENNE DE LA COMMUNION. Le Verbe s'est fait chair, et nous avons vu sa gloire.

PRIÈRE APRÈS LA COMMUNION. Joyeux de célébrer la naissance de notre Rédempteur, nous te prions, Seigneur notre Dieu : donne-nous de parvenir, par notre manière de vivre, à la communion avec lui, qui vit et règne pour les siècles des siècles.

BÉNÉDICTION SOLENNELLE

Dans son infinie bonté, Dieu a dissipé les ténèbres
du monde par l'incarnation de son Fils ;
par sa nativité glorieuse,
il a fait resplendir cette nuit très sainte (ce jour très saint) :
qu'il éloigne de vous les ténèbres des péchés,
qu'il éclaire vos cœurs pour que vous pratiquiez le bien.
Amen.
Il a voulu que l'ange annonce aux bergers une grande joie :
la naissance du Sauveur ;
qu'il mette en vos cœurs sa propre joie
et vous envoie annoncer son Évangile.
Amen.
Par l'incarnation de son Fils,
il a scellé l'Alliance du ciel et de la terre :
qu'il vous comble de sa paix et de sa bienveillance,
qu'il vous unisse à l'Église du ciel.
Amen.
Et que la bénédiction de Dieu tout-puissant,
le Père, et le Fils, ✠ et le Saint-Esprit,
descende sur vous et y demeure toujours.
Amen.

Messe de l'aurore

Antienne d'ouverture. Aujourd'hui, la lumière va resplendir sur nous, car le Seigneur nous est né. On l'appelle : Dieu admirable, Père-à-jamais, Prince-de-la-Paix. Et son règne n'aura pas de fin.

Gloire à Dieu page 392

Prière. Dieu tout-puissant, en ton Verbe fait chair, nous sommes inondés d'une clarté nouvelle ; fais que resplendisse en nos actes cette lumière que la foi fait briller dans nos esprits. Par Jésus Christ, ton Fils, notre Seigneur, qui vit et règne avec toi dans l'unité du Saint-Esprit, Dieu, pour les siècles des siècles.

• *Le prophète Isaïe porte l'annonce de la venue du Sauveur promis par Dieu à son peuple. Cet événement tant attendu se fera entendre « jusqu'aux extrémités de la terre ».* •

Lecture du livre du prophète Isaïe 62, 11-12

Voici que le Seigneur se fait entendre jusqu'aux extrémités de la terre : Dites à la fille de Sion : Voici ton Sauveur qui vient ; avec lui, le fruit de son travail, et devant lui, son ouvrage.
Eux seront appelés « Peuple-saint », « Rachetés-par-le-Seigneur », et toi, on t'appellera « La-Désirée », « La-Ville-qui-n'est-plus-délaissée ».
— *Parole du Seigneur.*

Psaume 96

℟ La lumière aujourd'hui a resplendi sur nous : un Sauveur nous est né !

Le Seigneur est roi ! Exulte la terre !
Joie pour les îles sans nombre !
Les cieux ont proclamé sa justice,
et tous les peuples ont vu sa gloire.

Une lumière est semée pour le juste,
et pour le cœur simple, une joie.
Que le Seigneur soit votre joie, hommes justes ;
rendez grâce en rappelant son nom très saint.

● *La naissance de Jésus est la manifestation de la miséricorde de Dieu. C'est déjà notre salut qui repose dans la crèche, en attendant le jour où tout sera consommé avec la venue de l'Esprit Saint « répandu sur nous en abondance par Jésus Christ ».* ●

Lecture de la lettre de saint Paul apôtre à Tite 3, 4-7

BIEN-AIMÉ, lorsque Dieu, notre Sauveur, a manifesté sa bonté et son amour pour les hommes, il nous a sauvés, non pas à cause de la justice de nos propres actes, mais par sa miséricorde. Par le bain du baptême, il nous a fait renaître et nous a renouvelés dans l'Esprit Saint. Cet Esprit, Dieu l'a répandu sur nous en abondance, par Jésus Christ notre Sauveur, afin que, rendus justes par sa grâce, nous devenions en espérance héritiers de la vie éternelle.

— *Parole du Seigneur.*

Alléluia. Alléluia. Gloire à Dieu au plus haut des cieux, et paix sur la terre aux hommes, qu'Il aime ! **Alléluia.**

● *Après l'annonce faite aux bergers, ceux-ci sont parmi les premiers témoins de la naissance du*

Sauveur. La louange et l'action de grâce sont la réponse à la venue de Dieu dans un petit enfant. •

Évangile de Jésus Christ selon saint Luc 2, 15-20

Lorsque les anges eurent quitté les bergers pour le ciel, ceux-ci se disaient entre eux : « Allons jusqu'à Bethléem pour voir ce qui est arrivé, l'événement que le Seigneur nous a fait connaître. » Ils se hâtèrent d'y aller, et ils découvrirent Marie et Joseph, avec le nouveau-né couché dans la mangeoire. Après avoir vu, ils racontèrent ce qui leur avait été annoncé au sujet de cet enfant. Et tous ceux qui entendirent s'étonnaient de ce que leur racontaient les bergers. Marie, cependant, retenait tous ces événements et les méditait dans son cœur. Les bergers repartirent ; ils glorifiaient et louaient Dieu pour tout ce qu'ils avaient entendu et vu, selon ce qui leur avait été annoncé.

— *Acclamons la Parole de Dieu.*

Credo page 395

On s'agenouille à : il a pris chair de la Vierge Marie.

Prière sur les offrandes. Puissent nos offrandes, Seigneur, s'accorder au mystère de la nativité que nous célébrons en ce jour ; celui qui est né d'une naissance humaine a resplendi aussi comme Dieu : de même, fais que ces fruits de la terre nous communiquent tes dons divins. Par le Christ, notre Seigneur.

Préface de la Nativité I, II ou III page 401

Prière eucharistique I, II ou III pages 409 à 420

Antienne de la communion. Exulte, fille de Sion, pousse des cris de joie, fille de Jérusalem : voici ton Roi qui vient, lui, le Saint et le Sauveur du monde.

Prière après la communion. Seigneur, nous célébrons la nativité de ton Fils avec une joyeuse ferveur, accorde-nous d'approfondir la connaissance de ce mystère par une foi sans réserve et de l'aimer d'un amour toujours plus ardent. Par le Christ, notre Seigneur.

Bénédiction solennelle page 57

Messe du jour

Antienne d'ouverture. Un enfant nous est né, un fils nous a été donné ! Sur son épaule est le signe du pouvoir ; on proclame son nom : Ange du grand conseil.

Gloire à Dieu page 392

Prière. Seigneur Dieu, tu as merveilleusement créé l'être humain dans sa dignité, et tu l'as rétabli plus merveilleusement encore : accorde-nous d'être unis à la divinité de ton Fils, qui a voulu prendre notre humanité. Lui qui vit et règne avec toi dans l'unité du Saint-Esprit, Dieu, pour les siècles des siècles.

● *C'est Noël ! C'est maintenant la venue sur terre de notre salut. Comme nous y invite le prophète Isaïe, laissons éclater notre joie ! Jésus, notre roi, est né. Il vient apporter la paix et le salut jusqu'aux extrémités de la terre.* ●

Lecture du livre du prophète Isaïe 52, 7-10

Comme ils sont beaux sur les montagnes, les pas du messager, celui qui annonce la paix, qui porte la bonne nouvelle, qui annonce le salut, et vient dire à Sion : « Il règne, ton Dieu ! » Écoutez la voix des guetteurs : ils élèvent

la voix, tous ensemble ils crient de joie car, de leurs propres yeux, ils voient le Seigneur qui revient à Sion. Éclatez en cris de joie, vous, ruines de Jérusalem, car le Seigneur console son peuple, il rachète Jérusalem ! Le Seigneur a montré la sainteté de son bras aux yeux de toutes les nations. Tous les lointains de la terre ont vu le salut de notre Dieu.

— Parole du Seigneur.

Psaume 97

℟ La terre tout entière a vu
le salut que Dieu nous donne.

Chantez au Seigneur un chant nouveau,
car il a fait des merveilles ;
par son bras très saint, par sa main puissante,
il s'est assuré la victoire.

Le Seigneur a fait connaître sa victoire
et révélé sa justice aux nations ;
il s'est rappelé sa fidélité, son amour,
en faveur de la maison d'Israël.

La terre tout entière a vu
la victoire de notre Dieu.
Acclamez le Seigneur, terre entière,
sonnez, chantez, jouez !

Jouez pour le Seigneur sur la cithare,
sur la cithare et tous les instruments ;
au son de la trompette et du cor,
acclamez votre roi, le Seigneur !

● *Jésus est par excellence prêtre, prophète et roi: par sa mort et sa résurrection, il nous libère du mal et de la mort; par sa parole, il nous révèle qui est Dieu son Père; il est le roi de nos cœurs et du royaume à venir.* ●

Lecture de la lettre aux Hébreux 1, 1-6

A BIEN DES REPRISES et de bien des manières, Dieu, dans le passé, a parlé à nos pères par les prophètes; mais à la fin, en ces jours où nous sommes, il nous a parlé par son Fils qu'il a établi héritier de toutes choses et par qui il a créé les mondes. Rayonnement de la gloire de Dieu, expression parfaite de son être, le Fils, qui porte l'univers par sa parole puissante, après avoir accompli la purification des péchés, s'est assis à la droite de la Majesté divine dans les hauteurs des cieux; et il est devenu bien supérieur aux anges, dans la mesure même où il a reçu en héritage un nom si différent du leur. En effet, Dieu déclara-t-il jamais à un ange: Tu es mon Fils, moi, aujourd'hui, je t'ai engendré? Ou bien encore: Moi, je serai pour lui un père, et lui sera pour moi un fils? À l'inverse, au moment d'introduire le Premier-né dans le monde à venir, il dit: Que se prosternent devant lui tous les anges de Dieu.

— *Parole du Seigneur.*

Alléluia. Alléluia. Aujourd'hui la lumière a brillé sur la terre. Peuples de l'univers, entrez dans la clarté de Dieu. Venez tous adorer le Seigneur! **Alléluia.**

● *Au-delà de l'enfant de la crèche, Jésus est le Verbe fait chair, le Fils unique du Père. Il est avec le Père à la genèse du projet de salut de Dieu pour l'homme. Il est sa Parole qui le révèle et donne la vie au monde.* ●

Évangile de Jésus Christ selon saint Jean 1, 1-18

(Lecture brève : Jean 1, 1-5.9-14)

Au commencement était le Verbe, et le Verbe était auprès de Dieu, et le Verbe était Dieu. Il était au commencement auprès de Dieu. C'est par lui que tout est venu à l'existence, et rien de ce qui s'est fait ne s'est fait sans lui. En lui était la vie, et la vie était la lumière des hommes ; la lumière brille dans les ténèbres, et les ténèbres ne l'ont pas arrêtée.

(Arrêt de la lecture brève)

Il y eut un homme envoyé par Dieu ; son nom était Jean. Il est venu comme témoin, pour rendre témoignage à la Lumière, afin que tous croient par lui. Cet homme n'était pas la Lumière, mais il était là pour rendre témoignage à la Lumière.

(Reprise de la lecture brève)

Le Verbe était la vraie Lumière, qui éclaire tout homme en venant dans le monde. Il était dans le monde, et le monde était venu par lui à l'existence, mais le monde ne l'a pas reconnu. Il est venu chez lui, et les siens ne l'ont pas reçu. Mais à tous ceux qui l'ont reçu, il a donné de pouvoir devenir enfants de Dieu, eux qui croient en son nom. Ils ne sont pas nés du sang, ni d'une volonté charnelle, ni d'une volonté d'homme : ils sont nés de Dieu. Et le Verbe s'est fait chair, il a habité parmi nous, et nous avons vu sa gloire, la gloire qu'il tient de son Père comme Fils unique, plein de grâce et de vérité.

(Fin de la lecture brève : – *Acclamons la Parole de Dieu.*)

Jean le Baptiste lui rend témoignage en proclamant : « C'est de lui que j'ai dit : Celui qui vient derrière moi est passé devant moi, car avant moi il était. » Tous, nous avons eu part à sa plénitude, nous avons reçu grâce après grâce ; car la Loi fut donnée par Moïse, la grâce et la vérité sont venues par Jésus Christ.
Dieu, personne ne l'a jamais vu ; le Fils unique, lui qui est Dieu, lui qui est dans le sein du Père, c'est lui qui l'a fait connaître.
— Acclamons la Parole de Dieu.

CREDO page 395

On s'agenouille à : il a pris chair de la Vierge Marie.

PRIÈRE SUR LES OFFRANDES. Que l'offrande présentée en ce jour de solennité te soit agréable, Seigneur, car elle nous a réconciliés avec toi, parfaitement rétablis dans ta paix, et introduits dans la plénitude de l'adoration véritable. Par le Christ, notre Seigneur.

PRÉFACE DE LA NATIVITÉ I, II OU III page 401

PRIÈRE EUCHARISTIQUE I, II OU III pages 409 à 420

ANTIENNE DE LA COMMUNION. Tous les lointains de la terre ont vu le salut de notre Dieu.

PRIÈRE APRÈS LA COMMUNION. Dieu de miséricorde, nous t'en prions : puisque le Sauveur du monde, en naissant aujourd'hui, nous fait naître à la vie divine, que sa générosité nous accorde aussi l'immortalité. Lui qui vit et règne pour les siècles des siècles.

BÉNÉDICTION SOLENNELLE page 57

MÉDITONS

AVEC SAINT LÉON LE GRAND

« Participants de la nature divine »,
le croyons-nous vraiment avec toute l'Église ?

À la naissance du Seigneur, les anges bondissent de joie et chantent : *« Gloire à Dieu dans les hauteurs. »* Ils annoncent : *« Paix sur la terre aux hommes que Dieu aime. »* Ils voient en effet la Jérusalem céleste qui se construit avec toutes les nations du monde. Combien la pauvre humanité doit-elle se réjouir devant cette œuvre inouïe de la bonté divine, puisque celle-ci inspire une telle joie à la nature sublime des anges eux-mêmes !

Mes bien-aimés, il nous faut donc rendre grâce à Dieu le Père, par son Fils, dans l'Esprit Saint ; avec la grande miséricorde dont il nous a aimés, il nous a pris en pitié, et alors que nous étions morts par suite de nos fautes, il nous a fait revivre avec le Christ pour que nous soyons en lui une nouvelle création, une nouvelle œuvre de ses mains.

Rejetons donc l'homme ancien avec ses agissements et puisque nous sommes admis à participer à la naissance du Christ, renonçons à notre conduite charnelle.

Chrétien, prends conscience de ta dignité. Puisque tu participes maintenant à la nature divine, ne dégénère pas en revenant à la déchéance de ta vie passée. Rappelle-toi à quel chef tu appartiens et de quel corps tu es membre. Souviens-toi que tu as été arraché au pouvoir des ténèbres pour être transféré dans la lumière et le royaume de Dieu. Par le sacrement de baptême, tu es devenu temple du Saint-Esprit. Garde-toi de mettre en fuite un hôte si noble par tes actions mauvaises et de retomber ainsi dans l'esclavage du démon, car tu as été racheté par le sang du Christ.

Saint Léon le Grand († 461), pape et docteur de l'Église, a largement contribué à formuler contre les hérésies la doctrine chrétienne de l'Incarnation.

DIMANCHE 31 DÉCEMBRE 2023

Fête de la Sainte Famille de Jésus, Marie et Joseph

Jésus, né de Marie l'épouse de Joseph, *a grandi dans une famille bien humaine ; sainte parce qu'elle a accueilli dans la foi l'accomplissement des promesses de l'Alliance. Dans leur beauté et leur fragilité, nos familles sont appelées à s'inscrire dans cette histoire d'Alliance, d'accueil et de foi.*

Antienne d'ouverture. Les bergers vinrent en hâte, et ils trouvèrent Marie et Joseph, avec le nouveau-né couché dans la mangeoire.

Gloire à Dieu page 392

Prière. Tu as voulu, Seigneur Dieu, que la Sainte Famille nous soit donnée en exemple ; accorde-nous, dans ta bonté, de pratiquer, comme elle, les vertus familiales et d'être unis par les liens de ton amour, afin de goûter la récompense éternelle dans la joie de ta maison. Par Jésus Christ, ton Fils, notre Seigneur.

● *Abraham n'a pas eu d'enfants avec sa femme, Sarah, et il est déjà âgé. Sa foi en la promesse divine d'une grande descendance fait de lui le « père des croyants ». Cette descendance promise ira d'Isaac à Jésus.* ●

Lecture du livre de la Genèse 15, 1-6 et 21, 1-3

En ces jours-là, la parole du Seigneur fut adressée à Abram dans une vision : « Ne crains pas, Abram ! Je suis un bouclier pour toi. Ta récompense sera très grande. »

Abram répondit : « Mon Seigneur Dieu, que pourrais-tu donc me donner ? Je m'en vais sans enfant, et l'héritier de ma maison, c'est Élièzer de Damas. » Abram dit encore : « Tu ne m'as pas donné de descendance, et c'est un de mes serviteurs qui sera mon héritier. » Alors cette parole du Seigneur fut adressée à Abram : « Ce n'est pas lui qui sera ton héritier, mais quelqu'un de ton sang. » Puis il le fit sortir et lui dit : « Regarde le ciel, et compte les étoiles, si tu le peux… » Et il déclara : « Telle sera ta descendance ! » Abram eut foi dans le Seigneur et le Seigneur estima qu'il était juste.
Le Seigneur visita Sara comme il l'avait annoncé ; il agit pour elle comme il l'avait dit. Elle devint enceinte, et elle enfanta un fils pour Abraham dans sa vieillesse, à la date que Dieu avait fixée. Et Abraham donna un nom au fils que Sara lui avait enfanté : il l'appela Isaac.
– *Parole du Seigneur.*

Psaume 104

℟ **Le Seigneur, c'est lui notre Dieu ;**
il s'est toujours souvenu de son alliance.

Rendez grâce au Seigneur, proclamez son nom,
annoncez parmi les peuples ses hauts faits ;
chantez et jouez pour lui,
redites sans fin ses merveilles.

Glorifiez-vous de son nom très saint :
joie pour les cœurs qui cherchent Dieu !
Cherchez le Seigneur et sa puissance,
recherchez sans trêve sa face.

Souvenez-vous des merveilles qu'il a faites,
de ses prodiges, des jugements qu'il prononça,

vous, la race d'Abraham son serviteur,
les fils de Jacob, qu'il a choisis.

Il s'est toujours souvenu de son alliance,
parole édictée pour mille générations :
promesse faite à Abraham,
garantie par serment à Isaac.

● *La descendance d'Abraham est le fruit à la fois de la promesse de Dieu et de l'accueil de cette promesse dans la foi. Les figures d'Abraham et d'Isaac, ancêtres de Jésus, annoncent le sacrifice du Christ et sa résurrection.* ●

Temps de Noël

Lecture de la lettre aux Hébreux 11, 8.11-12.17-19

FRÈRES, grâce à la foi, Abraham obéit à l'appel de Dieu : il partit vers un pays qu'il devait recevoir en héritage, et il partit sans savoir où il allait.
Grâce à la foi, Sara, elle aussi, malgré son âge, fut rendue capable d'être à l'origine d'une descendance parce qu'elle pensait que Dieu est fidèle à ses promesses. C'est pourquoi, d'un seul homme, déjà marqué par la mort, a pu naître une descendance aussi nombreuse que les étoiles du ciel et que le sable au bord de la mer, une multitude innombrable.
Grâce à la foi, quand il fut soumis à l'épreuve, Abraham offrit Isaac en sacrifice. Et il offrait le fils unique, alors qu'il avait reçu les promesses et entendu cette parole : *C'est par Isaac qu'une descendance portera ton nom.* Il pensait en effet que Dieu est capable même de ressusciter les morts ; c'est pourquoi son fils lui fut rendu : il y a là une préfiguration.
– *Parole du Seigneur.*

Alléluia. Alléluia. À bien des reprises, Dieu, dans le passé, a parlé à nos pères par les prophètes ; à la fin, en ces jours où nous sommes, il nous a parlé par son Fils. **Alléluia.**

● *L'action de l'Esprit permet à Syméon de reconnaître Jésus comme la « lumière des nations ». La liturgie des Heures invite à prier cette profession de foi tous les soirs car c'est dans le quotidien, y compris celui de nos familles, que Jésus peut être reconnu comme le Sauveur.* ●

Évangile de Jésus Christ selon saint Luc 2, 22-40

(Lecture brève : Luc 2, 22.39-40)

Quand fut accompli le temps prescrit par la loi de Moïse pour la purification, les parents de Jésus l'amenèrent à Jérusalem pour le présenter au Seigneur,

(Arrêt de la lecture brève)

selon ce qui est écrit dans la Loi : *Tout premier-né de sexe masculin sera consacré au Seigneur.* Ils venaient aussi offrir le sacrifice prescrit par la loi du Seigneur : *un couple de tourterelles ou deux petites colombes.*
Or, il y avait à Jérusalem un homme appelé Syméon. C'était un homme juste et religieux, qui attendait la Consolation d'Israël, et l'Esprit Saint était sur lui. Il avait reçu de l'Esprit Saint l'annonce qu'il ne verrait pas la mort avant d'avoir vu le Christ, le Messie du Seigneur. Sous l'action de l'Esprit, Syméon vint au Temple. Au moment où les parents présentaient l'enfant Jésus pour se conformer au rite de la Loi qui le concernait, Syméon reçut l'enfant dans ses bras, et il bénit Dieu en disant : « Maintenant, ô Maître souverain, tu peux laisser ton serviteur s'en aller en paix,

selon ta parole. Car mes yeux ont vu le salut que tu préparais à la face des peuples : lumière qui se révèle aux nations et donne gloire à ton peuple Israël. » Le père et la mère de l'enfant s'étonnaient de ce qui était dit de lui. Syméon les bénit, puis il dit à Marie sa mère : « Voici que cet enfant provoquera la chute et le relèvement de beaucoup en Israël. Il sera un signe de contradiction – et toi, ton âme sera traversée d'un glaive – : ainsi seront dévoilées les pensées qui viennent du cœur d'un grand nombre. » Il y avait aussi une femme prophète, Anne, fille de Phanuel, de la tribu d'Aser. Elle était très avancée en âge ; après sept ans de mariage, demeurée veuve, elle était arrivée à l'âge de 84 ans. Elle ne s'éloignait pas du Temple, servant Dieu jour et nuit dans le jeûne et la prière. Survenant à cette heure même, elle proclamait les louanges de Dieu et parlait de l'enfant à tous ceux qui attendaient la délivrance de Jérusalem.

(Reprise de la lecture brève)

Lorsqu'ils eurent achevé tout ce que prescrivait la loi du Seigneur, ils retournèrent en Galilée, dans leur ville de Nazareth.

L'enfant, lui, grandissait et se fortifiait, rempli de sagesse, et la grâce de Dieu était sur lui.

– *Acclamons la Parole de Dieu.*

CREDO page 395

PRIÈRE SUR LES OFFRANDES. En t'offrant, Seigneur, le sacrifice qui nous réconcilie avec toi, nous te supplions humblement : à la prière de la Vierge, la Mère de Dieu, et à la prière de saint Joseph, affermis nos familles dans ta grâce et dans ta paix. Par le Christ, notre Seigneur.

PRÉFACE DE LA NATIVITÉ I, II OU III page 401

Prière eucharistique I, II ou III ——— pages 409 à 420

Antienne de la communion. Notre Dieu est apparu sur la terre et il a vécu parmi les hommes.

Prière après la communion. Tu refais nos forces, Père très aimant, par le sacrement du ciel : donne-nous de toujours imiter les vertus de la Sainte Famille et, après les épreuves de cette vie, d'obtenir avec elle le bonheur sans fin. Par le Christ, notre Seigneur.

Méditons avec saint Éphrem de Nisibe

Contempler Jésus avec Marie

Qui vit jamais
Un nouveau-né regarde
En tout lieu toutes choses !

Son regard fait comprendre
Que c'est lui qui dirige
Toute la création
De haut en bas.
Son regard fait penser
Que c'est à tout l'univers
Qu'il commande en maître !

Comment ouvrirai-je
Les fontaines de mon lait,
À toi, divine fontaine ?
Comment donnerai-je
Nourriture
À qui nourrit tout être
De sa table ?
Des langes
À qui est revêtu de splendeur ?

Ma bouche ne sait pas
Comment te nommer,

Ô Fils du Dieu vivant !
Si j'ose t'appeler
Comme fils de Joseph,
Je tremble
Car tu n'es pas de sa semence ;
Mais si je refuse ce nom,
Je suis dans les transes
Car on m'a mariée à lui.

Bien que tu sois Fils d'un seul
Désormais je t'appellerai
Le fils d'un grand nombre,
Car à toi ne suffisent pas
Des milliers de noms :
Tu es Fils de Dieu,

Mais aussi fils de l'homme ;
Et puis fils de Joseph
Et fils de David
Et fils de Marie.

Saint Éphrem († 373), diacre en Turquie et docteur de l'Église, fut surnommé la « harpe du Saint-Esprit » en raison de la beauté de ses poèmes composés en syriaque.

Cette semaine

Lu 1	Sainte Marie, Mère de Dieu / sol.	Nb 6, 22-27 ; Ps 66 ; Ga 4, 4-7 ; Lc 2, 16-21
	« Ils glorifiaient et louaient Dieu pour tout ce qu'ils avaient entendu et vu. » Lc 2, 20	
Ma 2	Saints Basile le Grand et Grégoire de Nazianze	1 Jn 2, 22-28 ; Ps 97 ; Jn 1, 19-28
	« Au milieu de vous se tient celui que vous ne connaissez pas. » Jn 1, 26	

Me 3	Férie ou Saint Nom de Jésus ou sainte Geneviève (en France)	1 Jn 2, 29 à 3, 6; Ps 97; Jn 1, 29-34
	« *Moi, j'ai vu, et je rends témoignage : c'est lui le Fils de Dieu.* » Jn 1, 34	
Je 4	Férie	1 Jn 3, 7-10; Ps 97; Jn 1, 35-42
	« *Que cherchez-vous ?* » Jn 1, 38	
Ve 5	Férie	1 Jn 3, 11-21; Ps 99; Jn 1, 43-51
	« *Suis-moi.* » Jn 1, 43	
Sa 6	Férie	1 Jn 5, 5-13; Ps 147; Mc 1, 7-11 ou Lc 3, 23-38
	« *Fils de Dieu.* » Lc 3, 38	

Bonne fête! 31: Sylvestre, Colombe, Régis • 1: Clair, Télémaque • 2: Basile, Stéphanie • 3: Geneviève, Constant • 4: Angèle, Christiane, Dorothée • 5: Édouard, Émilienne • 6: André, Fanny, Tiphaine

Nous fêtons

Saint Grégoire de Nazianze (329-390), le 2 janvier

Grégoire de Nazianze se lia d'amitié avec Basile le Grand durant leurs études à Athènes. Ils avaient en commun l'amour des Écritures et une passion pour la vie monastique. À propos de cette amitié, Grégoire écrivit : « Nous guidait la même soif de savoir… non pas pour être le premier mais pour permettre à l'autre de l'être. Il semblait que nous n'avions qu'une âme en deux corps. »

Pourtant, les années passant, ils révélèrent des personnalités très différentes. Après cinq années de vie monacale passées ensemble, Grégoire fut appelé malgré lui à la prêtrise pour aider son père, évêque. Il accepta, mais en regrettant sa cellule. Basile, de son côté, devint évêque de Césarée et fut l'initiateur de projets d'envergure en faveur des démunis, ainsi qu'un prêcheur au succès immense.En 372, Basile convainquit Grégoire de servir dans le diocèse contesté de

Sasima. Toutefois Grégoire accepta mal cette nomination politique et revint bientôt à Nazianze. Une série de lettres courroucées s'ensuivit entre les amis dont la relation se refroidit. Basile demeura à Césarée et Grégoire officia brièvement en tant qu'évêque à Constantinople avant de se retirer pour vivre dans la solitude.

Leur différend finit par s'apaiser. À la mort de Basile, Grégoire composa douze poèmes ainsi qu'une oraison émouvante en hommage à son ami. Tous deux restent unis dans la mémoire de l'Église qui célèbre leurs fêtes le même jour, le 2 janvier.

Intentions • Résolutions • Action de grâce

LUNDI 1ER JANVIER 2024

SOLENNITÉ DE SAINTE MARIE, MÈRE DE DIEU

Journée mondiale de la paix

EN VÉNÉRANT MARIE COMME MÈRE DE DIEU, ***nous confessons notre foi en la venue de son fils dans notre chair, célébrée en ce temps de Noël; et nous reconnaissons Marie comme Mère, elle qui est la mère de tous ceux qui sont membres du Corps du Christ, son fils.***

ANTIENNE D'OUVERTURE. Nous te saluons, Mère très sainte: tu as mis au monde le Roi qui gouverne le ciel et la terre pour les siècles sans fin.

Ou bien:

Aujourd'hui, la lumière va resplendir sur nous, car le Seigneur nous est né. On l'appelle: Dieu admirable, Père-à-jamais, Prince-de-la-Paix. Et son règne n'aura pas de fin.

GLOIRE À DIEU page 392

PRIÈRE. Seigneur Dieu, par la virginité féconde de la bienheureuse Marie, tu as offert au genre humain les bienfaits du salut éternel; accorde-nous d'éprouver qu'intercède en notre faveur celle qui nous permit d'accueillir l'auteur de la vie, Jésus Christ, ton Fils, notre Seigneur. Lui qui vit et règne avec toi dans l'unité du Saint-Esprit, Dieu, pour les siècles des siècles.

● *Parce qu'il aime son peuple, Dieu bénit Israël; il veille sur lui et lui apporte la paix. En ce premier jour de l'année, cette promesse s'étend à son Église qui intercède auprès du Seigneur pour que cette paix se répande dans le monde entier.* ●

Lecture du livre des Nombres 6, 22-27

LE SEIGNEUR parla à Moïse. Il dit : « Parle à Aaron et à ses fils. Tu leur diras : Voici en quels termes vous bénirez les fils d'Israël : "Que le Seigneur te bénisse et te garde ! Que le Seigneur fasse briller sur toi son visage, qu'il te prenne en grâce ! Que le Seigneur tourne vers toi son visage, qu'il t'apporte la paix !" Ils invoqueront ainsi mon nom sur les fils d'Israël, et moi, je les bénirai. »
— *Parole du Seigneur.*

PSAUME 66

℟ Que Dieu nous prenne en grâce
et qu'il nous bénisse !

Que son visage s'illumine pour nous ;
et ton chemin sera connu sur la terre,
ton salut, parmi toutes les nations.

Que les nations chantent leur joie,
car tu gouvernes le monde avec justice ;
sur la terre, tu conduis les nations.

La terre a donné son fruit ;
Dieu, notre Dieu, nous bénit.
Que la terre tout entière l'adore !

● *En Jésus, le Fils de Dieu, nous sommes devenus, nous aussi, par notre baptême, des enfants de Dieu. Cela signifie que nous pouvons désormais prier Dieu comme un Père très aimant.* ●

Lecture de la lettre de saint Paul apôtre aux Galates 4, 4-7

Frères, lorsqu'est venue la plénitude des temps, Dieu a envoyé son Fils, né d'une femme et soumis à la loi de Moïse, afin de racheter ceux qui étaient soumis à la Loi et pour que nous soyons adoptés comme fils. Et voici la preuve que vous êtes des fils : Dieu a envoyé l'Esprit de son Fils dans nos cœurs, et cet Esprit crie « *Abba !* », c'est-à-dire : Père ! Ainsi tu n'es plus esclave, mais fils, et puisque tu es fils, tu es aussi héritier : c'est l'œuvre de Dieu.

— *Parole du Seigneur.*

Alléluia. Alléluia. À bien des reprises, Dieu, dans le passé, a parlé à nos pères par les prophètes ; à la fin, en ces jours où nous sommes, il nous a parlé par son Fils. **Alléluia.**

• *À l'image de Marie, les bergers reçoivent d'un ange l'annonce de la naissance de Jésus et ont un cœur suffisamment disponible pour accueillir cette bonne nouvelle. Marie, elle, occupe une place unique dans ces événements qu'elle médite.* •

Évangile de Jésus Christ selon saint Luc 2, 16-21

En ce temps-là, les bergers se hâtèrent d'aller à Bethléem, et ils découvrirent Marie et Joseph, avec le nouveau-né couché dans la mangeoire. Après avoir vu, ils racontèrent ce qui leur avait été annoncé au sujet de cet enfant. Et tous ceux qui entendirent s'étonnaient de ce que leur racontaient les bergers. Marie, cependant, retenait tous ces événements et les méditait dans son

cœur. Les bergers repartirent ; ils glorifiaient et louaient Dieu pour tout ce qu'ils avaient entendu et vu, selon ce qui leur avait été annoncé.
Quand fut arrivé le huitième jour, celui de la circoncision, l'enfant reçut le nom de Jésus, le nom que l'ange lui avait donné avant sa conception.

— Acclamons la Parole de Dieu.

Credo page 395

Prière sur les offrandes. Seigneur Dieu, dans ta bonté, tu es à l'origine de tout bien, et tu le mènes à sa perfection ; puisque la solennité de la sainte Mère de Dieu nous fait célébrer dans l'allégresse les premiers temps de ta grâce, donne-nous la joie d'en recueillir tous les fruits. Par le Christ, notre Seigneur.

Préface. Vraiment, il est juste et bon, pour ta gloire et notre salut, de t'offrir notre action de grâce, toujours et en tout lieu, Seigneur, Père très saint, Dieu éternel et tout-puissant. En ce jour où nous célébrons la maternité de la bienheureuse Vierge Marie, nous voulons te chanter, te bénir et te glorifier. Car elle a conçu ton Fils unique lorsque le Saint-Esprit la couvrit de son ombre, et, gardant pour toujours la gloire de sa virginité, elle a donné au monde la lumière éternelle, Jésus, le Christ, notre Seigneur. Par lui, les anges célèbrent ta grandeur, et les esprits bienheureux adorent ta gloire ; par lui s'inclinent devant toi les puissances d'en haut et tressaillent d'une même allégresse les innombrables créatures des cieux. À leur hymne de louange, laisse-nous joindre nos voix pour chanter et proclamer : **Saint !...**

Prière eucharistique I, II ou III pages 409 à 420

Antienne de la communion. Jésus Christ, hier et aujourd'hui, est le même, il l'est pour l'éternité.

Prière après la communion. Nous avons reçu dans la joie le sacrement du ciel, et nous te prions, Seigneur : qu'il fasse grandir en nous la vie éternelle en ce jour où nous proclamons avec fierté la bienheureuse Marie toujours vierge, Mère de ton Fils et Mère de l'Église. Par le Christ, notre Seigneur.

Bénédiction solennelle
(Pour le commencement de l'année)

Dieu est la source et l'origine de toute bénédiction :
qu'il vous accorde sa grâce, qu'il répande sur vous
sa bénédiction en abondance et vous maintienne
en bonne santé tout au long de l'année.
Amen.
Qu'il garde intacte votre foi, qu'il affermisse
votre espérance, qu'il vous donne de persévérer
jusqu'au bout dans une patiente charité.
Amen.
Qu'il dispose en sa paix vos jours et vos actes,
qu'il exauce vos prières ici et en tout lieu,
et vous fasse heureusement parvenir à la vie éternelle.
Amen.
Et que la bénédiction de Dieu tout-puissant,
le Père, et le Fils, ✠ et le Saint-Esprit,
descende sur vous et y demeure toujours.
Amen.

MÉDITONS
AVEC SAINT SOPHRONE DE JÉRUSALEM

Réjouis-toi, comblée de grâce,
le Seigneur est avec toi

Que peut-il y avoir de supérieur à cette joie, ô Vierge Mère ? Que peut-il y avoir au-dessus de cette grâce, que tu es la seule à avoir reçue en partage, de la part de Dieu ?

Que peut-on concevoir de plus joyeux et de plus lumineux ? Tout demeure loin derrière tes merveilles, tout se trouve au-dessous de ta grâce. Les privilèges les plus certains n'ont que le second rang et ne possèdent qu'un éclat bien moindre.

Le Seigneur est avec toi. Qui oserait rivaliser avec toi sur ce point ? Dieu naît de toi. Qui donc ne te céderait la place aussitôt pour te laisser avec joie la primauté et l'excellence ? Aussi, lorsque je contemple ta supériorité sur toutes les créatures, je proclame hautement tes louanges : *« Réjouis-toi, comblée de grâce, le Seigneur est avec toi. »* (Lc 1, 28). La joie qui émane de toi n'est pas seulement accordée aux hommes, elle l'est aussi à toutes les puissances d'en haut.

Dieu lui-même habite charnellement dans ton sein, il en sort comme l'Époux pour apporter à tous les hommes la joie et la lumière divines. C'est en toi, ô Vierge, que Dieu, comme dans un ciel très pur et lumineux, a établi sa demeure : de toi, il s'élance comme un époux quittant la chambre nuptiale ; imitant la course d'un géant, il va parcourir la carrière de sa vie, qui apportera le salut à tous les vivants et qui, s'étendant d'une extrémité du ciel à l'autre, remplira toutes choses de son ardeur divine et de sa lumière vivifiante.

Saint Sophrone de Jérusalem, moine et théologien, a été patriarche de Jérusalem de 634 à sa mort, en 638.

DIMANCHE 7 JANVIER 2024

Solennité de l'Épiphanie du Seigneur

Dieu se fait proche de chacun ***et la simplicité de la naissance de Jésus nous met en route. La crèche attire à elle des peuples divers car la promesse de vie faite par Dieu est pour tous, juifs et païens. Une même étoile vient illuminer nos chemins et les remplir de joie.***

Antienne d'ouverture. Voici venir le Seigneur souverain ; il tient en main la royauté, la puissance et l'empire.

Gloire à Dieu page 392

Prière. Aujourd'hui, Seigneur Dieu, tu as révélé ton Fils unique aux nations, grâce à l'étoile qui les guidait ; accorde-nous dans ta bonté, à nous qui te connaissons déjà par la foi, d'être conduits jusqu'à la claire vision de ta splendeur. Par Jésus Christ, ton Fils, notre Seigneur, qui vit et règne avec toi dans l'unité du Saint-Esprit, Dieu, pour les siècles des siècles.

● *Le prophète Isaïe annonce la joie promise à Jérusalem : tous les pays, tous les peuples marcheront vers sa lumière, ils apporteront des cadeaux précieux. Cette lumière, c'est Jésus que les mages viendront adorer en lui offrant l'or, l'encens et la myrrhe.* ●

Lecture du livre du prophète Isaïe — 60, 1-6

Debout, Jérusalem, resplendis ! Elle est venue, ta lumière, et la gloire du Seigneur s'est levée sur toi. Voici que les ténèbres couvrent la terre, et la nuée obscure couvre les peuples. Mais sur toi se lève le Seigneur, sur

toi sa gloire apparaît. Les nations marcheront vers ta lumière, et les rois, vers la clarté de ton aurore. Lève les yeux alentour, et regarde : tous, ils se rassemblent, ils viennent vers toi ; tes fils reviennent de loin, et tes filles sont portées sur la hanche. Alors tu verras, tu seras radieuse, ton cœur frémira et se dilatera. Les trésors d'au-delà des mers afflueront vers toi, vers toi viendront les richesses des nations. En grand nombre, des chameaux t'envahiront, de jeunes chameaux de Madiane et d'Épha. Tous les gens de Saba viendront, apportant l'or et l'encens ; ils annonceront les exploits du Seigneur.

— Parole du Seigneur.

Psaume 71

℟ **Toutes les nations, Seigneur,**
se prosterneront devant toi.

Dieu, donne au roi tes pouvoirs,
à ce fils de roi ta justice.
Qu'il gouverne ton peuple avec justice,
qu'il fasse droit aux malheureux !

En ces jours-là, fleurira la justice,
grande paix jusqu'à la fin des lunes !
Qu'il domine de la mer à la mer,
et du Fleuve jusqu'au bout de la terre !

Les rois de Tarsis et des Îles apporteront
des présents.
Les rois de Saba et de Seba feront
leur offrande.
Tous les rois se prosterneront devant lui,
tous les pays le serviront.

Il délivrera le pauvre qui appelle
et le malheureux sans recours.
Il aura souci du faible et du pauvre,
du pauvre dont il sauve la vie.

● *Le salut n'est pas réservé au seul peuple d'Israël. En Christ, Dieu fait homme, le Seigneur a réalisé pour toute l'humanité sa promesse d'un bonheur éternel auprès de lui. Voilà le cœur de la Bonne Nouvelle du salut.* ●

Lecture de la lettre de saint Paul apôtre aux Éphésiens 3, 2-3a.5-6

Frères, vous avez appris, je pense, en quoi consiste la grâce que Dieu m'a donnée pour vous : par révélation, il m'a fait connaître le mystère. Ce mystère n'avait pas été porté à la connaissance des hommes des générations passées, comme il a été révélé maintenant à ses saints Apôtres et aux prophètes, dans l'Esprit. Ce mystère, c'est que toutes les nations sont associées au même héritage, au même corps, au partage de la même promesse, dans le Christ Jésus, par l'annonce de l'Évangile.

— *Parole du Seigneur.*

Alléluia. Alléluia. Nous avons vu son étoile à l'orient, et nous sommes venus adorer le Seigneur. **Alléluia.**

● *En Jésus, le « Messie », le « roi des Juifs » tant attendu, Dieu se donne à voir dans un enfant : Épiphanie qui invite à en devenir les témoins, comme les mages. Bonne Nouvelle qui dépasse les frontières et embrasse le monde entier.* ●

Évangile de Jésus Christ selon saint Matthieu 2, 1-12

Jésus était né à Bethléem en Judée, au temps du roi Hérode le Grand. Or, voici que des mages venus d'Orient arrivèrent à Jérusalem et demandèrent : « Où est le roi des Juifs qui vient de naître ? Nous avons vu son étoile à l'orient et nous sommes venus nous prosterner devant lui. » En apprenant cela, le roi Hérode fut bouleversé, et tout Jérusalem avec lui. Il réunit tous les grands prêtres et les scribes du peuple, pour leur demander où devait naître le Christ. Ils lui répondirent : « À Bethléem en Judée, car voici ce qui est écrit par le prophète : *Et toi, Bethléem, terre de Juda, tu n'es certes pas le dernier parmi les chefs-lieux de Juda, car de toi sortira un chef, qui sera le berger de mon peuple Israël.* » Alors Hérode convoqua les mages en secret pour leur faire préciser à quelle date l'étoile était apparue ; puis il les envoya à Bethléem, en leur disant : « Allez vous renseigner avec précision sur l'enfant. Et quand vous l'aurez trouvé, venez me l'annoncer pour que j'aille, moi aussi, me prosterner devant lui. » Après avoir entendu le roi, ils partirent.

Et voici que l'étoile qu'ils avaient vue à l'orient les précédait, jusqu'à ce qu'elle vienne s'arrêter au-dessus de l'endroit où se trouvait l'enfant. Quand ils virent l'étoile, ils se réjouirent d'une très grande joie. Ils entrèrent dans la maison, ils virent l'enfant avec Marie sa mère ; et, tombant à ses pieds, ils se prosternèrent devant lui. Ils ouvrirent leurs coffrets, et lui offrirent leurs présents : de l'or, de l'encens et de la myrrhe.

Mais, avertis en songe de ne pas retourner chez Hérode, ils regagnèrent leur pays par un autre chemin.

— *Acclamons la Parole de Dieu.*

Annonce de Pâques et des fêtes mobiles

Le jour de l'Épiphanie du Seigneur, le diacre ou un chantre peut proclamer depuis l'ambon, selon un usage ancien de l'Église, les fêtes mobiles de l'année en cours.

Vous le savez, frères et sœurs bien-aimés :
à l'invitation de la miséricorde de Dieu,
nous nous sommes réjouis
de la Nativité de notre Seigneur Jésus Christ ;
de même, nous vous annonçons
la joie de la Résurrection de notre Sauveur.
Le mercredi des Cendres, commencera l'entraînement
du Carême le 14 février.
Vous célébrerez dans la joie la sainte Pâque
de notre Seigneur Jésus Christ le dimanche 31 mars.
L'Ascension de notre Seigneur Jésus Christ sera fêtée
le 9 mai.
La Pentecôte sera fêtée le 19 mai.
La fête du Corps et du Sang du Christ aura lieu le 2 juin.
Le dimanche 1er décembre sera le premier dimanche
de l'Avent de notre Seigneur Jésus Christ,
à qui soient l'honneur et la gloire, pour les siècles
des siècles.
Amen.

Credo ———— page 395

Prière sur les offrandes. Regarde avec bonté, nous t'en prions, Seigneur, les dons de ton Église qui ne t'offre plus ni l'or, ni l'encens, ni la myrrhe, mais celui que ces présents révélaient, qui s'immole et se donne en nourriture : Jésus, le Christ. Lui qui vit et règne pour les siècles des siècles.

Préface. Vraiment, il est juste et bon, pour ta gloire et notre salut, de t'offrir notre action de grâce, toujours et en tout lieu, Seigneur, Père très saint, Dieu éternel et tout-puissant. Aujourd'hui tu as dévoilé dans le Christ le mystère de notre salut pour que tous les peuples en soient illuminés ; et quand le Christ s'est manifesté dans notre nature mortelle, tu nous as renouvelés par la gloire de son immortalité. C'est pourquoi, avec les anges et les archanges, avec les puissances d'en haut et tous les esprits bienheureux, nous chantons l'hymne de ta gloire et sans fin nous proclamons : **Saint !...**

Prière eucharistique I, II ou III ——— pages 409 à 420

Antienne de la communion. Nous avons vu son étoile à l'orient et nous sommes venus avec des présents adorer le Seigneur.

Prière après la communion. Que la clarté d'en haut, nous t'en prions, Seigneur, nous devance toujours et partout, afin que nous puissions contempler d'un regard pur et accueillir dans un cœur aimant le mystère auquel tu as voulu nous faire participer. Par le Christ, notre Seigneur.

Bénédiction solennelle

Dieu vous a appelés des ténèbres à son admirable lumière ;
dans sa bonté, qu'il répande sur vous sa bénédiction,
qu'il établisse vos cœurs dans la foi, l'espérance et la charité.
Amen.
Aujourd'hui, le Christ, lumière qui luit dans les ténèbres,
s'est manifesté au monde ;
puisque vous le suivez avec confiance,
qu'il vous donne d'être, vous aussi, lumière pour vos frères.
Amen.
Quand vous serez au terme de votre pèlerinage,
puissiez-vous rejoindre celui que les mages,
conduits par l'étoile,
ont cherché et trouvé avec grande joie :
le Christ Seigneur, lumière née de la lumière.
Amen.
Et que la bénédiction de Dieu tout-puissant,
le Père, et le Fils, ✠ et le Saint-Esprit,
descende sur vous et y demeure toujours.
Amen.

MÉDITONS AVEC SAINT AUGUSTIN D'HIPPONE

Aime ton prochain, tu verras Dieu

Quant à toi, parce que tu ne vois pas encore Dieu, c'est en aimant le prochain que tu mérites de voir Dieu, en aimant le prochain, tu purifies ton regard pour voir Dieu. C'est ce que saint Jean dit de façon évidente : *Si tu n'aimes pas ton frère, que tu vois, comment pourrais-tu aimer Dieu, que tu ne vois pas ?* (1 Jn 4, 20).

Voici que l'on te dit : « Aime Dieu. » Si tu me dis : « Montre-moi celui que je dois aimer », que répondrai-je, sinon ce que dit saint Jean : *Dieu, personne ne l'a jamais vu* (Jn 1, 18). Mais ne t'imagine pas que tu es absolument exclu de la vie de Dieu ! Saint Jean nous dit : *Dieu est amour, et celui qui demeure dans l'amour demeure en Dieu* (1 Jn 4, 16). Aime donc le prochain, regarde en toi d'où te vient cet amour du prochain ; là tu verras Dieu, dans la mesure où cela te sera possible.

Saint Augustin († 430), Père et docteur de l'Église, est un penseur chrétien qui a notamment inspiré la règle des communautés de chanoines réguliers et laissé des œuvres majeures telles que Les Confessions, La Cité de Dieu *et* De la Trinité.

Cette semaine

Lu 8	Baptême du Seigneur / fête	Is 55, 1-11 ou 1 Jn 5, 1-9 ; Ct Is 12 ; Mc 1, 7-11
	« Moi, je vous ai baptisés avec de l'eau ; lui vous baptisera dans l'Esprit Saint. » Mc 1, 8	
Ma 9	Férie	1 S 1, 9-20 ; 1 S 2 ; Mc 1, 21-28
	« Il commande même aux esprits impurs, et ils lui obéissent. » Mc 1, 27	
Me 10	Férie	1 S 3, 1-10.19-20 ; Ps 39 ; Mc 1, 29-39
	« Il guérit beaucoup de gens atteints de toutes sortes de maladies. » Mc 1, 34	

Je 11	Férie	1 S 4, 1b-11 ; Ps 43 ; Mc 1, 40-45
	« Si tu le veux, tu peux me purifier. » Mc 1, 40	
Ve 12	Férie	1 S 8, 4-7.10-22a ; Ps 88 ; Mc 2, 1-12
	« Mon enfant, tes péchés sont pardonnés. » Mc 2, 5	
Sa 13	Férie ou saint Hilaire	1 S 9, 1-4.10c.17-19 et 10, 1 ; Ps 20 ; Mc 2, 13-17
	« Je ne suis pas venu appeler des justes, mais des pécheurs. » Mc 2, 17	

Bonne fête ! 7 : Raymond • 8 : Lucien, Nathalan • 9 : Alix, Adrien • 10 : Guillaume, Marie-Dolorès • 11 : Paulin • 12 : Tatiana • 13 : Hilaire, Yvette

Nous fêtons

Sainte Marguerite Bourgeoys, fondatrice (1620-1700), le 12 janvier

Issue d'une famille bourgeoise pieuse, Marguerite se retrouva orpheline à 19 ans. L'appel qu'elle reçut alors qu'elle se tenait devant une statue de la Vierge la conduisit à rejoindre un groupe de femmes laïques que des religieuses de la congrégation de Notre-Dame de Troyes guidaient dans la prière et les œuvres de charité. En 1653, Marguerite accepta avec enthousiasme de partir en Nouvelle-France en tant que missionnaire. À son arrivée au Québec, où elle avait espoir de fonder une école de filles, elle découvrit que la maladie avait emporté les enfants de la colonie. Infatigable, elle consacra alors ses efforts à mobiliser les colons afin d'ériger la première chapelle en pierre de Montréal.

En 1657, elle fit l'école à ses premiers élèves dans une étable. Avec l'aide de jeunes femmes qu'elle avait recrutées en France, elle ouvrit un pensionnat pour les filles des colons, une école ménagère enseignant les travaux d'aiguille, ainsi qu'une école destinée aux indigènes – chacun de ces établissements étant un miracle en lui-même dans cette contrée sauvage. Les deux premières femmes autochtones à entrer en religion furent formées par Marguerite.

En 1698, son groupe de filles spirituelles devint la congrégation de Notre-Dame, une communauté de sœurs actives, « vagabondes » plutôt que « cloîtrées ». Deux ans plus tard, elle offrit sa vie pour sauver une jeune sœur gravement malade. Marguerite mourut peu après, tandis que la jeune femme se rétablit.

Intentions • Résolutions • Action de grâce

LUNDI 8 JANVIER 2024

Fête du Baptême du Seigneur

La fête du Baptême du Seigneur *clôt le temps de Noël. Elle célèbre la manifestation de la divinité de Jésus – son épiphanie – au début de sa vie publique. L'Esprit de Dieu qui habite en lui depuis toujours nous est offert pour que nous puissions vivre en fils adoptifs.*

Antienne d'ouverture. Dès que Jésus fut baptisé, les cieux s'ouvrirent : l'Esprit, comme une colombe, reposa sur lui. Et la voix du Père retentit : « Celui-ci est mon Fils bien-aimé en qui je trouve ma joie. »

Gloire à Dieu page 392

Prière. Dieu éternel et tout-puissant, quand le Christ fut baptisé dans le Jourdain, et que l'Esprit Saint descendit sur lui, tu l'as manifesté solennellement comme ton Fils bien-aimé ; accorde à tes enfants d'adoption, qui ont reçu la nouvelle naissance de l'eau et de l'Esprit, d'être toujours fidèles à ce qui te plaît. Par Jésus Christ, ton Fils, notre Seigneur, qui vit et règne avec toi dans l'unité du Saint-Esprit, Dieu, pour les siècles des siècles.

Ou bien :

Seigneur Dieu, c'est dans la réalité de notre chair que ton Fils unique est apparu ; puisqu'à son aspect extérieur nous l'avons reconnu semblable à nous, fais que par lui nous soyons intérieurement transformés. Lui qui vit et règne avec toi dans l'unité du Saint-Esprit, Dieu, pour les siècles des siècles.

● *L'essentiel est en réalité gratuit : c'est l'amour inconditionnel de Dieu. Comme la pluie qui inonde la terre et remonte au ciel, cet amour nous abreuve et revient ensuite vers lui quand nous l'aimons en retour.* ●

Lecture du livre du prophète Isaïe 55, 1-11

Ainsi parle le Seigneur : Vous tous qui avez soif, venez, voici de l'eau ! Même si vous n'avez pas d'argent, venez acheter et consommer, venez acheter du vin et du lait sans argent, sans rien payer. Pourquoi dépenser votre argent pour ce qui ne nourrit pas, vous fatiguer pour ce qui ne rassasie pas ? Écoutez-moi bien, et vous mangerez de bonnes choses, vous vous régalerez de viandes savoureuses ! Prêtez l'oreille ! Venez à moi ! Écoutez, et vous vivrez. Je m'engagerai envers vous par une alliance éternelle : ce sont les bienfaits garantis à David. Lui, j'en ai fait un témoin pour les peuples, pour les peuples, un guide et un chef. Toi, tu appelleras une nation inconnue de toi ; une nation qui ne te connaît pas accourra vers toi, à cause du Seigneur ton Dieu, à cause du Saint d'Israël, car il fait ta splendeur.

Cherchez le Seigneur tant qu'il se laisse trouver ; invoquez-le tant qu'il est proche. Que le méchant abandonne son chemin, et l'homme perfide, ses pensées ! Qu'il revienne vers le Seigneur qui lui montrera sa miséricorde, vers notre Dieu qui est riche en pardon. Car mes pensées ne sont pas vos pensées, et vos chemins ne sont pas mes chemins, – oracle du Seigneur. Autant le ciel est élevé au-dessus de la terre, autant mes chemins sont élevés au-dessus de vos chemins, et mes pensées, au-dessus de vos pensées.

La pluie et la neige qui descendent des cieux n'y retournent pas sans avoir abreuvé la terre, sans l'avoir

fécondée et l'avoir fait germer, donnant la semence au semeur et le pain à celui qui doit manger ; ainsi ma parole, qui sort de ma bouche, ne me reviendra pas sans résultat, sans avoir fait ce qui me plaît, sans avoir accompli sa mission.
— *Parole du Seigneur.*

Cantique (Isaïe 12)

℟ Exultant de joie, vous puiserez les eaux
aux sources du salut.

Voici le Dieu qui me sauve :
j'ai confiance, je n'ai plus de crainte.
Ma force et mon chant, c'est le Seigneur ;
il est pour moi le salut.

Rendez grâce au Seigneur,
proclamez son nom,
annoncez parmi les peuples ses hauts faits !
Redites-le : « Sublime est son nom ! »

Jouez pour le Seigneur, il montre
sa magnificence,
et toute la terre le sait.
Jubilez, criez de joie, habitants de Sion,
car il est grand au milieu de toi,
le Saint d'Israël !

Ou bien :

● *Aimer Dieu et aimer son prochain est le premier et le plus important des commandements. Si nous aimons comme le Seigneur nous aime, nous manifestons alors notre filiation adoptive dans le Christ et notre foi en lui.* ●

Lecture de la première lettre de saint Jean 5, 1-9

BIEN-AIMÉS, celui qui croit que Jésus est le Christ, celui-là est né de Dieu ; celui qui aime le Père qui a engendré aime aussi le Fils qui est né de lui. Voici comment nous reconnaissons que nous aimons les enfants de Dieu : lorsque nous aimons Dieu et que nous accomplissons ses commandements. Car tel est l'amour de Dieu : garder ses commandements ; et ses commandements ne sont pas un fardeau, puisque tout être qui est né de Dieu est vainqueur du monde. Or la victoire remportée sur le monde, c'est notre foi. Qui donc est vainqueur du monde ? N'est-ce pas celui qui croit que Jésus est le Fils de Dieu ? C'est lui, Jésus Christ, qui est venu par l'eau et par le sang : non pas seulement avec l'eau, mais avec l'eau et avec le sang. Et celui qui rend témoignage, c'est l'Esprit, car l'Esprit est la vérité. En effet, ils sont trois qui rendent témoignage, l'Esprit, l'eau et le sang, et les trois n'en font qu'un. Nous acceptons bien le témoignage des hommes ; or, le témoignage de Dieu a plus de valeur, puisque le témoignage de Dieu, c'est celui qu'il rend à son Fils.

— *Parole du Seigneur.*

Alléluia. Alléluia. Voyant Jésus venir à lui, Jean déclara : « Voici l'Agneau de Dieu, qui enlève le péché du monde. » **Alléluia.**

• *Le baptême du Christ est une manifestation de la divine Trinité. Aux hommes est révélé que Jésus est le Fils de Dieu. Notre baptême, lui, nous plonge dans la mort et la résurrection de Jésus et nous établit fils adoptifs de Dieu en Christ.* •

Évangile de Jésus Christ selon saint Marc 1, 7-11

En ce temps-là, Jean le Baptiste proclamait : « Voici venir derrière moi celui qui est plus fort que moi ; je ne suis pas digne de m'abaisser pour défaire la courroie de ses sandales. Moi, je vous ai baptisés avec de l'eau ; lui vous baptisera dans l'Esprit Saint. »
En ces jours-là, Jésus vint de Nazareth, ville de Galilée, et il fut baptisé par Jean dans le Jourdain. Et aussitôt, en remontant de l'eau, il vit les cieux se déchirer et l'Esprit descendre sur lui comme une colombe. Il y eut une voix venant des cieux : « Tu es mon Fils bien-aimé ; en toi, je trouve ma joie. »
— *Acclamons la Parole de Dieu.*

On ne dit pas le Credo.

Prière sur les offrandes. Accueille, Seigneur, les offrandes que nous te présentons en ce jour où nous est révélé ton Fils bien-aimé : que les dons de tes fidèles deviennent ainsi le sacrifice de celui qui, dans sa miséricorde, a voulu laver le monde de ses péchés : Jésus, le Christ. Lui qui vit et règne pour les siècles des siècles.

Préface. Vraiment, il est juste et bon, pour ta gloire et notre salut, de t'offrir notre action de grâce, toujours et en tout lieu, Seigneur, Père très saint, Dieu éternel et tout-puissant. Dans les eaux du Jourdain, tu as préfiguré par d'admirables mystères le baptême nouveau. Une voix venue du ciel atteste que ton Verbe habite parmi les hommes. Par l'Esprit descendu sous l'aspect d'une colombe, le Christ, ton Serviteur, reçoit l'onction d'allégresse : il est reconnu comme le messager de la Bonne Nouvelle aux pauvres. C'est pourquoi, avec les puissances des cieux, nous pouvons te bénir sur la terre et t'adorer sans fin en proclamant : **Saint !...**

Antienne de la communion. Voici celui dont Jean Baptiste disait : « Moi, j'ai vu et je rends témoignage : c'est lui le Fils de Dieu. »

Prière après la communion. Rassasiés par ce don sacré, nous implorons ta bonté, Seigneur ; accorde-nous d'écouter fidèlement ton Fils unique, afin de pouvoir être appelés tes fils, et de l'être vraiment. Par le Christ, notre Seigneur.

Méditons avec saint Pierre Chrysologue

Voici l'Agneau de Dieu

Aujourd'hui, le Christ, qui va laver le péché du monde, est entré dans le lit du Jourdain. Jean lui-même atteste qu'il est venu pour cela : « *Voici l'Agneau de Dieu, voici celui qui enlève le péché du monde* » (Jn 1, 29). Aujourd'hui, le serviteur s'empare du Seigneur ; l'homme, de Dieu ; Jean, du Christ ; il s'en empare pour recevoir le pardon, non pour le donner.

Aujourd'hui, comme dit le Prophète : *La voix du Seigneur retentit sur les eaux* (Ps 28, 3). Que dit cette voix ? « *Celui-ci est mon Fils bien-aimé ; en lui j'ai mis tout mon amour.* »

Aujourd'hui, l'Esprit Saint survole les eaux sous l'apparence d'une colombe. De même qu'une autre avait annoncé à Noé que le déluge du monde se retirait, c'est ainsi qu'en voyant cette colombe on apprenait que le naufrage inéluctable du monde avait cessé. Elle n'apportait pas, comme celle d'autrefois, un rameau d'olivier, mais elle répandit sur la tête de notre chef toute la richesse d'une onction nouvelle, pour accomplir la prédiction du Prophète : *Dieu, ton Dieu, t'a consacré par l'onction d'une huile d'allégresse, de préférence à tes compagnons* (Ps 44, 8).

Saint Pierre Chrysologue – « Parole d'or » – († 450), archevêque de Ravenne, nous a laissé cent soixante-seize sermons d'inspiration biblique.

« Moi, je vous ai baptisés avec de l'eau ;
lui vous baptisera dans l'Esprit Saint. » Mc 1, 8

LE TEMPS ORDINAIRE

Le temps de la vie en Christ

Débutant au lendemain de la fête du Baptême du Seigneur, le temps qui s'ouvre est dit « ordinaire », non parce qu'il serait de moindre intérêt que les temps privilégiés que sont l'Avent, le temps de Noël, le Carême et le temps pascal, mais parce qu'il est composé de dimanches qui se suivent dans « l'ordre », l'un après l'autre jusqu'à la fête du Christ Roi de l'univers. Trente-trois ou trente-quatre semaines où aucun aspect particulier du mystère du Christ n'est célébré. Comme si les dimanches des temps privilégiés formaient une sorte de retraite d'approfondissement spirituel, un retour aux sources de la foi. Dès lors, le temps ordinaire devient le déploiement dans nos existences de la vie du Christ insufflée par l'Esprit Saint.

Le mystère du Christ est ainsi un appel permanent à la conversion. D'une part en nous arrachant au pouvoir du mal, et d'autre part, en nous disposant toujours plus, au fil des célébrations de l'eucharistie, à recevoir le don de l'amour de Dieu: « la liturgie édifie chaque jour ceux qui sont audedans pour en faire un temple saint dans le Seigneur » (Concile Vat. II).

Saint Paul donne le ton du temps ordinaire: *Nous cheminons dans la foi, non dans la claire vision* (2 Co 5, 7; 11e dim.). De dimanche en dimanche, nous suivons Jésus au gré de ses pérégrinations de Galilée en Judée, et du pays de Sidon à Jérusalem par la Samarie. Nous écoutons sa parole, regardons les gestes qu'il pose et nous laissons interroger: « *Pour vous, qui suis-je ?* » (Mc 8, 29; 24e dim.).

Le récit de l'Évangile de Marc que nous écoutons en cette année B, complété par le discours du Pain de vie (Jn 6), trouve un écho dans les lectures de l'Ancien Testament que propose la liturgie. Il y a entre ces deux lectures un rapport de prophétie à accomplissement, au sens où Jésus accomplit parfaitement la Loi. Ainsi, le 12e dimanche, lorsque nous écoutons le récit de tempête apaisée (Mc 4, 35-41), la liturgie nous propose de lire en regard le livre de Job: « *Et je dis:* [...] *Ici s'arrêtera l'orgueil de tes flots!* » (Jb 38, 11). Le 26e dimanche, lorsque les Apôtres s'indignent qu'un homme, qui n'est pas « *de ceux qui suivent* » Jésus, chasse les démons (Mc 9, 38), nous entendons Moïse réprimander Josué qui n'accepte pas que deux hommes restés dans le camp prophétisent (Nb 11, 25-29).

La deuxième lecture, tirée des écrits apostoliques – cette année, la deuxième lettre aux Corinthiens et celle aux Éphésiens de saint Paul, puis la lettre de saint Jacques et la lettre aux Hébreux –, est une réflexion des premières communautés chrétiennes sur l'agir spécifiquement chrétien et la compréhension du mystère du Christ et de l'Église. Ces lectures sont toujours à lire en gardant en tête l'Évangile dont la fine pointe est le mystère pascal du Christ célébré à Pâques.

C'est ainsi qu'au cours du temps ordinaire, chacun reçoit « la claire vision de ce qu'il doit faire et la force de l'accomplir » (oraison, 1re sem.) pour la gloire de Dieu et le salut du monde.

DIMANCHE 14 JANVIER 2024

2E DIMANCHE DU TEMPS ORDINAIRE

Après son baptême, *Jésus s'engage sur les chemins de Palestine. Dieu ne cesse d'être proche et nous appelle par notre nom, comme pour l'enfant Samuel. Si nous prenons le temps de nous laisser connaître par le Christ, nous pourrons le reconnaître comme l'« Agneau de Dieu ».*

Antienne d'ouverture. Toute la terre se prosterne devant toi, qu'elle chante pour toi, qu'elle chante un psaume pour ton nom, Dieu très-haut.

Gloire à Dieu ———— page 392

Prière. Dieu éternel et tout-puissant, qui régis et le ciel et la terre, exauce, en ta bonté, les supplications de ton peuple et donne à notre temps la paix qui vient de toi. Par Jésus Christ, ton Fils, notre Seigneur, qui vit et règne avec toi dans l'unité du Saint-Esprit, Dieu, pour les siècles des siècles.

● *L'appel du jeune Samuel, futur grand prophète qui conférera l'onction royale à David, atteste que le Seigneur s'adresse à nous à tout âge, pour autant que vive en nous ce même désir d'être attentifs aux appels du Seigneur et d'y répondre.* ●

Lecture du premier livre de Samuel — 3, 3b-10.19

En ces jours-là, le jeune Samuel était couché dans le temple du Seigneur à Silo, où se trouvait l'arche de Dieu. Le Seigneur appela Samuel, qui répondit : « Me voici ! » Il courut vers le prêtre Éli, et il dit : « Tu m'as

appelé, me voici. » Éli répondit : « Je n'ai pas appelé. Retourne te coucher. » L'enfant alla se coucher. De nouveau, le Seigneur appela Samuel. Et Samuel se leva. Il alla auprès d'Éli, et il dit : « Tu m'as appelé, me voici. » Éli répondit : « Je n'ai pas appelé, mon fils. Retourne te coucher. » Samuel ne connaissait pas encore le Seigneur, et la parole du Seigneur ne lui avait pas encore été révélée.

De nouveau, le Seigneur appela Samuel. Celui-ci se leva. Il alla auprès d'Éli, et il dit : « Tu m'as appelé, me voici. » Alors Éli comprit que c'était le Seigneur qui appelait l'enfant, et il lui dit : « Va te recoucher, et s'il t'appelle, tu diras : "Parle, Seigneur, ton serviteur écoute." » Samuel alla se recoucher à sa place habituelle. Le Seigneur vint, il se tenait là et il appela comme les autres fois : « Samuel ! Samuel ! » Et Samuel répondit : « Parle, ton serviteur écoute. »

Samuel grandit. Le Seigneur était avec lui, et il ne laissa aucune de ses paroles sans effet.

— Parole du Seigneur.

Psaume 39

℟ **Me voici, Seigneur, je viens faire ta volonté.**

D'un grand espoir, j'espérais le Seigneur :
il s'est penché vers moi.
En ma bouche il a mis un chant nouveau,
une louange à notre Dieu.

Tu ne voulais ni offrande ni sacrifice,
tu as ouvert mes oreilles ;
tu ne demandais ni holocauste ni victime,
alors j'ai dit : « Voici, je viens.

« Dans le livre, est écrit pour moi
ce que tu veux que je fasse.
Mon Dieu, voilà ce que j'aime :
ta loi me tient aux entrailles. »

Vois, je ne retiens pas mes lèvres,
Seigneur, tu le sais.
J'ai dit ton amour et ta vérité
à la grande assemblée.

● *Nous appartenons corporellement au Christ, et ce d'autant plus que « [n]os corps sont les membres du Christ » depuis notre baptême. Par son Esprit Saint, le Ressuscité demeure en nous, dans la totalité de notre être, corps et âme.* ●

Lecture de la première lettre de saint Paul apôtre aux Corinthiens 6, 13c-15a.17-20

FRÈRES, le corps n'est pas pour la débauche, il est pour le Seigneur, et le Seigneur est pour le corps ; et Dieu, par sa puissance, a ressuscité le Seigneur et nous ressuscitera nous aussi. Ne le savez-vous pas ? Vos corps sont les membres du Christ. Celui qui s'unit au Seigneur ne fait avec lui qu'un seul esprit. Fuyez la débauche. Tous les péchés que l'homme peut commettre sont extérieurs à son corps ; mais l'homme qui se livre à la débauche commet un péché contre son propre corps.

Ne le savez-vous pas ? Votre corps est un sanctuaire de l'Esprit Saint, lui qui est en vous et que vous avez reçu de Dieu ; vous ne vous appartenez plus à vous-mêmes, car vous avez été achetés à grand prix. Rendez donc gloire à Dieu dans votre corps.

— *Parole du Seigneur.*

Alléluia. Alléluia. En Jésus Christ, nous avons reconnu le Messie : par lui sont venues la grâce et la vérité. **Alléluia.**

● *Après son baptême qui inaugure sa vie publique, Jésus fait la rencontre de ses premiers disciples. Pour qui fait cette expérience, la rencontre du Christ peut se muer en un appel qui renouvelle non seulement sa vie, mais aussi son identité.* ●

Évangile de Jésus Christ selon saint Jean 1, 35-42

En ce temps-là, Jean le Baptiste se trouvait avec deux de ses disciples. Posant son regard sur Jésus qui allait et venait, il dit : « Voici l'Agneau de Dieu. » Les deux disciples entendirent ce qu'il disait, et ils suivirent Jésus. Se retournant, Jésus vit qu'ils le suivaient, et leur dit : « Que cherchez-vous ? » Ils lui répondirent : « Rabbi – ce qui veut dire : Maître –, où demeures-tu ? » Il leur dit : « Venez, et vous verrez. » Ils allèrent donc, ils virent où il demeurait, et ils restèrent auprès de lui ce jour-là. C'était vers la dixième heure, (environ quatre heures de l'après-midi).

André, le frère de Simon-Pierre, était l'un des deux disciples qui avaient entendu la parole de Jean et qui avaient suivi Jésus. Il trouve d'abord Simon, son propre frère, et lui dit : « Nous avons trouvé le Messie » – ce qui veut dire : Christ. André amena son frère à Jésus. Jésus posa son regard sur lui et dit : « Tu es Simon, fils de Jean ; tu t'appelleras Kèphas » – ce qui veut dire : Pierre.

— *Acclamons la Parole de Dieu.*

CREDO page 395

PRIÈRE SUR LES OFFRANDES. Accorde-nous, Seigneur, nous t'en prions, de participer dignement à ces mystères, car chaque fois qu'est célébré ce sacrifice en mémorial, c'est l'œuvre de notre rédemption qui s'accomplit. Par le Christ, notre Seigneur.

Préface pages 405 à 408

Antienne de la communion. Tu prépares la table pour moi ; la coupe qui m'enivre, comme elle est admirable !

Ou bien :

Nous avons reconnu l'amour que Dieu a pour nous, et nous y avons cru.

Prière après la communion. Répands en nous, Seigneur, ton Esprit de charité, afin d'unir dans un même amour ceux que tu as nourris du même pain du ciel. Par le Christ, notre Seigneur.

MÉDITONS AVEC LE CONCILE VATICAN II

Une semaine pour prier avec le Christ

Père, qu'ils soient UN.

La conversion du cœur et la sainteté de vie, unies aux prières publiques et privées pour l'unité des chrétiens, doivent être regardées comme l'âme de tout l'œcuménisme et peuvent à bon droit être appelées « œcuménisme spirituel ».

Le Concile souhaite instamment que les initiatives des enfants de l'Église catholique progressent unies à celles des frères séparés, sans mettre un obstacle quelconque aux voies de la Providence et sans préjuger des impulsions futures de l'Esprit Saint.

Au surplus, le Concile déclare avoir conscience que ce projet sacré, la réconciliation de tous les chrétiens dans l'unité d'une seule et unique Église du Christ, dépasse les forces et les capacités humaines.

C'est pourquoi il met entièrement son espoir dans la prière du Christ pour l'Église, dans l'amour du Père à notre égard et dans la puissance du Saint-Esprit. L'espérance ne déçoit point : car l'amour de Dieu a été répandu dans nos cœurs par l'Esprit Saint qui nous a été donné.

Le concile Vatican II, qui rassembla tous les évêques du monde, fut un événement pour le renouvellement de la liturgie, l'ancrage de l'Église dans le monde moderne et le rapport aux autres religions.

Cette semaine

Lu 15	Férie ou saint Remi (en France)	1 S 15, 16-23 ; Ps 49 ; Mc 2, 18-22
	« Personne ne met du vin nouveau dans de vieilles outres. » Mc 2, 22	
Ma 16	Férie	1 S 16, 1-13 ; Ps 88 ; Mc 2, 23-28
	« Le sabbat a été fait pour l'homme, et non pas l'homme pour le sabbat. » Mc 2, 27	
Me 17	Saint Antoine	1 S 17, 32-33.37.40-51 ; Ps 143 ; Mc 3, 1-6
	« Est-il permis, le jour du sabbat, de faire le bien ou de faire le mal ? » Mc 3, 4	
Je 18	Férie	1 S 18, 6-9 et 19, 1-7 ; Ps 55 ; Mc 3, 7-12
	« Tous ceux qui souffraient de quelque mal se précipitaient sur lui pour le toucher. » Mc 3, 10	
Ve 19	Férie	1 S 24, 3-21 ; Ps 56 ; Mc 3, 13-19
	« Il en institua douze pour les envoyer proclamer la Bonne Nouvelle. » Cf. Mc 3, 14	
Sa 20	Férie ou saint Fabien ou saint Sébastien	2 S 1, 1-4.11-12.19.23-27 ; Ps 79 ; Mc 3, 20-21
	« Les gens de chez lui vinrent pour se saisir de lui, car ils affirmaient : "Il a perdu la tête." » Cf. Mc 3, 21	

À noter : du 18 au 25 janvier, **semaine de prière pour l'unité des chrétiens.**

Bonne fête ! 14 : Ninon • **15** : Rémi, Arnold • **16** : Marcel, Titien • **17** : Roseline, Antoine • **18** : Prisca, Marguerite • **19** : Marius, Macaire • **20** : Sébastien

Nous fêtons

Saint Rémi, évêque († v. 530), le 15 janvier

Fils de sainte Céline, Rémi naquit vers 440 dans une grande famille gallo-romaine. Devenu très jeune évêque de Reims, il demeura le pasteur de son diocèse jusqu'à sa mort. Durant les presque soixante-dix ans de son épiscopat, il mena une intense activité missionnaire jusqu'aux frontières de la Belgique en fondant les sièges épiscopaux de Thérouanne, Laon et Arras. En outre, il fit preuve d'un constant souci des pauvres et des faibles.

Lorsque Clovis devint roi des Francs en 481, Rémi veilla dès le début de cette prise de pouvoir à entretenir une relation avec ce dirigeant païen. Aidé activement par la reine Clotilde, épouse de Clovis, chrétienne et fille du roi des Burgondes, saint Rémi amena le roi des Francs à la foi catholique. Il lui conféra le baptême, ainsi qu'à trois mille de ses guerriers, un jour de Noël entre 496 et 506. Au cours de la célébration, l'huile baptismale ayant fait défaut, une colombe aurait apporté du ciel la Sainte-Ampoule contenant le saint chrême qui manquait. « Incline humblement la tête – aurait alors dit saint Rémi au roi. Adore ce que tu as brûlé, et brûle ce que tu as adoré. »

Après le baptême de Reims, saint Rémi restera, jusqu'à sa mort, l'un des conseillers de Clovis et sera l'un des artisans de la lutte contre l'arianisme.

Intentions • Résolutions • Action de grâce

....

....

....

....

DIMANCHE 21 JANVIER 2024

3e DIMANCHE DU TEMPS ORDINAIRE

Dimanche de la Parole de Dieu

La liturgie de ce dimanche *fait résonner à nos oreilles l'invitation du Christ : « Croyez à la Bonne Nouvelle. » Il faut à Jésus de l'audace pour lancer un tel appel, et il nous faut de l'audace pour croire qu'une Bonne Nouvelle nous est promise. De l'audace et de la confiance.*

Antienne d'ouverture. Chantez au Seigneur un chant nouveau, chantez au Seigneur, terre entière. Devant lui, splendeur et majesté, dans son sanctuaire, puissance et beauté.

Gloire à Dieu page 392

Prière. Dieu éternel et tout-puissant, dans ta bienveillance, dirige nos actions, afin qu'au nom de ton Fils bien-aimé nous portions des fruits en abondance. Par Jésus Christ, ton Fils, notre Seigneur, qui vit et règne avec toi dans l'unité du Saint-Esprit, Dieu, pour les siècles des siècles.

● *Jonas a tenté de se soustraire à l'appel de Dieu mais le Seigneur ne délaisse jamais ceux qu'il a choisis. Assumant maintenant sa mission, Jonas adresse à Ninive, la cité païenne, un appel à la conversion pour accueillir la miséricorde de Dieu.* ●

Lecture du livre de Jonas — 3, 1-5.10

La parole du Seigneur fut adressée de nouveau à Jonas : « Lève-toi, va à Ninive, la grande ville païenne, proclame le message que je te donne sur elle. » Jonas se leva et

partit pour Ninive, selon la parole du Seigneur. Or, Ninive était une ville extraordinairement grande : il fallait trois jours pour la traverser. Jonas la parcourut une journée à peine en proclamant : « Encore quarante jours, et Ninive sera détruite ! » Aussitôt, les gens de Ninive crurent en Dieu. Ils annoncèrent un jeûne, et tous, du plus grand au plus petit, se vêtirent de toile à sac.
En voyant leur réaction, et comment ils se détournaient de leur conduite mauvaise, Dieu renonça au châtiment dont il les avait menacés.
— *Parole du Seigneur.*

Psaume 24

℟ Seigneur, enseigne-moi tes chemins.

Seigneur, enseigne-moi tes voies,
fais-moi connaître ta route.
Dirige-moi par ta vérité, enseigne-moi,
car tu es le Dieu qui me sauve.

Rappelle-toi, Seigneur ta tendresse,
ton amour qui est de toujours.
Dans ton amour, ne m'oublie pas,
en raison de ta bonté, Seigneur.

Il est droit, il est bon, le Seigneur,
lui qui montre aux pécheurs le chemin.
Sa justice dirige les humbles,
il enseigne aux humbles son chemin.

● *Saint Paul rappelle aux chrétiens de Corinthe que le monde dans lequel ils vivent n'est ni définitif ni éternel. Quelles que soient leurs situations, ils connaîtront un jour, et pour toujours, une vie nouvelle avec le Christ. Telle est l'espérance chrétienne qui est aussi la nôtre.* •

Lecture de la première lettre de saint Paul apôtre aux Corinthiens 7, 29-31

FRÈRES, je dois vous le dire : le temps est limité. Dès lors, que ceux qui ont une femme soient comme s'ils n'avaient pas de femme, ceux qui pleurent, comme s'ils ne pleuraient pas, ceux qui ont de la joie, comme s'ils n'en avaient pas, ceux qui font des achats, comme s'ils ne possédaient rien, ceux qui profitent de ce monde, comme s'ils n'en profitaient pas vraiment. Car il passe, ce monde tel que nous le voyons.

— *Parole du Seigneur.*

Alléluia. Alléluia. Le règne de Dieu est tout proche. Convertissez-vous et croyez à l'Évangile. **Alléluia.**

• *C'est maintenant saint Marc qui nous rapporte l'appel des premiers disciples. Pour annoncer la Bonne Nouvelle de Dieu, Jésus appelle à l'accompagner. Nous aussi sommes appelés à la conversion, appelés à nous mettre à sa suite.* •

Évangile de Jésus Christ selon saint Marc 1, 14-20

APRÈS L'ARRESTATION de Jean le Baptiste, Jésus partit pour la Galilée proclamer l'Évangile de Dieu ; il disait : « Les temps sont accomplis : le règne de Dieu est tout proche. Convertissez-vous et croyez à l'Évangile. »
Passant le long de la mer de Galilée, Jésus vit Simon et André, le frère de Simon, en train de jeter les filets dans

Temps ordinaire

la mer, car c'étaient des pêcheurs. Il leur dit : « Venez à ma suite. Je vous ferai devenir pêcheurs d'hommes. » Aussitôt, laissant leurs filets, ils le suivirent.
Jésus avança un peu et il vit Jacques, fils de Zébédée, et son frère Jean, qui étaient dans la barque et réparaient les filets. Aussitôt, Jésus les appela. Alors, laissant dans la barque leur père Zébédée avec ses ouvriers, ils partirent à sa suite.
— *Acclamons la Parole de Dieu.*

CREDO page 395

PRIÈRE SUR LES OFFRANDES. Accueille avec bienveillance nos présents, nous t'en prions, Seigneur : qu'ils soient sanctifiés et servent ainsi à notre salut. Par le Christ, notre Seigneur.

PRÉFACE pages 405 à 408

ANTIENNE DE LA COMMUNION. Approchez du Seigneur : resplendissez de sa lumière, sans ombre ni trouble au visage.

Ou bien :

Je suis la lumière du monde, dit le Seigneur. Celui qui me suit ne marchera pas dans les ténèbres : il aura la lumière de la vie.

PRIÈRE APRÈS LA COMMUNION. Nous t'en prions, Dieu tout-puissant ; nous recevons de toi la grâce qui fait vivre : fais que nous trouvions toujours notre gloire dans ce que tu nous donnes. Par le Christ, notre Seigneur.

MÉDITONS AVEC SAINT THOMAS D'AQUIN

Vous n'avez qu'un seul Maître

Le Christ est le chemin pour parvenir à la connaissance de la vérité, alors qu'il est lui-même la vérité. Conduis-moi, Seigneur, dans ta vérité, et j'entrerai sur ton chemin.

Et le Christ est le chemin pour parvenir à la vie, alors qu'il est lui-même la vie. Tu m'as fait connaître les chemins de la vie.

Si donc tu cherches par où passer, prends le Christ, puisque lui-même est le chemin. C'est le chemin, suivez-le. Et Augustin commente : « Marche en suivant l'homme et tu parviendras à Dieu. » Car il vaut mieux boiter sur le chemin que marcher à grands pas hors du chemin. Car celui qui boite sur le chemin, même s'il n'avance guère, se rapproche du terme ; mais celui qui marche hors du chemin, plus il court vaillamment, plus il s'éloigne du terme.

Si tu cherches où aller, sois uni au Christ, parce qu'il est en personne la vérité à laquelle nous désirons parvenir : c'est la vérité que ma bouche proclame. Si tu cherches où demeurer, sois uni au Christ, parce qu'il est en personne la vie. Celui qui me trouvera trouvera la vie, et il obtiendra du Seigneur le salut.

Saint Thomas d'Aquin († 1274) est considéré comme l'un des principaux maîtres de la philosophie scolastique et de la théologie catholique. Auteur d'une Somme théologique, *il a été proclamé docteur de l'Église en 1567 et docteur commun en 1880. Appelé le « docteur angélique » par l'Église catholique, il est le saint patron des universités, des écoles et des académies catholiques.*

Cette semaine

Lu 22	Férie ou saint Vincent	2 S 5, 1-7.10 ; Ps 88 ; Mc 3, 22-30
	« Si un royaume est divisé contre lui-même, ce royaume ne peut pas tenir. » Mc 3, 24	
Ma 23	Férie	2 S 6, 12b-15.17-19 ; Ps 23 ; Mc 3, 31-35
	« Celui qui fait la volonté de Dieu est pour moi un frère, une sœur, une mère. » Cf. Mc 3, 35	
Me 24	Saint François de Sales	2 S 7, 4-17 ; Ps 88 ; Mc 4, 1-20
	« Celui qui a des oreilles pour entendre, qu'il entende ! » Mc 4, 9	

Je 25	Conversion de saint Paul / fête	Ac 22, 3-16 ou Ac 9, 1-22 ; Ps 116 ; Mc 16, 15-18
	« Allez dans le monde entier. Proclamez l'Évangile à toute la création. » Mc 16, 15	
Ve 26	Saints Timothée et Tite	*2 Tm 1, 1-8 ou *Tt 1, 1-5 ; Ps 50 ; Mc 4, 26-34
	« Il ne leur disait rien sans parabole. » Mc 4, 33	
Sa 27	Férie ou sainte Angèle Merici	2 S 12, 1-7a.10-17 ; Ps 50 ; Mc 4, 35-41
	« Passons sur l'autre rive. » Mc 4, 35	

Bonne fête ! 21 : Agnès, Zacharie • 22 : Vincent, Laure • 23 : Émérentienne, Barnard • 24 : François, Félicien • 25 : Priest • 26 : Tite, Timothée • 27 : Angèle, Manfred

Un astérisque (*) placé devant une lecture signale que celle-ci est obligatoire.

Nous fêtons

Sainte Angèle Merici, vierge et fondatrice (vers 1474-1540), le 27 janvier

Angèle grandit dans une famille très pieuse. Malheureusement, elle perdit tour à tour ses parents ainsi que ses frères et sœurs et, âgée seulement d'une vingtaine d'années, se retrouva seule. Elle habitait la maison familiale, à Desenzano, en Italie, quand elle décida de rejoindre les tertiaires franciscaines pour vivre dans la pauvreté et la prière. Exemple pour les filles de son quartier, elle eut un jour une vision : des jeunes femmes vêtues de blanc montaient et descendaient une échelle menant au Paradis. L'une d'elles lui dit de se rendre à Brescia pour fonder une « compagnie de vierges ».

À Brescia, des guerres répétées avaient déchiré les familles si bien que nombre de jeunes filles privées d'éducation sombraient dans la misère et la prostitution. Angèle se consacra à elles. Au fil des ans, elle entreprit de réunir une compagnie de jeunes femmes au courage et à la loyauté sans faille. Elles portaient un voile blanc mais vivaient dans leurs propres demeures. Leur mission commune consistait à apporter une instruction aux jeunes filles, notamment aux plus vulnérables. Angèle leur dit : « Veuillez vous efforcer de les conduire avec amour, d'une main suave et douce et non pas impérieusement et avec âpreté. »

Placé sous le patronage de sainte Ursule, l'ordre grandit et la renommée d'Angèle se répandit. Lorsqu'elle se rendit à Rome en 1525, le pape lui proposa de la nommer à la tête d'un ordre de sœurs infirmières, mais Angèle souhaita rester auprès de ses filles. Peu après sa mort, en 1540, la compagnie d'Angèle prit le nom d'Ursulines, un ordre toujours actif de nos jours.

Intentions • Résolutions • Action de grâce

DIMANCHE 28 JANVIER 2024

4E DIMANCHE DU TEMPS ORDINAIRE

Journée mondiale des lépreux

Ce dimanche, ***une parole pleine d'autorité se fait entendre : celle du Christ, parole du Dieu vainqueur de tout mal. Être docile à la parole de Dieu et adorer le Seigneur « sans partage » nous guide sur la voie de la « vraie charité », dès lors que nous « ne fermons pas notre cœur ».***

Antienne d'ouverture. Sauve-nous, Seigneur notre Dieu ; rassemble-nous du milieu des nations, que nous rendions grâce à ton saint nom, fiers de chanter ta louange !

Gloire à Dieu page 392

Prière. Accorde-nous, Seigneur notre Dieu, de pouvoir t'adorer de tout notre esprit, et d'avoir envers tous une vraie charité. Par Jésus Christ, ton Fils, notre Seigneur, qui vit et règne avec toi dans l'unité du Saint-Esprit, Dieu, pour les siècles des siècles.

● *Après Moïse, Dieu choisira de nombreux prophètes pour parler à son peuple d'Israël et lui faire connaître sa volonté. Viendra le temps où il enverra plus qu'un prophète : Jésus, sa Parole, au milieu des hommes.* ●

Lecture du livre du Deutéronome 18, 15-20

Moïse disait au peuple : « Au milieu de vous, parmi vos frères, le Seigneur votre Dieu fera se lever un prophète comme moi, et vous l'écouterez. C'est bien ce que vous avez demandé au Seigneur votre Dieu, au

mont Horeb, le jour de l'assemblée, quand vous disiez : "Je ne veux plus entendre la voix du Seigneur mon Dieu, je ne veux plus voir cette grande flamme, je ne veux pas mourir !" Et le Seigneur me dit alors : "Ils ont bien fait de dire cela. Je ferai se lever au milieu de leurs frères un prophète comme toi ; je mettrai dans sa bouche mes paroles, et il leur dira tout ce que je lui prescrirai. Si quelqu'un n'écoute pas les paroles que ce prophète prononcera en mon nom, moi-même je lui en demanderai compte.

« Mais un prophète qui aurait la présomption de dire en mon nom une parole que je ne lui aurais pas prescrite, ou qui parlerait au nom d'autres dieux, ce prophète-là mourra." »

— Parole du Seigneur.

Psaume 94

℟ Aujourd'hui, ne fermez pas votre cœur,
mais écoutez la voix du Seigneur.

Venez, crions de joie, pour le Seigneur,
acclamons notre Rocher, notre salut !
Allons jusqu'à lui en rendant grâce,
par nos hymnes de fête acclamons-le !

Entrez, inclinez-vous, prosternez-vous,
adorons le Seigneur qui nous a faits.
Oui, il est notre Dieu ;
nous sommes le peuple qu'il conduit
le troupeau guidé par sa main.

Aujourd'hui écouterez-vous sa parole ?
« Ne fermez pas votre cœur comme au désert,

comme au jour de tentation et de défi,
où vos pères m'ont tenté et provoqué,
et pourtant ils avaient vu mon exploit. »

● *Saint Paul envisage la vie familiale à l'aune de la vie éternelle. Que ce soit dans le mariage ou dans le célibat, la paix ne régnera en nous que si le Seigneur est au cœur de nos vies.* ●

Lecture de la première lettre de saint Paul apôtre aux Corinthiens 7, 32-35

FRÈRES, j'aimerais vous voir libres de tout souci. Celui qui n'est pas marié a le souci des affaires du Seigneur, il cherche comment plaire au Seigneur. Celui qui est marié a le souci des affaires de ce monde, il cherche comment plaire à sa femme, et il se trouve divisé. La femme sans mari, ou celle qui reste vierge, a le souci des affaires du Seigneur, afin d'être sanctifiée dans son corps et son esprit. Celle qui est mariée a le souci des affaires de ce monde, elle cherche comment plaire à son mari. C'est dans votre intérêt que je dis cela ; ce n'est pas pour vous tendre un piège, mais pour vous proposer ce qui est bien, afin que vous soyez attachés au Seigneur sans partage.

— *Parole du Seigneur.*

Alléluia. Alléluia. Le peuple qui habitait dans les ténèbres a vu une grande lumière. Sur ceux qui habitaient dans le pays et l'ombre de la mort, une lumière s'est levée. **Alléluia.**

● *Jésus ne répète pas une leçon apprise. Son enseignement est un événement : ce qu'il dit vient de Dieu ! Cela n'échappe pas à l'esprit mauvais auquel Jésus impose le silence. La Parole agit et sa puissance vainc le mal.* •

Évangile de Jésus Christ selon saint Marc 1, 21-28

Jésus et ses disciples entrèrent à Capharnaüm. Aussitôt, le jour du sabbat, il se rendit à la synagogue, et là, il enseignait. On était frappé par son enseignement, car il enseignait en homme qui a autorité, et non pas comme les scribes. Or, il y avait dans leur synagogue un homme tourmenté par un esprit impur, qui se mit à crier : « Que nous veux-tu, Jésus de Nazareth ? Es-tu venu pour nous perdre ? Je sais qui tu es : tu es le Saint de Dieu. » Jésus l'interpella vivement : « Tais-toi ! Sors de cet homme. » L'esprit impur le fit entrer en convulsions, puis, poussant un grand cri, sortit de lui. Ils furent tous frappés de stupeur et se demandaient entre eux : « Qu'est-ce que cela veut dire ? Voilà un enseignement nouveau, donné avec autorité ! Il commande même aux esprits impurs, et ils lui obéissent. » Sa renommée se répandit aussitôt partout, dans toute la région de la Galilée.

— Acclamons la Parole de Dieu.

Credo page 395

Prière sur les offrandes. Pour te servir, Seigneur, nous déposons nos présents sur ton autel : accueille-les favorablement, pour qu'ils deviennent le sacrement de notre rédemption. Par le Christ, notre Seigneur.

Préface pages 405 à 408

Antienne de la communion. Sur ton serviteur, que s'illumine ta face ; sauve-moi dans ta miséricorde. Seigneur, garde-moi d'être humilié, car je t'ai invoqué.

Temps ordinaire

Ou bien :

Heureux les pauvres de cœur, car le royaume des Cieux est à eux. Heureux les doux, car ils recevront la terre en héritage.

Prière après la communion. Nous avons été fortifiés par le sacrement de notre rédemption, et nous t'en prions, Seigneur : que cette nourriture pour le salut éternel nous fasse progresser dans la foi véritable. Par le Christ, notre Seigneur.

MÉDITONS AVEC SAINT IGNACE D'ANTIOCHE

Tu es le Saint, le Saint de Dieu

Je glorifie Jésus Christ Dieu, qui vous a donné une telle sagesse ; j'ai constaté en effet que vous êtes parvenus à une foi si parfaitement ajustée qu'elle ne peut plus bouger, comme si vous étiez cloués à la croix de notre Seigneur Jésus Christ quant à la chair et à l'esprit ; que vous êtes établis dans la charité par le sang du Christ ; que vous êtes fermement convaincus, au sujet de notre Seigneur, qu'il est vraiment issu de la race de David selon la chair, Fils de Dieu selon la volonté et la puissance de Dieu, véritablement né d'une vierge, baptisé par Jean pour que toute justice fût accomplie par lui ; qu'il a été vraiment cloué pour nous dans sa chair sous Ponce Pilate et le tétrarque Hérode – notre existence en est le fruit, par sa bienheureuse Passion –, qu'il est ressuscité pour lever son étendard dans les siècles à venir, afin de rassembler ses fidèles et ses saints, venus du judaïsme ou du paganisme, dans l'unique corps de son Église.

Saint Ignace (IIe siècle), l'un des Pères et des premiers docteurs de l'Église, fut le deuxième évêque d'Antioche.

Cette semaine

Lu 29	Férie	2 S 15, 13-14.30 et 16, 5-13a; Ps 3; Mc 5, 1-20
	« Annonce-leur tout ce que le Seigneur a fait pour toi dans sa miséricorde. » Mc 5, 19	
Ma 30	Férie	2 S 18, 9-10.14b.24-25a.30 à 19, 4; Ps 85; Mc 5, 21-43
	« Ma fille, ta foi t'a sauvée. Va en paix et sois guérie de ton mal. » Mc 5, 34	
Me 31	Saint Jean Bosco	2 S 24, 2.9-17; Ps 31; Mc 6, 1-6
	« N'est-il pas le charpentier, le fils de Marie? » Mc 6, 3	
Je 1	Férie	1 R 2, 1-4.10-12; Ct 1 Ch 29; Mc 6, 7-13
	« Si on refuse de vous accueillir, partez et secouez la poussière de vos pieds. » Cf. Mc 6, 11	
Ve 2	Présentation du Seigneur au Temple / fête	Ml 3, 1-4 ou He 2, 14-18; Ps 23; Lc 2, 22-40
	« Mes yeux ont vu le salut que tu préparais à la face des peuples. » Lc 2, 30-31	
Sa 3	Férie ou saint Blaise ou saint Anschaire	1 R 3, 4-13; Ps 118; Mc 6, 30-34
	« Venez à l'écart dans un endroit désert, et reposez-vous un peu. » Mc 6, 31	

Bonne fête! 28 : Thomas, Olympe • 29 : Gildas • 30 : Martine • 31 : Marcelle, Jean • 1 : Ella, Brigitte • 2 : Théophane • 3 : Blaise, Oscar, Claudine

Temps ordinaire

Nous fêtons

Saint Jean Bosco (1815-1888), le 31 janvier

La mission de Jean Bosco auprès des enfants sans abri de Turin, en Italie, débuta lors de la fête de l'Immaculée Conception, en 1841. Alors qu'il s'habillait pour la messe, le jeune prêtre vit le sacristain battre un garçon qui refusait de servir à l'autel. Après l'office, Jean se lia d'amitié avec le jeune Bartolomeo Garelli et l'invita à revenir le dimanche suivant. Le garçon vint, avec plusieurs amis. Ce fut le début de l'oratoire Saint-François-de-Sales, un rassemblement dominical d'enfants pauvres, avec prière, confession, messe, instruction, musique et jeux. Après quelques années, des centaines de garçons le fréquentaient. À mesure que l'influence de Jean, que tous appellent don Bosco, grandit, s'étoffa également le nombre de ceux qui n'appréciaient pas ces réunions de nécessiteux ni le prêtre zélé qui s'occupait d'eux. Une nuit, Jean fut attaqué par deux voyous. Un chien gris ressemblant à un loup sortit alors de nulle part et s'en prit à l'un des hommes, qu'il mit à terre. Il mordit l'autre. « Rappelle ton chien », supplièrent les hommes. « Viens, Grigio », dit Jean, et le chien gris le suivit avec obéissance.

Pendant des années, Grigio, « le Gris », apparut aux côtés de Jean lorsqu'il se déplaçait dans les quartiers dangereux de la ville ou que sa vie était menacée. Don Bosco acceptait son aide sans poser de question, lui offrant simplement un peu de nourriture et de gentils remerciements. Grigio finit par disparaître quand Jean n'eut plus besoin de son aide.

Intentions • Résolutions • Action de grâce

....

....

....

....

....

....

....

VENDREDI 2 FÉVRIER 2024

Fête de la Présentation du Seigneur au Temple

Journée mondiale de la vie consacrée

La procession des lumières de nos cierges, *à laquelle la « Chandeleur » doit son nom, symbolise la marche du peuple de Dieu vers son Seigneur, « source et foyer de la lumière éternelle ». En Jésus présenté au Temple, « lumière qui se révèle aux nations », nous contemplons notre salut.*

La bénédiction et la procession des cierges

Les fidèles, rassemblés hors de l'église, tiennent en main des cierges non allumés. Si le rassemblement ne peut se faire dehors, les fidèles se groupent autant que possible à l'entrée de l'église. Tandis qu'on allume les cierges, on chante l'antienne suivante ou un autre chant :

Antienne d'ouverture. Voici le Seigneur Dieu qui vient avec puissance ; il vient illuminer notre regard, alléluia.

Le prêtre vient vers le peuple, il le salue et lui adresse les paroles suivantes ou d'autres semblables :

Frères et sœurs bien-aimés, il y a quarante jours, nous avons célébré dans la joie la Nativité du Seigneur. Voici maintenant arrivé le jour où Jésus fut présenté au Temple par Marie et Joseph : il se conformait ainsi à la loi du Seigneur, mais, en vérité, il venait à la rencontre du peuple des croyants. En effet, le vieillard Syméon et la prophétesse Anne étaient venus au Temple, sous l'impulsion de l'Esprit Saint ; éclairés par ce même Esprit, ils reconnurent leur Seigneur et l'annoncèrent à tous avec enthousiasme. Il en va de même pour nous : rassemblés par l'Esprit Saint, avançons vers (dans) la maison de Dieu à la rencontre du Christ ; nous le trouverons, et nous le reconnaîtrons à la fraction du pain en attendant sa venue dans la gloire.

Après la monition, le prêtre bénit les cierges, en disant l'une des deux prières suivantes :

Prière. Dieu, source et origine de toute lumière, en ce jour tu as montré à Syméon le Juste la Lumière qui se révèle aux nations ; nous te supplions humblement : bénis ✠ et sanctifie ces cierges ; accueille les prières de ton peuple, qui s'est rassemblé pour les porter à la louange de ton Nom : qu'en avançant au droit chemin, nous parvenions à la lumière qui ne s'éteint jamais. Par le Christ, notre Seigneur.

Ou bien :

Seigneur Dieu, lumière véritable, source et foyer de la lumière éternelle, répands toujours sa clarté dans le cœur des fidèles ; donne à ceux qui portent ces cierges, et qui en sont illuminés dans ton temple saint, de parvenir sans encombre à la splendeur de ta gloire. Par le Christ, notre Seigneur.

Le peuple répond : Amen.

Le prêtre reçoit alors le cierge qui a été préparé pour lui et il dit :

Avançons maintenant dans la paix, à la rencontre du Seigneur.

Ou bien :

Avançons dans la paix.

Le peuple répond : Au nom du Christ. Amen.

Tous portent des cierges allumés. Au cours de la procession, on chante l'antienne ci-dessous répétée ensuite entre chaque phrase du cantique de Syméon, ou l'antienne « Orne ta demeure, Sion » ; ou encore un autre chant qui convienne.

Antienne. Lumière qui se révèle aux nations et donne gloire à ton peuple Israël.

Cantique de Syméon

Maintenant, ô Maître souverain,
tu peux laisser ton serviteur s'en aller
en paix, selon ta parole.
Lumière qui se révèle aux nations
et donne gloire à ton peuple Israël.

Car mes yeux ont vu le salut
que tu préparais à la face des peuples :
Lumière qui se révèle aux nations
et donne gloire à ton peuple Israël.

Gloire au Père, et au Fils, et au Saint-Esprit,
au Dieu qui est, qui était et qui vient,
pour les siècles des siècles. Amen.

Lumière qui se révèle aux nations
et donne gloire à ton peuple Israël.

Antienne.

Orne ta demeure, Sion, et accueille le Christ Roi.
Empresse-toi auprès de Marie, porte du ciel,
qui tient en ses bras le Roi de gloire, la Lumière nouvelle.
La Vierge s'arrête et présente de ses mains
le Fils engendré avant l'aurore.
Syméon, le prenant dans ses bras, annonce aux peuples
celui qui est le Seigneur de la vie et de la mort,
le Sauveur du monde.

On répète l'antienne.

À l'entrée de la procession dans l'église, on chante le chant d'entrée de la messe.

La messe

Antienne d'ouverture. Dieu, nous accueillons ta miséricorde au milieu de ton temple. Ta louange, comme ton nom, couvre l'étendue de la terre. Ta main droite est pleine de justice.

Gloire à Dieu page 392

Prière. Dieu éternel et tout-puissant, Dieu de majesté, nous t'adressons cette prière : puisque ton Fils unique, ayant pris notre chair, fut en ce jour présenté dans le Temple, fais que nous puissions, avec une âme purifiée, être présentés devant toi. Par Jésus Christ, ton Fils, notre Seigneur.

● *« Malachie » en hébreu signifie « mon messager ». Par celui-ci, Dieu annonce la venue soudaine du Seigneur dans son Temple et invite les hommes à se purifier et à se convertir. Cette prophétie trouvera son accomplissement en Christ.* ●

Lecture du livre du prophète Malachie 3, 1-4

Ainsi parle le Seigneur Dieu : Voici que j'envoie mon messager pour qu'il prépare le chemin devant moi ; et soudain viendra dans son Temple le Seigneur que vous cherchez. Le messager de l'Alliance que vous désirez, le voici qui vient – dit le Seigneur de l'univers. Qui pourra soutenir le jour de sa venue ? Qui pourra rester debout lorsqu'il se montrera ? Car il est pareil au feu du fondeur, pareil à la lessive des blanchisseurs. Il s'installera pour fondre et purifier : il purifiera les fils de Lévi, il les affinera comme l'or et l'argent ; ainsi pourront-ils, aux yeux du Seigneur, présenter l'offrande en toute justice. Alors, l'offrande de Juda et de

Jérusalem sera bien accueillie du Seigneur, comme il en fut aux jours anciens, dans les années d'autrefois.
— *Parole du Seigneur.*

Ou bien :

● *Jésus, grand prêtre, a libéré tous les hommes de l'esclavage du péché en s'offrant en sacrifice, librement, par amour. Prenant la nature humaine, il a accepté d'assumer jusqu'au bout les épreuves de tous les hommes qui souffrent.* ●

Lecture de la lettre aux Hébreux — 2, 14-18

PUISQUE LES ENFANTS des hommes ont en commun le sang et la chair, Jésus a partagé, lui aussi, pareille condition : ainsi, par sa mort, il a pu réduire à l'impuissance celui qui possédait le pouvoir de la mort, c'est-à-dire le diable, et il a rendu libres tous ceux qui, par crainte de la mort, passaient toute leur vie dans une situation d'esclaves. Car ceux qu'il prend en charge, ce ne sont pas les anges, c'est la descendance d'Abraham. Il lui fallait donc se rendre en tout semblable à ses frères, pour devenir un grand prêtre miséricordieux et digne de foi pour les relations avec Dieu, afin d'enlever les péchés du peuple. Et parce qu'il a souffert jusqu'au bout l'épreuve de sa Passion, il est capable de porter secours à ceux qui subissent une épreuve.
— *Parole du Seigneur.*

Psaume 23

℟ C'est le Seigneur, Dieu de l'univers ;
c'est lui, le roi de gloire.

Portes, levez vos frontons,
élevez-vous, portes éternelles :
qu'il entre, le roi de gloire !

Qui est ce roi de gloire ?
C'est le Seigneur, le fort, le vaillant,
le Seigneur, le vaillant des combats.

Portes, levez vos frontons,
levez-les, portes éternelles :
qu'il entre, le roi de gloire !

Qui donc est ce roi de gloire ?
C'est le Seigneur, Dieu de l'univers ;
c'est lui, le roi de gloire.

Alléluia. Alléluia. Lumière qui se révèle aux nations et donne gloire à ton peuple Israël. **Alléluia.**

● *Marie et Joseph présentent leur enfant au Temple, quarante jours après sa naissance. L'action de l'Esprit permet à Syméon et à Anne de déceler en Jésus le Sauveur que tous seront appelés à reconnaître.* ●

Évangile de Jésus Christ selon saint Luc 2, 22-40

(Lecture brève : Luc 2, 22-32)

QUAND FUT ACCOMPLI le temps prescrit par la loi de Moïse pour la purification, les parents de Jésus l'amenèrent à Jérusalem pour le présenter au Seigneur, selon ce qui est écrit dans la Loi : *Tout premier-né de sexe masculin sera consacré au Seigneur.* Ils venaient aussi offrir le sacrifice prescrit par la loi du Seigneur : *un couple de tourterelles ou deux petites colombes.*

Or, il y avait à Jérusalem un homme appelé Syméon. C'était un homme juste et religieux, qui attendait la Consolation d'Israël, et l'Esprit Saint était sur lui. Il avait reçu de l'Esprit Saint l'annonce qu'il ne verrait pas la mort avant d'avoir vu le Christ, le Messie du Seigneur. Sous l'action de l'Esprit, Syméon vint au Temple. Au moment où les parents présentaient l'enfant Jésus pour se conformer au rite de la Loi qui le concernait, Syméon reçut l'enfant dans ses bras, et il bénit Dieu en disant : « Maintenant, ô Maître souverain, tu peux laisser ton serviteur s'en aller en paix, selon ta parole. Car mes yeux ont vu le salut que tu préparais à la face des peuples : lumière qui se révèle aux nations et donne gloire à ton peuple Israël. »

(Fin de la lecture brève : *—Acclamons la Parole de Dieu.*)

Le père et la mère de l'enfant s'étonnaient de ce qui était dit de lui. Syméon les bénit, puis il dit à Marie sa mère : « Voici que cet enfant provoquera la chute et le relèvement de beaucoup en Israël. Il sera un signe de contradiction – et toi, ton âme sera traversée d'un glaive – : ainsi seront dévoilées les pensées qui viennent du cœur d'un grand nombre. »

Il y avait aussi une femme prophète, Anne, fille de Phanuel, de la tribu d'Aser. Elle était très avancée en âge ; après sept ans de mariage, demeurée veuve, elle était arrivée à l'âge de 84 ans. Elle ne s'éloignait pas du Temple, servant Dieu jour et nuit dans le jeûne et la prière. Survenant à cette heure même, elle proclamait les louanges de Dieu et parlait de l'enfant à tous ceux qui attendaient la délivrance de Jérusalem.

Lorsqu'ils eurent achevé tout ce que prescrivait la loi du Seigneur, ils retournèrent en Galilée, dans leur ville de Nazareth.
L'enfant, lui, grandissait et se fortifiait, rempli de sagesse, et la grâce de Dieu était sur lui.
— Acclamons la Parole de Dieu.

Prière sur les offrandes. Nous t'en prions, Seigneur, que les dons de l'Église en fête te soient agréables, toi qui as voulu que ton Fils unique, l'Agneau sans tache, te soit offert pour la vie du monde. Lui qui vit et règne pour les siècles des siècles.

Préface. Vraiment, il est juste et bon, pour ta gloire et notre salut, de t'offrir notre action de grâce, toujours et en tout lieu, Seigneur, Père très saint, Dieu éternel et tout-puissant. Aujourd'hui, ton Fils éternel est présenté dans le Temple, et l'Esprit Saint le désigne comme la gloire d'Israël ton peuple et la lumière des nations. Joyeux, nous aussi, d'aller à la rencontre du Sauveur, nous te chantons avec les anges et tous les saints, et sans fin nous proclamons : **Saint !...**

Prière eucharistique I, II ou III ——— pages 409 à 420

Antienne de la communion. Mes yeux ont vu le salut que tu préparais à la face des peuples.

Prière après la communion. Par la nourriture sainte que nous avons reçue, accomplis en nous, Seigneur, l'œuvre de ta grâce, toi qui as comblé l'espérance de Syméon : il n'a pas vu la mort sans qu'il lui fût donné d'accueillir le Christ ; donne-nous aussi d'avancer à la rencontre du Seigneur et d'obtenir la vie éternelle. Par le Christ, notre Seigneur.

MÉDITONS AVEC SAINT BERNARD DE CLAIRVAUX

Offre ton fils, Vierge Marie !

Offre ton fils, Vierge sainte, et présente au Seigneur le fruit béni de tes entrailles. Offre pour notre commune réconciliation la sainte hostie qui plaît à Dieu. Dieu le Père acceptera sans aucun doute cette offrande nouvelle et cette victime de grand prix, dont il a dit lui-même : *« Voici mon Fils bien-aimé, qui a toute ma faveur »* (Mt 3, 17).

Mais ce sacrifice, mes frères, pourra vous paraître bénin : la victime est simplement présentée au Seigneur, rachetée au prix de quelques oiseaux qu'on sacrifie et ramenée aussitôt. Un jour viendra où la même hostie ne sera plus offerte au Temple, ni dans les bras de Syméon, mais hors de la cité, entre les bras de la croix. Le jour viendra où il ne sera plus racheté par le sang des oiseaux, mais où il rachètera les autres avec son propre sang, parce que Dieu son Père l'a envoyé pour la rédemption de son peuple. Ce sera le sacrifice du soir; aujourd'hui, c'est le sacrifice du matin. Le second est plus joyeux, le premier plus complet. Celui-ci se fait au temps de la naissance, l'autre dans la plénitude de l'âge. Mais à l'un comme à l'autre on peut appliquer la parole du Prophète : « Il a été offert parce qu'il l'a voulu. »

Consulté par les princes et les papes, saint Bernard († 1153), moine de Cîteaux, a fait rayonner l'ordre cistercien dans toute l'Europe au XIIe siècle.

DIMANCHE 4 FÉVRIER 2024

5E DIMANCHE DU TEMPS ORDINAIRE

La liturgie de ce dimanche *nous fait passer de la plainte de Job à l'action salvatrice de Jésus, du constat de nos détresses à l'accueil du Sauveur : « Souviens-toi, Seigneur ! » Le Seigneur se souvient, en venant au milieu de nous en son Fils, Jésus, le Christ.*

Antienne d'ouverture. Venez, adorons Dieu, prosternons-nous devant le Seigneur qui nous a faits, car il est notre Dieu.

Gloire à Dieu page 392

Prière. Dans ton inlassable tendresse, nous t'en prions, Seigneur, veille sur ta famille : elle s'appuie sur la grâce du ciel, son unique espérance ; qu'elle soit toujours assurée de ta protection. Par Jésus Christ, ton Fils, notre Seigneur, qui vit et règne avec toi dans l'unité du Saint-Esprit, Dieu, pour les siècles des siècles.

● *Pauvre, malade et épuisé par la souffrance, Job se sent abandonné de tous, même de Dieu. Pourtant, du fond de sa détresse, Job ne se détourne jamais de Dieu mais, au contraire, lui crie sa révolte.* ●

Lecture du livre de Job — 7, 1-4.6-7

Job prit la parole et dit : « Vraiment, la vie de l'homme sur la terre est une corvée, il fait des journées de manœuvre. Comme l'esclave qui désire un peu d'ombre, comme le manœuvre qui attend sa paye, depuis des mois je n'ai en partage que le néant, je ne compte que des nuits de souffrance. À peine couché, je me dis :

“Quand pourrai-je me lever ?” Le soir n’en finit pas : je suis envahi de cauchemars jusqu’à l’aube. Mes jours sont plus rapides que la navette du tisserand, ils s’achèvent faute de fil. Souviens-toi, Seigneur : ma vie n’est qu’un souffle, mes yeux ne verront plus le bonheur. »
— *Parole du Seigneur.*

Psaume 146

℟ Bénissons le Seigneur
qui guérit nos blessures !

Ou bien :
Alléluia !

Il est bon de fêter notre Dieu,
il est beau de chanter sa louange :
il guérit les cœurs brisés
et soigne leurs blessures.

Il compte le nombre des étoiles,
il donne à chacune un nom ;
il est grand, il est fort, notre Maître :
nul n’a mesuré son intelligence.

Le Seigneur élève les humbles
et rabaisse jusqu’à terre les impies.
Entonnez pour le Seigneur l’action de grâce,
jouez pour notre Dieu sur la cithare !

● *Paul, qui avait persécuté les chrétiens pendant la première partie de sa vie, a été saisi par le Christ et, depuis ce jour, n’a cessé d’annoncer l’Évangile. Cette nécessité vitale anime tout disciple missionnaire.* ●

Lecture de la première lettre de saint Paul apôtre aux Corinthiens 9,16-19.22-23

FRÈRES, annoncer l'Évangile, ce n'est pas là pour moi un motif de fierté, c'est une nécessité qui s'impose à moi. Malheur à moi si je n'annonçais pas l'Évangile ! Certes, si je le fais de moi-même, je mérite une récompense. Mais je ne le fais pas de moi-même, c'est une mission qui m'est confiée. Alors quel est mon mérite ? C'est d'annoncer l'Évangile sans rechercher aucun avantage matériel, et sans faire valoir mes droits de prédicateur de l'Évangile. Oui, libre à l'égard de tous, je me suis fait l'esclave de tous afin d'en gagner le plus grand nombre possible. Avec les faibles, j'ai été faible, pour gagner les faibles. Je me suis fait tout à tous pour en sauver à tout prix quelques-uns. Et tout cela, je le fais à cause de l'Évangile, pour y avoir part, moi aussi.
— *Parole du Seigneur.*

Alléluia. Alléluia. Le Christ a pris nos souffrances, il a porté nos maladies. **Alléluia.**

● *La parole de Jésus a autorité sur la maladie et le mal. La Bonne Nouvelle est annoncée: en Christ, Dieu manifeste sa domination sur la mort et le péché. Il veut l'homme debout et pleinement vivant.* ●

Évangile de Jésus Christ selon saint Marc 1, 29-39

EN CE TEMPS-LÀ, aussitôt sortis de la synagogue de Capharnaüm, Jésus et ses disciples allèrent, avec Jacques et Jean, dans la maison de Simon et d'André.

Or, la belle-mère de Simon était au lit, elle avait de la fièvre. Aussitôt, on parla à Jésus de la malade. Jésus s'approcha, la saisit par la main et la fit lever. La fièvre la quitta, et elle les servait.
Le soir venu, après le coucher du soleil, on lui amenait tous ceux qui étaient atteints d'un mal ou possédés par des démons. La ville entière se pressait à la porte. Il guérit beaucoup de gens atteints de toutes sortes de maladies, et il expulsa beaucoup de démons ; il empêchait les démons de parler, parce qu'ils savaient, eux, qui il était.
Le lendemain, Jésus se leva, bien avant l'aube. Il sortit et se rendit dans un endroit désert, et là il priait. Simon et ceux qui étaient avec lui partirent à sa recherche. Ils le trouvent et lui disent : « Tout le monde te cherche. » Jésus leur dit : « Allons ailleurs, dans les villages voisins, afin que là aussi je proclame l'Évangile ; car c'est pour cela que je suis sorti. »
Et il parcourut toute la Galilée, proclamant l'Évangile dans leurs synagogues, et expulsant les démons.
— Acclamons la Parole de Dieu.

CREDO page 395

PRIÈRE SUR LES OFFRANDES. Seigneur notre Dieu, tu as choisi dans ta création ces aliments qui soutiennent notre fragilité ; nous t'en prions : fais qu'ils deviennent aussi pour nous le sacrement de la vie éternelle. Par le Christ, notre Seigneur.

PRÉFACE pages 405 à 408

ANTIENNE DE LA COMMUNION. Qu'ils rendent grâce au Seigneur pour sa miséricorde, pour ses merveilles envers les hommes : car il rassasie l'âme épuisée, il comble de biens celle qui a faim !

Ou bien :
Heureux ceux qui pleurent, car ils seront consolés. Heureux ceux qui ont faim et soif de la justice, car ils seront rassasiés.

PRIÈRE APRÈS LA COMMUNION. Tu as voulu, Seigneur Dieu, que nous ayons part au même pain et à la même coupe ; nous t'en prions : puisque nous sommes devenus un dans le Christ, que notre manière de vivre nous donne la joie de porter du fruit pour le salut du monde. Par le Christ, notre Seigneur.

MÉDITONS AVEC LE CONCILE VATICAN II

Avance au large

L'activité humaine vient de l'homme, et en même temps, elle s'oriente vers l'homme. En effet, par son action, l'homme ne transforme pas seulement les choses et la société, il se perfectionne lui-même. Il apprend bien des choses, il cultive ses facultés, il sort de lui-même et se dépasse. Cet essor, bien compris, est d'un tout autre prix que l'accumulation de toutes les richesses possibles. L'homme vaut davantage par ce qu'il est que par ce qu'il a. De même, tous les efforts des hommes pour faire progresser la justice, pour développer la fraternité, régler de façon plus humaine les relations sociales, tout cela l'emporte sur les progrès techniques. Car ceux-ci peuvent bien fournir une base matérielle à la promotion humaine, mais ils sont tout à fait impuissants, par eux seuls, à la réaliser.

Voici donc la règle de l'activité humaine : qu'elle soit conforme au bien authentique de l'humanité, selon le dessein et la volonté de Dieu, et qu'elle permette à l'homme, considéré comme individu ou comme membre de la société, de s'épanouir selon la plénitude de sa vocation.

Le concile œcuménique Vatican II est ouvert le 11 octobre 1962 par le pape Jean XXIII et se clôture le 8 décembre 1965, sous Paul VI.

Cette semaine

Lu 5	Sainte Agathe	1 R 8, 1-7.9-13 ; Ps 131 ; Mc 6, 53-56
	« Aussitôt les gens reconnurent Jésus. » Mc 6, 54	
Ma 6	Saint Paul Miki et C.	1 R 8, 22-23.27-30 ; Ps 83 ; Mc 7, 1-13
	« Ce peuple m'honore des lèvres, mais son cœur est loin de moi. » Mc 7, 6	
Me 7	Férie	1 R 10, 1-10 ; Ps 36 ; Mc 7, 14-23
	« Rien de ce qui est extérieur à l'homme ne peut le rendre impur. » Cf. Mc 7, 15	
Je 8	Férie ou saint Jérôme Émilien ou sainte Joséphine Bakhita	1 R 11, 4-13 ; Ps 105 ; Mc 7, 24-30
	« À cause de cette parole, va : le démon est sorti de ta fille. » Mc 7, 29	
Ve 9	Férie	1 R 11, 29-32 et 12, 19 ; Ps 80 ; Mc 7, 31-37
	« Les yeux levés au ciel, Jésus dit : "Effata !", c'est-à-dire : "Ouvre-toi !". » Cf. Mc 7, 34	
Sa 10	Sainte Scholastique	1 R 12, 26-32 et 13, 33-34 ; Ps 105 ; Mc 8, 1-10
	« Où donc pourra-t-on trouver du pain pour les rassasier ? » Mc 8, 4	

Bonne fête ! 4 : Véronique, Jeanne • 5 : Agathe, Adélaïde • 6 : Gaston, Paul • 7 : Maxime, Eugénie • 8 : Jacqueline, Jérôme • 9 : Apolline • 10 : Scholastique, Arnaud

Nous fêtons

Sainte Joséphine Bakhita (1869-1947), le 8 février

La petite fille n'avait que 10 ans quand elle fut enlevée dans la ferme de ses parents, dans le Darfour, au Soudan. La peur lui fit oublier son nom, si bien que ses ravisseurs l'appelèrent Bakhita, « la chanceuse ». Elle fut vendue comme esclave à plusieurs maîtres successifs, des brutes qui la battaient parfois au point qu'elle ne pouvait plus se lever.

En 1882, alors qu'elle avait environ 13 ans, elle fut vendue à un diplomate italien. Il la ramena en Italie et la plaça chez un collègue, Augusto Michieli. Bakhita avait enfin trouvé une famille bienveillante. Les filles de Michieli allaient à l'école des Filles de la Charité canossiennes et Bakhita, qui les accompagnait, découvrit le Dieu chrétien, dont l'amour transparaissait dans la gentillesse des religieuses. En 1890, elle fut baptisée sous le nom de Joséphine Marguerite. Peu après, la femme de Michieli lui demanda d'accompagner la famille jusqu'à son Afrique natale. Joséphine refusa et il fallut un procès pour assurer sa liberté, avant qu'elle n'entre au couvent des canossiennes.

Durant les cinquante années qui suivirent, Joséphine s'occupa de la conciergerie, de la cuisine et de l'enseignement sans jamais se départir de sa joie. Elle pardonna à ceux qui l'avaient brutalisée : « Toute ma vie a été un don de Dieu. Si je rencontrais ces négriers qui m'ont enlevée, et même ceux qui m'ont torturée, je m'agenouillerais pour leur baiser les mains. Car si cela n'était pas arrivé, je ne serais ni chrétienne, ni religieuse. » Elle mourut en 1947, à Schio.

Intentions • Résolutions • Action de grâce

....

....

....

....

....

....

....

....

DIMANCHE 11 FÉVRIER 2024

6e DIMANCHE DU TEMPS ORDINAIRE

Journée mondiale du malade

Le Seigneur veut « habiter les cœurs droits et sincères ». *Pour cela, il nous offre de vivre selon sa grâce en nous guérissant de la lèpre du péché si nous voulons être purifiés. Jésus nous libère : « Que cette offrande, nous t'en prions, Seigneur, nous purifie et nous renouvelle. »*

Antienne d'ouverture. Sois pour moi le Dieu qui protège, un lieu de refuge pour me sauver. Car tu es mon appui et mon refuge : à cause de ton nom, tu seras mon guide et tu me nourriras.

Gloire à Dieu page 392

Prière. Seigneur Dieu, tu as promis d'habiter les cœurs droits et sincères ; donne-nous, par ta grâce, de vivre de telle manière que tu puisses faire en nous ta demeure. Par Jésus Christ, ton Fils, notre Seigneur, qui vit et règne avec toi dans l'unité du Saint-Esprit, Dieu, pour les siècles des siècles.

● *Le livre des Lévites régule la vie sociale et religieuse du peuple d'Israël. Mais le nécessaire isolement sanitaire des lépreux, alors inguérissables, pouvait mener à leur exclusion de la vie religieuse et à leur rejet, comme pour les pécheurs.* ●

Lecture du livre des Lévites — 13, 1-2.45-46

Le Seigneur parla à Moïse et à son frère Aaron, et leur dit : « Quand un homme aura sur la peau une tumeur, une inflammation ou une pustule, qui soit une tache

de lèpre, on l'amènera au prêtre Aaron ou à l'un des prêtres ses fils. Le lépreux atteint d'une tache portera des vêtements déchirés et les cheveux en désordre, il se couvrira le haut du visage jusqu'aux lèvres, et il criera : "Impur ! Impur !" Tant qu'il gardera cette tache, il sera vraiment impur. C'est pourquoi il habitera à l'écart, son habitation sera hors du camp. »
— *Parole du Seigneur.*

Psaume 31

℟ Tu es un refuge pour moi ;
de chants de délivrance, tu m'as entouré.

Heureux l'homme
dont la faute est enlevée,
et le péché remis !
Heureux l'homme
dont le Seigneur ne retient pas l'offense,
dont l'esprit est sans fraude !

Je t'ai fait connaître ma faute,
je n'ai pas caché mes torts.
J'ai dit : « Je rendrai grâce au Seigneur
en confessant mes péchés. »

Toi, tu as enlevé l'offense de ma faute.
Que le Seigneur soit votre joie !
Exultez, hommes justes !
Hommes droits,
chantez votre allégresse !

● *Être uni au Christ n'est pas réservé au temps de la prière mais rayonne dans tous les instants de notre vie. Le Christ est le chemin du salut, et son imitation, la façon la plus sûre de le suivre.* ●

Lecture de la première lettre de saint Paul apôtre aux Corinthiens 10, 31 à 11, 1

FRÈRES, tout ce que vous faites : manger, boire, ou toute autre action, faites-le pour la gloire de Dieu. Ne soyez un obstacle pour personne, ni pour les Juifs, ni pour les païens, ni pour l'Église de Dieu. Ainsi, moi-même, en toute circonstance, je tâche de m'adapter à tout le monde, sans chercher mon intérêt personnel, mais celui de la multitude des hommes, pour qu'ils soient sauvés. Imitez-moi, comme moi aussi j'imite le Christ.

— Parole du Seigneur.

Alléluia. Alléluia. Un grand prophète s'est levé parmi nous, et Dieu a visité son peuple. **Alléluia.**

● *Jésus ne craint pas de devenir impur. Il ne refuse pas la Loi mais manifeste avec autorité que la miséricorde de Dieu est première et touche tout homme, en particulier celui qui est convaincu de péché.* ●

Évangile de Jésus Christ selon saint Marc 1, 40-45

EN CE TEMPS-LÀ, un lépreux vint auprès de Jésus ; il le supplia et, tombant à ses genoux, lui dit : « Si tu le veux, tu peux me purifier. » Saisi de compassion, Jésus étendit la main, le toucha et lui dit : « Je le veux, sois purifié. » À l'instant même, la lèpre le quitta et il fut purifié.

Avec fermeté, Jésus le renvoya aussitôt en lui disant : « Attention, ne dis rien à personne, mais va te montrer au prêtre, et donne pour ta purification ce que Moïse a prescrit dans la Loi : cela sera pour les gens un témoignage. » Une fois parti, cet homme se mit à proclamer et à répandre la nouvelle, de sorte que Jésus ne pouvait plus entrer ouvertement dans une ville, mais restait à l'écart, dans des endroits déserts. De partout cependant on venait à lui.

— Acclamons la Parole de Dieu.

CREDO page 395

PRIÈRE SUR LES OFFRANDES. Que cette offrande, nous t'en prions, Seigneur, nous purifie et nous renouvelle ; qu'elle devienne pour ceux qui accomplissent ta volonté la cause de la récompense éternelle. Par le Christ, notre Seigneur.

PRÉFACE pages 405 à 408

ANTIENNE DE LA COMMUNION. Ils mangèrent, ils furent rassasiés, Dieu comblait leur désir, leur attente ne fut pas trompée.

Ou bien :

Dieu Dieu a tant aimé le monde qu'il a donné son Fils unique : ainsi, celui qui croit en lui ne périra pas, mais il obtiendra la vie éternelle.

PRIÈRE APRÈS LA COMMUNION. Tu nous as fait goûter, Seigneur, aux joies du ciel, et nous te prions : donne-nous de toujours désirer ce qui nous fait vivre en vérité. Par le Christ, notre Seigneur.

MÉDITONS AVEC SAINT JEAN CHRYSOSTOME

Le lépreux guéri proclamait la nouvelle

Rien n'est plus froid qu'un chrétien indifférent au salut d'autrui.

Tu ne peux pas ici alléguer ta pauvreté, car la veuve qui a donné deux piécettes viendra t'accuser. Pierre disait : « *Je n'ai pas d'or ni d'argent* » (Ac 3, 6). Paul de même était si pauvre qu'il a souvent souffert de la faim, car il manquait de la nourriture indispensable.

Tu ne peux pas alléguer ta naissance roturière, car les Apôtres étaient des gens obscurs, d'origine obscure. Tu ne peux pas mettre en avant ton ignorance, car eux aussi étaient des gens sans culture. Tu ne peux alléguer que tu es mal portant, car Timothée était dans le même cas : il avait de *fréquents malaises* (1 Tm 5, 23).

Chacun peut aider son prochain, s'il veut accomplir ce qui est à sa portée.

Saint Jean Chrysostome, ou « Bouche d'or » († 407), fut un des commentateurs les plus prolifiques des Écritures.

Cette semaine

Lu 12	Férie	Jc 1, 1-11 ; Ps 118 ; Mc 8, 11-13
	« Pourquoi cette génération cherche-t-elle un signe ? » Mc 8, 12	
Ma 13	Férie	Jc 1, 12-18 ; Ps 93 ; Mc 8, 14-21
	« Prenez garde au levain des pharisiens et au levain d'Hérode ! » Mc 8, 15	
Me 14	Cendres	Jl 2, 12-18 ; Ps 50 ; 2 Co 5, 20 à 6, 2 ; Mt 6, 1-6.16-18
	« Prie ton Père qui est présent dans le secret. » Mt 6, 6	

Temps ordinaire

Je 15	Férie	Dt 30, 15-20; Ps 1 ; Lc 9, 22-25
	« Celui qui veut marcher à ma suite, qu'il renonce à lui-même. » Lc 9, 23	
Ve 16	Férie	Is 58, 1-9a; Ps 50; Mt 9, 14-15
	« Des jours viendront où l'Époux leur sera enlevé; alors ils jeûneront. » Mt 9, 15	
Sa 17	Férie ou Les sept saints fondateurs des Servites de Marie	Is 58, 9b-14; Ps 85; Lc 5, 27-32
	« Je ne suis pas venu appeler des justes mais des pécheurs. » Lc 5, 32	

Bonne fête! 11 : Héloïse • 12 : Félix, Ombeline • 13 : Béatrice 14 : Valentin, Cyrille, Méthode • 15 : Claude • 16 : Julienne • 17 : Flavien, Alexis

Nous fêtons

Saints Cyrille et Méthode, prêtre (vers 827-869) et évêque (vers 815-885), le 14 février

Cyrille et son frère Méthode naquirent dans la région de Thessalonique, en Grèce. Cyrille devint prêtre et enseignant à Constantinople, où on l'appelait « le Philosophe ». Méthode servit en tant que gouverneur en Macédoine. Lorsque ce dernier renonça à son poste pour lui préférer la vie monastique, Cyrille le suivit sur le mont Olympe.

En 863, les frères répondirent à l'appel du prince Rostislav : « Nous n'avons pas de maître qui soit en mesure de nous expliquer la vraie foi dans notre propre langue. » Ils partirent donc en mission en Moravie (actuelle République tchèque), où Cyrille conçut l'alphabet glagolitique qui leur permit de traduire la Bible et les livres liturgiques en slavon. Leur désir de dire la messe dans la langue vernaculaire, cependant, agaça les missionnaires allemands déjà présents. Les frères se rendirent à Rome pour plaider leur cause, et le pape Adrien II approuva leurs efforts avec enthousiasme. C'est pendant son séjour à

Rome que Cyrille entra formellement dans les ordres. Il mourut peu après.

Méthode passa les vingt années qui suivirent à consolider leur travail. À la tête d'un nouvel archevêché, celui de Pannonie (actuelle Hongrie) et de Moravie, il continua de souffrir la désapprobation des évêques allemands. Ceux-ci le firent emprisonner durant deux ans, avant que le pape Jean VIII ne le réhabilite. Il mourut à Velehrad, en 885. Le slavon demeure à ce jour la langue liturgique de nombreux Russes, Serbes, Bulgares et Ukrainiens. Cyrille et Méthode sont tous deux saints patrons de l'Europe.

Intentions • Résolutions • Action de grâce

LE TEMPS DU CARÊME

LE TEMPS DE L'ILLUMINATION

CHAQUE ANNÉE, L'ÉGLISE OFFRE AUX CROYANTS UNE QUARANTAINE SALUTAIRE. Pour bien en comprendre le sens, il nous faut revenir à l'institution de cette quarantaine et ne pas simplement y voir, parfois avec une certaine lassitude, un temps de renoncements divers dont on ne mesure que rarement les résultats.

Dès le IVe siècle, les quarante jours précédant Pâques ont offert à l'Église un cadre approprié pour l'ultime préparation des catéchumènes aux sacrements de l'initiation reçus dans la nuit pascale. Le déclin progressif du catéchuménat au profit du baptême des petits enfants a fait glisser l'institution du Carême qui, progressivement, du VIe au Xe siècle, s'est adressé à l'ensemble du peuple chrétien. L'essence même de ces quarante jours consiste donc à se préparer à l'illumination baptismale. Or, nous, plus vieux ou plus récents baptisés, ne nous préparons pas à cette « illumination » première, mais nous revenons à la source pour boire l'eau vive, pour laver nos yeux, pour abreuver notre âme desséchée par le poids du jour. Pour cela, les liturgies dominicales ouvrent un chemin de vie fondé sur l'écoute de la parole de Dieu qui veut travailler en nos cœurs.

Nous sommes avant tout appelés à « progresser dans l'intelligence du mystère du Christ » (oraison, 1er dim.) en trouvant « dans [sa] parole la nourriture de notre vie spirituelle » (oraison, 2e dim.). Vivre en alliance avec Dieu est un combat dont le Christ nous apprend à sortir victorieux, justement en nous appuyant sur sa parole (Év., 1er dim.), et suivre ce même Christ sur le chemin qui le mène à la croix n'est possible que si nous gardons au cœur la lumière de sa victoire sur la mort (Év., 2e dim.). Ces deux éléments fondent l'expérience de la vie chrétienne dont le Carême est la figure exemplaire. Dès lors, nous pouvons approfondir les lectures de chaque dimanche pour regarder quel Christ se tient devant nous : celui de nos constructions personnelles, ou celui qui bouscule toute chose en nous pour prendre la première place (Év., 3e dim.) ? Est-il celui qui pardonne sans jugement, en raison de son amour inconditionnel, à nous-mêmes, mais aussi aux autres, pécheurs et grands pécheurs (Év., 4e dim.) ? Est-il celui qui tombe en terre, celle de notre cœur, pour s'y enfouir, y mourir afin d'y porter du fruit (Év., 5e dim.) ?

La liturgie du Carême nous prend là où nous sommes pour nous conduire à la suite de Jésus au pied de la croix, lieu de vérification de notre foi. Là, le sanctuaire brillant de nos illusions est détruit ; là, nous sommes obligés de lever les yeux vers l'humilié qui nous sauve ; là, nous voyons mourir la mort qui tente son ultime assaut contre la vie. Là, obscurément, jaillit la lumière qui change nos vies si nous acceptons le passage avec le Christ. « Seigneur Dieu, tu nous combles de toute bénédiction par la richesse inexprimable de ta grâce ; fais-nous passer de ce qui ne peut que vieillir à ce qui est nouveau » (oraison, lundi, 5e semaine). Profitons du temps donné pour revenir à la lumière dont les catéchumènes sont illuminés.

MERCREDI 14 FÉVRIER 2024

MERCREDI DES CENDRES

AUJOURD'HUI S'OUVRE LE TEMPS DU CARÊME, *qui nous oriente vers Pâques et nous prépare à célébrer le mystère pascal. Le Seigneur attend patiemment notre réponse à l'appel de sa miséricorde : « Revenez à moi de tout votre cœur. »*

ANTIENNE D'OUVERTURE. Seigneur, tu as pitié de tous les hommes, et tu n'as de répulsion envers aucune de tes œuvres ; tu fermes les yeux sur leurs péchés ; pour qu'ils se convertissent, et tu leur pardonnes, car tu es le Seigneur notre Dieu.

PRIÈRE. Accorde-nous, Seigneur, de savoir commencer saintement par le jeûne l'entraînement au combat spirituel : que nos privations nous rendent plus forts pour lutter contre l'esprit du mal. Par Jésus Christ, ton Fils, notre Seigneur, qui vit et règne avec toi dans l'unité du Saint-Esprit, Dieu, pour les siècles des siècles.

● *Le prophète Joël révèle au peuple d'Israël l'appel miséricordieux du Seigneur qui attend que les hommes reviennent vers lui d'un cœur sincère et ouvert à ce pardon gracieux que Dieu délivre sans se lasser.* ●

Lecture du livre du prophète Joël — 2, 12-18

MAINTENANT – oracle du Seigneur – revenez à moi de tout votre cœur, dans le jeûne, les larmes et le deuil ! Déchirez vos cœurs et non pas vos vêtements, et revenez au Seigneur votre Dieu, car il est tendre et miséricordieux, lent à la colère et plein d'amour,

renonçant au châtiment. Qui sait ? Il pourrait revenir, il pourrait renoncer au châtiment, et laisser derrière lui sa bénédiction : alors, vous pourrez présenter offrandes et libations au Seigneur votre Dieu. Sonnez du cor dans Sion : prescrivez un jeûne sacré, annoncez une fête solennelle, réunissez le peuple, tenez une assemblée sainte, rassemblez les anciens, réunissez petits enfants et nourrissons ! Que le jeune époux sorte de sa maison, que la jeune mariée quitte sa chambre ! Entre le portail et l'autel, les prêtres, serviteurs du Seigneur, iront pleurer et diront : « Pitié, Seigneur, pour ton peuple, n'expose pas ceux qui t'appartiennent à l'insulte et aux moqueries des païens ! Faudra-t-il qu'on dise : "Où donc est leur Dieu ?" »
Et le Seigneur s'est ému en faveur de son pays, il a eu pitié de son peuple.
— *Parole du Seigneur.*

Psaume 50

℟ **Pitié, Seigneur, car nous avons péché !**

Pitié pour moi, mon Dieu, dans ton amour,
selon ta grande miséricorde, efface mon péché.
Lave-moi tout entier de ma faute,
purifie-moi de mon offense.

Oui, je connais mon péché,
ma faute est toujours devant moi.
Contre toi, et toi seul, j'ai péché,
ce qui est mal à tes yeux, je l'ai fait.

Crée en moi un cœur pur, ô mon Dieu,
renouvelle et raffermis au fond de moi
mon esprit.

Ne me chasse p*a*s loin de ta face,
ne me reprends p*a*s ton esprit saint.

Rends-moi la j*o*ie d'être sauvé;
que l'esprit génére*u*x me soutienne.
Seigneur, o*u*vre mes lèvres,
et ma bouche annoncer*a* ta louange.

● *Saint Paul nous invite à nous laisser réconcilier avec Dieu, par Jésus. Comme en écho au Deutéronome, il lance un appel à la conversion pour que nous nous tournions vers l'innocent qui a été mis à mort et nous ouvre la vie éternelle: « Choisis donc la vie! »* ●

Lecture de la deuxième lettre de saint Paul apôtre aux Corinthiens 5, 20 à 6, 2

Frères, nous sommes les ambassadeurs du Christ, et par nous c'est Dieu lui-même qui lance un appel: nous le demandons au nom du Christ, laissez-vous réconcilier avec Dieu. Celui qui n'a pas connu le péché, Dieu l'a pour nous identifié au péché, afin qu'en lui nous devenions justes de la justice même de Dieu. En tant que coopérateurs de Dieu, nous vous exhortons encore à ne pas laisser sans effet la grâce reçue de lui. Car il dit dans l'Écriture: *Au moment favorable je t'ai exaucé, au jour du salut je t'ai secouru.* Le voici maintenant le moment favorable, le voici maintenant le jour du salut.
— *Parole du Seigneur.*

Ta parole, Seigneur, est vérité, et ta loi, délivrance. Aujourd'hui, ne fermez pas votre cœur, mais écoutez la voix du Seigneur. **Ta parole, Seigneur, est vérité, et ta loi, délivrance.**

● *Pour nous aider à « devenir des justes », Jésus nous donne des conseils concernant le partage, la prière et le jeûne. L'ordre de leur énonciation a son importance. Il nous invite à concentrer notre attention sur les autres, sur Dieu, et enfin sur nous-mêmes.* ●

Évangile de Jésus Christ selon saint Matthieu 6, 1-6.16-18

EN CE TEMPS-LÀ, Jésus disait à ses disciples : « Ce que vous faites pour devenir des justes, évitez de l'accomplir devant les hommes pour vous faire remarquer. Sinon, il n'y a pas de récompense pour vous auprès de votre Père qui est aux cieux.

« Ainsi, quand tu fais l'aumône, ne fais pas sonner la trompette devant toi, comme les hypocrites qui se donnent en spectacle dans les synagogues et dans les rues, pour obtenir la gloire qui vient des hommes. Amen, je vous le déclare : ceux-là ont reçu leur récompense. Mais toi, quand tu fais l'aumône, que ta main gauche ignore ce que fait ta main droite, afin que ton aumône reste dans le secret ; ton Père qui voit dans le secret te le rendra.

« Et quand vous priez, ne soyez pas comme les hypocrites : ils aiment à se tenir debout dans les synagogues et aux carrefours pour bien se montrer aux hommes quand ils prient. Amen, je vous le déclare : ceux-là ont reçu leur récompense. Mais toi, quand tu pries, retire-toi dans ta pièce la plus retirée, ferme la porte, et prie ton Père qui est présent dans le secret ; ton Père qui voit dans le secret te le rendra.

« Et quand vous jeûnez, ne prenez pas un air abattu, comme les hypocrites : ils prennent une mine défaite pour bien montrer aux hommes qu'ils jeûnent. Amen, je vous le déclare : ceux-là ont reçu leur récompense. Mais toi, quand tu jeûnes, parfume-toi la tête et lave-toi le visage ; ainsi, ton jeûne ne sera pas connu des hommes, mais seulement de ton Père qui est présent au plus secret ; ton Père qui voit au plus secret te le rendra. »
— *Acclamons la Parole de Dieu.*

BÉNÉDICTION ET IMPOSITION DES CENDRES

Après l'homélie, le prêtre dit :

Frères et sœurs bien-aimés, supplions humblement Dieu notre Père de bénir, par l'abondance de sa grâce, les cendres dont nos fronts vont être marqués en signe de pénitence.

Et, après un bref temps de silence, il dit une des prières suivantes :

Seigneur Dieu, toi qui te laisses fléchir par ceux qui s'humilient et apaiser par ceux qui réparent leurs torts, prête une oreille bienveillante à nos prières ; en ta tendresse, répands sur tes serviteurs qui vont recevoir les cendres la grâce de ta bénédiction ✠ : par leur fidélité à l'observance de ce temps de Carême, qu'ils parviennent avec un esprit purifié à la célébration du mystère pascal de ton Fils. Lui qui vit et règne pour les siècles des siècles.

Ou bien :

Seigneur Dieu, toi qui ne veux pas la mort des pécheurs mais leur conversion, exauce avec bonté notre prière, dans ta tendresse, bénis ✠ les cendres dont nous serons marqués en reconnaissant que nous sommes poussière et cendre et devons retourner en poussière. En nous appliquant à observer le Carême, puissions-nous obtenir le pardon de nos péchés et vivre de la vie nouvelle à l'image de ton Fils ressuscité. Lui qui vit et règne pour les siècles des siècles.

En imposant les cendres, le prêtre dit à chacun :
Convertissez-vous et croyez à l'Évangile.

Ou bien :
Souviens-toi que tu es poussière,
et que tu retourneras en poussière.

Pendant l'imposition des cendres, on peut chanter une des antiennes suivantes ou un chant de pénitence.
Sous le sac et la cendre, changeons de conduite,
jeûnons et pleurons devant le Seigneur,
car notre Dieu est riche en miséricorde :
nos péchés, il les pardonne.

Ou bien :
Revenons à Dieu de tout notre cœur,
dans le jeûne, les larmes et le deuil !
Revenons au Seigneur notre Dieu,
car il est tendre et miséricordieux,
lent à la colère et plein d'amour.

Ou bien :
Entre le portail et l'autel,
les prêtres, serviteurs du Seigneur,
iront pleurer et diront :
« Pitié, Seigneur, pitié pour ton peuple,
ne permets pas que se ferme la bouche
de ceux qui te chantent. »

Ou bien :
Seigneur, efface mon péché.

Ou bien :
Pitié, Seigneur, car nous avons péché.

On peut répéter cette antienne après chaque verset du psaume 50.

Réparons les péchés
que notre aveuglement nous a fait commettre,
de peur que, surpris par le jour de la mort,
nous ne cherchions, sans pouvoir le trouver,
le temps de faire pénitence.
Écoute, Seigneur, et prends pitié,
car nous avons péché contre toi.
Aide-nous, Dieu notre Sauveur,
pour la gloire de ton nom, délivre-nous.
Écoute, Seigneur, et prends pitié,
car nous avons péché contre toi.

***On ne dit pas le* Credo.**

Prière sur les offrandes. En t'offrant solennellement ce sacrifice au début du Carême, nous te supplions, Seigneur : fais que, par des actes de pénitence et de charité, nous évitions tout plaisir mauvais, et que, purifiés de nos péchés, nous méritions de célébrer avec ferveur la passion de ton Fils. Lui qui vit et règne pour les siècles des siècles.

Préface du Carême III ou IV page 403

Antienne de la communion. Qui murmure la loi du Seigneur jour et nuit donne du fruit en son temps.

Prière après la communion. Puisse le sacrement que nous avons reçu, Seigneur, nous procurer ton secours, afin que notre jeûne te soit agréable et contribue à notre guérison. Par le Christ, notre Seigneur.

Prière sur le peuple. Dans ta bonté, Dieu souverain, répands sur ceux qui s'inclinent devant toi un esprit de contrition, afin que ta miséricorde leur obtienne la récompense promise à ceux qui font pénitence. Par le Christ, notre Seigneur.

MÉDITONS
AVEC SAINT CLÉMENT DE ROME

Voici le temps favorable

Parcourons toutes les générations et nous apprendrons que, de génération en génération, le Maître a offert la possibilité de se convertir à tous ceux qui voulaient se retourner vers lui. Noé prêcha la conversion et ceux qui l'écoutèrent furent sauvés. Jonas annonça aux Ninivites la destruction qui les menaçait. Ils se repentirent de leurs péchés, ils apaisèrent Dieu par leurs supplications et ils obtinrent le salut, bien qu'étrangers à Dieu.

Par sa volonté toute-puissante, il veut faire participer tous ceux qu'il aime à la conversion.

C'est pourquoi nous devons obéir à sa magnifique et glorieuse volonté. Implorons humblement sa miséricorde et sa bonté, prosternons-nous vers sa compassion en abandonnant les préoccupations frivoles, la discorde et la jalousie qui conduisent à la mort.

Ayons d'humbles sentiments, mes frères, rejetons tous les sentiments de jactance, d'orgueil, de folie et de colère.

Attachons-nous fermement à ce précepte et à ces commandements, afin de nous conduire en obéissant à ces paroles sacrées, avec d'humbles sentiments. Car voici ce que dit la parole sainte : « *Vers qui tournerai-je mon regard, sinon vers l'homme doux, pacifique, qui tremble à mes paroles ?* » (Is 66, 2).

Le pape saint Clément Ier († 97), troisième successeur de saint Pierre, mourut martyr.

Carême

DIMANCHE 18 FÉVRIER 2024

1er dimanche du Carême

La liturgie de ce premier dimanche du Carême *nous engage à une rencontre du Christ au désert, lieu privilégié de l'écoute de la Parole de Dieu, du don de la Loi, mais aussi lieu du combat contre les forces du mal. Ce combat, nous le remporterons si se creuse en nous « la faim du Christ ».*

Antienne d'ouverture. Quand mon serviteur m'appelle, dit le Seigneur, moi, je lui réponds. Je veux le libérer, le glorifier ; de longs jours, je veux le rassasier.

On ne dit pas le **Gloire à Dieu.**

Prière. Dieu tout-puissant, toi qui nous invites chaque année à vivre le Carême en vérité, donne-nous de progresser dans l'intelligence du mystère du Christ et d'en rechercher la réalisation par une vie qui lui corresponde. Lui qui vit et règne avec toi dans l'unité du Saint-Esprit, Dieu, pour les siècles des siècles.

● *Après le déluge qui a submergé et régénéré le monde, le Seigneur invite Noé et sa famille à sortir de l'arche pour collaborer à une création nouvelle. À travers la figure de Noé, Dieu scelle son alliance avec l'humanité tout entière.* ●

Lecture du livre de la Genèse — 9, 8-15

Dieu dit à Noé et à ses fils : « Voici que moi, j'établis mon alliance avec vous, avec votre descendance après vous, et avec tous les êtres vivants qui sont avec vous : les oiseaux, le bétail, toutes les bêtes de la terre, tout ce

qui est sorti de l'arche. Oui, j'établis mon alliance avec vous : aucun être de chair ne sera plus détruit par les eaux du déluge, il n'y aura plus de déluge pour ravager la terre. » Dieu dit encore : « Voici le signe de l'alliance que j'établis entre moi et vous, et avec tous les êtres vivants qui sont avec vous, pour les générations à jamais : je mets mon arc au milieu des nuages, pour qu'il soit le signe de l'alliance entre moi et la terre. Lorsque je rassemblerai les nuages au-dessus de la terre, et que l'arc apparaîtra au milieu des nuages, je me souviendrai de mon alliance qui est entre moi et vous, et tous les êtres vivants : les eaux ne se changeront plus en déluge pour détruire tout être de chair. »
— *Parole du Seigneur.*

Psaume 24

**℟ Tes chemins, Seigneur, sont amour et vérité
pour qui garde ton alliance.**

Seigneur, enseigne-moi tes voies,
fais-moi connaître ta route.
Dirige-moi par ta vérité, enseigne-moi,
car tu es le Dieu qui me sauve.

Rappelle-toi, Seigneur, ta tendresse,
ton amour qui est de toujours.
Dans ton amour, ne m'oublie pas,
en raison de ta bonté, Seigneur.

Il est droit, il est bon, le Seigneur,
lui qui montre aux pécheurs le chemin.
Sa justice dirige les humbles,
il enseigne aux humbles son chemin.

● *Par sa mort et sa résurrection, Jésus a délivré du mal et de la mort éternelle ceux qui ont vécu avant lui. Quant à nous, désormais, l'eau de notre baptême nous a régénérés et l'Esprit que nous avons reçu nous fait vivre dans l'espérance de notre résurrection.* ●

Lecture de la première lettre de saint Pierre apôtre — 3, 18-22

BIEN-AIMÉS, le Christ, lui aussi, a souffert pour les péchés, une seule fois, lui, le juste, pour les injustes, afin de vous introduire devant Dieu ; il a été mis à mort dans la chair, mais vivifié dans l'Esprit. C'est en lui qu'il est parti proclamer son message aux esprits qui étaient en captivité. Ceux-ci, jadis, avaient refusé d'obéir, au temps où se prolongeait la patience de Dieu, quand Noé construisit l'arche, dans laquelle un petit nombre, en tout huit personnes furent sauvées à travers l'eau. C'était une figure du baptême qui vous sauve maintenant : le baptême ne purifie pas de souillures extérieures, mais il est l'engagement envers Dieu d'une conscience droite et il sauve par la résurrection de Jésus Christ, lui qui est à la droite de Dieu, après s'en être allé au ciel, lui à qui sont soumis les anges, ainsi que les Souverainetés et les Puissances.

— *Parole du Seigneur.*

Ta parole, Seigneur, est vérité, et ta loi, délivrance. L'homme ne vit pas seulement de pain, mais de toute parole qui sort de la bouche de Dieu. **Ta parole, Seigneur, est vérité, et ta loi, délivrance.**

On peut prendre aussi une autre acclamation appropriée.

● *Les quarante jours au désert sont le temps de la lutte contre la tentation de se détourner du Seigneur. Jésus, resté fidèle à Dieu durant l'épreuve, peut commencer sa mission et appeler à la conversion : le temps du combat définitif contre le mal est inauguré.* ●

Évangile de Jésus Christ selon saint Marc 1, 12-15

En ce temps-là, Jésus venait d'être baptisé. Aussitôt l'Esprit le pousse au désert et, dans le désert, il resta quarante jours, tenté par Satan. Il vivait parmi les bêtes sauvages, et les anges le servaient.
Après l'arrestation de Jean, Jésus partit pour la Galilée proclamer l'Évangile de Dieu ; il disait : « Les temps sont accomplis : le règne de Dieu est tout proche. Convertissez-vous et croyez à l'Évangile. »
— *Acclamons la Parole de Dieu.*

Credo page 395

Prière sur les offrandes. Alors que nous célébrons les débuts de ce temps très saint, nous te prions, Seigneur : fais que nos cœurs correspondent vraiment aux offrandes que nous allons présenter. Par le Christ, notre Seigneur.

Préface. Vraiment, il est juste et bon, pour ta gloire et notre salut, de t'offrir notre action de grâce, toujours et en tout lieu, Seigneur, Père très saint, Dieu éternel et tout-puissant, par le Christ, notre Seigneur. En jeûnant quarante jours au désert, il consacrait le temps du Carême ; lorsqu'il déjouait les pièges du Tentateur des origines, il nous apprenait à écarter le ferment du mal ; ainsi pourrons-nous célébrer dignement le mystère pascal et enfin passer à la Pâque éternelle.

C'est pourquoi, avec la multitude des anges et des saints, nous chantons l'hymne de ta gloire et sans fin nous proclamons : **Saint !…**

ANTIENNE DE LA COMMUNION. L'homme ne vit pas seulement de pain, mais de toute parole qui sort de la bouche de Dieu.

Ou bien :

Le Seigneur te couvre et te protège, tu trouves sous son aile un refuge.

PRIÈRE APRÈS LA COMMUNION. Restaurés par le pain du ciel, qui nourrit la foi, stimule l'espérance et fortifie la charité, nous t'en prions, Seigneur : apprends-nous à toujours avoir faim de celui qui est le pain vivant et vrai, et à vivre de toute parole qui sort de ta bouche. Par le Christ, notre Seigneur.

PRIÈRE SUR LE PEUPLE. Que descende sur ton peuple, Seigneur, l'abondance de ta bénédiction, afin que dans l'épreuve grandisse l'espérance, que dans la tentation s'affermisse le courage, et que soit accordée la rédemption éternelle. Par le Christ, notre Seigneur.

MÉDITONS
AVEC SAINT AUGUSTIN D'HIPPONE

Dans le Christ, nous sommes tentés et vainqueurs

Il nous a donc transfigurés en lui, quand il a voulu être tenté par Satan. On lisait tout à l'heure dans l'Évangile que le Seigneur Jésus Christ, au désert, était tenté par le diable. Parfaitement ! Le Christ était tenté par le diable ! Dans le Christ, c'est toi qui étais tenté, parce que le Christ tenait de toi sa chair, pour te donner le salut ; tenait de toi la mort, pour te donner la vie ; tenait de toi les outrages, pour te donner les honneurs ; donc il tenait de toi la tentation, pour te donner la victoire.

Si c'est en lui que nous sommes tentés, c'est en lui que nous dominons le diable. Tu remarques que le Christ a été tenté et tu ne remarques pas qu'il a vaincu ? Reconnais que c'est toi qui es tenté en lui ; et alors reconnais que c'est toi qui es vainqueur en lui. Il pouvait écarter de lui le diable ; mais s'il n'avait pas été tenté, il ne t'aurait pas enseigné, à toi qui dois être soumis à la tentation, comment on remporte la victoire.

Saint Augustin († 430), converti, a été baptisé par saint Ambroise à Pâques 387. Évêque d'Hippone en 395, il est l'un des plus grands théologiens chrétiens.

Cette semaine

Lu 19	FÉRIE	Lv 19, 1-2.11-18 ; Ps 18B ; Mt 25, 31-46
	« Recevez en héritage le Royaume. » Mt 25, 34	
Ma 20	FÉRIE	Is 55, 10-11 ; Ps 33 ; Mt 6, 7-15
	« Votre Père sait de quoi vous avez besoin. » Mt 6, 8	
Me 21	FÉRIE, saint Pierre Damien	Jon 3, 1-10 ; Ps 50 ; Lc 11, 29-32
	« Il y a ici bien plus que Salomon. » Lc 11, 31	
Je 22	Chaire de saint Pierre / fête	1 P 5, 1-4 ; Ps 22 ; Mt 16, 13-19
	« Tu es Pierre, et sur cette pierre je bâtirai mon Église. » Mt 16, 18	
Ve 23	FÉRIE, saint Polycarpe	Ez 18, 21-28 ; Ps 129 ; Mt 5, 20-26
	« Va d'abord te réconcilier avec ton frère, et ensuite viens présenter ton offrande. » Mt 5, 24	
Sa 24	FÉRIE	Dt 26, 16-19 ; Ps 118 ; Mt 5, 43-48
	« Aimez vos ennemis, et priez pour ceux qui vous persécutent. » Mt 5, 44	

Bonne fête ! • 18 : Bernadette • 19 : Gabin • 20 : Aimée • 21 : Damien • 22 : Isabelle • 23 : Polycarpe, Lazare • 24 : Modeste

Carême

Nous fêtons

Saint Pierre Damien (988-1072), le 21 février

Le petit office de la Sainte Vierge est une forme simplifiée de l'office divin, qui honore le rôle de Marie dans l'histoire du salut à travers six moments quotidiens de prière. Récité par les moines dès le VIIIe siècle, le petit office s'étendit jusqu'au clergé séculier, puis, au Moyen Âge, aux laïcs ayant rejoint le tiers ordre, à travers le livre d'Heures populaire.

Pierre Damien, docteur de l'Église, fut l'un des premiers promoteurs monastiques du petit office. Alors qu'il n'était encore qu'un nouveau-né, Pierre fut abandonné par sa mère et ne dut sa survie qu'à l'intervention d'une servante de la famille. En matière religieuse, il se plaça sous la protection de la Mère de Dieu et s'appuya toujours sur son aide durant ses années de vie monastique en tant que prieur au monastère camaldule de Fonte Avellana, en Italie, puis archevêque réformateur à Ostie, et enfin diplomate réputé et artisan de la paix pour le Saint-Siège. Il promut, et composa probablement, une version du petit office de la Sainte Vierge pour les moines de son monastère.

Pierre s'adresse à la Mère de Dieu : « Mais, ô bienheureuse Vierge, depuis que vous êtes élevée à la dignité de Reine du ciel, auriez-vous peut-être oublié vos pauvres serviteurs ? À Dieu ne plaise qu'on ait jamais une telle pensée ! Une miséricorde telle que celle qui règne dans le cœur de Marie ne saurait oublier une misère comme la nôtre. »

Intentions • Résolutions • Action de grâce

....

....

....

DIMANCHE 25 FÉVRIER 2024

2E DIMANCHE DU CARÊME

C'EST DANS LE CHRIST QUE PREND SENS L'ÉPREUVE *vécue par Abraham : le sacrifice d'Isaac, empêché, préfigurait celui de Jésus. Mais en célébrant la Transfiguration, nous assurons notre foi dans « la gloire de la résurrection ». Si Dieu est pour nous, même la mort ne pourra être contre nous.*

ANTIENNE D'OUVERTURE. En mon cœur je t'ai dit : « Je cherche ton visage, c'est ta face, Seigneur, que je cherche : ne me cache pas ta face. »

Ou bien :

Rappelle-toi, Seigneur, ta tendresse, ton amour qui est de toujours. Ne laisse pas triompher nos ennemis. Libère-nous, Dieu d'Israël, de toutes nos angoisses.

***On ne dit pas le* Gloire à Dieu.**

PRIÈRE. Seigneur Dieu, tu nous as dit d'écouter ton Fils bien-aimé ; fais-nous trouver dans ta parole la nourriture de notre vie spirituelle, afin que, d'un regard purifié, nous ayons la joie de contempler ta gloire. Par Jésus Christ, ton Fils, notre Seigneur, qui vit et règne avec toi dans l'unité du Saint-Esprit, Dieu, pour les siècles des siècles.

● *Dieu ne veut pas de sacrifice humain car c'est lui qui crée toute vie. Pourtant, à l'instar d'Abraham, il ne refusera pas que son Fils unique s'offre lui-même en sacrifice, par amour, afin que tous les hommes puissent avoir la Vie.* ●

Lecture du livre de la Genèse 22, 1-2.9-13.15-18

EN CES JOURS-LÀ, Dieu mit Abraham à l'épreuve. Il lui dit : « Abraham ! » Celui-ci répondit : « Me voici ! »

Dieu dit : « Prends ton fils, ton unique, celui que tu aimes, Isaac, va au pays de Moriah, et là tu l'offriras en holocauste sur la montagne que je t'indiquerai. » Ils arrivèrent à l'endroit que Dieu avait indiqué. Abraham y bâtit l'autel et disposa le bois ; puis il lia son fils Isaac et le mit sur l'autel, par-dessus le bois. Abraham étendit la main et saisit le couteau pour immoler son fils. Mais l'ange du Seigneur l'appela du haut du ciel et dit : « Abraham ! Abraham ! » Il répondit : « Me voici ! » L'ange lui dit : « Ne porte pas la main sur le garçon ! Ne lui fais aucun mal ! Je sais maintenant que tu crains Dieu : tu ne m'as pas refusé ton fils, ton unique. » Abraham leva les yeux et vit un bélier retenu par les cornes dans un buisson. Il alla prendre le bélier et l'offrit en holocauste à la place de son fils.
Du ciel, l'ange du Seigneur appela une seconde fois Abraham. Il déclara : « Je le jure par moi-même, oracle du Seigneur : parce que tu as fait cela, parce que tu ne m'as pas refusé ton fils, ton unique, je te comblerai de bénédictions, je rendrai ta descendance aussi nombreuse que les étoiles du ciel et que le sable au bord de la mer, et ta descendance occupera les places fortes de ses ennemis. Puisque tu as écouté ma voix, toutes les nations de la terre s'adresseront l'une à l'autre la bénédiction par le nom de ta descendance. »

— *Parole du Seigneur.*

PSAUME 115

℟ Je marcherai en présence du Seigneur
sur la terre des vivants.

Je crois, et je parlerai,
moi qui ai beaucoup souffert.

Il en coûte au Seigneur
de voir mourir les siens !

Ne suis-je pas, Seigneur, ton serviteur,
moi, dont tu brisas les chaînes ?
Je t'offrirai le sacrifice d'action de grâce,
j'invoquerai le nom du Seigneur.

Je tiendrai mes promesses au Seigneur,
oui, devant tout son peuple,
à l'entrée de la maison du Seigneur,
au milieu de Jérusalem !

● *Parce qu'il nous a donné son Fils unique, Dieu nous a tout offert, par amour. Seul un tel amour peut nous guérir de ce qui nous empêche d'aimer pleinement. Nous serons rendus justes si nous acceptons simplement de nous laisser aimer infiniment.* ●

Lecture de la lettre
de saint Paul apôtre aux Romains **8, 31b-34**

FRÈRES, si Dieu est pour nous, qui sera contre nous ? Il n'a pas épargné son propre Fils, mais il l'a livré pour nous tous : comment pourrait-il, avec lui, ne pas nous donner tout ? Qui accusera ceux que Dieu a choisis ? Dieu est celui qui rend juste : alors, qui pourra condamner ? Le Christ Jésus est mort ; bien plus, il est ressuscité, il est à la droite de Dieu, il intercède pour nous.
— *Parole du Seigneur.*

Gloire au Christ, Parole éternelle du Dieu vivant. Gloire à toi, Seigneur. De la nuée lumineuse, la voix du Père

a retenti : « Celui-ci est mon Fils bien-aimé, écoutez-le ! »
Gloire au Christ, Parole éternelle du Dieu vivant. Gloire à toi, Seigneur.

● *Jésus resplendit déjà de la lumière de la résurrection. Il est le Fils unique, chemin de la vie éternelle. Suivre ce chemin implique d'écouter celui qui est le Christ, le Verbe de Dieu, et de vivre de la Parole qui mène à la gloire en passant par la croix.* ●

Évangile de Jésus Christ selon saint Marc 9, 2-10

En ce temps-là, Jésus prit avec lui Pierre, Jacques et Jean, et les emmena, eux seuls, à l'écart sur une haute montagne. Et il fut transfiguré devant eux. Ses vêtements devinrent resplendissants, d'une blancheur telle que personne sur terre ne peut obtenir une blancheur pareille. Élie leur apparut avec Moïse, et tous deux s'entretenaient avec Jésus. Pierre alors prend la parole et dit à Jésus : « Rabbi, il est bon que nous soyons ici ! Dressons donc trois tentes : une pour toi, une pour Moïse, et une pour Élie. » De fait, Pierre ne savait que dire, tant leur frayeur était grande. Survint une nuée qui les couvrit de son ombre, et de la nuée une voix se fit entendre : « Celui-ci est mon Fils bien-aimé : écoutez-le ! » Soudain, regardant tout autour, ils ne virent plus que Jésus seul avec eux.
Ils descendirent de la montagne, et Jésus leur ordonna de ne raconter à personne ce qu'ils avaient vu, avant que le Fils de l'homme soit ressuscité d'entre les morts. Et ils restèrent fermement attachés à cette parole, tout en se demandant entre eux ce que voulait dire : « ressusciter d'entre les morts ».

— *Acclamons la Parole de Dieu.*

Credo —— page 395

Prière sur les offrandes. Que cette offrande, nous t'en prions, Seigneur, nous purifie de nos péchés : qu'elle sanctifie le corps et l'esprit de tes fidèles, pour les préparer à célébrer les fêtes pascales. Par le Christ, notre Seigneur.

Préface. Vraiment, il est juste et bon, pour ta gloire et notre salut, de t'offrir notre action de grâce, toujours et en tout lieu, Seigneur, Père très saint, Dieu éternel et tout-puissant, par le Christ, notre Seigneur. Après avoir prédit sa mort à ses disciples, il leur a manifesté sa splendeur sur la montagne sainte en présence de Moïse et d'Élie. Ainsi la Loi et les Prophètes témoignaient qu'il parviendrait par la Passion jusqu'à la gloire de la résurrection. C'est pourquoi, avec les puissances des cieux, nous pouvons te bénir sur la terre et t'adorer sans fin en proclamant : **Saint !...**

Antienne de la communion. Celui-ci est mon Fils bien-aimé, en qui je trouve ma joie : écoutez-le !

Prière après la communion. Après avoir communié, Seigneur, aux mystères de ta gloire, nous tenons à te rendre grâce, car tu nous donnes déjà sur cette terre d'avoir part aux biens du ciel. Par le Christ, notre Seigneur.

Prière sur le peuple. Seigneur, ne cesse pas de répandre ta bénédiction sur tes fidèles et donne-leur de s'attacher à l'Évangile de ton Fils unique ; alors, ils auront la force de tendre sans relâche vers la gloire dont il manifesta le rayonnement à ses Apôtres, et d'y parvenir eux-mêmes pour leur bonheur. Par le Christ, notre Seigneur.

MÉDITONS AVEC SAINT JEAN DE DAMAS

Dans ta lumière nous voyons la lumière

Aujourd'hui se manifeste ce que des yeux de chair ne peuvent voir : un corps terrestre rayonnant de la splendeur divine, un corps mortel manifestant la gloire de la divinité. Car la Parole s'est faite chair et la chair, Parole, bien que celle-ci ne soit pas sortie de la nature divine.

Le Thabor jubile et se réjouit, montagne divine et sainte… Là, les Apôtres choisis voient le Christ dans la gloire de son royaume. Là, la résurrection des morts est manifestée à leur foi et le Christ se montre Seigneur des morts et des vivants.

Car le mystère caché dès avant les siècles et les générations est révélé et la gloire véritable se manifeste… Et une voix sortit de la nuée disant : *« Celui-ci est mon Fils bien-aimé, écoutez-le »* ; celui-ci qui est homme et qui est vu tel ; qui, hier, est devenu homme, qui, humble, a conversé avec nous, dont maintenant la face resplendit, celui-ci est mon Fils bien-aimé d'avant tous les siècles, le Fils unique qui éternellement procède de moi, qui est toujours de moi, en moi et avec moi.

Théologien chrétien de premier rang, Jean de Damas († v. 749) était haut fonctionnaire du calife de Bagdad à Damas avant de se retirer au monastère Saint-Sabas, près de Jérusalem.

Cette semaine

Lu 26	FÉRIE	Dn 9, 4-10 ; Ps 78 ; Lc 6, 36-38
	« Ne jugez pas, et vous ne serez pas jugés. » Lc 6, 37	
Ma 27	FÉRIE, saint Grégoire de Narek	Is 1, 10.16-20 ; Ps 49 ; Mt 23, 1-12
	« Vous n'avez qu'un seul maître, le Christ. » Mt 23, 10	

Me 28	FÉRIE	Jr 18, 18-20; Ps 30; Mt 20, 17-28
	« *Le Fils de l'homme est venu pour donner sa vie en rançon pour la multitude.* » Cf. Mt 20, 28	
Je 29	FÉRIE	Jr 17, 5-10; Ps 1; Lc 16, 19-31
	« *Ils ont Moïse et les Prophètes : qu'ils les écoutent!* » Lc 16, 29	
Ve 1	FÉRIE	Gn 37, 3-4.12-13a.17b-28; Ps 104; Mt 21, 33-43.45-46
	« *La pierre qu'ont rejetée les bâtisseurs est devenue la pierre d'angle.* » Mt 21, 42	
Sa 2	FÉRIE	Mi 7, 14-15.18-20; Ps 102; Lc 15, 1-3.11-32
	« *Mon fils que voilà était mort, et il est revenu à la vie.* » Lc 15, 24	

Bonne fête! 25: Nestor, Roméo • 26: Alexandre • 27: Honorine, Grégoire • 28: Romain • 29: Auguste, Oswald • 1: Aubin • 2: Charles

Nous fêtons

Saint Grégoire de Narek, docteur (950-v. 1003), le 27 février

Grégoire de Narek, dernier docteur de l'Église proclamé, était arménien. Il fut d'abord formé par son père, évêque, puis par l'abbé Anania Vartabed, au monastère de Narek. Après son ordination, il demeura au monastère où il enseigna durant la majeure partie de sa vie. Il était encore jeune lorsqu'il rédigea un commentaire du Cantique des Cantiques brillant par sa précision théologique et sa clarté. L'on se souvient surtout de Grégoire pour sa poésie. Ses odes et ses mélodies sont des incontournables de la liturgie de l'Église arménienne. Sa dernière et plus grande œuvre, *Le Livre des Lamentations*, un recueil de quatre-vingt-quinze prières, a constitué un soutien pour la population durant les nombreux siècles d'oppression dont elle fut victime sous les musulmans turcs. Quand 1,5 million d'Arméniens furent massacrés en 1915, le peuple se tourna vers ses émouvantes *Lamentations*, où Grégoire s'adresse à « l'Église universelle »: « C'est pour la race des êtres raisonnables, pour toute génération / Plantée sur cette terre, / Que résonne le message nouveau consigné en ce livre de lamentation: / Embrassant tous les accidents des passions, il en flétrit l'image, / Comme une immense antienne découvrant les vices de chacun. » Meurtri par le péché et pourtant d'une confiance sereine, Grégoire prie Dieu: « Toi seul peux accomplir le miracle / De rendre la vie possible pour une âme / Si mise en péril par le doute. » En 2015, le pape François déclara Grégoire docteur de l'Église.

Intentions • Résolutions • Action de grâce

DIMANCHE 3 MARS 2024

3e dimanche du Carême

Les dix commandements *sont avant tout une réponse à l'amour de Dieu, et non une condition pour en bénéficier. Cet amour culmine en Jésus mort et ressuscité. Mais il est inconditionnel et doit être reçu comme tel : il ne peut faire l'objet des tractations ni de trafic.*
Ce dimanche ouvre la célébration des scrutins de ceux qui se préparent à recevoir le baptême à Pâques.

Antienne d'ouverture. J'ai toujours les yeux tournés vers le Seigneur: il tirera mes pieds du filet. Regarde, et prends pitié de moi, de moi qui suis seul et misérable.

Ou bien:

Quand je manifesterai, par vous, ma sainteté, je vous rassemblerai de tous les pays, dit le Seigneur. Je répandrai sur vous une eau pure, et vous serez purifiés de toutes vos souillures. Et je mettrai en vous un esprit nouveau.

***On ne dit pas le* Gloire à Dieu.**

Prière. Seigneur Dieu, source de toute bonté, et de toute miséricorde, tu nous as montré comment guérir du péché par le jeûne, la prière et le partage; accueille favorablement l'aveu de notre faiblesse, et puisque nous prenons humblement conscience de nos fautes, que ta miséricorde nous relève sans cesse. Par Jésus Christ, ton Fils, notre Seigneur, qui vit et règne avec toi dans l'unité du Saint-Esprit, Dieu, pour les siècles des siècles.

Ou bien, pour ceux qui se préparent au baptême:

Nous t'en prions, Seigneur, accorde à ceux que tu as choisis d'approcher avec pleine conscience du jour où ils proclameront ta louange; qu'ils retrouvent la dignité première dont la faute originelle les a écartés, et que ta gloire les renouvelle. Par Jésus Christ, ton Fils, notre Seigneur, qui vit et règne avec toi dans l'unité du Saint-Esprit, Dieu, pour les siècles des siècles.

● *Le Décalogue est le socle de la première Alliance, le fondement de la Loi que Dieu a confiée à Moïse pour son peuple. Son exigence : reconnaître Dieu comme l'unique Seigneur, l'adorer, le prier et vivre en homme juste devant lui.* ●

Lecture du livre de l'Exode — 20, 1-17

(Lecture brève : Exode 20, 1-3.7-8.12-17)

En ces jours-là, sur le Sinaï, Dieu prononça toutes les paroles que voici : « Je suis le Seigneur ton Dieu, qui t'ai fait sortir du pays d'Égypte, de la maison d'esclavage. Tu n'auras pas d'autres dieux en face de moi.

(Arrêt de la lecture brève)

Tu ne feras aucune idole, aucune image de ce qui est là-haut dans les cieux, ou en bas sur la terre, ou dans les eaux par-dessous la terre. Tu ne te prosterneras pas devant ces dieux, pour leur rendre un culte. Car moi, le Seigneur ton Dieu, je suis un Dieu jaloux : chez ceux qui me haïssent, je punis la faute des pères sur les fils, jusqu'à la troisième et la quatrième génération ; mais ceux qui m'aiment et observent mes commandements, je leur montre ma fidélité jusqu'à la millième génération.

(Reprise de la lecture brève)

Tu n'invoqueras pas en vain le nom du Seigneur ton Dieu, car le Seigneur ne laissera pas impuni celui qui invoque en vain son nom. Souviens-toi du jour du sabbat pour le sanctifier.

(Arrêt de la lecture brève)

Pendant six jours tu travailleras et tu feras tout ton ouvrage ; mais le septième jour est le jour du repos, sabbat en l'honneur du Seigneur ton Dieu : tu ne feras aucun ouvrage, ni toi, ni ton fils, ni ta fille, ni ton serviteur, ni ta servante, ni tes bêtes, ni l'immigré qui est dans ta ville. Car en six jours le Seigneur a fait le ciel, la terre, la mer et tout ce qu'ils contiennent, mais il s'est reposé le septième jour. C'est pourquoi le Seigneur a béni le jour du sabbat et l'a sanctifié.

(Reprise de la lecture brève)

Honore ton père et ta mère, afin d'avoir longue vie sur la terre que te donne le Seigneur ton Dieu. Tu ne commettras pas de meurtre. Tu ne commettras pas d'adultère. Tu ne commettras pas de vol. Tu ne porteras pas de faux témoignage contre ton prochain. Tu ne convoiteras pas la maison de ton prochain ; tu ne convoiteras pas la femme de ton prochain, ni son serviteur, ni sa servante, ni son bœuf, ni son âne : rien de ce qui lui appartient. »
— Parole du Seigneur.

Psaume 18b

℟ Seigneur, tu as les paroles de la vie éternelle.

La loi du Seigneur est parfaite,
qui redonne vie ;
la charte du Seigneur est sûre,
qui rend sages les simples.

Les préceptes du Seigneur sont droits,
ils réjouissent le cœur ;

le commandement du Seigneur est limpide,
il clarifie le regard.

La crainte qu'il inspire est pure,
elle est là pour toujours ;
les décisions du Seigneur sont justes
et vraiment équitables :

plus désirables que l'or,
qu'une masse d'or fin,
plus savoureuses que le miel
qui coule des rayons.

• *Saint Paul nous rappelle que, malgré les apparences, l'amour « fou » de Dieu révélé sur la croix est plus puissant que nos forces humaines et dépasse ce que nous pensons connaître de lui.* •

Lecture de la première lettre de saint Paul apôtre aux Corinthiens 1, 22-25

FRÈRES, alors que les Juifs réclament des signes miraculeux, et que les Grecs recherchent une sagesse, nous, nous proclamons un Messie crucifié, scandale pour les Juifs, folie pour les nations païennes. Mais pour ceux que Dieu appelle, qu'ils soient juifs ou grecs, ce Messie, ce Christ, est puissance de Dieu et sagesse de Dieu. Car ce qui est folie de Dieu est plus sage que les hommes, et ce qui est faiblesse de Dieu est plus fort que les hommes.
— *Parole du Seigneur.*

Gloire au Christ, Sagesse éternelle du Dieu vivant. Gloire à toi, Seigneur. Dieu a tellement aimé le monde qu'il a donné son Fils unique, afin que ceux qui croient en lui aient la vie éternelle. **Gloire au Christ, Sagesse éternelle du Dieu vivant. Gloire à toi, Seigneur.**

● *Le Christ rappelle que le temple est le lieu de la prière, de l'adoration du Père. Jésus, le Fils incarné, est en lui-même prière et adoration du Père. Il est le temple véritable, qui sera profané par le péché des hommes mais relevé par la puissance de l'Esprit d'amour du Père.* ●

Évangile de Jésus Christ selon saint Jean 2, 13-25

Comme la Pâque juive était proche, Jésus monta à Jérusalem. Dans le Temple, il trouva installés les marchands de bœufs, de brebis et de colombes, et les changeurs. Il fit un fouet avec des cordes, et les chassa tous du Temple, ainsi que les brebis et les bœufs ; il jeta par terre la monnaie des changeurs, renversa leurs comptoirs, et dit aux marchands de colombes : « Enlevez cela d'ici. Cessez de faire de la maison de mon Père une maison de commerce. » Ses disciples se rappelèrent qu'il est écrit : *L'amour de ta maison fera mon tourment.* Des Juifs l'interpellèrent : « Quel signe peux-tu nous donner pour agir ainsi ? » Jésus leur répondit : « Détruisez ce sanctuaire, et en trois jours je le relèverai. » Les Juifs lui répliquèrent : « Il a fallu quarante-six ans pour bâtir ce sanctuaire, et toi, en trois jours tu le relèverais ! » Mais lui parlait du sanctuaire de son corps.

Aussi, quand il se réveilla d'entre les morts, ses disciples se rappelèrent qu'il avait dit cela ; ils crurent à l'Écriture et à la parole que Jésus avait dite. Pendant qu'il était à Jérusalem pour la fête de la Pâque, beaucoup crurent en son nom, à la vue des signes qu'il accomplissait. Jésus, lui, ne se fiait pas à eux, parce qu'il les connaissait tous et n'avait besoin d'aucun témoignage sur l'homme ; lui-même, en effet, connaissait ce qu'il y a dans l'homme.

— Acclamons la Parole de Dieu.

CREDO page 395

PRIÈRE SUR LES OFFRANDES. Par ce sacrifice, Seigneur de bonté, alors que nous implorons le pardon de nos fautes, accorde-nous d'avoir à cœur de pardonner celles de nos frères. Par le Christ, notre Seigneur.

PRÉFACE DU CARÊME I-II pages 402-403

ANTIENNE DE LA COMMUNION. Le passereau lui-même s'est trouvé une maison, et la tourterelle, un nid pour abriter sa couvée : tes autels, Seigneur de l'univers, mon Roi et mon Dieu ! Heureux les habitants de ta maison : ils te loueront pour les siècles des siècles.

PRIÈRE APRÈS LA COMMUNION. Nous avons reçu de toi, Seigneur, un avant-goût des mystères du ciel, et, dès cette terre, nous sommes rassasiés par le pain venu d'en haut ; nous t'en supplions : donne-nous de mettre en œuvre ce que le sacrement réalise en nous. Par le Christ, notre Seigneur.

PRIÈRE SUR LE PEUPLE. Dirige, Seigneur, le cœur de tes fidèles et, dans ta bienveillance, donne à ceux qui te servent la grâce d'accomplir la plénitude de tes commandements en demeurant dans l'amour pour toi et pour le prochain. Par le Christ, notre Seigneur.

MÉDITONS AVEC SAINT AUGUSTIN D'HIPPONE

Le Temple, c'était son corps

Il est manifeste que, trois jours après avoir été mis à mort, le Seigneur est ressuscité. Cette connaissance, pour nous, est patente, parce que nous savons en qui nous croyons. Nous allons bientôt célébrer la solennité annuelle qui commémore la destruction et la réédification de ce temple.

En venant dans le monde, le Christ a reçu un corps qui lui vient d'Adam. Les Juifs ont détruit le temple qui vient d'Adam, le corps du Christ, mais le Seigneur l'a relevé le troisième jour. Il a ressuscité sa chair; en cela vous voyez qu'il est Dieu égal à son Père. L'Apôtre dit: *Le Christ s'est fait obéissant jusqu'à mourir, et mourir sur une croix. C'est pourquoi Dieu l'a relevé d'entre les morts et lui a conféré le Nom qui surpasse tous les noms* (Ph 2, 8-9). Le Seigneur est ressuscité, il a été exalté.

Qui l'a ressuscité? Le Père. Il ne s'est donc pas ressuscité lui-même? Mais le Père fait-il rien sans le Verbe? Le Père fait-il rien sans son Fils unique? Écoutez bien ce que dit le Christ: *« Détruisez ce sanctuaire, et en trois jours je le relèverai. »* Est-ce qu'il a dit: « Détruisez ce sanctuaire, et dans trois jours le Père le relèvera »? Ce que fait le Père, le Fils le fait pareillement: quand le Père relève, le Fils relève; quand le Fils relève, le Père relève, car, dit le Fils, *« le Père et moi, nous sommes un »* (Jn 10, 30).

Saint Augustin († 430), évêque d'Hippone en Afrique du Nord, a remis en lumière la Trinité en Dieu et, par analogie, en l'homme.

Cette semaine

Lu 4	Férie, saint Casimir	2 R 5, 1-15a; Ps 41-42; Lc 4, 24-30
	« Aucun prophète ne trouve un accueil favorable dans son pays. » Lc 4, 24	
Ma 5	Férie	Dn 3, 25.34-43; Ps 24; Mt 18, 21-35
	« Pardonne jusqu'à soixante-dix fois sept fois. » Cf. Mt 18, 22	
Me 6	Férie	Dt 4, 1.5-9; Ps 147; Mt 5, 17-19
	« Ne pensez pas que je sois venu abolir la Loi ou les Prophètes. » Mt 5, 17	
Je 7	Férie, saintes Perpétue et Félicité	Jr 7, 23-28; Ps 94; Lc 11, 14-23
	« Tout royaume divisé contre lui-même devient désert. » Lc 11, 17	

Ve 8	FÉRIE, saint Jean de Dieu	Os 14, 2-10; Ps 80; Mc 12, 28b-34
	« Tu aimeras le Seigneur ton Dieu de tout ton cœur. » Mc 12, 30	
Sa 9	Férie, sainte Françoise Romaine	Os 6, 1-6; Ps 50; Lc 18, 9-14
	« Qui s'élève sera abaissé; qui s'abaisse sera élevé. » Lc 18, 14	

Bonne fête! 3: Gwenolé • 4: Casimir, Roméo • 5: Théophile, Olive • 6: Colette, Rose • 7: Félicité, Perpétue • 8: Jean • 9: Françoise

Nous fêtons

Sainte Perpétue († 203), le 7 mars

Vivia Perpétue, 22 ans, fut arrêtée avec d'autres chrétiens à Carthage, en Afrique du Nord, lors des persécutions ordonnées par Sévère. Jeune mère, Perpétue avait embrassé la foi catholique, de même qu'un grand nombre des membres de sa famille. Son père, en revanche, était resté païen.

Nous disposons d'un récit détaillé de la détention de Perpétue, dont une grande partie fut rédigée par la jeune femme elle-même. Elle s'inquiète du sort de son bébé qu'elle allaite encore, ainsi que de son père angoissé, qui ne comprend pas son choix. Lors de son procès, son père paraît avec son fils dans les bras et la supplie d'obéir à l'empereur pour être libérée. Dans ce moment de grande vulnérabilité, elle demeure pourtant fidèle au Christ. Condamnés à mort, elle et les autres prisonniers regagnent leur cellule « tout heureux ». Elle apprend par la suite que son enfant a commencé à être sevré et qu'il pourra être confié à quelqu'un d'autre.

Dans l'arène, Perpétue et son esclave Félicité (devenue une amie proche et elle aussi chrétienne) doivent affronter une génisse en furie, mais elles ne meurent pas. Un gladiateur est désigné pour les tuer de son glaive. Alors que le premier coup de l'homme inexpérimenté ne fait que la blesser légèrement, Perpétue saisit sa main et la guide vers sa gorge. « Sans doute une telle femme ne pouvait-elle mourir autrement que de son propre gré », conclut un témoin anonyme.

Intentions • Résolutions • Action de grâce

....

....

....

....

....

....

....

....

....

....

....

....

DIMANCHE 10 MARS 2024

4E DIMANCHE DU CARÊME

CE QUATRIÈME DIMANCHE DU CARÊME *est déjà illuminé par la joie « des fêtes pascales qui approchent ». Car Dieu a envoyé son Fils « pour que, par lui, le monde soit sauvé ». Le Christ est la lumière qui nous attire à lui pour que soit manifestée notre union avec Dieu.*

ANTIENNE D'OUVERTURE. Réjouis-toi, Jérusalem ; vous tous qui l'aimez, rassemblez-vous. Jubilez de sa joie, vous qui étiez dans la tristesse ; alors vous exulterez, vous serez rassasiés de consolation.

***On ne dit pas le* Gloire à Dieu.**

PRIÈRE. Seigneur Dieu, par ton Verbe incarné, tu as merveilleusement réconcilié avec toi le genre humain ; accorde au peuple chrétien de se hâter avec un amour généreux et une foi ardente au-devant des fêtes pascales qui approchent. Par Jésus Christ, ton Fils, notre Seigneur, qui vit et règne avec toi dans l'unité du Saint-Esprit, Dieu, pour les siècles des siècles

Ou bien, pour ceux qui se préparent au baptême :

Dieu éternel et tout-puissant, multiplie les membres de ton Église dans la joie spirituelle ; puisque par leur naissance ils appartiennent à la terre, fais que par leur nouvelle naissance ils appartiennent au ciel. Par Jésus Christ, ton Fils, notre Seigneur, qui vit et règne avec toi dans l'unité du Saint-Esprit, Dieu, pour les siècles des siècles.

● *Plus de terre, plus de Temple, plus de roi : c'est la conséquence de l'infidélité du peuple. Grande épreuve de l'Exil qui marquera à jamais le peuple d'Israël, mais aussi temps de la conversion espérée par le Seigneur qui n'abandonne pas son peuple.* ●

Lecture du deuxième livre des Chroniques 36, 14-16.19-23

En ces jours-là, tous les chefs des prêtres et du peuple multipliaient les infidélités, en imitant toutes les abominations des nations païennes, et ils profanaient la Maison que le Seigneur avait consacrée à Jérusalem. Le Seigneur, le Dieu de leurs pères, sans attendre et sans se lasser, leur envoyait des messagers, car il avait pitié de son peuple et de sa Demeure. Mais eux tournaient en dérision les envoyés de Dieu, méprisaient ses paroles, et se moquaient de ses prophètes; finalement, il n'y eut plus de remède à la fureur grandissante du Seigneur contre son peuple. Les Babyloniens brûlèrent la Maison de Dieu, détruisirent le rempart de Jérusalem, incendièrent tous ses palais, et réduisirent à rien tous leurs objets précieux. Nabucodonosor déporta à Babylone ceux qui avaient échappé au massacre; ils devinrent les esclaves du roi et de ses fils jusqu'au temps de la domination des Perses. Ainsi s'accomplit la parole du Seigneur proclamée par Jérémie: *La terre sera dévastée et elle se reposera durant 70 ans, jusqu'à ce qu'elle ait compensé par ce repos tous les sabbats profanés.*

Or, la première année du règne de Cyrus, roi de Perse, pour que soit accomplie la parole du Seigneur proclamée par Jérémie, le Seigneur inspira Cyrus, roi de Perse. Et celui-ci fit publier dans tout son royaume – et même consigner par écrit – : « Ainsi parle Cyrus, roi de Perse : Le Seigneur, le Dieu du ciel, m'a donné tous

les royaumes de la terre ; et il m'a chargé de lui bâtir une maison à Jérusalem, en Juda. Quiconque parmi vous fait partie de son peuple, que le Seigneur son Dieu soit avec lui, et qu'il monte à Jérusalem ! »
— *Parole du Seigneur.*

PSAUME 136

**℟ Que ma langue s'attache à mon palais
si je perds ton souvenir !**

Au bord des fleuves de Babylone
nous étions assis et nous pleurions,
nous souvenant de Sion ;
aux saules des alentours
nous avions pendu nos harpes.

C'est là que nos vainqueurs
nous demandèrent des chansons,
et nos bourreaux, des airs joyeux :
« Chantez-nous, disaient-ils,
quelque chant de Sion. »

Comment chanterions-nous
un chant du Seigneur
sur une terre étrangère ?
Si je t'oublie, Jérusalem,
que ma main droite m'oublie !

Je veux que ma langue s'attache à mon palais
si je perds ton souvenir,
si je n'élève Jérusalem
au sommet de ma joie.

● *Pouvons-nous vraiment nous détourner du péché ? Oui, nous dit saint Paul, si nous mettons toute notre confiance en Jésus et si, jour après jour, nous accueillons sa grâce, car sa miséricorde est puissance d'anéantissement du péché.* ●

Lecture de la lettre de saint Paul apôtre aux Éphésiens 2, 4-10

FRÈRES, Dieu est riche en miséricorde ; à cause du grand amour dont il nous a aimés, nous qui étions des morts par suite de nos fautes, il nous a donné la vie avec le Christ : c'est bien par grâce que vous êtes sauvés. Avec lui, il nous a ressuscités et il nous a fait siéger aux cieux, dans le Christ Jésus. Il a voulu ainsi montrer, au long des âges futurs, la richesse surabondante de sa grâce, par sa bonté pour nous dans le Christ Jésus. C'est bien par la grâce que vous êtes sauvés, et par le moyen de la foi. Cela ne vient pas de vous, c'est le don de Dieu. Cela ne vient pas des actes : personne ne peut en tirer orgueil. C'est Dieu qui nous a faits, il nous a créés dans le Christ Jésus, en vue de la réalisation d'œuvres bonnes qu'il a préparées d'avance pour que nous les pratiquions.
— *Parole du Seigneur.*

Gloire et louange à toi, Seigneur Jésus ! Dieu a tellement aimé le monde qu'il a donné son Fils unique, afin que ceux qui croient en lui aient la vie éternelle. **Gloire et louange à toi, Seigneur Jésus !**

● *Dieu a tant aimé le monde qu'« il a donné son Fils unique », Jésus Christ. Par sa mort et sa résurrection, celui-ci a vaincu le mal et montré que la lumière de l'amour dissipe les ténèbres du péché. La victoire est assurée pour qui accueille cet amour de Dieu en lui.* ●

Évangile de Jésus Christ selon saint Jean 3, 14-21

En ce temps-là, Jésus disait à Nicodème : « De même que le serpent de bronze fut élevé par Moïse dans le désert, ainsi faut-il que le Fils de l'homme soit élevé, afin qu'en lui tout homme qui croit ait la vie éternelle. Car Dieu a tellement aimé le monde qu'il a donné son Fils unique, afin que quiconque croit en lui ne se perde pas, mais obtienne la vie éternelle. Car Dieu a envoyé son Fils dans le monde, non pas pour juger le monde, mais pour que, par lui, le monde soit sauvé. Celui qui croit en lui échappe au Jugement, celui qui ne croit pas est déjà jugé, du fait qu'il n'a pas cru au nom du Fils unique de Dieu. Et le Jugement, le voici : la lumière est venue dans le monde, et les hommes ont préféré les ténèbres à la lumière, parce que leurs œuvres étaient mauvaises. Celui qui fait le mal déteste la lumière : il ne vient pas à la lumière, de peur que ses œuvres ne soient dénoncées ; mais celui qui fait la vérité vient à la lumière, pour qu'il soit manifeste que ses œuvres ont été accomplies en union avec Dieu. »

— Acclamons la Parole de Dieu.

Credo page 395

Prière sur les offrandes. Seigneur, nous te présentons dans la joie l'eucharistie qui assure la guérison éternelle, et nous te prions humblement : accorde-nous de la vénérer avec foi et de l'offrir avec respect pour le salut du monde. Par le Christ, notre Seigneur.

Préface du Carême I-II — pages 402-403

Antienne de la communion. Jérusalem, te voici dans tes murs : ville où tout ensemble ne fait qu'un ! C'est là que montent les tribus, les tribus du Seigneur, pour rendre grâce à ton nom, Seigneur.

Prière après la communion. Dieu qui éclaires tout homme venant dans ce monde, nous t'en prions, illumine nos cœurs par la splendeur de ta grâce : que nos pensées soient toujours dignes de toi, et accordées à ta grandeur, et qu'ainsi nous puissions t'aimer sincèrement. Par le Christ, notre Seigneur.

Prière sur le peuple. Protège, Seigneur, ceux qui te supplient, soutiens les faibles, fais revivre sans cesse par ta lumière ceux qui marchent dans les ténèbres de la mort, et accorde à ceux que ton amour a délivrés de tout mal de parvenir aux biens suprêmes. Par le Christ, notre Seigneur.

MÉDITONS AVEC SAINT AUGUSTIN D'HIPPONE

Il faut que le Fils de l'homme soit élevé

Le peuple d'Israël succombait à la morsure des serpents et le désert était jonché de cadavres. Le Seigneur ordonna à Moïse de fabriquer un serpent de bronze, de l'élever sur un mât dans le désert, et d'avertir le peuple : si quelqu'un était mordu par un serpent, qu'il regarde le serpent élevé sur le mât.

C'est ce qui était arrivé en figure chez les anciens pères : « *De même que Moïse éleva le serpent dans le désert, ainsi faut-il que le Fils de l'homme soit élevé, afin que tout homme qui croit en lui ait la vie éternelle.* » C'est là un grand mystère !

En attendant, mes frères, pour être guéris du péché, regardons le Christ crucifié. Le Christ n'est-il pas la Vie ?

Et pourtant le Christ est en croix. Le Christ n'est-il pas la Vie ? Et pourtant le Christ est mort.

Saint Augustin († 430), Père et docteur de l'Église, est un penseur chrétien qui a notamment inspiré la règle des communautés de chanoines réguliers et laissé des œuvres majeures telles que Les Confessions, La Cité de Dieu *et* De la Trinité.

Cette semaine

Lu 11	FÉRIE	Is 65, 17-21 ; Ps 29 ; Jn 4, 43-54
	« *Va, ton fils est vivant.* » Jn 4, 50	
Ma 12	FÉRIE	Ez 47, 1-9.12 ; Ps 45 ; Jn 5, 1-16
	« *Veux-tu être guéri ?* » Jn 5, 6	
Me 13	FÉRIE	Is 49, 8-15 ; Ps 144 ; Jn 5, 17-30
	« *Mon Père est toujours à l'œuvre.* » Jn 5, 17	
Je 14	FÉRIE	Ex 32, 7-14 ; Ps 105 ; Jn 5, 31-47
	« *Les œuvres mêmes que je fais témoignent que le Père m'a envoyé.* » Jn 5, 36	
Ve 15	FÉRIE	Sg 2, 1a.12-22 ; Ps 33 ; Jn 7, 1-2.10.14.25-30
	« *Son heure n'était pas encore venue.* » Jn 7, 30	
Sa 16	FÉRIE	Jr 11, 18-20 ; Ps 7 ; Jn 7, 40-53
	« *Jamais un homme n'a parlé de la sorte !* » Jn 7, 46	

Bonne fête ! 10 : Jean, Vivien, Victor • 11 : Rosine • 12 : Justine • 13 : Rodrigue, Patricia • 14 : Mathilde, Ève • 15 : Louise, Clément-Marie • 16 : Bénédicte, Tatien

Nous fêtons

Sainte Louise de Marillac (1591-1660), le 15 mars

Louise était la fille illégitime d'un noble français. Elle ne semble pas avoir connu sa mère, mais son père veilla malgré tout à son éducation, chez les religieuses de Poissy. En 1613, elle fut mariée à Antoine Le Gras. Durant les années qui suivirent, Antoine perdit son emploi, échoua dans de nouvelles fonctions puis tomba malade. Le fils qu'ils eurent ensemble, Michel, était également de santé fragile. Malgré ces heures sombres, Louise continua de s'adonner à la prière.

Antoine mourut en 1625. Louise avait fait la connaissance de saint Vincent de Paul, homme d'une incroyable énergie, fervent avocat des pauvres, qui avait fondé les Dames de la Charité, un mouvement de femmes laïques se donnant pour mission de secourir les nécessiteux de Paris et de ses environs. Les femmes riches étaient disposées à donner de l'argent mais ne souhaitaient pas se salir les mains en s'occupant des pauvres chez eux, si bien qu'en 1629, Vincent sollicita Louise.

Après avoir visité de nombreux groupes de femmes, Louise entreprit de les former au travail – non les riches, mais les femmes de classe ouvrière, simples et dévotes. Dès le début, Vincent et Louise virent en ces « Filles de la Charité » une force active, manifestant la présence du Christ en leurs actions. La congrégation reçut une approbation officielle en 1655. À sa mort, cinq ans plus tard, Louise avait supervisé la création de quarante communautés.

Intentions • Résolutions • Action de grâce

....

....

....

....

....

....

DIMANCHE 17 MARS 2024

5e dimanche du Carême

Journée du CCFD (en France)

Le temps de la Passion approche. ***La liturgie de ce dimanche nous présente Jésus, dans toute son humanité, face à la mort. Dans le don total de sa vie « par amour pour le monde », Jésus scelle la nouvelle Alliance annoncée par Jérémie et offerte à toute l'humanité.***

Antienne d'ouverture. Rends-moi justice, ô mon Dieu, défends ma cause contre un peuple sans foi ; de l'homme qui ruse et trahit, libère-moi ; c'est toi, Dieu, ma forteresse.

***On ne dit pas le* Gloire à Dieu.**

Prière. Viens à notre secours, Seigneur notre Dieu : accorde-nous de marcher avec joie dans la charité de ton Fils qui a aimé le monde jusqu'à donner pour lui sa vie. Lui qui vit et règne avec toi dans l'unité du Saint-Esprit, Dieu, pour les siècles des siècles.

Ou bien, pour ceux qui se préparent au baptême :

À ceux d'entre nous que tu as choisis et qui ont été instruits des saints mystères, accorde, Seigneur, d'être renouvelés à la fontaine baptismale et comptés parmi les membres de ton Église. Par Jésus Christ, ton Fils, notre Seigneur, qui vit et règne avec toi dans l'unité du Saint-Esprit, Dieu, pour les siècles des siècles.

● *Par la voix du prophète Jérémie, le Seigneur promet une alliance inouïe : il va lui-même déposer sa parole au cœur de chacun. Cette promesse s'accomplira en Jésus Christ, Parole du Père, venu parmi les hommes établir une alliance définitive avec eux.* ●

Lecture du livre du prophète Jérémie 31, 31-34

VOICI VENIR des jours – oracle du Seigneur –, où je conclurai avec la maison d'Israël et avec la maison de Juda une alliance nouvelle. Ce ne sera pas comme l'alliance que j'ai conclue avec leurs pères, le jour où je les ai pris par la main pour les faire sortir du pays d'Égypte : mon alliance, c'est eux qui l'ont rompue, alors que moi, j'étais leur maître – oracle du Seigneur.
Mais voici quelle sera l'alliance que je conclurai avec la maison d'Israël quand ces jours-là seront passés – oracle du Seigneur. Je mettrai ma Loi au plus profond d'eux-mêmes ; je l'inscrirai sur leur cœur. Je serai leur Dieu, et ils seront mon peuple. Ils n'auront plus à instruire chacun son compagnon, ni chacun son frère en disant : « Apprends à connaître le Seigneur ! » Car tous me connaîtront, des plus petits jusqu'aux plus grands – oracle du Seigneur. Je pardonnerai leurs fautes, je ne me rappellerai plus leurs péchés.

— *Parole du Seigneur.*

Psaume 50

℟ **Crée en moi un cœur pur, ô mon Dieu.**

Pitié pour moi, mon Dieu, dans ton amour,
selon ta grande miséricorde, efface mon péché.
Lave-moi tout entier de ma faute,
purifie-moi de mon offense.

Crée en moi un cœur pur, ô mon Dieu,
renouvelle et raffermis au fond de moi mon esprit.

Carême

Ne me chasse pas loin de ta face,
ne me reprends pas ton esprit saint.

Rends-moi la joie d'être sauvé ;
que l'esprit généreux me soutienne.
Aux pécheurs j'enseignerai tes chemins,
vers toi reviendront les égarés.

● *Vrai Dieu, Jésus le Fils de Dieu est aussi vrai homme. Il a connu les souffrances humaines, y compris celles de la mort. Sans les rechercher, sans les éviter à tout prix, il les a supportées librement, le cœur toujours tourné vers son Père.* ●

Lecture de la lettre aux Hébreux 5, 7-9

Le Christ, pendant les jours de sa vie dans la chair, offrit, avec un grand cri et dans les larmes, des prières et des supplications à Dieu qui pouvait le sauver de la mort, et il fut exaucé en raison de son grand respect. Bien qu'il soit le Fils, il apprit par ses souffrances l'obéissance et, conduit à sa perfection, il est devenu pour tous ceux qui lui obéissent la cause du salut éternel.

— *Parole du Seigneur.*

Gloire à toi, Seigneur, gloire à toi. Si quelqu'un veut me servir, qu'il me suive, dit le Seigneur ; et là où moi je suis, là aussi sera mon serviteur. **Gloire à toi, Seigneur, gloire à toi.**

● *Le grain qui meurt donne beaucoup de fruits. Ainsi la mort de Jésus va-t-elle apporter la vie au monde. Élevé sur la croix, il établira l'Alliance nouvelle et éternelle qui attirera tous les hommes à Dieu.* ●

Évangile de Jésus Christ selon saint Jean 12, 20-33

En ce temps-là, il y avait quelques Grecs parmi ceux qui étaient montés à Jérusalem pour adorer Dieu pendant la fête de la Pâque. Ils abordèrent Philippe, qui était de Bethsaïde en Galilée, et lui firent cette demande : « Nous voudrions voir Jésus. » Philippe va le dire à André, et tous deux vont le dire à Jésus. Alors Jésus leur déclare : « L'heure est venue où le Fils de l'homme doit être glorifié. Amen, amen, je vous le dis : si le grain de blé tombé en terre ne meurt pas, il reste seul ; mais s'il meurt, il porte beaucoup de fruit. Qui aime sa vie la perd ; qui s'en détache en ce monde la gardera pour la vie éternelle. Si quelqu'un veut me servir, qu'il me suive ; et là où moi je suis, là aussi sera mon serviteur. Si quelqu'un me sert, mon Père l'honorera.

« Maintenant mon âme est bouleversée. Que vais-je dire ? "Père, sauve-moi de cette heure" ? – Mais non ! C'est pour cela que je suis parvenu à cette heure-ci ! Père, glorifie ton nom ! » Alors, du ciel vint une voix qui disait : « Je l'ai glorifié et je le glorifierai encore. » En l'entendant, la foule qui se tenait là disait que c'était un coup de tonnerre. D'autres disaient : « C'est un ange qui lui a parlé. » Mais Jésus leur répondit : « Ce n'est pas pour moi qu'il y a eu cette voix, mais pour vous. Maintenant a lieu le jugement de ce monde ; maintenant le prince de ce monde va être jeté dehors ; et moi, quand j'aurai été élevé de terre, j'attirerai à moi tous les hommes. » Il signifiait par là de quel genre de mort il allait mourir.

— *Acclamons la Parole de Dieu.*

Credo page 395

PRIÈRE SUR LES OFFRANDES. Exauce-nous, Dieu tout-puissant, et accorde à tes serviteurs, formés par l'enseignement de la foi chrétienne, d'être purifiés par l'action de ce sacrifice. Par le Christ, notre Seigneur.

PRÉFACE DU CARÊME I-II ——— pages 402-403

ANTIENNE DE LA COMMUNION. Amen, amen, je vous le dis : si le grain de blé tombé en terre ne meurt pas, il reste seul ; mais s'il meurt, il donne beaucoup de fruit.

PRIÈRE APRÈS LA COMMUNION. Accorde-nous, Dieu tout-puissant, d'être toujours comptés parmi les membres du Christ, nous qui communions à son Corps et à son Sang. Lui qui vit et règne pour les siècles des siècles.

PRIÈRE SUR LE PEUPLE. Seigneur, bénis ton peuple qui attend le bienfait de ta compassion ; accorde-lui, dans ta largesse, de voir exaucés les désirs que toi-même lui inspires. Par le Christ, notre Seigneur.

MÉDITONS AVEC LE CONCILE VATICAN II

J'attirerai tous les hommes

Ainsi le Fils vint, envoyé par le Père qui nous avait choisis en lui avant la création du monde et prédestinés à une adoption filiale, selon son libre dessein de tout rassembler en lui (cf. Ep 1, 4-5.10). C'est pourquoi le Christ, pour accomplir la volonté du Père, inaugura le royaume des Cieux sur la terre, nous révéla son mystère et, par son obéissance, effectua la rédemption.

L'Église, qui est le règne de Dieu déjà mystérieusement présent, opère dans le monde, par la puissance de Dieu, sa croissance visible. Commencement et développement que signifient le sang et l'eau sortant du côté ouvert de Jésus crucifié (cf. Jn 19, 34) et que prophétisent les paroles du Seigneur disant de sa mort en croix : « *Pour moi, quand j'aurai été élevé de terre, j'attirerai tous les hommes* » (Jn 12, 32). Toutes les fois que le sacrifice de la croix par lequel le Christ, notre Pâque, a été immolé se célèbre sur l'autel, l'œuvre de notre rédemption s'opère. En même temps, par le sacrement du pain eucharistique, est représentée et réalisée l'unité des fidèles qui, dans le Christ, forment un seul corps (cf. 1 Co 10, 17). À cette union avec le Christ, qui est la lumière du monde, de qui nous procédons, par qui nous vivons, vers qui nous tendons, tous les hommes sont appelés.

Le concile Vatican II, qui rassembla tous les évêques du monde, fut un événement pour le renouvellement de la liturgie, l'ancrage de l'Église dans le monde moderne et le rapport aux autres religions.

Cette semaine

Lu 18	FÉRIE, saint Cyrille de Jérusalem	Dn 13, 1-9.15-17.19-30.33-62 ; Ps 22 ; Jn 8, 1-11
	« Celui d'entre vous qui est sans péché, qu'il soit le premier à lui jeter une pierre. » Jn 8, 7	
Ma 19	Saint Joseph, époux de la bienheureuse Vierge Marie / sol.	2 S 7, 4-5a.12-14a.16 ; Ps 88 ; Rm 4, 13.16-18.22 ; Mt 1, 16.18-21.24a ou Lc 2, 41-51a
	« Vois comme ton père et moi, nous avons souffert en te cherchant ! » Lc 2, 48	
Me 20	FÉRIE	Dn 3, 14-20.91-92.95 ; Ct Dn 3 ; Jn 8, 31-42
	« Si vous demeurez fidèles à ma parole, vous êtes vraiment mes disciples. » Jn 8, 31	
Je 21	FÉRIE	Gn 17, 3-9 ; Ps 104 ; Jn 8, 51-59
	« Avant qu'Abraham fût, moi, JE SUIS. » Jn 8, 58	
Ve 22	FÉRIE	Jr 20, 10-13 ; Ps 17 ; Jn 10, 31-42
	« Vous reconnaîtrez, et de plus en plus, que le Père est en moi, et moi dans le Père. » Jn 10, 38	

Sa 23	FÉRIE, saint Turibio de Mogrovejo	Ez 37, 21-28 ; Ct Jr 31 ; Jn 11, 45-57
	« À partir de ce jour-là, ils décidèrent de le tuer. » Jn 11, 53	

Bonne fête ! 17 : Patrick • 18 : Cyrille, Aimée • 19 : José, Joseph • 20 : Herbert, Baptiste • 21 : Clémence • 22 : Léa • 23 : Victorien, Rébecca

Nous fêtons

Saint Turibio de Mogrovejo (1538-1606), le 23 mars

Professeur de droit renommé, Turibio exerçait à Salamanque lorsque le roi Philippe II d'Espagne le nomma à la tête de l'Inquisition. Laïc, il se soumit à l'ordination et, en 1581, à 43 ans et nouvellement consacré, il arriva à Lima. Peu après, il devint archevêque de Lima, au Pérou, territoire de mission.

Le diocèse de Turibio couvrait près de trente mille kilomètres carrés. Ses paroissiens étaient des colons espagnols et un grand nombre d'Indiens convertis de la première génération. Il entreprit aussitôt de faire le tour de son diocèse, traversant la jungle et empruntant de périlleux sentiers de montagne, pour rencontrer ses paroissiens. Il prêcha et enseigna, apprenant au passage de nombreux dialectes locaux. Il baptisa et confirma, apportant les sacrements à sainte Rose de Lima et à saint Martin de Porrès. Partout où il se rendait, il refusait tous les présents, jusqu'aux plus humbles, préférant donner lui-même l'aumône.

Entre chaque périple, fidèle aux stipulations du concile de Trente, Turibio convoquait ses prêtres et les autres évêques en conciles. Il défendit les droits des Indiens et parvint à fonder le premier séminaire du Nouveau Monde, malgré la grande résistance que les autorités espagnoles lui opposèrent. Il mourut lors de sa troisième visite à son diocèse, après quatorze mois sur la route. Il est aujourd'hui vénéré comme saint patron du Pérou.

Intentions • Résolutions • Action de grâce

MARDI 19 MARS 2024

SOLENNITÉ DE SAINT JOSEPH, ÉPOUX DE LA BIENHEUREUSE VIERGE MARIE

LA CÉLÉBRATION DE LA SAINT-JOSEPH *est étroitement liée à la vénération due à la Vierge. Époux de Marie, descendant de David, Joseph est le « serviteur fidèle et avisé que le Seigneur a établi sur toute sa famille » pour prendre soin de l'enfant Jésus et de sa mère.*

ANTIENNE D'OUVERTURE. Voici le serviteur fidèle et avisé que le Seigneur a placé à la tête de sa famille.

GLOIRE À DIEU page 392

PRIÈRE. Dieu tout-puissant, à l'aube des temps nouveaux tu as confié au bienheureux Joseph la garde des mystères du salut ; accorde maintenant à ton Église, soutenue par sa prière, de veiller toujours sur leur achèvement. Par Jésus Christ, ton Fils, notre Seigneur.

• *Le prophète Nathan annonce au roi David que la royauté restera attachée à sa descendance et donc à son nom : le Messie sera fils de David. Cette promesse sera accomplie en Jésus, qui recevra son nom de Joseph, son père de la terre.* •

Lecture du deuxième livre de Samuel 7, 4-5a.12-14a.16

CETTE NUIT-LÀ, la parole du Seigneur fut adressée au prophète Nathan : « Va dire à mon serviteur David : Ainsi parle le Seigneur : Quand tes jours seront accomplis et que tu reposeras auprès de tes pères, je te susciterai dans ta descendance un successeur, qui naîtra de toi, et je rendrai stable sa royauté.

C'est lui qui bâtira une maison pour mon nom, et je rendrai stable pour toujours son trône royal. Moi, je serai pour lui un père ; et lui sera pour moi un fils. Ta maison et ta royauté subsisteront toujours devant moi, ton trône sera stable pour toujours. » — *Parole du Seigneur.*

Psaume 88

℟ **Sa dynastie sans fin subsistera.**

L'amour du Seigneur, sans fin je le chante ;
ta fidélité, je l'annonce d'âge en âge.
Je le dis : C'est un amour bâti pour toujours ;
ta fidélité est plus stable que les cieux.

« Avec mon élu, j'ai fait une alliance,
j'ai juré à David, mon serviteur :
j'établirai ta dynastie pour toujours,
je te bâtis un trône pour la suite des âges.

« Il me dira : "Tu es mon Père,
mon Dieu, mon roc et mon salut !"
Sans fin je lui garderai mon amour,
mon alliance avec lui sera fidèle. »

● *C'est par la foi que nous devenons héritier de la promesse de Dieu. À l'image d'Abraham, Joseph est une éminente figure du juste, établi héritier de la promesse faite à David « en raison de sa foi ».* ●

Lecture de la lettre de saint Paul apôtre aux Romains — 4, 13.16-18.22

FRÈRES, ce n'est pas en vertu de la Loi que la promesse de recevoir le monde en héritage a été faite à Abraham

et à sa descendance, mais en vertu de la justice obtenue par la foi. Voilà pourquoi on devient héritier par la foi : c'est une grâce, et la promesse demeure ferme pour tous les descendants d'Abraham, non pour ceux qui se rattachent à la Loi seulement, mais pour ceux qui se rattachent aussi à la foi d'Abraham, lui qui est notre père à tous. C'est bien ce qui est écrit : *J'ai fait de toi le père d'un grand nombre de nations.* Il est notre père devant Dieu en qui il a cru, Dieu qui donne la vie aux morts et qui appelle à l'existence ce qui n'existe pas. Espérant contre toute espérance, il a cru ; ainsi est-il devenu le père d'un grand nombre de nations, selon cette parole : *Telle sera la descendance que tu auras !* Et voilà pourquoi il lui fut accordé d'être juste.
— *Parole du Seigneur.*

Gloire et louange à toi, Seigneur Jésus. Heureux les habitants de ta maison, Seigneur : ils pourront te chanter encore !
Gloire et louange à toi, Seigneur Jésus.

● *Reçu dans la filiation de Joseph, Jésus est issu de la lignée davidique et reconnu fils de David. Selon saint Matthieu, c'est encore Joseph qui attribue le nom de Jésus au fils de Marie, son épouse.* ●

Évangile de Jésus Christ selon saint Matthieu — 1, 16.18-21.24a

Jacob engendra Joseph, l'époux de Marie, de laquelle fut engendré Jésus, que l'on appelle Christ.
Or, voici comment fut engendré Jésus Christ : Marie, sa mère, avait été accordée en mariage à Joseph ; avant qu'ils aient habité ensemble, elle fut enceinte par l'action de l'Esprit Saint. Joseph, son époux, qui était un

homme juste, et ne voulait pas la dénoncer publiquement, décida de la renvoyer en secret. Comme il avait formé ce projet, voici que l'ange du Seigneur lui apparut en songe et lui dit : « Joseph, fils de David, ne crains pas de prendre chez toi Marie, ton épouse, puisque l'enfant qui est engendré en elle vient de l'Esprit Saint ; elle enfantera un fils, et tu lui donneras le nom de Jésus (c'est-à-dire : Le-Seigneur-sauve), car c'est lui qui sauvera son peuple de ses péchés. »
Quand Joseph se réveilla, il fit ce que l'ange du Seigneur lui avait prescrit.

— *Acclamons la Parole de Dieu.*

Ou bien :

• *L'inquiétude de Joseph et de Marie manifeste l'attachement que tout parent peut éprouver pour son enfant. Jésus lui, à l'âge de la majorité religieuse, révèle le lien filial qui l'unit au Père.* •

Évangile de Jésus Christ selon saint Luc 2, 41-51a

CHAQUE ANNÉE, les parents de Jésus se rendaient à Jérusalem pour la fête de la Pâque. Quand il eut douze ans, ils montèrent en pèlerinage suivant la coutume. À la fin de la fête, comme ils s'en retournaient, le jeune Jésus resta à Jérusalem à l'insu de ses parents. Pensant qu'il était dans le convoi des pèlerins, ils firent une journée de chemin avant de le chercher parmi leurs parents et connaissances. Ne le trouvant pas, ils retournèrent à Jérusalem, en continuant à le chercher. C'est au bout de trois jours qu'ils le trouvèrent dans le Temple, assis au milieu des docteurs de la Loi : il les écoutait et leur posait des questions, et tous ceux qui

l'entendaient s'extasiaient sur son intelligence et sur ses réponses. En le voyant, ses parents furent frappés d'étonnement, et sa mère lui dit : « Mon enfant, pourquoi nous as-tu fait cela ? Vois comme ton père et moi, nous avons souffert en te cherchant ! » Il leur dit : « Comment se fait-il que vous m'ayez cherché ? Ne saviez-vous pas qu'il me faut être chez mon Père ? » Mais ils ne comprirent pas ce qu'il leur disait.
Il descendit avec eux pour se rendre à Nazareth, et il leur était soumis.
— Acclamons la Parole de Dieu.

CREDO page 395

PRIÈRE SUR LES OFFRANDES. Nous t'en prions, Seigneur, fais que nous puissions nous présenter au service de ton autel avec un cœur sans partage, à l'exemple du bienheureux Joseph qui s'est consacré tout entier à servir ton Fils unique, né de la Vierge Marie. Lui qui vit et règne pour les siècles des siècles.

PRÉFACE. Vraiment, il est juste et bon, pour ta gloire et notre salut, de t'offrir notre action de grâce, toujours et en tout lieu, Seigneur, Père très saint, Dieu éternel et tout-puissant. En fêtant saint Joseph, c'est à toi que nous devons rendre hommage, toi que nous exaltons et que nous bénissons. Car il fut l'homme juste que tu donnas comme époux à la Vierge Marie, la Mère de Dieu ; il fut le serviteur fidèle et prudent à qui tu confias la Sainte Famille ; il veilla comme un père sur ton Fils unique conçu par la puissance du Saint-Esprit, Jésus Christ, notre Seigneur. Par lui, les anges célèbrent ta grandeur, les esprits bienheureux adorent ta gloire ; par lui s'inclinent devant toi les puissances d'en haut, et tressaillent d'une même allégresse les innombrables créatures des cieux. À leur hymne de louange, laisse-nous joindre nos voix pour chanter et proclamer : **Saint !...**

Antienne de la communion. Serviteur bon et fidèle, entre dans la joie de ton Seigneur.

Prière après la communion. Par cette nourriture reçue à ton autel, Seigneur, tu as rassasié ta famille, heureuse de fêter le bienheureux Joseph ; garde-la sous ta constante protection et, dans ta bonté, veille sur les dons que tu lui as faits. Par le Christ, notre Seigneur.

Méditons avec sainte Thérèse d'Avila

Joseph, un homme juste

[Dans un moment de grandes souffrances physiques et morales], je pris pour avocat et maître le glorieux saint Joseph et je me recommandai beaucoup à lui. De cette détresse comme d'autres plus graves, où l'honneur et l'âme étaient en danger, je vis clairement mon père et Seigneur me tirer avec plus de profit que je ne savais lui en demander. Je n'ai pas souvenir, jusqu'à ce jour, de l'avoir jamais supplié de m'accorder quelque chose qu'il m'ait refusé. Les grandes faveurs que Dieu m'a faites par l'intermédiaire de ce bienheureux saint sont chose stupéfiante, ainsi que les périls dont il m'a sauvegardée, corps et âme ; il semblerait que le Seigneur a donné à d'autres saints le pouvoir de nous secourir dans certains cas, mais l'expérience m'a prouvé que ce glorieux saint nous secourt en toutes circonstances ; le Seigneur veut ainsi nous faire entendre que, de même qu'il fut soumis sur terre à celui qu'on appelait son père, qui était son père nourricier, et qui à ce titre pouvait lui commander, il fait encore au ciel tout ce qu'il lui demande. D'autres personnes à qui j'ai conseillé de se recommander à lui ont fait, elles aussi, la même expérience ; et encore aujourd'hui nombreux sont ceux dont la ferveur à son égard est renouvelée par l'expérience de cette vérité.

Je demande seulement, pour l'amour de Dieu, à ceux qui ne me croient pas d'en faire l'épreuve ; l'expérience leur montrera combien il est bienfaisant de se confier à ce glorieux patriarche et d'avoir de la dévotion pour lui. Les personnes d'oraison, en particulier, devraient toujours s'attacher à lui ; car je ne sais comment on peut penser à la Reine des anges, au temps qu'elle vécut auprès de l'enfant Jésus, sans remercier saint Joseph de les avoir si efficacement aidés.

Thérèse d'Avila († 1582) travailla à la réforme de l'ordre du Carmel et à la fondation de dix-sept monastères de carmélites. Canonisée en 1622, elle a été proclamée docteur de l'Église par Paul VI, en 1970.

« Quand Joseph se réveilla, il fit ce que l'ange du Seigneur lui avait prescrit. » Mt 1, 24

LA SEMAINE SAINTE

Le temps de l'émerveillement

Avec la procession des Rameaux commence la Semaine sainte qui, au terme du Carême, s'achève par le *triduum* pascal, célébration unique qui est le cœur de la foi. En la considérant un peu rapidement, on serait tenté de penser que la Semaine sainte est un parcours historique minutieux qui nous conduit jusqu'au matin de Pâques.

Certes les célébrations suivent un ordre chronologique, mais elles font plus que cela puisqu'elles ne cessent de mêler les divers événements au gré des célébrations mêmes. Ainsi le dimanche des Rameaux, après avoir triomphalement introduit le Christ dans nos églises, nous lisons – tous les ans – le troisième chant du Serviteur souffrant d'Isaïe, puis l'hymne aux Philippiens qui est l'exposé le plus limpide sur le mystère pascal, et enfin la Passion en son entier. Cette année, sera lue celle de l'Évangile de Marc. Cette première célébration ne se contente pas d'évoquer l'entrée du Christ, roi assis sur son ânon, elle nous place d'emblée au cœur du mystère que nous allons célébrer dans le *triduum* pascal où « Dieu a donné la plus belle preuve de son amour ».

Les trois premiers jours de la Semaine sainte, derniers jours du Carême, sont souvent l'occasion de célébrer la messe chrismale, qui rassemble le peuple de Dieu autour de son évêque, faisant « solennellement mémoire de l'unique sacerdoce du Christ et [exprimant] la vocation sacerdotale de l'Église » (saint Jean-Paul II, 20 avril 2000), au cœur de la

Semaine sainte où le Christ, grand prêtre de l'unique alliance, offre au Père le sacrifice qui sauve le monde.

Et nous entrons dans le *triduum*. Unique grande célébration qui se déroule de manière ininterrompue sur trois jours, Jeudi saint, Vendredi saint et nuit pascale. Une longue célébration qui s'ouvre avec le signe de croix le jeudi soir et se referme avec la bénédiction solennelle au terme de la vigile. Rien ne vient conclure la célébration de la Cène du Seigneur qui se poursuit dans l'adoration nocturne, silencieuse. Rien ne vient introduire celle du Vendredi saint qui commence en grand silence avec la prosternation des célébrants et s'achève dans le même silence sans renvoi. C'est dans ce même silence, qui a accompagné toute la journée du Samedi saint, que commence la vigile pascale dans le seul crépitement du feu nouveau, prémices de la vie nouvelle qui va nous illuminer jusqu'à placer sur nos lèvres la joie débordante de l'*Alléluia*.

Ces trois temps d'une même célébration ne sont pas linéaires, telles des photographies regardées l'une après l'autre. Dans un va-et-vient continuel, nous célébrons la mort et la résurrection du Christ dans l'eucharistie du Jeudi saint ; nous proclamons la résurrection au cœur de la Passion ; nous rappelons la Passion au cœur de l'exultation pascale. La liturgie n'est jamais statique, elle nous pousse à vivre le mystère pascal – vie, mort, résurrection, glorification – sans jamais donner plus de poids à l'un ou l'autre de ces aspects, mais en les tenant toujours ensemble pour posséder, en devenir, « la joie de l'éternité » (bénédiction solennelle, vigile pascale).

DIMANCHE 24 MARS 2024

Dimanche des Rameaux et de la Passion

À la suite du Christ qui entre dans la Ville sainte, nous entrons dans la Semaine sainte. *Le triomphe royal laissera bientôt place à la vérité de la Passion : Jésus, fils de David, roi d'Israël, n'est pas venu pour être servi mais pour servir. La croix est sa seule arme contre la mort et le péché.*

Procession des rameaux

Antienne d'ouverture. Hosanna au fils de David ! Béni soit celui qui vient au nom du Seigneur, le Roi d'Israël ! Hosanna au plus haut des cieux !

Prière de bénédiction. Dieu éternel et tout-puissant, bénis et sanctifie ✠ ces rameaux, afin qu'en suivant dans l'allégresse le Christ notre Roi, nous puissions parvenir par lui jusqu'à la Jérusalem éternelle. Lui qui vit et règne pour les siècles des siècles.

Ou bien :

Augmente la foi de ceux qui espèrent en toi, Seigneur Dieu, exauce en ta bonté les prières de ceux qui te supplient : aujourd'hui, nous tenons à la main ces rameaux pour acclamer le Christ en son triomphe ; puissions-nous, par nos œuvres bonnes, porter en lui du fruit à ta gloire. Lui qui vit et règne pour des siècles des siècles.

● *Les manteaux sur le dos de l'âne, le tapis de rameaux sur le chemin, l'acclamation solennelle disent déjà la dignité royale de Jésus, un roi humble et porteur de paix dont la véritable royauté se manifestera sur la croix.* ●

Évangile de Jésus Christ selon saint Marc 11, 1-10

LORSQU'ILS APPROCHENT de Jérusalem, vers Bethphagé et Béthanie, près du mont des Oliviers, Jésus envoie deux de ses disciples et leur dit : « Allez au village qui est en face de vous. Dès que vous y entrerez, vous trouverez un petit âne attaché, sur lequel personne ne s'est encore assis. Détachez-le et amenez-le. Si l'on vous dit : "Que faites-vous là ?", répondez : "Le Seigneur en a besoin, mais il vous le renverra aussitôt." » Ils partirent, trouvèrent un petit âne attaché près d'une porte, dehors, dans la rue, et ils le détachèrent. Des gens qui se trouvaient là leur demandaient : « Qu'avez-vous à détacher cet ânon ? » Ils répondirent ce que Jésus leur avait dit, et on les laissa faire. Ils amenèrent le petit âne à Jésus, le couvrirent de leurs manteaux, et Jésus s'assit dessus. Alors, beaucoup de gens étendirent leurs manteaux sur le chemin, d'autres, des feuillages coupés dans les champs. Ceux qui marchaient devant et ceux qui suivaient criaient : « Hosanna ! Béni soit celui qui vient au nom du Seigneur ! Béni soit le Règne qui vient, celui de David, notre père. Hosanna au plus haut des cieux ! »
— *Acclamons la Parole de Dieu.*

Ou bien :

Évangile de Jésus Christ selon saint Jean 12, 12-16

EN CE TEMPS-LÀ, quelques jours avant la Pâque, la grande foule venue pour la fête apprit que Jésus arrivait

à Jérusalem. Les gens prirent des branches de palmiers et sortirent à sa rencontre. Ils criaient : « Hosanna ! Béni soit celui qui vient au nom du Seigneur ! Béni soit le roi d'Israël ! » Jésus, trouvant un petit âne, s'assit dessus, comme il est écrit : *Ne crains pas, fille de Sion. Voici ton roi qui vient, assis sur le petit d'une ânesse.* Cela, ses disciples ne le comprirent pas sur le moment ; mais, quand Jésus fut glorifié, ils se rappelèrent que l'Écriture disait cela de lui : c'était bien ce qu'on lui avait fait.
— Acclamons la Parole de Dieu.

Après la proclamation de l'Évangile a lieu l'entrée solennelle, pendant laquelle on peut chanter le répons suivant ou un autre chant semblable.

À l'entrée du Seigneur dans la Ville sainte, les enfants des Hébreux, portant des palmes et des rameaux d'olivier, annonçaient la résurrection. **Avec eux, nous chantons : Hosanna au plus haut des cieux !**

Quand le peuple apprit que Jésus arrivait à Jérusalem, il sortit à sa rencontre. **Avec eux, nous chantons : Hosanna au plus haut des cieux !**

Messe de la Passion

Cette antienne d'ouverture, la prière pénitentielle et le* Kyrie *sont omis quand il y a eu procession ou entrée solennelle.

Antienne d'ouverture. Six jours avant la fête de la Pâque, lorsque le Seigneur fit son entrée à Jérusalem, les enfants allèrent à sa rencontre. Ils tenaient en main des branches de palmier, et criaient à pleine voix : Hosanna au plus haut des cieux ! Sois béni, toi qui viens dans l'abondance de ta miséricorde ! Portes, levez vos frontons, élevez-vous, portes éternelles : qu'il entre, le roi de gloire ! Qui donc est ce roi de gloire ? C'est le Seigneur, Dieu de l'univers ; c'est lui, le roi de gloire. Hosanna au plus haut des cieux ! Sois béni, toi qui viens dans l'abondance de ta miséricorde !

Prière. Dieu éternel et tout-puissant, pour donner au genre humain un exemple d'humilité, tu as voulu que notre Sauveur prenne chair et qu'il subisse la croix : accorde-nous, dans ta bonté, d'accueillir le témoignage de sa force dans la souffrance et d'avoir part à sa résurrection. Lui qui vit et règne avec toi dans l'unité du Saint-Esprit, Dieu, pour les siècles des siècles.

• *Le Serviteur souffrant préfigure Jésus qui a toujours opposé la douceur à la violence de ses adversaires : l'une de ses dernières paroles sur la croix est une parole qui pardonne.* •

Lecture du livre du prophète Isaïe — 50, 4-7

Le Seigneur mon Dieu m'a donné le langage des disciples, pour que je puisse, d'une parole, soutenir celui qui est épuisé. Chaque matin, il éveille, il éveille mon oreille pour qu'en disciple, j'écoute. Le Seigneur mon Dieu m'a ouvert l'oreille, et moi, je ne me suis pas révolté, je ne me suis pas dérobé. J'ai présenté mon dos à ceux qui me frappaient, et mes joues à ceux qui m'arrachaient la barbe. Je n'ai pas caché ma face devant les outrages et les crachats. Le Seigneur mon Dieu vient à mon secours ; c'est pourquoi je ne suis pas atteint par les outrages, c'est pourquoi j'ai rendu ma face dure comme pierre : je sais que je ne serai pas confondu.
— *Parole du Seigneur.*

Psaume 21

℟ **Mon Dieu, mon Dieu,
pourquoi m'as-tu abandonné ?**

Semaine sainte

Tous ceux qui me voient me bafouent,
ils ricanent et hochent la tête :
« Il comptait sur le Seigneur : qu'il le délivre !
Qu'il le sauve, puisqu'il est son ami ! »

Oui, des chiens me cernent,
une bande de vauriens m'entoure.
Ils me percent les mains et les pieds ;
je peux compter tous mes os.

Ils partagent entre eux mes habits
et tirent au sort mon vêtement.
Mais toi, Seigneur, ne sois pas loin :
ô ma force, viens vite à mon aide !

Tu m'as répondu !
Et je proclame ton nom devant mes frères,
je te loue en pleine assemblée.
Vous qui le craignez, louez le Seigneur.

● *Jésus, le Fils de Dieu, a accepté par amour pour nous de devenir lui-même un homme, alors que les hommes lui ont fait subir la violence et l'ont tué. Mais son Père ne l'a pas abandonné à la mort, il l'a fait entrer, avec sa nature humaine, dans sa gloire.* ●

Lecture de la lettre de saint Paul apôtre aux Philippiens — 2, 6-11

LE CHRIST JÉSUS, ayant la condition de Dieu, ne retint pas jalousement le rang qui l'égalait à Dieu.
Mais il s'est anéanti, prenant la condition de serviteur, devenant semblable aux hommes.

Reconnu homme à son aspect, il s'est abaissé, devenant obéissant jusqu'à la mort, et la mort de la croix.
C'est pourquoi Dieu l'a exalté : il l'a doté du Nom qui est au-dessus de tout nom, afin qu'au nom de Jésus tout genou fléchisse au ciel, sur terre et aux enfers, et que toute langue proclame : « Jésus Christ est Seigneur » à la gloire de Dieu le Père.
— Parole du Seigneur.

Gloire et louange à toi, Seigneur Jésus ! Pour nous, le Christ est devenu obéissant, jusqu'à la mort, et la mort de la croix. C'est pourquoi Dieu l'a exalté : il l'a doté du Nom qui est au-dessus de tout nom. **Gloire et louange à toi, Seigneur Jésus !**

● *Nous lisons le récit de la Passion selon l'évangéliste Marc, du dernier repas de Jésus Christ à sa mort sur la croix. Nous célébrerons aussi ce mystère lors des derniers jours saints du Carême.* ●

La Passion de notre Seigneur Jésus Christ selon saint Marc

14, 1 à 15, 47

(Ou bien lecture brève : Marc 15, 1-39, pages 215 à 218)

✠ Jésus ; L : lecteur ; D : disciples ; F : la foule ; A : autres personnages.

La fête de la Pâque et des pains sans levain allait avoir lieu deux jours après. Les grands prêtres et les scribes cherchaient comment arrêter Jésus par ruse, pour le faire mourir. Car ils se disaient :

A « Pas en pleine fête, pour éviter des troubles dans le peuple. »

L Jésus se trouvait à Béthanie, dans la maison de Simon le lépreux. Pendant qu'il était à table, une femme entra, avec un flacon d'albâtre contenant un parfum très pur et de grande valeur. Brisant le flacon, elle lui versa le parfum sur la tête. Or, de leur côté, quelques-uns s'indignaient :

A « À quoi bon gaspiller ce parfum ? On aurait pu, en effet, le vendre pour plus de trois cents pièces d'argent, que l'on aurait données aux pauvres. »

L Et ils la rudoyaient. Mais Jésus leur dit :

✠ « Laissez-la ! Pourquoi la tourmenter ? Il est beau, le geste qu'elle a fait envers moi. Des pauvres, vous en aurez toujours avec vous, et, quand vous le voulez, vous pouvez leur faire du bien ; mais moi, vous ne m'avez pas pour toujours. Ce qu'elle pouvait faire, elle l'a fait. D'avance elle a parfumé mon corps pour mon ensevelissement. Amen, je vous le dis : partout où l'Évangile sera proclamé – dans le monde entier –, on racontera, en souvenir d'elle, ce qu'elle vient de faire. »

L Judas Iscariote, l'un des Douze, alla trouver les grands prêtres pour leur livrer Jésus. À cette nouvelle, ils se réjouirent et promirent de lui donner de l'argent. Et Judas cherchait comment le livrer au moment favorable.

Le premier jour de la fête des pains sans levain, où l'on immolait l'agneau pascal, les disciples de Jésus lui disent :

D « Où veux-tu que nous allions faire les préparatifs pour que tu manges la Pâque ? »

L Il envoie deux de ses disciples en leur disant :

✠ « Allez à la ville ; un homme portant une cruche d'eau viendra à votre rencontre. Suivez-le, et là où il entrera, dites au propriétaire : "Le Maître te fait dire : Où est la salle où je pourrai manger la Pâque avec mes disciples ?" Il vous indiquera, à l'étage, une grande pièce aménagée et prête pour un repas. Faites-y pour nous les préparatifs. »

L Les disciples partirent, allèrent à la ville ; ils trouvèrent tout comme Jésus leur avait dit, et ils préparèrent la Pâque.

Le soir venu, Jésus arrive avec les Douze. Pendant qu'ils étaient à table et mangeaient, Jésus déclara :

✠ « Amen, je vous le dis : l'un de vous, qui mange avec moi, va me livrer. »

L Ils devinrent tout tristes et, l'un après l'autre, ils lui demandaient :

D « Serait-ce moi ? »

L Il leur dit :

✠ « C'est l'un des Douze, celui qui est en train de se servir avec moi dans le plat. Le Fils de l'homme s'en va, comme il est écrit à son sujet ; mais malheureux celui par qui le Fils de l'homme est livré ! Il vaudrait mieux pour lui qu'il ne soit pas né, cet homme-là ! »

L Pendant le repas, Jésus, ayant pris du pain et prononcé la bénédiction, le rompit, le leur donna, et dit :

✠ « Prenez, ceci est mon corps. »

L Puis, ayant pris une coupe et ayant rendu grâce, il la leur donna, et ils en burent tous. Et il leur dit :

✠ « Ceci est mon sang, le sang de l'Alliance, versé pour la multitude. Amen, je vous le dis : je ne boirai plus du fruit de la vigne, jusqu'au jour où je le boirai, nouveau, dans le royaume de Dieu. »

L Après avoir chanté les psaumes, ils partirent pour le mont des Oliviers. Jésus leur dit :

✠ « Vous allez tous être exposés à tomber, car il est écrit : Je frapperai le berger, et les brebis seront dispersées. Mais, une fois ressuscité, je vous précéderai en Galilée. »

L Pierre lui dit alors :

D « Même si tous viennent à tomber, moi, je ne tomberai pas. »

L Jésus lui répond :
✠ « Amen, je te le dis : toi, aujourd'hui, cette nuit même, avant que le coq chante deux fois, tu m'auras renié trois fois. »
L Mais lui reprenait de plus belle :
D « Même si je dois mourir avec toi, je ne te renierai pas. »
L Et tous en disaient autant.

Ils parviennent à un domaine appelé Gethsémani. Jésus dit à ses disciples :
✠ « Asseyez-vous ici, pendant que je vais prier. »
L Puis il emmène avec lui Pierre, Jacques et Jean, et commence à ressentir frayeur et angoisse. Il leur dit :
✠ « Mon âme est triste à mourir. Restez ici et veillez. »
L Allant un peu plus loin, il tombait à terre et priait pour que, s'il était possible, cette heure s'éloigne de lui. Il disait :
✠ « Abba… Père, tout est possible pour toi. Éloigne de moi cette coupe. Cependant, non pas ce que moi, je veux, mais ce que toi, tu veux ! »
L Puis il revient et trouve les disciples endormis. Il dit à Pierre :
✠ « Simon, tu dors ! Tu n'as pas eu la force de veiller seulement une heure ? Veillez et priez, pour ne pas entrer en tentation ; l'esprit est ardent, mais la chair est faible. »
L De nouveau, il s'éloigna et pria, en répétant les mêmes paroles. Et de nouveau, il vint près des disciples qu'il trouva endormis, car leurs yeux étaient alourdis de sommeil. Et eux ne savaient que lui répondre. Une troisième fois, il revient et leur dit :
✠ « Désormais, vous pouvez dormir et vous reposer. C'est fait ; l'heure est venue : voici que le Fils de

l'homme est livré aux mains des pécheurs. Levez-vous ! Allons ! Voici qu'il est proche, celui qui me livre. »

L Jésus parlait encore quand Judas, l'un des Douze, arriva et avec lui une foule armée d'épées et de bâtons, envoyée par les grands prêtres, les scribes et les anciens. Or, celui qui le livrait leur avait donné un signe convenu :

D « Celui que j'embrasserai, c'est lui : arrêtez-le, et emmenez-le sous bonne garde. »

L À peine arrivé, Judas, s'approchant de Jésus, lui dit :

D « Rabbi ! »

L Et il l'embrassa.

Les autres mirent la main sur lui et l'arrêtèrent. Or un de ceux qui étaient là tira son épée, frappa le serviteur du grand prêtre et lui trancha l'oreille. Alors Jésus leur déclara :

✠ « Suis-je donc un bandit, pour que vous soyez venus vous saisir de moi, avec des épées et des bâtons ? Chaque jour, j'étais auprès de vous dans le Temple en train d'enseigner, et vous ne m'avez pas arrêté. Mais c'est pour que les Écritures s'accomplissent. »

L Les disciples l'abandonnèrent et s'enfuirent tous. Or, un jeune homme suivait Jésus ; il n'avait pour tout vêtement qu'un drap. On essaya de l'arrêter. Mais lui, lâchant le drap, s'enfuit tout nu.

Ils emmenèrent Jésus chez le grand prêtre. Ils se rassemblèrent tous, les grands prêtres, les anciens et les scribes. Pierre avait suivi Jésus à distance, jusqu'à l'intérieur du palais du grand prêtre, et là, assis avec les gardes, il se chauffait près du feu. Les grands prêtres et tout le Conseil suprême cherchaient un témoignage contre Jésus pour le faire mettre à mort, et ils n'en trouvaient pas. De fait, beaucoup portaient de faux témoignages contre Jésus, et ces témoignages ne concordaient pas. Quelques-uns se levèrent pour porter contre lui ce faux témoignage :

A « Nous l'avons entendu dire : “Je détruirai ce sanctuaire fait de main d'homme, et en trois jours j'en rebâtirai un autre qui ne sera pas fait de main d'homme.” »

L Et même sur ce point, leurs témoignages n'étaient pas concordants. Alors s'étant levé, le grand prêtre, devant tous, interrogea Jésus :

A « Tu ne réponds rien ? Que dis-tu des témoignages qu'ils portent contre toi ? »

L Mais lui gardait le silence et ne répondait rien. Le grand prêtre l'interrogea de nouveau :

A « Es-tu le Christ, le Fils du Dieu béni ? »

L Jésus lui dit :

✠ « Je le suis. Et vous verrez le Fils de l'homme siéger à la droite du Tout-Puissant, et venir parmi les nuées du ciel. »

L Alors, le grand prêtre déchire ses vêtements et dit :

A « Pourquoi nous faut-il encore des témoins ? Vous avez entendu le blasphème. Qu'en pensez-vous ? »

L Tous prononcèrent qu'il méritait la mort. Quelques-uns se mirent à cracher sur lui, couvrirent son visage d'un voile, et le giflèrent, en disant :

F « Fais le prophète ! »

L Et les gardes lui donnèrent des coups.

Comme Pierre était en bas, dans la cour, arrive une des jeunes servantes du grand prêtre. Elle voit Pierre qui se chauffe, le dévisage et lui dit :

A « Toi aussi, tu étais avec Jésus de Nazareth ! »

L Pierre le nia :

D « Je ne sais pas, je ne comprends pas de quoi tu parles. »

L Puis il sortit dans le vestibule, au-dehors. Alors un coq chanta. La servante, ayant vu Pierre, se mit de nouveau à dire à ceux qui se trouvaient là :

A « Celui-ci est l'un d'entre eux ! »

L De nouveau, Pierre le niait. Peu après, ceux qui se trouvaient là lui disaient à leur tour :

F « Sûrement tu es l'un d'entre eux ! D'ailleurs, tu es galiléen. »

L Alors il se mit à protester violemment et à jurer :

D « Je ne connais pas cet homme dont vous parlez. »

LB Et aussitôt, pour la seconde fois, un coq chanta. Alors Pierre se rappela cette parole que Jésus lui avait dite : « Avant que le coq chante deux fois, tu m'auras renié trois fois. » Et il fondit en larmes.

(Début de la lecture brève)

Dès le matin, les grands prêtres convoquèrent les anciens et les scribes, et tout le Conseil suprême. Puis, après avoir ligoté Jésus, ils l'emmenèrent et le livrèrent à Pilate. Celui-ci l'interrogea :

A « Es-tu le roi des Juifs ? »

L Jésus répondit :

✠ « C'est toi-même qui le dis. »

L Les grands prêtres multipliaient contre lui les accusations. Pilate lui demanda à nouveau :

A « Tu ne réponds rien ? Vois toutes les accusations qu'ils portent contre toi. »

L Mais Jésus ne répondit plus rien, si bien que Pilate fut étonné. À chaque fête, il leur relâchait un prisonnier, celui qu'ils demandaient. Or, il y avait en prison un dénommé Barabbas, arrêté avec des émeutiers pour un meurtre qu'ils avaient commis lors de l'émeute. La foule monta donc chez Pilate, et se mit à demander ce qu'il leur accordait d'habitude. Pilate leur répondit :

A « Voulez-vous que je vous relâche le roi des Juifs ? »

L Il se rendait bien compte que c'était par jalousie que les grands prêtres l'avaient livré. Ces derniers soulevèrent la foule pour qu'il leur relâche plutôt Barabbas. Et comme Pilate reprenait :

A « Que voulez-vous donc que je fasse de celui que vous appelez le roi des Juifs ? »,

L de nouveau ils crièrent :

F « Crucifie-le ! »

L Pilate leur disait :

A « Qu'a-t-il donc fait de mal ? »

L Mais ils crièrent encore plus fort :

F « Crucifie-le ! »

L Pilate, voulant contenter la foule, relâcha Barabbas et, après avoir fait flageller Jésus, il le livra pour qu'il soit crucifié.

Les soldats l'emmenèrent à l'intérieur du palais, c'est-à-dire dans le Prétoire. Alors ils rassemblent toute la garde, ils le revêtent de pourpre, et lui posent sur la tête une couronne d'épines qu'ils ont tressée. Puis ils se mirent à lui faire des salutations, en disant :

F « Salut, roi des Juifs ! »

L Ils lui frappaient la tête avec un roseau, crachaient sur lui, et s'agenouillaient pour lui rendre hommage. Quand ils se furent bien moqués de lui, ils lui enlevèrent le manteau de pourpre, et lui remirent ses vêtements.

Puis, de là, ils l'emmènent pour le crucifier, et ils réquisitionnent, pour porter sa croix, un passant, Simon de Cyrène, le père d'Alexandre et de Rufus, qui revenait des champs. Et ils amènent Jésus au lieu dit Golgotha, ce qui se traduit : Lieu-du-Crâne (ou Calvaire). Ils lui donnaient du vin aromatisé de myrrhe ; mais il n'en prit pas. Alors ils le crucifient, puis se partagent ses vêtements, en tirant au sort pour savoir la part de chacun. C'était la troisième heure (c'est-à-dire : neuf heures du matin) lorsqu'on le crucifia.

L'inscription indiquant le motif de sa condamnation portait ces mots : « Le roi des Juifs ». Avec lui ils crucifient deux bandits, l'un à sa droite, l'autre à sa gauche. Les passants l'injuriaient en hochant la tête ; ils disaient :

F « Hé ! toi qui détruis le Sanctuaire et le rebâtis en trois jours, sauve-toi toi-même, descends de la croix ! »

L De même, les grands prêtres se moquaient de lui avec les scribes, en disant entre eux :

A « Il en a sauvé d'autres, et il ne peut pas se sauver lui-même ! Qu'il descende maintenant de la croix, le Christ, le roi d'Israël ; alors nous verrons et nous croirons. »

L Même ceux qui étaient crucifiés avec lui l'insultaient.

Quand arriva la sixième heure (c'est-à-dire : midi), l'obscurité se fit sur toute la terre jusqu'à la neuvième heure. Et à la neuvième heure, Jésus cria d'une voix forte :

✠ « *Éloï, Éloï, lema sabactani ?* »,

L ce qui se traduit :

✠ « Mon Dieu, mon Dieu, pourquoi m'as-tu abandonné ? »

L L'ayant entendu, quelques-uns de ceux qui étaient là disaient :

F « Voilà qu'il appelle le prophète Élie ! »

L L'un d'eux courut tremper une éponge dans une boisson vinaigrée, il la mit au bout d'un roseau, et il lui donnait à boire, en disant :

A « Attendez ! Nous verrons bien si Élie vient le descendre de là ! »

L Mais Jésus, poussant un grand cri, expira.

(Ici on fléchit le genou, et on s'arrête un instant.)

Le rideau du Sanctuaire se déchira en deux, depuis le haut jusqu'en bas. Le centurion qui était là en face de Jésus, voyant comment il avait expiré, déclara :

A « Vraiment, cet homme était Fils de Dieu ! »

(Fin de la lecture brève : — ***Acclamons la Parole de Dieu.*****)**

L Il y avait aussi des femmes, qui observaient de loin, et parmi elles, Marie Madeleine, Marie, mère de Jacques le Petit et de José, et Salomé, qui suivaient Jésus et le servaient quand il était en Galilée, et encore beaucoup d'autres, qui étaient montées avec lui à Jérusalem. Déjà il se faisait tard ; or, comme c'était le jour de la Préparation, qui précède le sabbat, Joseph d'Arimathie intervint. C'était un homme influent, membre du Conseil, et il attendait lui aussi le règne de Dieu. Il eut l'audace d'aller chez Pilate pour demander le corps de Jésus. Pilate s'étonna qu'il soit déjà mort ; il fit appeler le centurion, et l'interrogea pour savoir si Jésus était mort depuis longtemps. Sur le rapport du centurion, il permit à Joseph de prendre le corps. Alors Joseph acheta un linceul, il descendit Jésus de la croix, l'enveloppa dans le linceul et le déposa dans un tombeau qui était creusé dans le roc. Puis il roula une pierre contre l'entrée du tombeau.

Or, Marie Madeleine et Marie, mère de José, observaient l'endroit où on l'avait mis.

— *Acclamons la Parole de Dieu.*

Credo ——— page 395

Prière sur les offrandes. Par la passion de ton Fils unique, nous te prions, Seigneur : ne tarde pas à nous réconcilier avec toi ; et même si nos œuvres ne méritent pas ton pardon, nous comptons sur ta miséricorde pour le recevoir, grâce à l'unique sacrifice du Christ. Lui qui vit et règne pour les siècles des siècles.

Préface. Vraiment, il est juste et bon, pour ta gloire et notre salut, de t'offrir notre action de grâce, toujours et en tout lieu, Seigneur, Père très saint, Dieu éternel et tout-puissant, par le Christ, notre Seigneur. Alors qu'il était innocent, il a voulu souffrir pour les coupables, et, sans avoir commis le mal, il s'est laissé condamner pour les criminels ; sa mort a effacé nos fautes et sa résurrection a fait de nous des justes. C'est pourquoi nous te louons avec tous les anges et, dans la joie, nous te célébrons en proclamant : **Saint !…**

Antienne de la communion. Mon Père, si cette coupe ne peut passer sans que je la boive, que ta volonté soit faite !

Prière après la communion. Rassasiés par ce don sacré, nous te supplions humblement, Seigneur : toi qui nous as donné, dans la mort de ton Fils, d'espérer les biens auxquels nous croyons, donne-nous, par sa résurrection, de parvenir au but vers lequel nous tendons. Par le Christ, notre Seigneur.

Prière sur le peuple. Regarde, Seigneur, nous t'en prions, la famille qui t'appartient : c'est pour elle que Jésus, le Christ, notre Seigneur, n'hésita pas à se livrer aux mains des méchants et à subir le supplice de la croix. Lui qui vit et règne pour les siècles des siècles.

MÉDITONS

AVEC SAINT LÉON LE GRAND

Le Christ, notre Pâque, immolé

En vérité, le Christ, notre Pâque, a été immolé. Il s'est offert au Père en sacrifice nouveau et véritable de réconciliation, non dans le Temple, dont la dignité avait déjà pris fin, mais à l'extérieur et hors du camp, pour qu'à la place des victimes anciennes dont le mystère était aboli, une nouvelle victime fût présentée sur un nouvel autel, et que la croix du Christ fût cet autel, non plus du Temple, mais du monde. Devant le Christ élevé en croix, il nous faut dépasser la représentation que s'en firent les impies, à qui fut destinée la parole de Moïse : « *Votre vie sera suspendue sous vos yeux, et vous craindrez jour et nuit, sans pouvoir croire à cette vie* » (Dt 28, 66). Pour nous, accueillons d'un cœur libéré la gloire de la croix qui rayonne sur le monde. Pénétrons d'un regard éclairé par l'Esprit de vérité le sens de la parole du Seigneur annonçant l'imminence de sa Passion : « *C'est maintenant le jugement du monde, c'est maintenant que le prince de ce monde va être jeté dehors. Et moi, une fois élevé de terre, j'attirerai tout à moi* » (Jn 12, 31-32). Ô admirable puissance de la croix ! Ô gloire inexprimable de la Passion ! En elle apparaît en pleine lumière le jugement du monde et la victoire du Crucifié !

Saint Léon le Grand († 461), pape et docteur de l'Église, a largement contribué à formuler contre les hérésies la doctrine chrétienne de l'Incarnation.

Cette semaine

Lu 25	Lundi saint	Is 42, 1-7 ; Ps 26 ; Jn 12, 1-11
	« Moi, vous ne m'aurez pas toujours. » Jn 12, 8	
Ma 26	Mardi saint	Is 49, 1-6 ; Ps 70 ; Jn 13, 21-33.36-38
	« Amen, amen, je vous le dis : l'un de vous me livrera. » Jn 13, 21	
Me 27	Mercredi saint	Is 50, 4-9a ; Ps 68 ; Mt 26, 14-25
	« Serait-ce moi, Seigneur ? » Mt 26, 22	
Je 28	Jeudi saint	Messe chrismale : Is 61, 1-3a.6a.8b-9 ; Ps 88 ; Ap 1, 5-8 ; Lc 4, 16-21 Messe du soir : Ex 12, 1-8.11-14 ; Ps 115 ; 1 Co 11, 23-26 ; Jn 13, 1-15
	« Faites, vous aussi, comme j'ai fait pour vous. » Cf. Jn 13, 15	

Ve 29	Vendredi saint	Is 52, 13 à 53, 12; Ps 30; He 4, 14-16 et 5, 7-9; Jn 18, 1 à 19, 42
	« Ma royauté n'est pas de ce monde. » Jn 18, 36	
Sa 30	Samedi saint	

Bonne fête! 24: Catherine • 25: Évrard • 26: Larissa • 27: Habib, Rupert • 28: Gontran, Renée • 29: Gladys • 30: Amédée

Nous fêtons

Saint Jean Climaque, abbé (v. 579-v. 649), le 30 mars

Jean était déjà moine au mont Sinaï quand, à 16 ans, il devint l'élève d'Abba Martyrius. À 20 ans, il s'isola dans une grotte, dans la montagne, où de nombreux visiteurs vinrent lui demander conseil. À l'âge de 75 ans, il fut élu abbé du grand monastère du mont Sinaï. Il se retira quatre ans plus tard et mourut peu après.

Le surnom grec de Jean, *Klimakos*, « l'Échelle », lui vient du titre de son traité spirituel, *L'Échelle sainte*. Selon le pape Benoît XVI, les trente degrés de croissance spirituelle qu'il décrit peuvent être regroupés en trois phases. Au cours de la première, le matériel est rejeté pour embrasser l'enfance spirituelle: « Une bonne fondation est celle qui est formée par trois bases et par trois colonnes: innocence, jeûne et chasteté. Que tous les nouveau-nés en Christ (cf. 1 Co 3, 1) commencent par ces choses, en prenant exemple sur ceux qui sont nouveau-nés physiquement. »

Puis vient l'étape du combat contre les passions. Benoît XVI remarque que « l'ensemble de ces marches constitue sans aucun doute le plus important traité de stratégie spirituelle que nous possédions ».

Lors de la dernière étape, simplicité, humilité et discernement sont essentiels. La prière devient spontanée: « Que la mémoire de Jésus ne fasse qu'une seule chose avec ta respiration, et alors, tu connaîtras l'utilité de la paix intérieure. » Au sommet de l'échelle, on atteint la plénitude de la foi, de l'espérance et de la charité.

Intentions • Résolutions • Action de grâce

JEUDI 28 MARS 2024

Jeudi saint

Messe chrismale

Dans la matinée, l'évêque concélèbre *avec les prêtres de son diocèse une messe au cours de laquelle il consacre le saint chrême, dont on usera pour baptiser et confirmer durant toute l'année, et il bénit l'huile des malades et l'huile des catéchumènes. L'onction du saint chrême symbolise la descente de l'Esprit Saint, et celle des deux autres huiles est le signe de l'action de l'Esprit dans nos vies. Cette messe manifeste la plénitude du sacerdoce de l'évêque et l'union étroite des prêtres avec lui.*

Antienne d'ouverture. Jésus Christ a fait de nous un royaume et des prêtres pour Dieu son Père : à lui, la gloire et la souveraineté pour les siècles des siècles. Amen.

Gloire à Dieu page 392

Prière. Seigneur Dieu, tu as donné l'onction de l'Esprit Saint à ton Fils unique et l'as établi Christ et Seigneur ; nous t'en prions : puisque tu nous fais participer à sa consécration, accorde-nous d'être dans le monde les témoins de la Rédemption. Par Jésus Christ, ton Fils, notre Seigneur, qui vit et règne avec toi dans l'unité du Saint-Esprit, Dieu, pour les siècles des siècles.

● *L'onction de l'Esprit consacre le prophète pour qu'il porte la Bonne Nouvelle aux pauvres et leur donne « l'huile de joie ». Isaïe annonce le sacerdoce du peuple de Dieu : « Vous serez appelés "Prêtres du Seigneur". »* ●

Lecture du livre du prophète Isaïe 61, 1-3a.6a.8b-9

L'esprit du Seigneur Dieu est sur moi parce que le Seigneur m'a consacré par l'onction. Il m'a envoyé annoncer la bonne nouvelle aux humbles, guérir ceux qui ont le cœur brisé, proclamer aux captifs leur délivrance, aux prisonniers leur libération, proclamer une année de bienfaits accordée par le Seigneur, et un jour de vengeance pour notre Dieu, consoler tous ceux qui sont en deuil, ceux qui sont en deuil dans Sion, mettre le diadème sur leur tête au lieu de la cendre, l'huile de joie au lieu du deuil, un habit de fête au lieu d'un esprit abattu. Vous serez appelés « Prêtres du Seigneur » ; on vous dira « Servants de notre Dieu ». Loyalement, je vous donnerai la récompense, je conclurai avec vous une alliance éternelle. Vos descendants seront connus parmi les nations, et votre postérité, au milieu des peuples. Qui les verra pourra reconnaître la descendance bénie du Seigneur.

— *Parole du Seigneur.*

Psaume 88

℟ Ton amour, Seigneur,
sans fin je le chante !

Autrefois, tu as parlé à tes amis,
dans une vision tu leur as dit :
« J'ai trouvé David, mon serviteur,
je l'ai sacré avec mon huile sainte.

« Ma main sera pour toujours avec lui,
mon bras fortifiera son courage.

Mon amour et ma fidélité sont avec lui,
mon nom accroît sa vigueur.

« Il me dira : “Tu es mon Père,
mon Dieu, mon roc et mon salut !”
Sans fin je lui garderai mon amour,
mon alliance avec lui sera fidèle. »

● *Le sacerdoce du peuple de Dieu trouve sa source dans le sacrifice du Christ « qui a fait de nous un royaume et des prêtres pour Dieu son Père ».* ●

Lecture de l'Apocalypse de saint Jean — 1, 5-8

Que la grâce et la paix vous soient données de la part de Jésus Christ, le témoin fidèle, le premier-né des morts, le prince des rois de la terre.
À lui qui nous aime, qui nous a délivrés de nos péchés par son sang, qui a fait de nous un royaume et des prêtres pour son Dieu et Père, à lui, la gloire et la souveraineté pour les siècles des siècles. Amen. Voici qu'il vient avec les nuées, tout œil le verra, ils le verront, ceux qui l'ont transpercé ; et sur lui se lamenteront toutes les tribus de la terre. Oui ! Amen !
Moi, je suis l'Alpha et l'Oméga, dit le Seigneur Dieu, Celui qui est, qui était et qui vient, le Souverain de l'univers.

— *Parole du Seigneur.*

Gloire et louange à toi, Seigneur Jésus ! L'Esprit du Seigneur est sur moi : il m'a envoyé porter la Bonne Nouvelle aux pauvres. **Gloire et louange à toi, Seigneur Jésus !**

● *Jésus est le prophète consacré par l'Esprit. Auprès des siens, il se fait interprète de la prophétie d'Isaïe pour annoncer son accomplissement: il est le Christ, le Messie qui a reçu l'onction pour annoncer la Bonne Nouvelle.* ●

Évangile de Jésus Christ selon saint Luc 4, 16-21

En ce temps-là, Jésus vint à Nazareth, où il avait été élevé. Selon son habitude, il entra dans la synagogue le jour du sabbat, et il se leva pour faire la lecture. On lui remit le livre du prophète Isaïe. Il ouvrit le livre et trouva le passage où il est écrit : *L'Esprit du Seigneur est sur moi parce que le Seigneur m'a consacré par l'onction. Il m'a envoyé porter la Bonne Nouvelle aux pauvres, annoncer aux captifs leur libération, et aux aveugles qu'ils retrouveront la vue, remettre en liberté les opprimés, annoncer une année favorable accordée par le Seigneur.*
Jésus referma le livre, le rendit au servant et s'assit. Tous, dans la synagogue, avaient les yeux fixés sur lui. Alors il se mit à leur dire : « Aujourd'hui s'accomplit ce passage de l'Écriture que vous venez d'entendre. »
— *Acclamons la Parole de Dieu.*

Rénovation des promesses sacerdotales

L'homélie de l'évêque a pour thème la fidélité à la mission que le prêtre reçoit au jour de son ordination. L'évêque invite ensuite les prêtres à renouveler leurs promesses sacerdotales en ces termes ou d'autres semblables :

Fils très chers, en cet anniversaire du jour où le Christ fit participer ses Apôtres et chacun d'entre nous à son sacerdoce, voulez-vous, devant votre évêque et le peuple saint de Dieu, renouveler les engagements que vous avez pris autrefois ?

Les prêtres répondent ensemble : **Oui, je le veux.**

Voulez-vous vivre toujours plus unis au Seigneur Jésus et chercher à lui ressembler, en renonçant à vous-mêmes, en étant fidèles aux engagements attachés à la charge ministérielle que vous avez reçue avec joie, par amour du Christ et pour le service de son Église, au jour de votre ordination sacerdotale ?

Les prêtres : **Oui, je le veux.**

Voulez-vous être les fidèles intendants des mystères de Dieu par la sainte eucharistie et les autres célébrations liturgiques, et assurer fidèlement la charge sainte de l'enseignement, à la suite du Christ, notre Tête et notre Pasteur, avec désintéressement et souci des âmes ?

Les prêtres : **Oui, je le veux.**

Ensuite, tourné vers le peuple, l'évêque poursuit :

Et vous, frères et sœurs bien-aimés, priez pour vos prêtres : que le Seigneur répande sur eux ses dons en abondance, afin qu'ils soient les fidèles ministres du Christ, le Souverain Prêtre, et vous conduisent à lui, la source du salut.

Le peuple : **Ô Christ, écoute-nous ; ô Christ, exauce-nous.**

L'évêque : Priez aussi pour moi, votre évêque : que je sois fidèle à la charge apostolique qui m'a été confiée, malgré ma faiblesse ; que je reflète parmi vous une image vivante et toujours plus parfaite du Christ prêtre, Bon Pasteur, Maître et Serviteur de tous.

Le peuple : **Ô Christ, écoute-nous ; ô Christ, exauce-nous.**

L'évêque : Que le Seigneur nous garde les uns et les autres dans son amour ; que lui-même nous conduise, pasteurs et brebis, jusqu'à la vie éternelle.

Tous : **Amen.**

Vient ensuite la prière universelle. On ne dit pas le Credo.

Bénédiction des huiles

Après la rénovation des promesses sacerdotales, les diacres et les ministres désignés pour apporter les huiles, ainsi que les fidèles qui doivent présenter à l'autel le pain, le vin et l'eau, s'en vont les chercher là où ils ont été déposés, et ils les apportent à l'évêque en s'avançant en procession, tandis qu'on chante un chant approprié. On présente successivement à l'évêque l'huile pour le saint chrême, l'huile des malades et l'huile des catéchumènes, là où l'on en use pour le baptême.

La bénédiction de l'huile des malades se fait avant la conclusion de la prière eucharistique; la bénédiction de l'huile des catéchumènes et la consécration du chrême, après la communion. Toutefois, pour des motifs pastoraux, il est permis d'accomplir tout le rite de la bénédiction après la liturgie de la Parole.

Si le rite a lieu immédiatement, l'évêque s'approche avec les prêtres concélébrants de la table où l'on a placé les vases remplis d'huile.

L'huile des malades

Entouré des prêtres, qui sont disposés de manière que le peuple puisse bien voir le rite, l'évêque bénit d'abord l'huile des malades.

Dieu notre Père, de qui vient tout réconfort, par ton Fils, tu as voulu guérir toutes nos faiblesses et nos maladies, sois attentif à la prière de notre foi : envoie du ciel ton Esprit Saint Consolateur sur cette huile que ta création nous procure pour rendre vigueur à nos corps.

Qu'elle devienne par ta bénédiction ✠ l'Huile sainte que nous recevons de toi, pour soulager le corps, l'âme et l'esprit des malades qui en recevront l'onction, pour chasser toute douleur, toute maladie, toute souffrance physique et morale.

Que cette huile devienne ainsi l'instrument dont tu te sers pour nous donner ta grâce, au nom de Jésus Christ, notre Seigneur. [qui règne avec toi pour les siècles des siècles.

Tous répondent : Amen.]

On ne dit cette conclusion que si la bénédiction a lieu en dehors de la prière eucharistique.

L'huile des catéchumènes

L'évêque bénit ensuite l'huile des catéchumènes.

Dieu tout-puissant, tu es la force de ton peuple, tu veilles sur lui, et tu as créé l'huile, symbole de vigueur ; daigne bénir ✠ cette huile, accorde ta force aux catéchumènes qui en seront marqués : recevant de toi intelligence et énergie, ils comprendront plus profondément la Bonne Nouvelle et s'engageront de grand cœur dans les luttes de la vie chrétienne ; rendus capables de devenir tes fils, ils seront heureux de naître à nouveau et de vivre dans ton Église. Par Jésus, le Christ, notre Seigneur.

Tous répondent : Amen.

Consécration du chrême

L'évêque verse ensuite le parfum dans l'huile destinée au chrême, si le mélange n'a pas été fait auparavant. Puis il invite le peuple à la prière.

Prions, frères bien-aimés, Dieu le Père tout-puissant, qu'il bénisse cette huile parfumée, qu'il la sanctifie, afin que ceux qui en recevront l'onction en soient pénétrés au plus profond d'eux-mêmes et rendus capables d'obtenir le salut.

Alors l'évêque, s'il le juge opportun, souffle sur l'orifice du vase contenant le chrême. Puis il dit la prière de consécration. Il a le choix entre les deux oraisons qui suivent.

I. Dieu qui as institué les sacrements et qui donnes la vie, nous rendons grâce à ton incomparable bonté ; tu avais déjà, dans l'ancienne Alliance, laissé entrevoir le mystère de l'huile sainte, et, lorsqu'est venue la plénitude des temps, tu lui as donné tout son éclat dans le Christ, que tu as présenté comme ton Fils unique lors de son baptême dans le Jourdain. Tu révélais ainsi en Jésus de Nazareth le prophète envoyé pour annoncer la Bonne Nouvelle aux pauvres, le Souverain Prêtre qui rachèterait les hommes dans son sang, le Pasteur qui les conduirait aux sources de la vie.

En effet, lorsque ton Fils, notre Seigneur, eut sauvé le genre humain dans le mystère de sa Pâque, il remplit ton Église de l'Esprit Saint avec la merveilleuse abondance de ses dons, afin qu'elle puisse achever dans le monde l'œuvre du salut.

Depuis, par le mystère du saint chrême, tu accordes aux hommes les richesses de ta grâce.

Ainsi, tes enfants, après être renés dans l'eau du baptême, sont fortifiés par l'onction de l'Esprit, et, rendus semblables au Christ, ils participent à sa fonction prophétique, sacerdotale et royale.

Tous les concélébrants étendent la main droite vers le chrême jusqu'à la fin de la prière, sans rien dire.

Aussi nous t'en supplions, Seigneur : par la puissance de ta grâce, que ce mélange d'huile et de parfum devienne pour nous le sacrement de ta bénédiction ✠ ; répands largement les dons du Saint-Esprit sur nos frères que cette onction va imprégner ; fais resplendir ta sainteté sur les personnes et les objets marqués de cette huile sainte ; mais surtout, par les sacrements où cette huile sera employée, fais progresser encore ton Église jusqu'à ce qu'elle atteigne cette plénitude où toi-même, dans l'éternelle lumière, tu seras totalement présent à tous les êtres avec le Christ, dans l'Esprit Saint, pour les siècles des siècles.

Tous répondent : Amen.

Ou bien :

II. Dieu, de qui viennent toute croissance et tout progrès spirituel, accueille avec bonté le joyeux hommage de gratitude que ton Église t'offre par nos voix.

C'est toi qui, au commencement, as voulu que la terre produise des arbres fruitiers. Ainsi est né l'olivier, parmi toutes les plantes, dont les fruits allaient procurer la bonne huile qui servirait à faire le saint chrême.

C'est ainsi que David, entrevoyant, sous l'inspiration prophétique, les sacrements de ta grâce, a chanté que cette huile ferait briller de joie notre visage ; et, lorsque le monde expiait ses péchés sous les eaux du déluge, une colombe, portant un rameau d'olivier, signe de tes bienfaits à venir, annonça le retour de la paix sur la terre.

Tout cela se réalise en ces temps qui sont les derniers : les eaux du baptême effacent nos péchés, et l'onction d'huile donne à nos visages la joie et la sérénité.

De même, lorsque tu prescrivis à Moïse d'ordonner au sacerdoce Aaron, son frère, tu lui demandas de le purifier par l'eau avant qu'il le consacre par l'onction de ce parfum.

Mais il y eut plus encore, lorsque ton Fils, Jésus Christ, notre Seigneur, exigea d'être baptisé par Jean dans les eaux du Jourdain.

Alors le Saint-Esprit fut envoyé sur lui, à la ressemblance d'une colombe, et tu affirmas par la voix qui se fit entendre que Jésus est ton Fils unique, en qui tu as mis tout ton amour. Tu montrais ainsi d'une manière éclatante que se réalisait la prophétie de David : « Il sera consacré d'une huile d'allégresse, au-dessus de tous ses compagnons. »

Tous les concélébrants étendent la main droite vers le chrême jusqu'à la fin de la prière, sans rien dire.

Aussi, nous t'en supplions, Seigneur, sanctifie et bénis ✠ cette huile, et, par la puissance de ton Christ à qui elle emprunte le nom de saint chrême, pénètre-la de la force de l'Esprit Saint dont tu as imprégné pour ton service prêtres, rois, prophètes et martyrs.

Fais que cette huile, destinée à l'onction, devienne pour ceux qui vont renaître par l'eau du baptême le signe sacramentel du chrétien parfait.

Que chaque baptisé imprégné de l'onction sanctifiante, libéré de la corruption première, désormais temple de l'Esprit, répande la bonne odeur d'une vie pure.

Selon le dessein de ta volonté divine, en recevant la dignité de rois, de prêtres et de prophètes, qu'ils soient tous revêtus de la grâce incorruptible.

Pour ceux qui renaîtront de l'eau et de l'Esprit, que ce parfum soit le chrême du salut qui les fasse participer à la vie divine et communier à la gloire du ciel.

Par Jésus, le Christ, notre Seigneur.

Tous : Amen.

LITURGIE EUCHARISTIQUE

PRIÈRE SUR LES OFFRANDES. Dans ta bienveillance, Seigneur, fais que la puissance de ce sacrifice purifie tout ce qui vieillit en nous : qu'elle fasse grandir la vie nouvelle et nous apporte le salut. Par le Christ, notre Seigneur.

PRÉFACE. Vraiment, il est juste et bon, pour ta gloire et notre salut, de t'offrir notre action de grâce, toujours et en tout lieu, Seigneur, Père très saint, Dieu éternel et tout-puissant. Par l'onction de l'Esprit Saint, tu as établi ton Fils unique grand prêtre de l'Alliance nouvelle et éternelle ; et, dans ton admirable providence, tu as voulu que son unique sacerdoce demeure à jamais dans l'Église. C'est lui, le Christ, qui donne au peuple racheté la dignité du sacerdoce royal ; et, dans son amour fraternel, il choisit aussi des hommes qui, en recevant l'imposition des mains, auront part à son ministère. En son nom, ils renouvellent le sacrifice rédempteur, ils dressent pour tes fils la table du banquet pascal ; par la charité, ils montrent la voie à ton peuple saint, par la parole, ils le nourrissent, et par les sacrements, ils le fortifient. En livrant leur vie pour toi et pour le salut de leurs frères, ils s'efforceront d'être conformes à l'image du Christ, et te donneront avec constance la preuve de leur foi et de leur amour. C'est pourquoi, avec les anges et tous les saints, nous te louons, Seigneur, et nous exultons de joie en proclamant : **Saint !...**

Prière eucharistique I, II ou III ——— pages 409 à 420

Si la bénédiction de l'huile des malades se fait pendant la prière eucharistique, elle s'insère avant la doxologie (au canon romain, immédiatement après : « Par le Christ, notre Seigneur ») et elle s'achève par la doxologie (précédée, au canon romain, de la phrase : « Par lui, tu ne cesses... »).

Antienne de la communion. L'amour du Seigneur, sans fin je le chante ; ta fidélité, je l'annonce d'âge en âge.

Prière après la communion. Nous t'en supplions, Dieu tout-puissant : donne à ceux que tu as fortifiés par tes sacrements d'être au milieu du monde la bonne odeur du Christ. Lui qui vit et règne pour les siècles des siècles.

MESSE DU SOIR

En mémoire de la Cène du Seigneur

CETTE MESSE FAIT MÉMOIRE DE L'INSTITUTION DE L'EUCHARISTIE PAR LE CHRIST. *Il se donne en nourriture en signe de son amour conduit jusqu'au sacrifice ultime. Ceux qu'il a appelés à son service partagent désormais ce don avec leurs frères. À chaque messe nous renouvelons ce repas de l'Alliance nouvelle.*

ANTIENNE D'OUVERTURE. Que notre seule fierté soit la croix de notre Seigneur Jésus Christ. En lui, nous avons le salut, la vie et la résurrection, par lui, nous sommes sauvés et délivrés.

GLOIRE À DIEU ——— page 392

PRIÈRE. Seigneur Dieu, tu nous appelles à célébrer la très sainte Cène où ton Fils unique, avant de se livrer lui-même à la mort, a remis pour toujours à son Église le sacrifice nouveau, le repas qui est le sacrement de son amour; donne-nous de puiser à ce grand mystère la charité et la vie en plénitude. Par Jésus Christ, ton Fils, notre Seigneur, qui vit et règne avec toi dans l'unité du Saint-Esprit, Dieu, pour les siècles des siècles.

● *Dieu demande à chaque famille de sacrifier un agneau et de le manger. C'est l'origine de la fête de la Pâque juive, qui célèbre la libération d'Israël de l'esclavage en Égypte. C'est cet événement que Jésus commémorera avec ses disciples en lui attribuant une nouvelle signification.* ●

Lecture du livre de l'Exode — 12, 1-8.11-14

EN CES JOURS-LÀ, dans le pays d'Égypte, le Seigneur dit à Moïse et à son frère Aaron : « Ce mois-ci sera pour vous

le premier des mois, il marquera pour vous le commencement de l'année. Parlez ainsi à toute la communauté d'Israël : le dix de ce mois, que l'on prenne un agneau par famille, un agneau par maison. Si la maisonnée est trop peu nombreuse pour un agneau, elle le prendra avec son voisin le plus proche, selon le nombre des personnes. Vous choisirez l'agneau d'après ce que chacun peut manger. Ce sera une bête sans défaut, un mâle, de l'année. Vous prendrez un agneau ou un chevreau. Vous le garderez jusqu'au quatorzième jour du mois. Dans toute l'assemblée de la communauté d'Israël, on l'immolera au coucher du soleil. On prendra du sang, que l'on mettra sur les deux montants et sur le linteau des maisons où on le mangera. On mangera sa chair cette nuit-là, on la mangera rôtie au feu, avec des pains sans levain et des herbes amères. Vous mangerez ainsi : la ceinture aux reins, les sandales aux pieds, le bâton à la main. Vous mangerez en toute hâte : c'est la Pâque du Seigneur. Je traverserai le pays d'Égypte, cette nuit-là ; je frapperai tout premier-né au pays d'Égypte, depuis les hommes jusqu'au bétail. Contre tous les dieux de l'Égypte j'exercerai mes jugements : Je suis le Seigneur. Le sang sera pour vous un signe, sur les maisons où vous serez. Je verrai le sang, et je passerai : vous ne serez pas atteints par le fléau dont je frapperai le pays d'Égypte. Ce jour-là sera pour vous un mémorial. Vous en ferez pour le Seigneur une fête de pèlerinage. C'est un décret perpétuel : d'âge en âge vous la fêterez. »

— *Parole du Seigneur.*

PSAUME 115

℟ La coupe de bénédiction
est communion au sang du Christ.

Comment rendrai-je au Seigneur
tout le bien qu'il m'a fait ?
J'élèverai la coupe du salut,
j'invoquerai le nom du Seigneur.

Il en coûte au Seigneur
de voir mourir les siens !
Ne suis-je pas, Seigneur, ton serviteur,
moi, dont tu brisas les chaînes ?

Je t'offrirai le sacrifice d'action de grâce,
j'invoquerai le nom du Seigneur.
Je tiendrai mes promesses au Seigneur,
oui, devant tout son peuple.

● *Dans ce récit de l'institution de l'eucharistie, le plus ancien que nous connaissions, saint Paul rappelle que, lorsque nous mangeons le pain et buvons le vin consacré, nous faisons mémoire de la mort et de la résurrection du Christ qui nous libère de la mort et du péché, et nous célébrons l'espérance de son retour dans la gloire.* ●

Lecture de la première lettre de saint Paul apôtre aux Corinthiens 11, 23-26

Frères, moi, Paul, j'ai moi-même reçu ce qui vient du Seigneur, et je vous l'ai transmis : la nuit où il était livré, le Seigneur Jésus prit du pain, puis, ayant rendu grâce, il le rompit, et dit : « Ceci est mon corps, qui est pour vous. Faites cela en mémoire de moi. » Après le repas, il fit de même avec la coupe, en disant : « Cette

coupe est la nouvelle Alliance en mon sang. Chaque fois que vous en boirez, faites cela en mémoire de moi. » Ainsi donc, chaque fois que vous mangez ce pain et que vous buvez cette coupe, vous proclamez la mort du Seigneur, jusqu'à ce qu'il vienne.
— *Parole du Seigneur.*

Gloire et louange à toi, Seigneur Jésus ! Je vous donne un commandement nouveau, dit le Seigneur : « Aimez-vous les uns les autres comme je vous ai aimés. » **Gloire et louange à toi, Seigneur Jésus !**

● *Chaque dimanche, nous nous rappelons que, dans son eucharistie, Jésus donne sa vie par amour. En tant que membres de son corps, nous sommes appelés à mener une vie eucharistique, c'est-à-dire une vie au service de nos frères.* ●

Évangile de Jésus Christ selon saint Jean 13, 1-15

AVANT LA FÊTE de la Pâque, sachant que l'heure était venue pour lui de passer de ce monde à son Père, Jésus, ayant aimé les siens qui étaient dans le monde, les aima jusqu'au bout.
Au cours du repas, alors que le diable a déjà mis dans le cœur de Judas, fils de Simon l'Iscariote, l'intention de le livrer, Jésus, sachant que le Père a tout remis entre ses mains, qu'il est sorti de Dieu et qu'il s'en va vers Dieu, se lève de table, dépose son vêtement, et prend un linge qu'il se noue à la ceinture ; puis il verse de l'eau dans un bassin. Alors il se mit à laver les pieds des disciples et à les essuyer avec le linge qu'il avait à

la ceinture. Il arrive donc à Simon-Pierre, qui lui dit : « C'est toi, Seigneur, qui me laves les pieds ? » Jésus lui répondit : « Ce que je veux faire, tu ne le sais pas maintenant ; plus tard tu comprendras. » Pierre lui dit : « Tu ne me laveras pas les pieds ; non, jamais ! » Jésus lui répondit : « Si je ne te lave pas, tu n'auras pas de part avec moi. » Simon-Pierre lui dit : « Alors, Seigneur, pas seulement les pieds, mais aussi les mains et la tête ! » Jésus lui dit : « Quand on vient de prendre un bain, on n'a pas besoin de se laver, sinon les pieds : on est pur tout entier. Vous-mêmes, vous êtes purs, mais non pas tous. » Il savait bien qui allait le livrer ; et c'est pourquoi il disait : « Vous n'êtes pas tous purs. »
Quand il leur eut lavé les pieds, il reprit son vêtement, se remit à table et leur dit : « Comprenez-vous ce que je viens de faire pour vous ? Vous m'appelez "Maître" et "Seigneur", et vous avez raison, car vraiment je le suis. Si donc moi, le Seigneur et le Maître, je vous ai lavé les pieds, vous aussi, vous devez vous laver les pieds les uns aux autres. C'est un exemple que je vous ai donné afin que vous fassiez, vous aussi, comme j'ai fait pour vous. »

— Acclamons la Parole de Dieu.

Lavement des pieds

Pendant ce rite, on chante une des antiennes suivantes ou quelques autres chants semblables.

Après s'être levé de table, le Seigneur versa de l'eau dans un bassin et se mit à laver les pieds des disciples. C'est l'exemple qu'il leur a donné.

Le Seigneur Jésus, après avoir pris le repas avec ses disciples, leur lava les pieds et leur dit : « Comprenez-vous ce que je viens de faire pour vous, moi, le Maître et Seigneur ? C'est un exemple que je vous ai donné, afin que vous fassiez, vous aussi, comme j'ai fait pour vous. »

Jésus arrive devant Simon-Pierre, qui lui dit : « C'est toi, Seigneur, qui me laves les pieds ? » Jésus lui répond : « Si je ne te lave pas, tu n'auras pas de part avec moi. » « Ce que je veux faire, tu ne le sais pas maintenant ; plus tard tu comprendras. »

Si moi, votre Seigneur et votre Maître, je vous ai lavé les pieds, combien plus devez-vous aussi vous laver les pieds les uns aux autres.

À ceci, tous reconnaîtront que vous êtes mes disciples : si vous avez de l'amour les uns pour les autres.

Je vous donne un commandement nouveau : c'est de vous aimer les uns les autres, comme je vous ai aimés, dit le Seigneur.

Que demeurent en vous la foi, l'espérance et la charité ; mais la plus grande des trois, c'est la charité. Aujourd'hui, ce qui demeure, c'est la foi, l'espérance et la charité ; mais la plus grande des trois, c'est la charité.

***On ne dit pas le* Credo.**

Procession des offrandes

Pendant que l'on apporte les dons, on peut chanter l'*Ubi caritas *ou un autre chant semblable.

℟ Où l'amour est vrai,
Dieu est présent.

℟ Ubi caritas et amor,
Deus ibi est.

L'amour du Christ rassemble en l'unité.
En lui, n'ayons que joie et allégresse !
Ayons crainte et amour du Dieu vivant.
Dans la sincérité, aimons-nous de tout cœur.

Congregavit nos in unum Christi amor.
Exsultemus, et in ipso iucundemur.
Timeamus et amemus Deum vivum.
Et ex corde diligamus nos sincero.

Et puisque nous vivons dans l'unité,
veillons à ne pas être divisés.
Que cessent les querelles et les conflits.
Que le Christ notre Dieu soit au milieu de nous !

Simul ergo cum in unum congregamur :
Ne nos mente dividamur, caveamus.
Cessent iurgia maligna, cessent lites.
Et in medio nostri sit Christus Deus.

Avec les bienheureux puissions-nous voir
ta face de gloire, ô Christ notre Dieu !
Immense et pure sera notre joie
à jamais, dans les siècles des siècles sans fin !

Simul quoque cum beatis videamus
Glorianter vultum tuum, Christe Deus :
Gaudium, quod est immensum, atque probum,
Saecula per infinita saeculorum.

Prière sur les offrandes. Accorde-nous, Seigneur, nous t'en prions, de participer dignement à ces mystères, car chaque fois qu'est célébré ce sacrifice en mémorial, c'est l'œuvre de notre rédemption qui s'accomplit. Par le Christ, notre Seigneur.

Préface. Vraiment, il est juste et bon, pour ta gloire et notre salut, de t'offrir notre action de grâce, toujours et en tout lieu, Seigneur, Père très saint, Dieu éternel et tout-puissant, par le Christ, notre Seigneur. Il est le Prêtre éternel et véritable, qui institua le sacrement destiné à perpétuer son sacrifice ; il s'est d'abord offert à toi en victime pour notre salut et nous a prescrit de faire cette offrande en mémoire de lui. Quand nous recevons sa chair immolée pour nous, nous sommes fortifiés ; quand nous buvons le sang qu'il a versé pour nous, nous sommes purifiés. C'est pourquoi, avec les anges et les archanges, avec les puissances d'en haut et tous les esprits bienheureux, nous chantons l'hymne de ta gloire et sans fin nous proclamons : **Saint !...**

Prière eucharistique I, II ou III ——— pages 409 à 420

Antienne de la communion. « Ceci est mon corps, livré pour vous, dit le Seigneur. Faites cela en mémoire de moi. Cette coupe est la nouvelle Alliance en mon sang. Chaque fois que vous en boirez, faites cela en mémoire de moi. »

Prière après la communion. Nous avons repris des forces, Dieu tout-puissant, en célébrant aujourd'hui la Cène de ton Fils ; accorde-nous d'être rassasiés au banquet de l'éternité. Par le Christ, notre Seigneur.

Le prêtre porte ensuite solennellement le Saint-Sacrement au reposoir pour la soirée d'adoration.

Procession au reposoir

Pendant que l'on porte le Saint-Sacrement au reposoir, on peut chanter l'hymne* Pange lingua *ou un autre chant semblable.

Pange lingua

Chante, ô ma langue, le mystère
De ce corps très glorieux
Et de ce sang si précieux
Que le Roi des nations,
Issu d'une noble lignée,
Versa pour le prix de ce monde.

Pange, lingua, gloriosi
corporis mysterium,
sanguinisque pretiosi,
quem in mundi pretium
fructus ventris generosi
rex effudit gentium.

Fils d'une mère toujours vierge
Né pour nous, à nous donné,
Et dans ce monde ayant vécu,
Verbe en semence semé,
Il conclut son temps d'ici-bas
Par une action incomparable.

Nobis datus, nobis natus
ex intacta Virgine,
et in mundo conversatus,
sparso Verbi semine,
sui moras incolatus
miro clausit ordine.

La nuit de la dernière Cène,
À table avec ses amis,
Ayant pleinement observé
La Pâque selon la Loi,
De ses propres mains il s'offrit
En nourriture aux douze Apôtres.

In supremae nocte cenae
recumbens cum fratribus,
observata lege plene
cibis in legalibus,
cibum turbae duodenae
se dat suis manibus.

Le Verbe fait chair, par son verbe,
Fait de sa chair le vrai pain ;

Le sang du Christ devient boisson,
Nos sens étant limités,
C'est la foi seule qui suffit
Pour affermir les cœurs sincères.

Verbum caro, panem verum
verbo carnem efficit;
fitque sanguis Christi merum,
et, si sensus deficit,
ad firmandum cor sincerum
sola fides sufficit.

Ce sacrement est admirable!
Vénérons-le humblement,
Et qu'au précepte d'autrefois
Succède un rite nouveau!
Que la foi vienne suppléer
À nos sens et à leurs limites!

Tantum ergo sacramentum
veneremur cernui,
et antiquum documentum
novo cedat ritui;
praestet fides supplementum
sensuum defectui.

Au Père, au Fils, notre louange,
L'allégresse de nos chants:
Salut, et puissance, et honneur,
Et toute bénédiction!
À l'Esprit du Père et du Fils,
Égale acclamation de gloire!
Amen.

Genitori genitoque
laus et iubilatio,
salus, honor, virtus quoque

sit et benedictio;
procedenti ab utroque
compar sit laudatio.
Amen.

MÉDITONS AVEC SAINT THOMAS D'AQUIN

Pain véritable, corps et sang du Christ

Le Fils unique de Dieu, voulant nous faire participer à sa divinité, a pris notre nature afin de diviniser les hommes, lui qui s'est fait homme. En outre, ce qu'il a pris de nous, il nous l'a entièrement donné pour notre salut. En effet, sur l'autel de la croix, il a offert son corps en sacrifice à Dieu le Père afin de nous réconcilier avec lui; et il a répandu son sang pour qu'il soit en même temps notre rançon et notre baptême: rachetés d'un lamentable esclavage, nous serions purifiés de tous nos péchés.

Et pour que nous gardions toujours la mémoire d'un si grand bienfait, il a laissé aux fidèles son corps à manger et son sang à boire, sous les dehors du pain et du vin. Banquet précieux et stupéfiant, qui apporte le salut et qui est rempli de douceur! Peut-il y avoir rien de plus précieux que ce banquet où l'on ne nous propose plus, comme dans l'ancienne Loi, de manger la chair des veaux et des boucs, mais le Christ qui est vraiment Dieu? Y a-t-il rien de plus admirable que ce sacrement?

Aucun sacrement ne produit des effets plus salutaires que celui-ci: il efface les péchés, accroît les vertus et comble l'âme surabondamment de tous les dons spirituels! Il est offert dans l'Église pour les vivants et pour les morts afin de profiter à tous, étant institué pour le salut de tous.

Enfin, personne n'est capable d'exprimer les délices de ce sacrement puisqu'on y goûte la douceur spirituelle à sa source ; et on y célèbre la mémoire de cet amour insurpassable que le Christ a montré dans sa Passion.

Il voulait que l'immensité de cet amour se grave plus profondément dans le cœur des fidèles. C'est pourquoi à la dernière Cène, après avoir célébré la Pâque avec ses disciples, lorsqu'il allait passer de ce monde à son Père, il institua ce sacrement comme le mémorial perpétuel de sa Passion, l'accomplissement des anciennes préfigurations, le plus grand de tous ses miracles ; et à ceux que son absence remplirait de tristesse, il laissa ce sacrement comme réconfort incomparable.

Thomas d'Aquin († 1274), théologien, membre de l'ordre dominicain, a enseigné à Paris, Rome et Naples. Canonisé en 1323, il a été proclamé docteur de l'Église en 1567.

VENDREDI 29 MARS 2024

Vendredi saint
Célébration de la Passion

Jour de jeûne pour les chrétiens *du monde entier, le Vendredi saint fait mémoire de la Passion du Christ nous révélant le mystère de l'amour de Dieu qui va jusqu'à la croix. Cette célébration, qui n'est pas une messe, commémore, au-delà des humiliations de la Passion, la croix déjà revêtue de la gloire de la résurrection.*

Prière. Souviens-toi, Seigneur, de ta miséricorde, sanctifie ceux qui veulent te servir et protège-les toujours, car c'est pour eux que ton Fils Jésus Christ a institué par son sang répandu le sacrement pascal. Lui qui vit et règne pour les siècles des siècles.

Ou bien :

Seigneur Dieu, par la passion du Christ, ton Fils, notre Seigneur, tu as détruit la mort héritée du premier péché, elle qui tenait l'humanité sous sa loi ; accorde-nous de ressembler à ton Fils : du fait de notre nature, nous sommes à l'image de l'homme pétri d'argile ; de même, que ta grâce nous sanctifie pour que nous soyons à l'image de celui qui vient du ciel. Par le Christ, notre Seigneur.

● *Isaïe dresse le portrait bouleversant d'un serviteur de Dieu qui se laisse maltraiter, humilier, pour porter les malheurs des hommes. La figure du « Serviteur souffrant » préfigure celle de Jésus, le Fils de Dieu, l'Agneau de Dieu qui accepte de souffrir l'injustice jusqu'au bout pour ôter le péché du monde.* ●

Lecture du livre du prophète Isaïe 52, 13 à 53, 12

MON SERVITEUR RÉUSSIRA, dit le Seigneur ; il montera, il s'élèvera, il sera exalté ! La multitude avait été consternée en le voyant, car il était si défiguré qu'il ne ressemblait plus à un homme ; il n'avait plus l'apparence d'un fils d'homme. Il étonnera de même une multitude de nations ; devant lui les rois resteront bouche bée, car ils verront ce que, jamais, on ne leur avait dit, ils découvriront ce dont ils n'avaient jamais entendu parler.
Qui aurait cru ce que nous avons entendu ? Le bras puissant du Seigneur, à qui s'est-il révélé ? Devant lui, le serviteur a poussé comme une plante chétive, une racine dans une terre aride ; il était sans apparence ni beauté qui attire nos regards, son aspect n'avait rien pour nous plaire. Méprisé, abandonné des hommes, homme de douleurs, familier de la souffrance, il était pareil à celui devant qui on se voile la face ; et nous l'avons méprisé, compté pour rien. En fait, c'étaient nos souffrances qu'il portait, nos douleurs dont il était chargé. Et nous, nous pensions qu'il était frappé, meurtri par Dieu, humilié. Or, c'est à cause de nos révoltes qu'il a été transpercé, à cause de nos fautes qu'il a été broyé. Le châtiment qui nous donne la paix a pesé sur lui : par ses blessures, nous sommes guéris. Nous étions tous errants comme des brebis, chacun suivait son propre chemin. Mais le Seigneur a fait retomber sur lui nos fautes à nous tous.
Maltraité, il s'humilie, il n'ouvre pas la bouche : comme un agneau conduit à l'abattoir, comme une brebis muette devant les tondeurs, il n'ouvre pas la bouche. Arrêté, puis jugé, il a été supprimé. Qui donc s'est

inquiété de son sort ? Il a été retranché de la terre des vivants, frappé à mort pour les révoltes de son peuple. On a placé sa tombe avec les méchants, son tombeau avec les riches ; et pourtant il n'avait pas commis de violence, on ne trouvait pas de tromperie dans sa bouche. Broyé par la souffrance, il a plu au Seigneur. S'il remet sa vie en sacrifice de réparation, il verra une descendance, il prolongera ses jours : par lui, ce qui plaît au Seigneur réussira.
Par suite de ses tourments, il verra la lumière, la connaissance le comblera. Le juste, mon serviteur, justifiera les multitudes, il se chargera de leurs fautes. C'est pourquoi, parmi les grands, je lui donnerai sa part, avec les puissants il partagera le butin, car il s'est dépouillé lui-même jusqu'à la mort, et il a été compté avec les pécheurs, alors qu'il portait le péché des multitudes et qu'il intercédait pour les pécheurs.
— *Parole du Seigneur.*

Psaume 30

℟ Ô Père, en tes mains je remets mon esprit.

En toi, Seigneur, j'ai mon refuge ;
garde-moi d'être humilié pour toujours.
En tes mains je remets mon esprit ;
tu me rachètes, Seigneur, Dieu de vérité.

Je suis la risée de mes adversaires
et même de mes voisins ;
je fais peur à mes amis,
s'ils me voient dans la rue, ils me fuient.

On m'ignore comme un mort oublié,
comme une chose qu'on jette.

J'entends les calomnies de la foule :
ils s'accordent pour m'ôter la vie.

Moi, je suis sûr de toi, Seigneur,
je dis : « Tu es mon Dieu ! »
Mes jours sont dans ta main : délivre-moi
des mains hostiles qui s'acharnent.

Sur ton serviteur, que s'illumine ta face ;
sauve-moi par ton amour.
Soyez forts, prenez courage,
vous tous qui espérez le Seigneur !

● *Le Christ est le grand prêtre qui, en s'offrant lui-même comme victime, en toute liberté, porte le sacrifice sacerdotal de l'ancienne Alliance à son accomplissement. Il nous sauve ainsi de la mort et du péché.* ●

Lecture de la lettre aux Hébreux 4, 14-16 et 5, 7-9

FRÈRES, en Jésus, le Fils de Dieu, nous avons le grand prêtre par excellence, celui qui a traversé les cieux ; tenons donc ferme l'affirmation de notre foi. En effet, nous n'avons pas un grand prêtre incapable de compatir à nos faiblesses, mais un grand prêtre éprouvé en toutes choses, à notre ressemblance, excepté le péché. Avançons-nous donc avec assurance vers le Trône de la grâce, pour obtenir miséricorde et recevoir, en temps voulu, la grâce de son secours.
Le Christ, pendant les jours de sa vie dans la chair, offrit, avec un grand cri et dans les larmes, des prières et des supplications à Dieu qui pouvait le sauver de la mort, et il fut exaucé en raison de son grand respect.

Bien qu'il soit le Fils, il apprit par ses souffrances l'obéissance et, conduit à sa perfection, il est devenu pour tous ceux qui lui obéissent la cause du salut éternel.
— *Parole du Seigneur.*

Le Christ s'est anéanti, prenant la condition de serviteur. Pour nous, le Christ est devenu obéissant, jusqu'à la mort, et la mort de la croix. C'est pourquoi Dieu l'a exalté : il l'a doté du Nom qui est au-dessus de tout nom. **Le Christ s'est anéanti, prenant la condition de serviteur.**

● *La Passion du Christ selon saint Jean est proclamée chaque année. Face à la violence et au mal, Jésus reste le témoin de la vérité, de la justice et de l'amour. L'Évangile de Jean nous appelle à nous tenir avec Marie au pied de la croix et à demeurer auprès du Christ par la prière.* ●

La Passion de notre Seigneur Jésus Christ selon saint Jean — 18, 1 à 19, 42

✠ ***Jésus*; L : *lecteur*; D : *disciples*; F : *la foule*; A : *autres personnages.***

L En ce temps-là, après le repas, Jésus sortit avec ses disciples et traversa le torrent du Cédron ; il y avait là un jardin, dans lequel il entra avec ses disciples. Judas, qui le livrait, connaissait l'endroit, lui aussi, car Jésus et ses disciples s'y étaient souvent réunis. Judas, avec un détachement de soldats ainsi que des gardes envoyés par les grands prêtres et les pharisiens, arrive à cet endroit. Ils avaient des lanternes, des torches et des armes. Alors Jésus, sachant tout ce qui allait lui arriver, s'avança et leur dit :

✠ « Qui cherchez-vous ? »

L Ils lui répondirent :
F « Jésus le Nazaréen. »
L Il leur dit :
✠ « C'est moi, je le suis. »
L Judas, qui le livrait, se tenait avec eux. Quand Jésus leur répondit : « C'est moi, je le suis », ils reculèrent, et ils tombèrent à terre. Il leur demanda de nouveau :
✠ « Qui cherchez-vous ? »
L Ils dirent :
F « Jésus le Nazaréen. »
L Jésus répondit :
✠ « Je vous l'ai dit : c'est moi, je le suis. Si c'est bien moi que vous cherchez, ceux-là, laissez-les partir. »
L Ainsi s'accomplissait la parole qu'il avait dite : « Je n'ai perdu aucun de ceux que tu m'as donnés. » Or Simon-Pierre avait une épée ; il la tira, frappa le serviteur du grand prêtre et lui coupa l'oreille droite. Le nom de ce serviteur était Malcus. Jésus dit à Pierre :
✠ « Remets ton épée au fourreau. La coupe que m'a donnée le Père, vais-je refuser de la boire ? »
L Alors la troupe, le commandant et les gardes juifs se saisirent de Jésus et le ligotèrent. Ils l'emmenèrent d'abord chez Hanne, beau-père de Caïphe, qui était grand prêtre cette année-là. Caïphe était celui qui avait donné aux Juifs ce conseil : « Il vaut mieux qu'un seul homme meure pour le peuple. »

Or Simon-Pierre, ainsi qu'un autre disciple, suivait Jésus. Comme ce disciple était connu du grand prêtre, il entra avec Jésus dans le palais du grand prêtre. Pierre se tenait près de la porte, dehors. Alors l'autre disciple – celui qui était connu du grand prêtre – sortit, dit un mot à la servante qui gardait la porte, et fit entrer Pierre. Cette jeune servante dit alors à Pierre :

A « N'es-tu pas, toi aussi, l'un des disciples de cet homme ? »

L Il répondit :

D « Non, je ne le suis pas ! »

L Les serviteurs et les gardes se tenaient là ; comme il faisait froid, ils avaient fait un feu de braise pour se réchauffer. Pierre était avec eux, en train de se chauffer. Le grand prêtre interrogea Jésus sur ses disciples et sur son enseignement. Jésus lui répondit :

✠ « Moi, j'ai parlé au monde ouvertement. J'ai toujours enseigné à la synagogue et dans le Temple, là où tous les Juifs se réunissent, et je n'ai jamais parlé en cachette. Pourquoi m'interroges-tu ? Ce que je leur ai dit, demande-le à ceux qui m'ont entendu. Eux savent ce que j'ai dit. »

L À ces mots, un des gardes, qui était à côté de Jésus, lui donna une gifle en disant :

A « C'est ainsi que tu réponds au grand prêtre ! »

L Jésus lui répliqua :

✠ « Si j'ai mal parlé, montre ce que j'ai dit de mal. Mais si j'ai bien parlé, pourquoi me frappes-tu ? »

L Hanne l'envoya, toujours ligoté, au grand prêtre Caïphe.

Simon-Pierre était donc en train de se chauffer. On lui dit :

A « N'es-tu pas, toi aussi, l'un de ses disciples ? »

L Pierre le nia et dit :

D « Non, je ne le suis pas ! »

L Un des serviteurs du grand prêtre, parent de celui à qui Pierre avait coupé l'oreille, insista :

A « Est-ce que moi, je ne t'ai pas vu dans le jardin avec lui ? »

L Encore une fois, Pierre le nia. Et aussitôt un coq chanta.

Alors on emmène Jésus de chez Caïphe au Prétoire. C'était le matin. Ceux qui l'avaient amené n'entrèrent pas dans le Prétoire, pour éviter une souillure et pouvoir manger l'agneau pascal. Pilate sortit donc à leur rencontre et demanda :

A « Quelle accusation portez-vous contre cet homme ? »

L Ils lui répondirent :

F « S'il n'était pas un malfaiteur, nous ne t'aurions pas livré cet homme. »

L Pilate leur dit :

A « Prenez-le vous-mêmes et jugez-le suivant votre loi. »

L Les Juifs lui dirent :

F « Nous n'avons pas le droit de mettre quelqu'un à mort. »

L Ainsi s'accomplissait la parole que Jésus avait dite pour signifier de quel genre de mort il allait mourir. Alors Pilate rentra dans le Prétoire ; il appela Jésus et lui dit :

A « Es-tu le roi des Juifs ? »

L Jésus lui demanda :

✠ « Dis-tu cela de toi-même, ou bien d'autres te l'ont dit à mon sujet ? »

L Pilate répondit :

A « Est-ce que je suis juif, moi ? Ta nation et les grands prêtres t'ont livré à moi : qu'as-tu donc fait ? »

L Jésus déclara :

✠ « Ma royauté n'est pas de ce monde ; si ma royauté était de ce monde, j'aurais des gardes qui se seraient battus pour que je ne sois pas livré aux Juifs. En fait, ma royauté n'est pas d'ici. »

L Pilate lui dit :
A « Alors, tu es roi ? »
L Jésus répondit :
✠ « C'est toi-même qui dis que je suis roi. Moi, je suis né, je suis venu dans le monde pour ceci : rendre témoignage à la vérité. Quiconque appartient à la vérité écoute ma voix. »
L Pilate lui dit :
A « Qu'est-ce que la vérité ? »
L Ayant dit cela, il sortit de nouveau à la rencontre des Juifs, et il leur déclara :
A « Moi, je ne trouve en lui aucun motif de condamnation. Mais, chez vous, c'est la coutume que je vous relâche quelqu'un pour la Pâque : voulez-vous donc que je vous relâche le roi des Juifs ? »
L Alors ils répliquèrent en criant :
F « Pas lui ! Mais Barabbas ! »
L Or ce Barabbas était un bandit.

Alors Pilate fit saisir Jésus pour qu'il soit flagellé. Les soldats tressèrent avec des épines une couronne qu'ils lui posèrent sur la tête ; puis ils le revêtirent d'un manteau pourpre. Ils s'avançaient vers lui et ils disaient :
F « Salut à toi, roi des Juifs ! »
L Et ils le giflaient.

Pilate, de nouveau, sortit dehors et leur dit :
A « Voyez, je vous l'amène dehors pour que vous sachiez que je ne trouve en lui aucun motif de condamnation. »
L Jésus donc sortit dehors, portant la couronne d'épines et le manteau pourpre. Et Pilate leur déclara :
A « Voici l'homme. »
L Quand ils le virent, les grands prêtres et les gardes se mirent à crier :

F « Crucifie-le ! Crucifie-le ! »
L Pilate leur dit :
A « Prenez-le vous-mêmes, et crucifiez-le ; moi, je ne trouve en lui aucun motif de condamnation. »
L Ils lui répondirent :
F « Nous avons une Loi, et suivant la Loi il doit mourir, parce qu'il s'est fait Fils de Dieu. »
L Quand Pilate entendit ces paroles, il redoubla de crainte. Il rentra dans le Prétoire, et dit à Jésus :
A « D'où es-tu ? »
L Jésus ne lui fit aucune réponse. Pilate lui dit alors :
A « Tu refuses de me parler, à moi ? Ne sais-tu pas que j'ai pouvoir de te relâcher, et pouvoir de te crucifier ? »
L Jésus répondit :
✠ « Tu n'aurais aucun pouvoir sur moi si tu ne l'avais reçu d'en haut ; c'est pourquoi celui qui m'a livré à toi porte un péché plus grand. »
L Dès lors, Pilate cherchait à le relâcher ; mais des Juifs se mirent à crier :
F « Si tu le relâches, tu n'es pas un ami de l'empereur. Quiconque se fait roi s'oppose à l'empereur. »
L En entendant ces paroles, Pilate amena Jésus au-dehors ; il le fit asseoir sur une estrade au lieu dit le Dallage – en hébreu : Gabbatha. C'était le jour de la Préparation de la Pâque, vers la sixième heure, environ midi. Pilate dit aux Juifs :
A « Voici votre roi. »
L Alors ils crièrent :
F « À mort ! À mort ! Crucifie-le ! »
L Pilate leur dit :
A « Vais-je crucifier votre roi ? »
L Les grands prêtres répondirent :
F « Nous n'avons pas d'autre roi que l'empereur. »
L Alors, il leur livra Jésus pour qu'il soit crucifié.

Ils se saisirent de Jésus. Et lui-même, portant sa croix, sortit en direction du lieu dit Le Crâne (ou Calvaire), qui se dit en hébreu Golgotha. C'est là qu'ils le crucifièrent, et deux autres avec lui, un de chaque côté, et Jésus au milieu. Pilate avait rédigé un écriteau qu'il fit placer sur la croix ; il était écrit : « Jésus le Nazaréen, roi des Juifs. » Beaucoup de Juifs lurent cet écriteau, parce que l'endroit où l'on avait crucifié Jésus était proche de la ville, et que c'était écrit en hébreu, en latin et en grec. Alors les grands prêtres des Juifs dirent à Pilate :

F « N'écris pas : "Roi des Juifs" ; mais : "Cet homme a dit : Je suis le roi des Juifs." »

L Pilate répondit :

A « Ce que j'ai écrit, je l'ai écrit. »

L Quand les soldats eurent crucifié Jésus, ils prirent ses habits ; ils en firent quatre parts, une pour chaque soldat. Ils prirent aussi la tunique ; c'était une tunique sans couture, tissée tout d'une pièce de haut en bas. Alors ils se dirent entre eux :

A « Ne la déchirons pas, désignons par le sort celui qui l'aura. »

L Ainsi s'accomplissait la parole de l'Écriture : *Ils se sont partagé mes habits ; ils ont tiré au sort mon vêtement.* C'est bien ce que firent les soldats.

Or, près de la croix de Jésus se tenaient sa mère et la sœur de sa mère, Marie, femme de Cléophas, et Marie Madeleine. Jésus, voyant sa mère, et près d'elle le disciple qu'il aimait, dit à sa mère :

✠ « Femme, voici ton fils. »

L Puis il dit au disciple :

✠ « Voici ta mère. »

L Et à partir de cette heure-là, le disciple la prit chez lui. Après cela, sachant que tout, désormais, était achevé, pour que l'Écriture s'accomplisse jusqu'au bout, Jésus dit :

✠ « J'ai soif. »

L Il y avait là un récipient plein d'une boisson vinaigrée. On fixa donc une éponge remplie de ce vinaigre à une branche d'hysope, et on l'approcha de sa bouche. Quand il eut pris le vinaigre, Jésus dit :

✠ « Tout est accompli. »

L Puis, inclinant la tête, il remit l'esprit.

(Ici on fléchit le genou, et on s'arrête un instant.)

Comme c'était le jour de la Préparation (c'est-à-dire le vendredi), il ne fallait pas laisser les corps en croix durant le sabbat, d'autant plus que ce sabbat était le grand jour de la Pâque. Aussi les Juifs demandèrent à Pilate qu'on enlève les corps après leur avoir brisé les jambes. Les soldats allèrent donc briser les jambes du premier, puis de l'autre homme crucifié avec Jésus. Quand ils arrivèrent à Jésus, voyant qu'il était déjà mort, ils ne lui brisèrent pas les jambes, mais un des soldats avec sa lance lui perça le côté ; et aussitôt, il en sortit du sang et de l'eau. Celui qui a vu rend témoignage, et son témoignage est véridique ; et celui-là sait qu'il dit vrai afin que vous aussi, vous croyiez. Cela, en effet, arriva pour que s'accomplisse l'Écriture : *Aucun de ses os ne sera brisé.* Un autre passage de l'Écriture dit encore : *Ils lèveront les yeux vers celui qu'ils ont transpercé.*

Après cela, Joseph d'Arimathie, qui était disciple de Jésus, mais en secret par crainte des Juifs, demanda à Pilate de pouvoir enlever le corps de Jésus. Et Pilate le permit. Joseph vint donc enlever le corps de Jésus. Nicodème – celui qui, au début, était venu trouver Jésus pendant la nuit – vint lui aussi ; il apportait

un mélange de myrrhe et d'aloès pesant environ cent livres. Ils prirent donc le corps de Jésus, qu'ils lièrent de linges, en employant les aromates selon la coutume juive d'ensevelir les morts. À l'endroit où Jésus avait été crucifié, il y avait un jardin et, dans ce jardin, un tombeau neuf dans lequel on n'avait encore déposé personne. À cause de la Préparation de la Pâque juive, et comme ce tombeau était proche, c'est là qu'ils déposèrent Jésus.

— *Acclamons la Parole de Dieu.*

PRIÈRE UNIVERSELLE

Nous prions, en ce jour, aux grandes intentions de l'Église et du monde.

1. Pour la sainte Église

Prions, frères et sœurs bien-aimés, pour la sainte Église de Dieu : que notre Dieu et Seigneur lui donne la paix, la rassemble dans l'unité et la garde par toute la terre ; qu'il nous accorde une vie calme et paisible, pour glorifier Dieu le Père tout-puissant. *Silence*

Dieu éternel et tout-puissant, dans le Christ, tu as révélé ta gloire à tous les peuples ; protège l'œuvre de ta miséricorde, afin que ton Église répandue par tout l'univers demeure inébranlable dans la foi pour proclamer ton nom. Par le Christ, notre Seigneur. **Amen.**

2. Pour le pape

Prions pour notre saint-père le pape …, choisi par Dieu notre Seigneur dans le collège des évêques : qu'il le garde sain et sauf au service de son Église pour gouverner le peuple saint de Dieu. *Silence*

Dieu éternel et tout-puissant dont la sagesse organise toutes choses, écoute en ta bonté notre prière : protège avec amour l'évêque de Rome que tu nous as choisi, afin que, sous la conduite de ce pasteur suprême, le peuple chrétien que tu gouvernes progresse toujours dans la foi. Par le Christ, notre Seigneur. **Amen.**

3. Pour le clergé et le peuple fidèle

Prions pour notre évêque ..., pour tous les évêques, les prêtres, les diacres de l'Église et pour l'ensemble du peuple des fidèles. *Silence*

Dieu éternel et tout-puissant dont l'Esprit sanctifie et gouverne le corps entier de l'Église, exauce les prières que nous t'adressons pour tes ministres : afin que, par le don de ta grâce, tout ton peuple te serve avec fidélité. Par le Christ, notre Seigneur. **Amen.**

4. Pour les catéchumènes

Prions pour les (nos) catéchumènes : que Dieu notre Seigneur ouvre leur cœur à sa parole et les accueille dans sa miséricorde ; après avoir reçu le pardon de tous leurs péchés par le bain de la naissance nouvelle, qu'ils soient reconnus comme appartenant au Christ Jésus notre Seigneur. *Silence*

Dieu éternel et tout-puissant, toi qui assures la fécondité de ton Église en lui donnant toujours de nouveaux enfants, augmente en nos catéchumènes la foi et l'intelligence de la foi : qu'ils renaissent à la source du baptême et prennent place parmi tes enfants d'adoption. Par le Christ, notre Seigneur. **Amen.**

5. Pour l'unité des chrétiens

Prions pour tous nos frères et sœurs qui croient au Christ et cherchent à faire la vérité : que le Seigneur notre Dieu les rassemble et les garde dans son unique Église. *Silence*

Dieu éternel et tout-puissant, toi qui rassembles ce qui est dispersé, et qui gardes ce que tu as rassemblé, jette un regard de paix sur le troupeau conduit par ton Fils : accorde à ceux qu'un même baptême a consacrés d'être unis dans la plénitude de la foi et de demeurer en communion par le lien de la charité. Par le Christ, notre Seigneur. **Amen.**

6. Pour les juifs

Prions pour les juifs à qui le Seigneur notre Dieu a parlé en premier : qu'il leur donne de progresser dans l'amour de son nom et dans la fidélité à son alliance. *Silence*

Dieu éternel et tout-puissant, toi qui as confié tes promesses à Abraham et à sa descendance, écoute avec bonté les prières de ton Église : donne au peuple que tu as choisi en premier de parvenir à la plénitude de la rédemption. Par le Christ, notre Seigneur. **Amen.**

7. Pour ceux qui ne croient pas au Christ

Prions pour ceux qui ne croient pas au Christ : demandons qu'à la lumière de l'Esprit Saint ils puissent s'engager, eux aussi, sur le chemin du salut. *Silence*

Dieu éternel et tout-puissant, donne à ceux qui ne reconnaissent pas le Christ de marcher en ta présence d'un cœur sincère, afin de découvrir la vérité ; et donne-nous de progresser sans cesse dans l'amour mutuel, attentifs à percevoir plus pleinement le mystère de ta vie, pour être dans le monde des témoins plus parfaits de ton amour. Par le Christ, notre Seigneur. **Amen.**

8. Pour ceux qui ne croient pas en Dieu

Prions pour ceux qui ne connaissent pas Dieu : demandons qu'en recherchant d'un cœur sincère ce qui est droit ils puissent parvenir jusqu'à Dieu lui-même. *Silence*

Dieu éternel et tout-puissant, tu as créé l'être humain pour qu'il te cherche dans un désir inlassable et que son cœur s'apaise en te trouvant ; nous t'en prions, fais que tous, au milieu des difficultés qui leur font obstacle, discernent les signes de ta tendresse et perçoivent le témoignage des œuvres bonnes de ceux qui croient en toi, afin d'avoir le bonheur de te reconnaître, toi, le seul vrai Dieu et notre Père. Par le Christ, notre Seigneur. **Amen.**

9. Pour les responsables des pouvoirs publics

Prions pour les chefs d'État et tous les responsables des affaires publiques : que le Seigneur notre Dieu dirige leur esprit et leur cœur selon sa volonté pour la paix véritable et la liberté de tous. *Silence*

Dieu éternel et tout-puissant, le cœur humain et les droits des peuples sont dans ta main ; regarde avec bienveillance ceux qui exercent le pouvoir sur nous ; que par ta grâce s'affermissent partout sur la terre la sécurité et la paix, la prospérité des nations et la liberté religieuse. Par le Christ, notre Seigneur. **Amen.**

10. Pour ceux qui sont dans l'épreuve

Frères et sœurs bien-aimés, prions Dieu le Père tout-puissant, pour qu'il purifie le monde de toute erreur, chasse les maladies et repousse la famine, ouvre les prisons et brise les chaînes, protège ceux qui voyagent, ramène chez eux les exilés, donne la force aux malades, et, aux mourants, accorde le salut. *Silence*

Dieu éternel et tout-puissant, consolation des affligés, force de ceux qui peinent, entends les prières de ceux qui crient vers toi, quelles que soient leurs souffrances : que tous aient la joie de trouver dans leurs détresses le secours de ta miséricorde. Par le Christ, notre Seigneur. **Amen.**

Adoration de la sainte Croix

Le célébrant présente à trois reprises l'image de la Croix, « cette Croix qui a porté Jésus, le Sauveur du monde ». Il nous invite à nous prosterner devant ce signe de notre salut.

■ Voici le bois de la Croix,
qui a porté le salut du monde.
■ Venez, adorons !

À chaque présentation de la Croix, on se met à genoux et on garde le silence un instant.

■ Ta croix, Seigneur, nous l'adorons,
et ta sainte résurrection, nous la chantons :
c'est par le bois de la Croix
que la joie est venue dans le monde.
■ Que Dieu nous prenne en grâce et nous bénisse,
que son visage s'illumine pour nous,
et qu'il nous prenne en pitié.

Ensuite, on peut vénérer la Croix en s'avançant les uns après les autres pour l'embrasser.

Sainte Communion

Après nous avoir appelés à dire ensemble le* Notre Père*, le célébrant présente le Pain consacré à la messe du Jeudi saint et conservé au reposoir.

Prière après la communion. Dieu éternel et tout-puissant, tu nous as renouvelés par la mort et la résurrection bienheureuse de ton Christ ; entretiens en nous l'œuvre de ta miséricorde : que notre communion à ce mystère consacre à ton service notre vie tout entière. Par le Christ, notre Seigneur.

BÉNÉDICTION. Que ta bénédiction, nous t'en prions, Seigneur, descende en abondance sur ton peuple qui a célébré la mort de ton Fils dans l'espérance de sa propre résurrection : accorde-lui pardon et réconfort, augmente sa foi, assure son éternelle rédemption. Par le Christ, notre Seigneur.

Ô Croix dressée sur le monde

Ô Croix dressée sur le monde,
Ô Croix de Jésus Christ ! *(bis)*

Fleuve dont l'eau féconde
Du cœur ouvert a jailli.
Par toi la vie surabonde,
Ô Croix de Jésus Christ !

Ô Croix, sublime folie,
Ô Croix de Jésus Christ ! *(bis)*

Dieu rend par toi la vie
Et nous rachète à grand prix ;
L'amour de Dieu est folie,
Ô Croix de Jésus Christ !

Ô Croix, sagesse suprême,
Ô Croix de Jésus Christ ! *(bis)*

Le Fils de Dieu lui-même
Jusqu'à la mort obéit ;
Ton dénuement est extrême,
Ô Croix de Jésus Christ !

Ô Croix, victoire éclatante,
Ô Croix de Jésus Christ ! *(bis)*

Tu jugeras le monde
Au jour que Dieu s'est choisi,
Croix à jamais triomphante,
Ô Croix de Jésus Christ !

MÉDITONS
AVEC SAINT AMBROISE DE MILAN

En lui, la vie

Comment pourrait-il ne pas vivre à jamais, celui que la vie éternelle a pris, celui que le Christ a, tout entier, élevé en lui, celui qui appartient tout entier au Verbe et dont la vie est cachée dans le Christ Jésus ?

Le Prince des prêtres est mort pour toi, il a été crucifié pour toi, afin que tu t'attaches à ses clous. Il t'a pris, en effet, en sa chair, toi et tes péchés.

Le Christ, en effet, est, en tout, notre vie. Sa divinité est vie, son éternité est vie, sa chair est vie, sa Passion est vie. Aussi Jérémie a-t-il dit : « *Nous vivons dans son ombre* » (Lm 4, 20). L'ombre de ses ailes est l'ombre de sa croix, l'ombre de sa Passion. Sa mort est vie, sa résurrection est vie pour tous… Il est le grain ; en son corps, il a été déchiré et il est mort, pour produire, en nous, beaucoup de fruits. Sa mort est donc le fruit de vie. Donc, ce qui a été fait en lui est vie. La chair a été faite en lui, elle est vie ; l'enfance a été faite en lui, elle est vie ; le jugement a été fait en lui, il est vie ; la mort a été faite en lui, elle est vie ; la rémission des péchés a été faite en lui, elle est vie. L'Église est vie, elle a été faite en lui, de son côté ; en lui, Ève est ressuscitée.

Saint Ambroise († 397), gouverneur de Milan, fut choisi comme évêque de la ville impériale en 374 alors qu'il était encore catéchumène. Orateur réputé, il a aussi écrit des hymnes pour la liturgie.

« *Tout est accompli.* » Jn 19, 30

NUIT DU 30 AU 31 MARS 2024

Dimanche de Pâques

La Résurrection du Seigneur

Vigile pascale dans la nuit sainte

Voici la nuit où le Christ est passé de la mort à la vie. *Nuit sainte qui resplendit comme le jour : Dieu n'a pas laissé son Fils au pouvoir de la mort et du péché et la lumière a vaincu les ténèbres. Nuit de méditation des merveilles que le Seigneur a réalisées pour son peuple avant d'accomplir sa promesse de salut. Nuit de célébration des baptêmes par lesquels des hommes et des femmes meurent avec le Christ pour vivre avec lui de la vie nouvelle. Nuit où l'ensemble des baptisés prennent place à la table que le Seigneur a préparée par sa mort et sa résurrection.*

Accueil de l'assemblée

Frères et sœurs bien-aimés, en cette nuit très sainte où notre Seigneur Jésus Christ est passé de la mort à la vie, l'Église invite tous ses enfants disséminés de par le monde à se réunir pour veiller et prier.

Nous allons donc commémorer la Pâque du Seigneur en écoutant sa parole et en célébrant ses mystères ; ainsi nous aurons l'espérance d'avoir part à son triomphe sur la mort et de vivre avec lui en Dieu.

Liturgie de la lumière

Prions le Seigneur. Seigneur Dieu, par ton Fils tu as apporté à tes fidèles le feu de ta splendeur ; sanctifie ce feu ✠ nouveau ; accorde-nous, durant ces fêtes pascales, d'être enflammés d'un si grand désir du ciel que nous puissions

parvenir, avec un cœur pur, aux fêtes de l'éternelle lumière. Par le Christ, notre Seigneur.
Amen.

On allume le cierge pascal avec une flamme provenant du feu nouveau.

■ Que la lumière du Christ, ressuscitant dans la gloire, dissipe les ténèbres de notre cœur et de notre esprit.

Acclamation et procession

■ Lumière du Christ !
■ **Nous rendons grâce à Dieu.**

Annonce de la Pâque

1re forme (longue), 2e forme (courte, jusqu'à « l'acclamation de tous les peuples »).

**Exultez dans le ciel, multitude des anges !
Exultez, célébrez les mystères divins !
Résonne, trompette du salut,
pour la victoire d'un si grand Roi !**

**Que la terre, elle aussi, soit heureuse,
irradiée de tant de feux :
illuminée de la splendeur du Roi éternel,
qu'elle voie s'en aller l'obscurité
qui recouvrait le monde entier !**

**Réjouis-toi, Église notre mère,
parée d'une lumière si éclatante !
Que retentisse dans ce lieu saint
l'acclamation de tous les peuples !**

**[Et vous, mes frères et sœurs bien-aimés,
qui vous tenez ici dans l'admirable clarté
de cette lumière sainte,
invoquez avec moi, je vous prie,
la miséricorde de Dieu tout-puissant.**

**Il m'a choisi dans mon indignité
pour être à son service :
qu'il répande la clarté de sa lumière,
pour que je puisse chanter la louange
du cierge pascal.]**

■ Le Seigneur soit avec vous.
■ **Et avec votre esprit.**

■ Élevons notre cœur.
■ **Nous le tournons vers le Seigneur.**
■ Rendons grâce au Seigneur notre Dieu.
■ **Cela est juste et bon.**

**Vraiment, il est juste et bon
de chanter à pleine voix,
dans tout l'élan du cœur et de l'esprit,
le Père tout-puissant, Dieu invisible,
et son Fils unique, Jésus Christ, notre Seigneur.**

**C'est lui qui a remis pour nous au Père éternel
le prix de la dette encourue par Adam ;
c'est lui qui répandit son sang par amour
pour effacer la condamnation du premier péché.**

**Car voici la fête de la Pâque
dans laquelle est mis à mort l'Agneau véritable
dont le sang consacre les portes des croyants.**

Voici la nuit où tu as tiré d'Égypte
les enfants d'Israël, nos pères,
et leur as fait passer la mer Rouge à pied sec.

Voici la nuit où le feu d'une colonne lumineuse
a dissipé les ténèbres du péché.

Voici la nuit qui arrache au monde corrompu,
aveuglé par le mal, ceux qui, aujourd'hui et dans
tout l'univers, ont mis leur foi dans le Christ :
nuit qui les rend à la grâce
et leur ouvre la communion des saints.
Voici la nuit où le Christ,
brisant les liens de la mort,
s'est relevé, victorieux, du séjour des morts.

[À quoi nous servirait-il de naître
sans le bonheur d'être sauvés ?]

Ô merveilleuse condescendance de ta tendresse
envers nous ! Inestimable choix de ton amour :
pour racheter l'esclave, tu as livré le Fils !

Il fallait le péché d'Adam
que la mort du Christ abolit.

Ô bienheureuse faute
qui nous valut pareil Rédempteur !

[Ô nuit de vrai bonheur,
qui seule mérita de connaître le temps et l'heure
où le Christ a surgi du séjour des morts !

Voici la nuit dont il est écrit :
« La nuit resplendira comme le jour ;
la nuit même est lumière pour ma joie. »]

Car le pouvoir sanctifiant de cette nuit
chasse les crimes et lave les fautes,
rend l'innocence aux coupables et l'allégresse
aux affligés, [dissipe la haine,
dispose à la concorde et soumet toute puissance] .

Dans la grâce de cette nuit,
accueille, Père [très] saint, en sacrifice du soir
(la flamme montant de) cette colonne de cire
(œuvre des abeilles) que la sainte Église
t'offre par nos mains.

[Mais déjà nous savons ce que proclame cette colonne qui brûle avec éclat en l'honneur de Dieu : quand on en transmet la flamme,
sa clarté ne diminue pas.

(Car elle se nourrit de la cire
produite par l'abeille, comme par une mère,
pour former la substance
de ce précieux luminaire.)

Ô nuit de vrai bonheur,
nuit où le ciel s'unit à la terre,
où l'homme rencontre Dieu.]

Aussi nous t'en prions, Seigneur :
permets que ce cierge consacré
en l'honneur de ton nom
brûle sans déclin pour dissiper
les ténèbres de cette nuit.
Qu'il te soit d'un parfum agréable
et joigne sa clarté à celle des étoiles.

Qu'il brûle encore quand se lèvera
l'astre du matin, cet astre sans pareil

qui ne connaît pas de couchant,
le Christ, ton Fils, revenu du séjour des morts,
qui répand sur le genre humain sa lumière
et sa paix, lui qui vit et règne
pour les siècles des siècles.

■ **Amen.**

On éteint son cierge et on s'assoit.

LITURGIE DE LA PAROLE

Les sept lectures de l'Ancien Testament ne sont pas toutes obligatoires. On peut se limiter à deux. Mais il faut toujours lire la troisième lecture sur le passage de la mer Rouge, avec le chant qui en est la suite.

● *L'Église propose jusqu'à neuf lectures car la parole de Dieu constitue un élément fondamental de la veillée dans la nuit de Pâques. La lecture de cette parole rappelle l'ensemble de l'histoire du salut, depuis les origines jusqu'à la résurrection de Jésus, en passant par la libération d'Égypte. Ainsi se dessine la grande fresque du passage de l'obscurité à la lumière, de l'esclavage à la liberté, de la mort à la vie, dans laquelle nous sommes invités à prendre notre place en attendant le retour du Seigneur.* ●

PREMIÈRE LECTURE

Lecture du livre de la Genèse 1, 1 à 2, 2

(Lecture brève : Genèse 1, 1.26-31a)

AU COMMENCEMENT, Dieu créa le ciel et la terre.

(Arrêt de la lecture brève)

La terre était informe et vide, les ténèbres étaient au-dessus de l'abîme et le souffle de Dieu planait au-dessus des eaux.
Dieu dit : « Que la lumière soit. » Et la lumière fut. Dieu vit que la lumière était bonne, et Dieu sépara la lumière des ténèbres. Dieu appela la lumière « jour », il appela les ténèbres « nuit ». Il y eut un soir, il y eut un matin : premier jour.
Et Dieu dit : « Qu'il y ait un firmament au milieu des eaux, et qu'il sépare les eaux. » Dieu fit le firmament, il sépara les eaux qui sont au-dessous du firmament et les eaux qui sont au-dessus. Et ce fut ainsi. Dieu appela le firmament « ciel ». Il y eut un soir, il y eut un matin : deuxième jour.
Et Dieu dit : « Les eaux qui sont au-dessous du ciel, qu'elles se rassemblent en un seul lieu, et que paraisse la terre ferme. » Et ce fut ainsi. Dieu appela la terre ferme « terre », et il appela la masse des eaux « mer ». Et Dieu vit que cela était bon.
Dieu dit : « Que la terre produise l'herbe, la plante qui porte sa semence, et que, sur la terre, l'arbre à fruit donne, selon son espèce, le fruit qui porte sa semence. » Et ce fut ainsi. La terre produisit l'herbe, la plante qui porte sa semence, selon son espèce, et l'arbre qui donne, selon son espèce, le fruit qui porte sa semence. Et Dieu vit que cela était bon. Il y eut un soir, il y eut un matin : troisième jour.
Et Dieu dit : « Qu'il y ait des luminaires au firmament du ciel, pour séparer le jour de la nuit ; qu'ils servent de signes pour marquer les fêtes, les jours et les années ; et qu'ils soient, au firmament du ciel, des luminaires pour éclairer la terre. » Et ce fut ainsi. Dieu fit les deux

grands luminaires : le plus grand pour commander au jour, le plus petit pour commander à la nuit ; il fit aussi les étoiles. Dieu les plaça au firmament du ciel pour éclairer la terre, pour commander au jour et à la nuit, pour séparer la lumière des ténèbres. Et Dieu vit que cela était bon. Il y eut un soir, il y eut un matin : quatrième jour.

Et Dieu dit : « Que les eaux foisonnent d'une profusion d'êtres vivants, et que les oiseaux volent au-dessus de la terre, sous le firmament du ciel. » Dieu créa, selon leur espèce, les grands monstres marins, tous les êtres vivants qui vont et viennent et foisonnent dans les eaux, et aussi, selon leur espèce, tous les oiseaux qui volent. Et Dieu vit que cela était bon. Dieu les bénit par ces paroles : « Soyez féconds et multipliez-vous, remplissez les mers, que les oiseaux se multiplient sur la terre. » Il y eut un soir, il y eut un matin : cinquième jour.

Et Dieu dit : « Que la terre produise des êtres vivants selon leur espèce, bestiaux, bestioles et bêtes sauvages selon leur espèce. » Et ce fut ainsi. Dieu fit les bêtes sauvages selon leur espèce, les bestiaux selon leur espèce, et toutes les bestioles de la terre selon leur espèce. Et Dieu vit que cela était bon.

(Reprise de la lecture brève)

Dieu dit : « Faisons l'homme à notre image, selon notre ressemblance. Qu'il soit le maître des poissons de la mer, des oiseaux du ciel, des bestiaux, de toutes les bêtes sauvages, et de toutes les bestioles qui vont et viennent sur la terre. » Dieu créa l'homme à son image, à l'image de Dieu il le créa, il les créa homme et femme. Dieu les bénit et leur dit : « Soyez féconds et multipliez-vous, remplissez la terre et soumettez-la. Soyez les maîtres des poissons de la mer, des oiseaux du ciel, et de tous les animaux qui vont et viennent sur la terre. »

Dieu dit encore : « Je vous donne toute plante qui porte sa semence sur toute la surface de la terre, et tout arbre dont le fruit porte sa semence : telle sera votre nourriture. À tous les animaux de la terre, à tous les oiseaux du ciel, à tout ce qui va et vient sur la terre et qui a souffle de vie, je donne comme nourriture toute herbe verte. » Et ce fut ainsi. Et Dieu vit tout ce qu'il avait fait ; et voici : cela était très bon. Il y eut un soir, il y eut un matin : sixième jour.

(Fin de la lecture brève : — *Parole du Seigneur.*)

Ainsi furent achevés le ciel et la terre, et tout leur déploiement. Le septième jour, Dieu avait achevé l'œuvre qu'il avait faite. Il se reposa, le septième jour, de toute l'œuvre qu'il avait faite.

— *Parole du Seigneur.*

Psaume 103

℟ Ô Seigneur, envoie ton Esprit
qui renouvelle la face de la terre !

Bénis le Seigneur, ô mon âme ;
Seigneur mon Dieu, tu es si grand !
Revêtu de magnificence,
tu as pour manteau la lumière !

Tu as donné son assise à la terre :
qu'elle reste inébranlable au cours des temps.
Tu l'as vêtue de l'abîme des mers :
les eaux couvraient même les montagnes.

Dans les ravins tu fais jaillir des sources
et l'eau chemine aux creux des montagnes ;
les oiseaux séjournent près d'elle :
dans le feuillage on entend leurs cris.

De tes demeures tu abreuves les montagnes,
et la terre se rassasie du fruit de tes œuvres ;
tu fais pousser les prairies pour les troupeaux,
et les champs pour l'homme qui travaille.

Quelle profusion dans tes œuvres, Seigneur !
Tout cela, ta sagesse l'a fait ;
la terre s'emplit de tes biens.
Bénis le Seigneur, ô mon âme !

Ou bien :

Psaume 32

**℟ Toute la terre, Seigneur,
est remplie de ton amour.**

Oui, elle est droite, la parole du Seigneur ;
il est fidèle en tout ce qu'il fait.
Il aime le bon droit et la justice ;
la terre est remplie de son amour.

Le Seigneur a fait les cieux par sa parole,
l'univers, par le souffle de sa bouche.
Il amasse, il retient l'eau des mers ;
les océans, il les garde en réserve.

Heureux le peuple dont le Seigneur est le Dieu,
heureuse la nation qu'il s'est choisie
pour domaine !
Du haut des cieux, le Seigneur regarde :
il voit la race des hommes.

Nous attendons notre vie du Seigneur :
il est pour nous un appui, un bouclier.
Que ton amour, Seigneur, soit sur nous
comme notre espoir est en toi !

Prière. Dieu éternel et tout-puissant, toi qui es admirable dans la réalisation de toutes tes œuvres, donne à ceux que tu as rachetés de comprendre que le sacrifice du Christ, notre Pâque, à la plénitude des temps, est une œuvre plus merveilleuse encore que la création au commencement du monde. Lui qui vit et règne pour les siècles des siècles.

Ou bien :

Seigneur Dieu, tu as créé l'être humain d'une manière admirable et tu l'as racheté d'une manière plus admirable encore ; nous t'en prions, donne-nous de résister aux attraits du péché par un esprit de sagesse, et de parvenir ainsi aux joies éternelles. Par le Christ, notre Seigneur.

DEUXIÈME LECTURE

Lecture du livre de la Genèse 22, 1-18

(Lecture brève : Genèse 22, 1-2.9a.10-13.15-18)

En ces jours-là, Dieu mit Abraham à l'épreuve. Il lui dit : « Abraham ! » Celui-ci répondit : « Me voici ! » Dieu dit : « Prends ton fils, ton unique, celui que tu aimes, Isaac, va au pays de Moriah, et là tu l'offriras en holocauste sur la montagne que je t'indiquerai. »

(Arrêt de la lecture brève)

Abraham se leva de bon matin, sella son âne, et prit avec lui deux de ses serviteurs et son fils Isaac. Il fendit le bois pour l'holocauste, et se mit en route vers l'endroit que Dieu lui avait indiqué. Le troisième jour, Abraham, levant les yeux, vit l'endroit de loin. Abraham dit à ses serviteurs : « Restez ici avec l'âne. Moi et le garçon, nous irons jusque là-bas pour adorer, puis nous reviendrons vers vous. »

Abraham prit le bois pour l'holocauste et le chargea sur son fils Isaac ; il prit le feu et le couteau, et tous deux s'en

allèrent ensemble. Isaac dit à son père Abraham : « Mon père ! – Eh bien, mon fils ? » Isaac reprit : « Voilà le feu et le bois, mais où est l'agneau pour l'holocauste ? » Abraham répondit : « Dieu saura bien trouver l'agneau pour l'holocauste, mon fils. » Et ils s'en allaient tous les deux ensemble.

Ils arrivèrent à l'endroit que Dieu avait indiqué. Abraham y bâtit l'autel et disposa le bois, puis il lia son fils Isaac et le mit sur l'autel, par-dessus le bois ;

(Reprise de la lecture brève :

« Quand ils furent arrivés à l'endroit que Dieu avait indiqué, »)

Abraham étendit la main et saisit le couteau pour immoler son fils. Mais l'ange du Seigneur l'appela du haut du ciel et dit : « Abraham ! Abraham ! » Il répondit : « Me voici ! » L'ange lui dit : « Ne porte pas la main sur le garçon ! Ne lui fais aucun mal ! Je sais maintenant que tu crains Dieu : tu ne m'as pas refusé ton fils, ton unique. » Abraham leva les yeux et vit un bélier retenu par les cornes dans un buisson. Il alla prendre le bélier et l'offrit en holocauste à la place de son fils.

(Arrêt de la lecture brève)

Abraham donna à ce lieu le nom de « Le-Seigneur-voit ». On l'appelle aujourd'hui : « Sur-le-mont-le-Seigneur-est-vu. »

(Reprise de la lecture brève)

Du ciel, l'ange du Seigneur appela une seconde fois Abraham. Il déclara : « Je le jure par moi-même, oracle du Seigneur : parce que tu as fait cela, parce que tu ne m'as pas refusé ton fils, ton unique, je te comblerai de bénédictions, je rendrai ta descendance aussi nombreuse que les étoiles du ciel et que le sable au bord de la mer, et ta descendance occupera les places fortes de ses ennemis. Puisque tu as écouté ma voix, toutes

les nations de la terre s'adresseront l'une à l'autre la bénédiction par le nom de ta descendance. »
— Parole du Seigneur.

PSAUME 15

℟ **Garde-moi, mon Dieu :**
j'ai fait de toi mon refuge.

Seigneur, mon partage et ma coupe :
de toi dépend mon sort.
Je garde le Seigneur devant moi sans relâche ;
il est à ma droite : je suis inébranlable.

Mon cœur exulte, mon âme est en fête,
ma chair elle-même repose en confiance :
tu ne peux m'abandonner à la mort
ni laisser ton ami voir la corruption.

Tu m'apprends le chemin de la vie :
devant ta face, débordement de joie !
À ta droite, éternité de délices !

PRIÈRE. Dieu très-haut, Père des croyants, en répandant la grâce de l'adoption, tu multiplies sur toute la terre les fils de ta promesse ; par le mystère pascal, tu établis ton serviteur Abraham père de toutes les nations, comme tu en as fait le serment ; accorde aux peuples qui t'appartiennent la grâce d'entrer dignement dans cet appel. Par le Christ, notre Seigneur.

TROISIÈME LECTURE

Lecture du livre de l'Exode 14, 15 à 15, 1a

EN CES JOURS-LÀ, le Seigneur dit à Moïse : « Pourquoi crier vers moi ? Ordonne aux fils d'Israël de se mettre en

route ! Toi, lève ton bâton, étends le bras sur la mer, fends-la en deux, et que les fils d'Israël entrent au milieu de la mer à pied sec. Et moi, je ferai en sorte que les Égyptiens s'obstinent : ils y entreront derrière eux ; je me glorifierai aux dépens de Pharaon et de toute son armée, de ses chars et de ses guerriers. Les Égyptiens sauront que je suis le Seigneur, quand je me serai glorifié aux dépens de Pharaon, de ses chars et de ses guerriers. » L'ange de Dieu, qui marchait en avant d'Israël, se déplaça et marcha à l'arrière. La colonne de nuée se déplaça depuis l'avant-garde et vint se tenir à l'arrière, entre le camp des Égyptiens et le camp d'Israël. Cette nuée était à la fois ténèbres et lumière dans la nuit, si bien que, de toute la nuit, ils ne purent se rencontrer. Moïse étendit le bras sur la mer. Le Seigneur chassa la mer toute la nuit par un fort vent d'est ; il mit la mer à sec, et les eaux se fendirent. Les fils d'Israël entrèrent au milieu de la mer à pied sec, les eaux formant une muraille à leur droite et à leur gauche. Les Égyptiens les poursuivirent ; tous les chevaux de Pharaon, ses chars et ses guerriers entrèrent derrière eux jusqu'au milieu de la mer.

Aux dernières heures de la nuit, le Seigneur observa, depuis la colonne de feu et de nuée, l'armée des Égyptiens, et il la frappa de panique. Il faussa les roues de leurs chars, et ils eurent beaucoup de peine à les conduire. Les Égyptiens s'écrièrent : « Fuyons devant Israël, car c'est le Seigneur qui combat pour eux contre nous ! » Le Seigneur dit à Moïse : « Étends le bras sur la mer : que les eaux reviennent sur les Égyptiens, leurs chars et leurs guerriers ! » Moïse étendit le bras sur la mer. Au point du jour, la mer reprit sa place ; dans leur fuite, les Égyptiens s'y heurtèrent, et le Seigneur les précipita au milieu de la mer. Les eaux refluèrent et recouvrirent les chars et les guerriers, toute l'armée de Pharaon qui était entrée dans la mer à la poursuite d'Israël. Il n'en resta pas un seul. Mais les fils d'Israël avaient marché à pied sec au milieu de la mer, les eaux formant une muraille à leur droite et à leur gauche. Ce jour-là, le Seigneur sauva Israël de la main de l'Égypte, et Israël vit les Égyptiens morts sur le bord de la mer. Israël vit avec quelle main puissante le Seigneur avait agi contre l'Égypte. Le peuple craignit le Seigneur, il mit sa foi dans le Seigneur et dans son serviteur Moïse. Alors Moïse et les fils d'Israël chantèrent ce cantique au Seigneur :

Cantique (Exode 15)

℟ Chantons pour le Seigneur !
Éclatante est sa gloire !

Je chanterai pour le Seigneur !
Éclatante est sa gloire :
il a jeté dans la mer
cheval et cavalier.

Ma force et mon chant, c'est le Seigneur :
il est pour moi le salut.
Il est mon Dieu, je le célèbre ;
j'exalte le Dieu de mon père.

Le Seigneur est le guerrier des combats ;
son nom est « Le Seigneur ».
Les chars du Pharaon et ses armées,
il les lance dans la mer.
L'élite de leurs chefs a sombré dans la mer Rouge.

L'abîme les recouvre :
ils descendent, comme la pierre,
au fond des eaux.
Ta droite, Seigneur, magnifique en sa force,
ta droite, Seigneur, écrase l'ennemi.

Tu les amènes, tu les plantes sur la montagne,
ton héritage,
le lieu que tu as fait, Seigneur, pour l'habiter,
le sanctuaire, Seigneur, fondé par tes mains.
Le Seigneur régnera pour les siècles des siècles.

Prière. Maintenant encore, Seigneur Dieu, nous voyons resplendir tes merveilles d'autrefois : alors que jadis, par ta main puissante, tu as délivré un seul peuple de la poursuite de Pharaon, tu assures désormais le salut de toutes les nations en les faisant renaître par les eaux du baptême ; fais que tous, de par le monde, deviennent des fils d'Abraham et accèdent à la dignité des enfants d'Israël. Par le Christ, notre Seigneur.

Ou bien :

Seigneur Dieu, dans la lumière de la nouvelle Alliance, tu as donné leur sens aux merveilles accomplies autrefois : on reconnaît dans la mer Rouge l'image de la fontaine baptismale, et le peuple délivré de la servitude préfigure les sacrements du peuple chrétien ; fais que toutes les nations, grâce à la foi, participent au privilège d'Israël, et soient régénérées en recevant ton Esprit. Par le Christ, notre Seigneur.

QUATRIÈME LECTURE

Lecture du livre du prophète Isaïe 54, 5-14

Parole du Seigneur adressée à Jérusalem : Ton époux, c'est Celui qui t'a faite, son nom est « Le Seigneur de l'univers ». Ton rédempteur, c'est le Saint d'Israël, il s'appelle « Dieu de toute la terre ». Oui, comme une femme abandonnée, accablée, le Seigneur te rappelle. Est-ce que l'on rejette la femme de sa jeunesse ? – dit ton Dieu. Un court instant, je t'avais abandonnée, mais dans ma grande tendresse, je te ramènerai. Quand ma colère a débordé, un instant, je t'avais caché ma face. Mais dans mon éternelle fidélité, je te montre ma tendresse, – dit le Seigneur, ton rédempteur. Je ferai comme au temps de Noé, quand j'ai juré que les eaux ne submergeraient plus la terre : de même, je jure de ne plus m'irriter contre toi, et de ne plus te menacer. Même si les montagnes s'écartaient, si les collines s'ébranlaient, ma fidélité ne s'écarterait pas de toi, mon alliance de paix ne serait pas ébranlée, – dit le Seigneur, qui te montre sa tendresse. Jérusalem, malheureuse, battue par la tempête, inconsolée, voici que je vais sertir tes pierres et poser tes fondations sur des saphirs. Je ferai tes créneaux avec des rubis, tes portes en cristal de roche, et toute ton enceinte avec des pierres précieuses. Tes fils seront tous disciples du Seigneur, et grande sera leur paix. Tu seras établie sur la justice : loin de toi l'oppression, tu n'auras plus à craindre ; loin de toi la terreur, elle ne t'approchera plus.

— *Parole du Seigneur.*

PSAUME 29

℟ Je t'exalte, Seigneur : tu m'as relevé.

Quand j'ai crié vers toi, Seigneur,
mon Dieu, tu m'as guéri ;

Seigneur, tu m'as fait remonter de l'abîme
et revivre quand je descendais à la fosse.

Fêtez le Seigneur, vous, ses fidèles,
rendez grâce en rappelant son nom très saint.
Sa colère ne dure qu'un instant,
sa bonté, toute la vie.

Avec le soir, viennent les larmes,
mais au matin, les cris de joie.
Tu as changé mon deuil en une danse,
mes habits funèbres en parure de joie.

Que mon cœur ne se taise pas,
qu'il soit en fête pour toi,
et que sans fin, Seigneur, mon Dieu,
je te rende grâce !

Prière. Dieu éternel et tout-puissant, pour l'honneur de ton nom, multiplie la postérité promise à nos pères à cause de leur foi ; augmente, selon ta promesse, le nombre de tes enfants d'adoption, afin que l'Église reconnaisse à quel point s'accomplit déjà ce que les saints patriarches avaient vu d'avance. Par le Christ, notre Seigneur.

Ou bien l'une des prières qui suivent les 5e, 6e et 7e lectures, si elles sont omises.

CINQUIÈME LECTURE

Lecture du livre du prophète Isaïe — **55, 1-11**

Ainsi parle le Seigneur : Vous tous qui avez soif, venez, voici de l'eau ! Même si vous n'avez pas d'argent, venez acheter et consommer, venez acheter du vin et du lait sans argent, sans rien payer. Pourquoi dépenser votre argent pour ce qui ne nourrit pas, vous fatiguer

pour ce qui ne rassasie pas ? Écoutez-moi bien, et vous mangerez de bonnes choses, vous vous régalerez de viandes savoureuses ! Prêtez l'oreille ! Venez à moi ! Écoutez, et vous vivrez. Je m'engagerai envers vous par une alliance éternelle : ce sont les bienfaits garantis à David. Lui, j'en ai fait un témoin pour les peuples, pour les peuples, un guide et un chef. Toi, tu appelleras une nation inconnue de toi ; une nation qui ne te connaît pas accourra vers toi, à cause du Seigneur ton Dieu, à cause du Saint d'Israël, car il fait ta splendeur.
Cherchez le Seigneur tant qu'il se laisse trouver ; invoquez-le tant qu'il est proche. Que le méchant abandonne son chemin, et l'homme perfide, ses pensées ! Qu'il revienne vers le Seigneur qui lui montrera sa miséricorde, vers notre Dieu qui est riche en pardon. Car mes pensées ne sont pas vos pensées, et vos chemins ne sont pas mes chemins, – oracle du Seigneur. Autant le ciel est élevé au-dessus de la terre, autant mes chemins sont élevés au-dessus de vos chemins, et mes pensées, au-dessus de vos pensées.
La pluie et la neige qui descendent des cieux n'y retournent pas sans avoir abreuvé la terre, sans l'avoir fécondée et l'avoir fait germer, donnant la semence au semeur et le pain à celui qui doit manger ; ainsi ma parole, qui sort de ma bouche, ne me reviendra pas sans résultat, sans avoir fait ce qui me plaît, sans avoir accompli sa mission.
— *Parole du Seigneur.*

Cantique (Isaïe 12)

℟ Exultant de joie,
vous puiserez les eaux
aux sources du salut !

Voici le Dieu qui me sauve :
j'ai confiance, je n'ai plus de crainte.
Ma force et mon chant, c'est le Seigneur ;
il est pour moi le salut.

Rendez grâce au Seigneur,
proclamez son nom,
annoncez parmi les peuples ses hauts faits !
Redites-le : « Sublime est son nom ! »

Jouez pour le Seigneur, il montre sa magnificence,
et toute la terre le sait.
Jubilez, criez de joie, habitants de Sion,
car il est grand au milieu de toi, le Saint d'Israël !

PRIÈRE. Dieu éternel et tout-puissant, unique espoir du monde, toi qui annonçais par la voix des prophètes les mystères qui s'accomplissent en ce temps présent, dans ta bonté, fais grandir les désirs de ton peuple, car, sans ton inspiration, aucun de tes fidèles ne peut progresser en vertu. Par le Christ, notre Seigneur.

SIXIÈME LECTURE

Lecture du livre du prophète Baruc 3, 9-15.32 à 4, 4

ECOUTE, ISRAËL, les commandements de vie, prête l'oreille pour acquérir la connaissance. Pourquoi donc, Israël, pourquoi es-tu exilé chez tes ennemis, vieillissant sur une terre étrangère, souillé par le contact des cadavres, inscrit parmi les habitants du séjour des morts ? – Parce que tu as abandonné la Source de la Sagesse ! Si tu avais suivi les chemins de Dieu, tu vivrais dans la paix pour toujours. Apprends où se trouvent et la connaissance, et la force, et l'intelligence, pour savoir

en même temps où se trouvent de longues années de vie, la lumière des yeux et la paix.
Mais qui donc a découvert la demeure de la Sagesse, qui a pénétré jusqu'à ses trésors ? Celui qui sait tout en connaît le chemin, il l'a découvert par son intelligence. Il a pour toujours aménagé la terre, et l'a peuplée de troupeaux. Il lance la lumière, et elle prend sa course ; il la rappelle, et elle obéit en tremblant. Les étoiles brillent, joyeuses, à leur poste de veille ; il les appelle, et elles répondent : « Nous voici ! » Elles brillent avec joie pour celui qui les a faites. C'est lui qui est notre Dieu : aucun autre ne lui est comparable. Il a découvert les chemins du savoir, et il les a confiés à Jacob, son serviteur, à Israël, son bien-aimé.
Ainsi, la Sagesse est apparue sur la terre, elle a vécu parmi les hommes. Elle est le livre des préceptes de Dieu, la Loi qui demeure éternellement : tous ceux qui l'observent vivront, ceux qui l'abandonnent mourront. Reviens, Jacob, saisis-la de nouveau ; à sa lumière, marche vers la splendeur : ne laisse pas ta gloire à un autre, tes privilèges à un peuple étranger. Heureux sommes-nous, Israël ! Car ce qui plaît à Dieu, nous le connaissons.
— *Parole du Seigneur.*

Psaume 18b

℟ Seigneur, tu as les paroles de la vie éternelle.

La loi du Seigneur est parfaite,
qui redonne vie ;
la charte du Seigneur est sûre,
qui rend sages les simples.

Les préceptes du Seigneur sont droits,
ils réjouissent le cœur ;
le commandement du Seigneur est limpide,
il clarifie le regard.

La crainte qu'il inspire est pure,
elle est là pour toujours ;
les décisions du Seigneur sont justes
et vraiment équitables :

plus désirables que l'or,
qu'une masse d'or fin,
plus savoureuses que le miel
qui coule des rayons.

Prière. Seigneur Dieu, tu ne cesses de faire grandir ton Église en appelant à elle toutes les nations ; dans ta bonté, nous te le demandons : garde sous ta constante protection ceux que tu purifies dans l'eau du baptême. Par le Christ, notre Seigneur.

SEPTIÈME LECTURE

Lecture du livre du prophète Ézékiel 36, 16-17a.18-28

La parole du Seigneur me fut adressée : « Fils d'homme, lorsque les gens d'Israël habitaient leur pays, ils le rendaient impur par leur conduite et leurs actes. Alors j'ai déversé sur eux ma fureur, à cause du sang qu'ils avaient versé dans le pays, à cause des idoles immondes qui l'avaient rendu impur. Je les ai dispersés parmi les nations, ils ont été disséminés dans les pays étrangers. Selon leur conduite et leurs actes, je les ai jugés. Dans les nations où ils sont allés, ils ont profané mon saint nom, car on disait : "C'est le peuple du Seigneur,

et ils sont sortis de son pays !" Mais j'ai voulu épargner mon saint nom, que les gens d'Israël avaient profané dans les nations où ils sont allés. Eh bien ! tu diras à la maison d'Israël : Ainsi parle le Seigneur Dieu : Ce n'est pas pour vous que je vais agir, maison d'Israël, mais c'est pour mon saint nom que vous avez profané dans les nations où vous êtes allés. Je sanctifierai mon grand nom, profané parmi les nations, mon nom que vous avez profané au milieu d'elles. Alors les nations sauront que Je suis le Seigneur – oracle du Seigneur Dieu – quand par vous je manifesterai ma sainteté à leurs yeux. Je vous prendrai du milieu des nations, je vous rassemblerai de tous les pays, je vous conduirai dans votre terre. Je répandrai sur vous une eau pure, et vous serez purifiés ; de toutes vos souillures, de toutes vos idoles, je vous purifierai. Je vous donnerai un cœur nouveau, je mettrai en vous un esprit nouveau. J'ôterai de votre chair le cœur de pierre, je vous donnerai un cœur de chair. Je mettrai en vous mon esprit, je ferai que vous marchiez selon mes lois, que vous gardiez mes préceptes et leur soyez fidèles. Vous habiterez le pays que j'ai donné à vos pères : vous, vous serez mon peuple, et moi, je serai votre Dieu. »

— *Parole du Seigneur.*

S'il n'y a pas de baptême :

Psaume 41-42

℟ Comme un cerf altéré cherche l'eau vive,
ainsi mon âme te cherche,
toi, mon Dieu.

Mon âme a soif de Dieu,
le Dieu vivant ;

quand pourrai-je m'avancer,
paraître face à Dieu ?

Je conduisais vers la maison de mon Dieu
la multitude en fête,
parmi les cris de joie
et les actions de grâce.

Envoie ta lumière et ta vérité :
qu'elles guident mes pas
et me conduisent à ta montagne sainte,
jusqu'en ta demeure.

J'avancerai jusqu'à l'autel de Dieu,
vers Dieu qui est toute ma joie ;
je te rendrai grâce avec ma harpe,
Dieu, mon Dieu !

Lorsqu'il y a baptême, cantique d'Isaïe 12 (page 284) ou bien :

PSAUME 50

℟ Crée en moi un cœur pur, ô mon Dieu.

Crée en moi un cœur pur, ô mon Dieu,
renouvelle et raffermis au fond de moi mon esprit.
Ne me chasse pas loin de ta face,
ne me reprends pas ton esprit saint.

Rends-moi la joie d'être sauvé ;
que l'esprit généreux me soutienne.
Aux pécheurs, j'enseignerai tes chemins ;
vers toi reviendront les égarés.

Si j'offre un sacrifice, tu n'en veux pas,
tu n'acceptes pas d'holocauste.

Le sacrifice qui plaît à Dieu, c'est un esprit brisé ;
tu ne repousses pas, ô mon Dieu,un cœur brisé
et broyé.

PRIÈRE. Seigneur Dieu, puissance inaltérable et lumière sans déclin, regarde avec bonté le sacrement que constitue l'Église entière. Comme tu l'as prévu de toute éternité, poursuis dans la paix l'œuvre du salut de l'humanité ; que le monde entier éprouve et reconnaisse la merveille : ce qui était abattu est relevé, ce qui avait vieilli est rénové, et tout retrouve son intégrité première en celui qui est le principe de tout : le Christ. Lui qui vit et règne pour les siècles des siècles.

Ou bien :

Seigneur Dieu, tu veux nous former à célébrer le mystère pascal en nous faisant écouter l'Ancien et le Nouveau Testament ; ouvre-nous à l'intelligence de ta miséricorde : ainsi la conscience des grâces déjà reçues affermira en nous l'espérance des biens à venir. Par le Christ, notre Seigneur.

GLOIRE À DIEU page 392

Cette hymne marque, dans la célébration, le passage de l'Ancien au Nouveau Testament.

PRIÈRE. Seigneur Dieu, tu fais resplendir cette nuit très sainte par la gloire de la résurrection du Seigneur ; ravive en ton Église l'esprit qui fait de nous des fils, afin que, renouvelés dans notre corps et notre âme, nous te rendions le culte véritable. Par Jésus Christ, ton Fils, notre Seigneur, qui vit et règne avec toi dans l'unité du Saint-Esprit, Dieu, pour les siècles des siècles.

ÉPÎTRE

Lecture de la lettre de saint Paul apôtre aux Romains 6, 3b-11

FRÈRES, nous tous qui par le baptême avons été unis au Christ Jésus, c'est à sa mort que nous avons été unis par le baptême. Si donc, par le baptême qui nous unit à sa mort, nous avons été mis au tombeau avec lui, c'est pour que nous menions une vie nouvelle, nous aussi, comme le Christ qui, par la toute-puissance du Père, est ressuscité d'entre les morts. Car, si nous avons été unis à lui par une mort qui ressemble à la sienne, nous le serons aussi par une résurrection qui ressemblera à la sienne. Nous le savons : l'homme ancien qui est en nous a été fixé à la croix avec lui pour que le corps du péché soit réduit à rien, et qu'ainsi nous ne soyons plus esclaves du péché. Car celui qui est mort est affranchi du péché. Et si nous sommes passés par la mort avec le Christ, nous croyons que nous vivrons aussi avec lui. Nous le savons en effet : ressuscité d'entre les morts, le Christ ne meurt plus ; la mort n'a plus de pouvoir sur lui. Car lui qui est mort, c'est au péché qu'il est mort une fois pour toutes ; lui qui est vivant, c'est pour Dieu qu'il est vivant. De même, vous aussi, pensez que vous êtes morts au péché, mais vivants pour Dieu en Jésus Christ.

— *Parole du Seigneur.*

PSAUME 117

℟ **Alléluia, alléluia, alléluia !**

Rendez grâce au Seigneur : Il est bon !
Éternel est son amour !

Oui, que le dise Israël :
Éternel est son amour !

Le bras du Seigneur se lève,
le bras du Seigneur est fort !
Non, je ne mourrai pas, je vivrai
pour annoncer les actions du Seigneur.

La pierre qu'ont rejetée les bâtisseurs
est devenue la pierre d'angle :
c'est là l'œuvre du Seigneur,
la merveille devant nos yeux.

ÉVANGILE

Le psaume précédent avec alléluia sert d'acclamation.

Évangile de Jésus Christ selon saint Marc 16, 1-7

Le sabbat terminé, Marie Madeleine, Marie, mère de Jacques, et Salomé achetèrent des parfums pour aller embaumer le corps de Jésus. De grand matin, le premier jour de la semaine, elles se rendent au tombeau dès le lever du soleil. Elles se disaient entre elles : « Qui nous roulera la pierre pour dégager l'entrée du tombeau ? » Levant les yeux, elles s'aperçoivent qu'on a roulé la pierre, qui était pourtant très grande. En entrant dans le tombeau, elles virent, assis à droite, un jeune homme vêtu de blanc. Elles furent saisies de frayeur. Mais il leur dit : « Ne soyez pas effrayées ! Vous cherchez Jésus de Nazareth, le Crucifié ? Il est ressuscité : il n'est pas ici. Voici l'endroit où on l'avait déposé. Et maintenant, allez dire à

ses disciples et à Pierre : “Il vous précède en Galilée. Là vous le verrez, comme il vous l’a dit.” »
— Acclamons la Parole de Dieu.

Le prêtre prononce l’homélie.

LITURGIE DU BAPTÊME

Le prêtre accueille les adultes qui vont être baptisés et les présente à l’assemblée :

Frères et sœurs bien-aimés, en priant tous ensemble pour ceux d’entre nous qui vont être baptisés, soutenons leur espérance. Tandis qu’ils s’approchent de la fontaine baptismale où ils vont naître à la vie nouvelle, demandons au Père tout-puissant de les entourer de toute sa miséricorde.

S’il n’y a pas de baptême, le prêtre se rend près de la cuve baptismale et il invite l’assemblée à la prière :

Frères et sœurs bien-aimés, supplions Dieu, le Père tout-puissant, de sanctifier par sa grâce cette fontaine baptismale, et de compter au nombre de ses enfants d’adoption dans le Christ ceux qui renaîtront par le baptême.

Prière litanique

S’il n’y a pas de baptême, on peut omettre les litanies. On peut ajouter soit d’autres noms de saints, soit d’autres intentions.

Seigneur, prends pitié. **Seigneur, prends pitié.**
Ô Christ, prends pitié. **Ô Christ, prends pitié.**
Seigneur, prends pitié. **Seigneur, prends pitié.**
Sainte Marie, Mère de Dieu, **priez pour nous.**

Saint Michel, saints anges de Dieu, **priez pour nous.**
Saint Jean Baptiste, saint Joseph, **priez pour nous.**
Saint Pierre et saint Paul, **priez pour nous.**
Saint André, saint Jean, **priez pour nous.**
Sainte Marie Madeleine, **priez pour nous.**
Saint Étienne, saint Ignace d'Antioche,
saint Laurent, **priez pour nous.**
Sainte Perpétue et sainte Félicité,
sainte Agnès, **priez pour nous.**
Saint Grégoire, saint Augustin,
saint Athanase, **priez pour nous.**
Saint Basile, saint Martin,
saint Benoît, **priez pour nous.**
Saint François et saint Dominique, **priez pour nous.**
Saint François Xavier, **priez pour nous.**
Saint Jean-Marie Vianney, **priez pour nous.**
Sainte Catherine de Sienne,
sainte Thérèse de Jésus, **priez pour nous.**
Vous tous, saints et saintes de Dieu, **priez pour nous.**

Montre-toi favorable, **délivre-nous, Seigneur.**
De tout mal, de tout péché, **délivre-nous, Seigneur.**
De la mort éternelle, **délivre-nous, Seigneur.**
Par ton incarnation, **délivre-nous, Seigneur.**
Par ta mort et ta résurrection, **délivre-nous, Seigneur.**
Par le don de l'Esprit Saint, **délivre-nous, Seigneur.**

Nous qui sommes pécheurs, **de grâce, écoute-nous.**

Si l'on célèbre des baptêmes :
Pour qu'il te plaise d'accorder
à ceux que tu as choisis la vie nouvelle
par la grâce du baptême, **de grâce, écoute-nous.**

Ou si l'on bénit l'eau baptismale sans célébrer de baptême :

Pour qu'il te plaise de sanctifier
par ta grâce cette eau d'où renaîtront
pour toi de nouveaux enfants, **de grâce, écoute-nous.**

Puis on poursuit :

Jésus, Fils du Dieu vivant, **de grâce, écoute-nous.**
Ô Christ, écoute-nous. **Ô Christ, écoute-nous.**
Ô Christ, exauce-nous. **Ô Christ, exauce-nous.**

S'il y a des baptêmes :

Dieu éternel et tout-puissant, viens agir dans les sacrements qui révèlent ta grande tendresse ; envoie ton Esprit d'adoption pour recréer des peuples nouveaux qui naissent pour toi de la fontaine baptismale : rends efficaces par ta puissance les gestes de notre humble ministère. Par le Christ, notre Seigneur. **Amen.**

Bénédiction de l'eau

Il y a deux prières différentes pour bénir l'eau, selon qu'elle doit ou non servir pour baptiser.

1. Pour l'eau baptismale

Seigneur Dieu, par ta puissance invisible, tu accomplis des merveilles dans tes sacrements, et, de bien des manières, tu as préparé l'eau, ta créature, à devenir un signe de la grâce baptismale.

Aux origines du monde, ton Esprit planait sur les eaux pour qu'elles reçoivent déjà la force qui sanctifie.

Par les flots du déluge, tu annonçais le baptême qui fait revivre, puisque, dans un seul et même mystère, l'eau marquait la fin du péché et le commencement de la sainteté.

Aux enfants d'Abraham, tu as donné de traverser la mer Rouge à pied sec pour que cette multitude, libérée de l'esclavage de Pharaon, préfigure le peuple des baptisés.

Ton Fils bien-aimé, baptisé par Jean dans les eaux du Jourdain, a reçu l'onction du Saint-Esprit ; suspendu à la croix, il laissa couler de son côté ouvert du sang et de l'eau ; et quand il fut ressuscité, il donna cet ordre à ses disciples : « Allez ! Enseignez toutes les nations : baptisez-les au nom du Père, et du Fils, et du Saint-Esprit. »

Maintenant, Seigneur Dieu, regarde le visage de ton Église et fais jaillir en elle la source du baptême.

Que cette eau reçoive de l'Esprit Saint la grâce de ton Fils unique, afin que, par le sacrement du baptême, l'homme, créé à ton image, soit lavé de toutes les souillures de sa condition ancienne et renaisse de l'eau et de l'Esprit Saint pour la vie nouvelle d'enfant de Dieu.

Nous t'en prions, Seigneur : par ton Fils, que la puissance de l'Esprit Saint descende dans l'eau qui remplit cette fontaine afin que, par le baptême, tous ceux qui seront ensevelis dans la mort avec le Christ ressuscitent avec lui pour la vie. Lui qui vit et règne avec toi dans l'unité du Saint-Esprit, Dieu, pour les siècles des siècles.

Amen.

On chante :

Fontaines du Seigneur, bénissez le Seigneur !
À lui, haute gloire, louange éternelle !

Ensuite on procède aux baptêmes, s'il y a lieu.

2. Pour l'eau bénite

Frères et sœurs bien-aimés, supplions humblement Dieu notre Seigneur de bénir cette eau qu'il a créée ; nous allons en être aspergés en souvenir de notre baptême ; que Dieu lui-même nous renouvelle afin que nous demeurions fidèles à l'Esprit que nous avons reçu.

Seigneur notre Dieu, sois favorable aux prières de ton peuple qui veille en cette nuit très sainte ; alors que nous célébrons la merveille de notre création et la merveille plus grande encore de notre rédemption, daigne bénir cette eau.

Tu l'as créée pour féconder la terre et donner à nos corps fraîcheur et pureté. Tu en as fait aussi l'instrument de ta miséricorde : par elle tu as libéré ton peuple de la servitude et tu as étanché sa soif dans le désert ; par elle les prophètes ont annoncé la nouvelle Alliance que tu voulais sceller avec les hommes ; par elle enfin, eau sanctifiée quand le Christ fut baptisé au Jourdain, tu as renouvelé notre nature pécheresse dans le bain de la nouvelle naissance. Que cette eau, maintenant, nous rappelle notre baptême, et nous fasse participer à la joie de nos frères et sœurs, les baptisés de Pâques. Par le Christ, notre Seigneur.
Amen.

Renouvellement des promesses du baptême

Frères et sœurs bien-aimés, par le mystère pascal nous avons été mis au tombeau avec le Christ dans le baptême, afin que nous menions avec lui une vie nouvelle. C'est pourquoi, après avoir terminé l'entraînement du Carême, renouvelons les promesses faites au moment de notre baptême, quand nous avons renoncé à Satan et à ses œuvres, et promis de servir Dieu dans la sainte Église catholique.

Ainsi donc :

■ Renoncez-vous à Satan ?
■ **J'y renonce.**

■ Renoncez-vous à toutes ses œuvres,
c'est-à-dire au péché ?
■ **J'y renonce.**

■ Renoncez-vous à toutes ses séductions,
qui conduisent au péché ?

■ **J'y renonce.**

Ou bien :

■ Pour vivre dans la liberté des enfants de Dieu,
renoncez-vous au péché ?

■ **J'y renonce.**

■ Pour échapper au pouvoir du péché,
renoncez-vous à ce qui conduit au mal ?

■ **J'y renonce.**

■ Pour suivre Jésus Christ,
renoncez-vous à Satan, auteur et instigateur
du péché ?

■ **J'y renonce.**

Puis on continue :

■ Croyez-vous en Dieu le Père tout-puissant,
créateur du ciel et de la terre ?

■ **Je crois.**

■ Croyez-vous en Jésus Christ,
son Fils unique, notre Seigneur,
qui est né de la Vierge Marie,
a souffert la Passion,
a été enseveli,
est ressuscité d'entre les morts,
et qui est assis à la droite du Père ?

■ **Je crois.**

■ Croyez-vous en l'Esprit Saint,
à la sainte Église catholique,
à la communion des saints,
au pardon des péchés,
à la résurrection de la chair,
et à la vie éternelle ?

■ **Je crois.**

■ Que Dieu tout-puissant,
Père de notre Seigneur Jésus Christ,
qui nous a fait renaître
par l'eau et l'Esprit Saint,
et qui nous a accordé le pardon de tout péché,
nous garde encore par sa grâce
dans le Christ Jésus notre Seigneur
pour la vie éternelle.

■ **Amen.**

Le prêtre asperge le peuple avec l'eau bénite.

On ne dit pas le Credo.

PRIÈRE SUR LES OFFRANDES. Accueille, nous t'en supplions, Seigneur, les prières de ton peuple qui t'offre ce sacrifice ; fais que les mystères inaugurés dans la célébration pascale nous procurent, avec l'aide de ta grâce, la guérison éternelle. Par le Christ, notre Seigneur.

PRÉFACE. Vraiment, il est juste et bon, pour ta gloire et notre salut, de te louer, Seigneur, en tout temps, mais plus encore de te glorifier en cette nuit où le Christ, notre Pâque, a été immolé. Car il est l'Agneau véritable qui a enlevé les péchés du monde : en mourant, il a détruit notre mort ; en ressuscitant, il nous a rendu la vie. C'est pourquoi la joie pascale rayonne par tout l'univers, la terre entière exulte, les puissances d'en haut et les anges dans le ciel chantent sans fin l'hymne de ta gloire : **Saint !...**

PRIÈRE EUCHARISTIQUE I, II OU III ——— pages 409 à 420

ANTIENNE DE LA COMMUNION. Le Christ, notre agneau pascal, a été immolé. Célébrons la fête en partageant un pain non fermenté, signe de droiture et de vérité, alléluia.

PRIÈRE APRÈS LA COMMUNION. Répands en nous, Seigneur, ton Esprit de charité, afin que soient unis par ta tendresse ceux que tu as nourris des sacrements de Pâques. Par le Christ, notre Seigneur.

Bénédiction solennelle

Que Dieu tout-puissant vous bénisse,
en ce jour où nous célébrons la solennité de Pâques
et, dans sa bonté, qu'il vous protège des assauts du péché.
Amen.

Il vous régénère pour la vie éternelle
par la résurrection de son Fils unique :
qu'il vous comble de la vie sans fin.
Amen.

Ils sont finis, les jours de la passion du Seigneur :
vous qui célébrez avec allégresse la fête de Pâques,
venez, avec son aide, prendre part en exultant
aux fêtes qui s'accomplissent dans la joie de l'éternité.
Amen.

Et que la bénédiction de Dieu tout-puissant,
le Père, et le Fils, ✠ et le Saint-Esprit,
descende sur vous et y demeure toujours.
Amen.
Allez, dans la paix du Christ, alléluia, alléluia !
Nous rendons grâce à Dieu, alléluia, alléluia !

Méditons avec Épiphane

Éveille-toi, ô toi qui dors

Que se passe-t-il ? Aujourd'hui, grand silence sur la terre ; grand silence et ensuite solitude parce que le roi sommeille. La terre a tremblé et elle s'est apaisée, parce que Dieu s'est endormi dans la chair et il a éveillé ceux qui dorment depuis les origines. Dieu est mort dans la chair et le séjour des morts s'est mis à trembler.

C'est le premier homme qu'il va chercher, comme la brebis perdue. Il veut aussi visiter ceux qui demeurent dans les ténèbres et dans l'ombre de la mort. Oui, c'est vers Adam captif, en même temps que vers Ève, captive elle aussi, que Dieu se dirige, et son Fils avec lui, pour les délivrer de leurs douleurs.

Le Seigneur s'est avancé vers eux, muni de la croix, l'arme de sa victoire. Lorsqu'il le vit, Adam, le premier homme, se frappant la poitrine dans sa stupeur, s'écria vers tous les autres: « Mon Seigneur avec nous tous! » Et le Christ répondit à Adam: « Et avec ton esprit. » Il le prend par la main et le relève en disant: « Éveille-toi, ô toi qui dors, relève-toi d'entre les morts, et le Christ t'illuminera. C'est moi ton Dieu, qui, pour toi, suis devenu ton fils; c'est moi qui, pour toi et pour tes descendants, te parle maintenant et qui, par ma puissance, ordonne à ceux qui sont dans tes chaînes: Sortez. À ceux qui sont endormis: Relevez-vous. Je te l'ordonne. Éveille-toi, ô toi qui dors, je ne t'ai pas créé pour que tu demeures captif du séjour des morts. Relève-toi d'entre les morts: moi, je suis la vie des morts. Lève-toi, œuvre de mes mains ; lève-toi, mon semblable, qui as été créé à mon image. Éveille-toi, sortons d'ici. Car tu es en moi, et moi en toi, nous sommes une seule personne indivisible.

« C'est pour toi que moi, ton Dieu, je suis devenu ton fils; c'est pour toi que moi, le Maître, j'ai pris ta forme d'esclave; c'est pour toi que moi, qui domine les cieux, je suis venu sur la terre et au-dessous de la terre ; c'est pour toi, l'homme, que je suis devenu comme un homme abandonné, libre entre les morts; c'est pour toi, qui es sorti du jardin, que j'ai été livré aux Juifs dans un jardin et que j'ai été crucifié dans un jardin.

« Vois les crachats sur mon visage; c'est pour toi que je les ai subis afin de te ramener à ton premier souffle de vie. Vois les soufflets sur mes joues: je les ai subis pour rétablir ta forme défigurée afin de la restaurer à mon image.

« Vois la flagellation sur mon dos, que j'ai subie pour éloigner le fardeau de tes péchés, qui pesait sur ton dos.

Vois mes mains solidement clouées au bois, à cause de toi qui as péché en tendant la main vers le bois.

« Je me suis endormi sur la croix et la lance a pénétré dans mon côté, à cause de toi qui t'es endormi dans le paradis et, de ton côté, tu as donné naissance à Ève. Mon côté a guéri la douleur de ton côté ; mon sommeil va te tirer du sommeil des enfers. Ma lance a arrêté la lance qui se tournait vers toi.

« Lève-toi, partons d'ici. L'ennemi t'a fait sortir de la terre du paradis; moi, je ne t'installerai plus dans le paradis, mais sur un trône céleste. Je t'ai écarté de l'arbre symbolique de la vie; mais voici que moi, qui suis la vie, je ne fais qu'un avec toi. J'ai posté les chérubins pour qu'ils te gardent comme un serviteur; je fais maintenant que les chérubins t'adorent comme un Dieu.

« Le trône des chérubins est préparé, les porteurs sont alertés, le lit nuptial est dressé, les aliments sont apprêtés, les tentes et les demeures éternelles le sont aussi. Les trésors du bonheur sont ouverts et le royaume des Cieux est prêt, de toute éternité. »

Homélie attribuée à Épiphane

Épiphane († 403), évêque de Salamine, à Chypre, a traqué les hérétiques dans la période troublée qui suivit le concile de Nicée.

DIMANCHE 31 MARS 2024

Dimanche de la Résurrection

Saint jour de Pâques

La messe du jour de Pâques *prolonge la célébration de la nuit sainte. Dans cette seconde messe de Pâques, nous rendons grâce dans la joie pour la vie nouvelle ouverte par le Christ ressuscité qui se donne à voir aujourd'hui. Il est particulièrement indiqué de communier en ce jour, même si l'on a déjà communié dans la nuit.*

Antienne d'ouverture. Je suis ressuscité, et je suis avec toi, alléluia. Ta main s'est posée sur moi, alléluia, ta sagesse s'est montrée admirable, alléluia, alléluia.

Ou bien :

Le Christ est vraiment ressuscité, alléluia. À lui, la gloire et la souveraineté pour les siècles des siècles, alléluia, alléluia.

Gloire à Dieu page 392

Prière. Aujourd'hui, Seigneur Dieu, par ton Fils unique, vainqueur de la mort, tu nous as ouvert les portes de l'éternité ; tandis que nous fêtons solennellement la résurrection du Seigneur, nous t'en prions : accorde-nous d'être renouvelés par ton Esprit pour que nous ressuscitions dans la lumière de la vie. Par Jésus Christ, ton Fils, notre Seigneur, qui vit et règne avec toi dans l'unité du Saint-Esprit, Dieu, pour les siècles des siècles.

• *Pierre annonce le kérygme de l'Église au païen Corneille : ce Jésus qui est mort sur la croix, Dieu l'a ressuscité le troisième jour et l'a établi Juge des vivants et des morts. Pierre en est témoin, lui qui a connu Jésus depuis les débuts de son ministère public et a pris son repas avec le Ressuscité.* ●

Lecture du livre des Actes des Apôtres 10, 34a.37-43

En ces jours-là, quand Pierre arriva à Césarée chez un centurion de l'armée romaine, il prit la parole et dit : « Vous savez ce qui s'est passé à travers tout le pays des Juifs, depuis les commencements en Galilée, après le baptême proclamé par Jean : Jésus de Nazareth, Dieu lui a donné l'onction d'Esprit Saint et de puissance. Là où il passait, il faisait le bien et guérissait tous ceux qui étaient sous le pouvoir du diable, car Dieu était avec lui. Et nous, nous sommes témoins de tout ce qu'il a fait dans le pays des Juifs et à Jérusalem. Celui qu'ils ont supprimé en le suspendant au bois du supplice, Dieu l'a ressuscité le troisième jour. Il lui a donné de se manifester, non pas à tout le peuple, mais à des témoins que Dieu avait choisis d'avance, à nous qui avons mangé et bu avec lui après sa résurrection d'entre les morts. Dieu nous a chargés d'annoncer au peuple et de témoigner que lui-même l'a établi Juge des vivants et des morts. C'est à Jésus que tous les prophètes rendent ce témoignage : Quiconque croit en lui reçoit par son nom le pardon de ses péchés. »

— Parole du Seigneur.

Psaume 117

℟ Voici le jour que fit le Seigneur,
qu'il soit pour nous jour de fête et de joie !

Rendez grâce au Seigneur : Il est bon !
Éternel est son amour !

Oui, que le dise Israël :
Éternel est son amour !

Le bras du Seigneur se lève,
le bras du Seigneur est fort !
Non, je ne mourrai pas, je vivrai,
pour annoncer les actions du Seigneur.

La pierre qu'ont rejetée les bâtisseurs
est devenue la pierre d'angle :
c'est là l'œuvre du Seigneur,
la merveille devant nos yeux.

● *En attendant le retour du Christ, nous sommes appelés à vivre comme lui pour devenir pleinement des enfants de Dieu. Ressuscités avec lui, nous devons vivre de sa vie nouvelle.* ●

Lecture de la lettre de saint Paul apôtre aux Colossiens 3, 1-4

FRÈRES, si vous êtes ressuscités avec le Christ, recherchez les réalités d'en haut : c'est là qu'est le Christ, assis à la droite de Dieu. Pensez aux réalités d'en haut, non à celles de la terre.
En effet, vous êtes passés par la mort, et votre vie reste cachée avec le Christ en Dieu. Quand paraîtra le Christ, votre vie, alors vous aussi, vous paraîtrez avec lui dans la gloire.
— *Parole du Seigneur.*

Ou bien :

● *Saint Paul rattache la célébration de la Pâque chrétienne à celle de la Pâque juive pour rappeler l'exigence de renouvellement qu'elle porte en elle.* ●

Lecture de la première lettre de saint Paul apôtre aux Corinthiens 5, 6b-8

FRÈRES, ne savez-vous pas qu'un peu de levain suffit pour que fermente toute la pâte ? Purifiez-vous donc des vieux ferments, et vous serez une pâte nouvelle, vous qui êtes le pain de la Pâque, celui qui n'a pas fermenté. Car notre agneau pascal a été immolé : c'est le Christ. Ainsi, célébrons la Fête, non pas avec de vieux ferments, non pas avec ceux de la perversité et du vice, mais avec du pain non fermenté, celui de la droiture et de la vérité.

— *Parole du Seigneur.*

Séquence

À la Victime pascale,
chrétiens, offrez le sacrifice de louange.

L'Agneau a racheté les brebis ;
le Christ innocent a réconcilié
l'homme pécheur avec le Père.

La mort et la vie s'affrontèrent
en un duel prodigieux.
Le Maître de la vie mourut ; vivant, il règne.

« Dis-nous, Marie Madeleine,
qu'as-tu vu en chemin ? »

« J'ai vu le sépulcre du Christ vivant,
j'ai vu la gloire du Ressuscité.

« J'ai vu les anges ses témoins,
le suaire et les vêtements.

« Le Christ, mon espérance, est ressuscité !
Il vous précédera en Galilée. »

Nous le savons : le Christ
est vraiment ressuscité des morts.

Roi victorieux,
prends-nous tous en pitié ! Amen.

Alléluia. Alléluia. Notre Pâque immolée, c'est le Christ ! Célébrons la Fête dans le Seigneur ! **Alléluia.**

(Aux messes du matin, on peut aussi reprendre l'Évangile de la vigile pascale, Marc 16, 1-7, page 292)

● *Pierre est le premier témoin du tombeau vide et Jean croit. Le message pascal retentit alors : Jésus est ressuscité.* ●

Évangile de Jésus Christ selon saint Jean 20, 1-9

LE PREMIER JOUR de la semaine, Marie Madeleine se rend au tombeau de grand matin ; c'était encore les ténèbres. Elle s'aperçoit que la pierre a été enlevée du tombeau. Elle court donc trouver Simon-Pierre et l'autre disciple, celui que Jésus aimait, et elle leur dit : « On a enlevé le Seigneur de son tombeau, et nous ne savons pas où on l'a déposé. » Pierre partit donc avec l'autre disciple pour se rendre au tombeau. Ils couraient tous les deux ensemble, mais l'autre disciple

courut plus vite que Pierre et arriva le premier au tombeau. En se penchant, il s'aperçoit que les linges sont posés à plat ; cependant il n'entre pas. Simon-Pierre, qui le suivait, arrive à son tour. Il entre dans le tombeau ; il aperçoit les linges, posés à plat, ainsi que le suaire qui avait entouré la tête de Jésus, non pas posé avec les linges, mais roulé à part à sa place. C'est alors qu'entra l'autre disciple, lui qui était arrivé le premier au tombeau. Il vit, et il crut. Jusque-là, en effet, les disciples n'avaient pas compris que, selon l'Écriture, il fallait que Jésus ressuscite d'entre les morts.
— *Acclamons la Parole de Dieu.*

(Aux messes du soir, on peut aussi lire Luc 24, 13-35, ci-dessous.)

● *Le soir de Pâques, le Ressuscité se fait reconnaître par les disciples d'Emmaüs à la fraction du pain, après leur avoir enseigné la pédagogie des Écritures. À chaque messe, nous pouvons entrer en compagnonnage avec le Ressuscité, écouter sa parole et le recevoir dans le pain de vie qu'il rompt pour nous.* ●

Évangile de Jésus Christ selon saint Luc 24, 13-35

Le même jour (c'est-à-dire le premier jour de la semaine), deux disciples faisaient route vers un village appelé Emmaüs, à deux heures de marche de Jérusalem, et ils parlaient entre eux de tout ce qui s'était passé. Or, tandis qu'ils s'entretenaient et s'interrogeaient, Jésus lui-même s'approcha, et il marchait avec eux. Mais leurs yeux étaient empêchés de le reconnaître. Jésus leur dit : « De quoi discutez-vous en marchant ? » Alors, ils s'arrêtèrent, tout tristes. L'un des deux, nommé Cléophas, lui répondit : « Tu es bien le seul étranger résidant à Jérusalem qui ignore les événements de ces jours-ci. » Il leur dit : « Quels événements ? » Ils lui répondirent : « Ce qui est arrivé à Jésus de Nazareth, cet homme qui était un prophète puissant par ses actes et ses paroles devant Dieu et devant tout le peuple : comment les grands prêtres et nos chefs l'ont livré, ils l'ont fait condamner à mort et ils l'ont crucifié. Nous, nous espérions que c'était lui qui allait délivrer Israël. Mais avec tout cela, voici déjà le troisième jour qui passe depuis que c'est arrivé. À vrai dire, des femmes de notre groupe nous ont remplis de stupeur. Quand, dès l'aurore, elles sont allées au tombeau, elles n'ont pas trouvé son corps ; elles sont venues nous dire qu'elles avaient même eu une vision : des anges, qui disaient qu'il est vivant. Quelques-uns de nos compagnons sont allés au tombeau, et ils ont trouvé les choses comme les femmes l'avaient dit ; mais lui, ils ne l'ont pas vu. » Il leur dit alors : « Esprits sans intelligence ! Comme votre cœur est lent à croire tout ce que les prophètes ont dit ! Ne fallait-il pas que le Christ souffrît cela pour entrer dans sa gloire ? » Et, partant de Moïse et de tous les Prophètes, il leur interpréta, dans toute l'Écriture, ce qui le concernait. Quand ils approchèrent du village où ils se rendaient, Jésus fit semblant d'aller plus loin. Mais ils s'efforcèrent de le retenir : « Reste avec nous, car le soir approche et déjà le jour baisse. » Il entra donc pour rester avec eux. Quand il fut à table avec eux, ayant pris le pain,

il prononça la bénédiction et, l'ayant rompu, il le leur donna. Alors leurs yeux s'ouvrirent, et ils le reconnurent, mais il disparut à leurs regards. Ils se dirent l'un à l'autre : « Notre cœur n'était-il pas brûlant en nous, tandis qu'il nous parlait sur la route et nous ouvrait les Écritures ? » À l'instant même, ils se levèrent et retournèrent à Jérusalem. Ils y trouvèrent réunis les onze Apôtres et leurs compagnons, qui leur dirent : « Le Seigneur est réellement ressuscité : il est apparu à Simon-Pierre. » À leur tour, ils racontaient ce qui s'était passé sur la route, et comment le Seigneur s'était fait reconnaître par eux à la fraction du pain.
— Acclamons la Parole de Dieu.

Credo — page 395

Prière sur les offrandes. Dans l'exultation de la joie pascale, Seigneur, nous t'offrons ce sacrifice : c'est par lui que ton Église, de manière admirable, naît à la vie nouvelle et reçoit sa nourriture. Par le Christ, notre Seigneur.

Préface de Pâques I — page 404

Prière eucharistique I, II ou III — pages 409 à 420

Antienne de la communion. Le Christ, notre agneau pascal, a été immolé. Célébrons la fête en partageant un pain non fermenté, signe de droiture et de vérité, alléluia.

Prière après la communion. Seigneur Dieu, ne cesse pas de veiller avec tendresse sur ton Église, afin que, déjà renouvelée par les sacrements de Pâques, elle parvienne à la lumière de la résurrection. Par le Christ, notre Seigneur.

Bénédiction solennelle — page 300

Allez, dans la paix du Christ, alléluia, alléluia !

Nous rendons grâce à Dieu, alléluia, alléluia !

MÉDITONS
AVEC SAINT AUGUSTIN D'HIPPONE

Le chant nouveau

Chantez au Seigneur un chant nouveau, sa louange est dans l'assemblée des fidèles (Ps 149, 1).

Nous sommes invités à chanter au Seigneur un chant nouveau. L'homme nouveau connaît ce chant nouveau. Le chant est affaire de joie et, si nous y réfléchissons plus attentivement, il est affaire d'amour. Donc, celui qui sait aimer la vie nouvelle sait chanter le chant nouveau. Qu'est-ce que la vie nouvelle ? Nous y sommes invités à cause du chant nouveau. Car tout appartient au même royaume : l'homme nouveau, le chant nouveau, le testament nouveau. Donc l'homme nouveau chantera le chant nouveau et appartiendra au testament nouveau.

Chacun aime, mais on doit chercher quel est l'objet de cet amour. Par conséquent, on ne nous demande pas de renoncer à l'amour, mais de choisir ce que nous devons aimer. Mais que pourrons-nous choisir, si d'abord nous ne sommes choisis ? Écoutez l'Apôtre Jean : *Nous aimons parce que Dieu lui-même nous a aimés le premier* (1 Jn 4, 19). Cherche comment l'homme peut aimer Dieu et tu ne trouveras absolument rien d'autre que ceci : c'est Dieu, le premier, qui l'a aimé. Celui que nous avons aimé s'est donné lui-même, il s'est donné pour que nous ayons de quoi aimer. Qu'a-t-il donné pour que nous ayons de quoi aimer ? Sachez-le plus clairement en écoutant l'Apôtre Paul, qui dit : *L'amour de Dieu a été répandu dans nos cœurs.* D'où cela vient-il ? de nous ? de qui donc ? *Par l'Esprit Saint qui nous a été donné* (Rm 5, 5).

Puisque nous avons une telle garantie, aimons Dieu de par Dieu. Écoutez cette parole plus explicite de saint Jean : *Dieu est amour. Celui qui demeure dans l'amour demeure en Dieu, et Dieu demeure en lui* (1 Jn 4, 16).

Il ne suffit pas de dire : « L'amour vient de Dieu. » Mais qui d'entre nous oserait dire, comme saint Jean : *Dieu est amour* ? Celui qui a dit cela savait ce qu'il avait en lui.

En un mot, Dieu s'offre à nous. Il nous crie : « Aimez-moi et vous m'aurez en vous. Car vous ne pouvez même pas m'aimer si vous ne m'avez pas en vous. »

Ô mes frères ! Ô mes fils ! Enfants de l'Église catholique ! Plantation sainte et céleste ! Vous qui êtes régénérés dans le Christ et qui avez reçu la naissance d'en haut, écoutez-moi, ou plutôt écoutez par ma voix : « Chantez au Seigneur un chant nouveau ! » Eh bien, dis-tu, je chante ! Tu chantes, oui, tu chantes, je l'entends. Mais il ne faut pas que ta vie porte témoignage contre tes paroles.

Chantez avec la voix, chantez avec le cœur, chantez avec la bouche, chantez par toute votre vie : *Chantez au Seigneur un chant nouveau.* Vous cherchez comment chanter celui que vous aimez ? Car, sans aucun doute, tu veux chanter celui que tu aimes. Tu cherches quelles louanges lui chanter ? Vous avez entendu : *Chantez au Seigneur un chant nouveau.* Vous cherchez où sont ses louanges ? *Sa louange est dans l'assemblée des fidèles* (Ps 149, 1). La louange de celui que l'on veut chanter, c'est le chanteur lui-même.

Vous voulez dire les louanges de Dieu ? Soyez ce que vous dites. Vous êtes sa louange, si vous vivez selon le bien.

Saint Augustin († 430), converti, a été baptisé par saint Ambroise à Pâques 387. Évêque d'Hippone en 395, il est l'un des plus grands théologiens chrétiens.

Cette semaine

Lu 1	OCTAVE — Ac 2, 14.22b-33 ; Ps 15 ; Mt 28, 8-15 *« Elles quittèrent le tombeau, remplies à la fois de crainte et d'une grande joie. »* Mt 28, 8

Ma 2	OCTAVE [Saint François de Paule]	Ac 2, 36-41 ; Ps 32 ; Jn 20, 11-18
	« Ne me retiens pas, car je ne suis pas encore monté vers le Père. » Jn 20, 17		
Me 3	OCTAVE	Ac 3, 1-10 ; Ps 104 ; Lc 24, 13-35
	« Comme votre cœur est lent à croire tout ce que les prophètes ont dit! » Lc 24, 25		
Je 4	OCTAVE [Saint Isidore]	Ac 3, 11-26 ; Ps 8 ; Lc 24, 35-48
	« Voyez mes mains et mes pieds : c'est bien moi! » Lc 24, 39		
Ve 5	OCTAVE [Saint Vincent Ferrier]	Ac 4, 1-12 ; Ps 117 ; Jn 21, 1-14
	« Le disciple que Jésus aimait dit à Pierre : "C'est le Seigneur!" » Jn 21, 7		
Sa 6	OCTAVE	Ac 4, 13-21 ; Ps 117 ; Mc 16, 9-15
	« Proclamez l'Évangile à toute la création. » Mc 16, 15		

Bonne fête! 31 : Benjamin • 1 : Hugues, Valéry • 2 : Sandrine, Léopold • 3 : Sixte, Richard • 4 : Isidore • 5 : Irène • 6 : Célestin, Michel, Perrine

Nous fêtons

Saint François de Paule (1416-1507), le 2 avril

La naissance de François répondit aux ferventes prières que ses parents adressèrent au grand saint François d'Assise. Il hérita de celui-ci un désir de pauvreté, mais emprunta aussi la voie des Pères du désert, se révélant, encore adolescent, lorsqu'il partit s'installer dans une grotte près de sa ville natale de Paule. Quand il eut 20 ans, tout un cercle de disciples enthousiastes gravitait autour de lui. Il les initia à la vie stricte qu'il s'imposait, formant un ordre de moines. Aux vœux de pauvreté, de chasteté et d'obéissance, il en ajouta un quatrième, celui du « jeûne de Carême perpétuel », proscrivant viande, œufs et lait.

Surtout, François aspirait à l'humilité, à être « tout petit ». En 1492, son ordre, l'ordre des Frères de François d'Assise, qui prônait religion et dépouillement, fut rebaptisé l'ordre des Minimes.

Il vécut comme une souffrance la demande du pape de se rendre en France au chevet de l'indiscipliné roi Louis XI, gravement malade. François n'empêcha pas le décès du roi, mais sa présence impressionna. Il entreprit un périple, pieds nus, à travers l'Europe, au cours duquel il fonda plusieurs maisons religieuses. Il mourut dans le monastère qu'il avait fondé au Plessis, en France.

« Garder le souvenir du mal, c'est un tort, écrivit-il. C'est le chef-d'œuvre de la colère, le maintien du péché, la haine de la justice ; c'est une flèche à la pointe rouillée, le poison de l'âme […]. Aimez la paix, le plus précieux trésor que l'on puisse désirer. »

Intentions • Résolutions • Action de grâce

....

....

....

....

....

....

....

....

....

....

« Il vit, et il crut. » **Jn 20, 8**

LE TEMPS PASCAL

Le temps du mûrissement

Cinquante jours à l'école du Christ ressuscité, voilà ce qu'est le temps pascal. « Accorde-nous d'être renouvelés par ton Esprit pour que nous ressuscitions dans la lumière de la vie », demandons-nous dans la prière d'ouverture du jour de Pâques, dimanche de la Résurrection. Il s'agit donc d'apprendre à être ces femmes et ces hommes nouveaux qui vivent « déjà ressuscités » (bénédiction solennelle), car la résurrection nous a traversés de part en part au jour de notre baptême. En nous, la mort est vaincue, en nous, la résurrection est active, le Christ nous a offert d'être libres à jamais (*id.*). Cela mérite bien cinquante jours de formation pour y croire en vérité, pour en vérifier la pertinence et pour apprendre à vivre selon ce mode nouveau, inhabituel, dérangeant parfois, mais tellement lumineux.

Comme Thomas, sans aucun doute, nous avons besoin d'écarquiller les yeux pour admettre que le Christ mort est bien ressuscité et, à défaut de glisser nos doigts dans les plaies du Christ, croire *sans voir*, non de manière intellectuelle, mais de manière vitale, charnelle, de tout notre être bouleversé. Il nous faut passer, comme Thomas, d'un regard extérieur à un regard intérieur qui, dans la foi, voit l'invisible. C'est aussi l'expérience des pèlerins d'Emmaüs. Ils reconnaissent Jésus, non dans sa présence corporelle, mais dans le signe de *la fraction du pain*. Dès lors, le Christ nous demande d'être *les témoins* de sa mort et de sa résurrection, ainsi que du *pardon des péchés* qui en découle (Év., 3e dim.).

Après l'exultation du long jour de Pâques, « jour de fête et de joie » déployé sur huit jours, humblement nous demandons au Père : « Fais grandir le don de grâce, afin que tous comprennent vraiment quel baptême les a purifiés, quel Esprit les a fait renaître, et quel sang les a rachetés » (oraison, 2e dim.), car la beauté et la puissance du salut gardent leur part d'ineffable qui se dit par touches en nous attirant toujours en avant, plus loin, plus près, mais toujours en deçà.

Saint Jean, dans la longue catéchèse qui court tout au long des dimanches du temps pascal, nous redit le cœur de l'enseignement du Christ : *Dieu est amour*, aussi, *aimons-nous les uns les autres puisque l'amour vient de Dieu* (1 Jn 4, 7 ; 6e dim.) ; et plus encore, *qui demeure dans l'amour demeure en Dieu et Dieu demeure en lui* (1 Jn 4, 16 ; 7e dim.). C'est de cet amour reçu et donné que les Actes des Apôtres témoignent à travers la vie de la première communauté chrétienne : vie fraternelle dans la simplicité de cœur, annonce de l'Évangile dans la puissance de l'Esprit, appel à la conversion et émerveillement devant l'œuvre de Dieu. Le peuple rassemblé par la foi en la résurrection du Christ se sait troupeau conduit par un seul berger (4e dim.), se reconnaît comme greffé sur la vigne du Père (5e dim.), et connaît la joie d'être appelé *« ami »* (6e dim.) par celui qui s'est fait le serviteur de tous.

« Demeurez dans mon amour », afin que *« vous portiez du fruit »* (6e dim.), et un fruit qui demeure, pour autant que la Pâque du Christ reste présente dans toute notre vie (cf. oraison, 6e dimanche).

DIMANCHE 7 AVRIL 2024

2E DIMANCHE DE PÂQUES, DIMANCHE DE LA DIVINE MISÉRICORDE

La résurrection de Jésus révèle la miséricorde de Dieu *qui ne nous a pas abandonnés au pouvoir du péché et de la mort. Par le baptême, nous sommes ressuscités avec le Christ; et sans avoir vu, nous croyons au témoignage des Apôtres. Renouvelés par la foi et le baptême, nous goûtons par anticipation le bonheur sans fin.*

Antienne d'ouverture. Comme des enfants nouveau-nés, soyez avides du lait pur de la Parole, qui vous fera grandir pour arriver au salut, alléluia.

Ou bien:

Accueillez la joie de la gloire qui vous est donnée, rendez grâce à Dieu qui vous a appelés au royaume des Cieux, alléluia.

Gloire à Dieu page 392

Prière. Dieu d'éternelle miséricorde, chaque année, par les célébrations pascales, tu ranimes la foi du peuple qui t'est consacré: fais grandir le don de ta grâce, afin que tous comprennent vraiment quel baptême les a purifiés, quel Esprit les a fait renaître, et quel sang les a rachetés. Par Jésus Christ, ton Fils, notre Seigneur, qui vit et règne avec toi dans l'unité du Saint-Esprit, Dieu, pour les siècles des siècles.

● *Les premiers chrétiens sont réunis à Jérusalem autour des Apôtres. Née de la foi commune en la résurrection, la communauté ménage une place importante au partage, signe de fraternité essentiel à son existence.* ●

Lecture du livre des Actes des Apôtres 4, 32-35

LA MULTITUDE de ceux qui étaient devenus croyants avait un seul cœur et une seule âme ; et personne ne disait que ses biens lui appartenaient en propre, mais ils avaient tout en commun. C'est avec une grande puissance que les Apôtres rendaient témoignage de la résurrection du Seigneur Jésus, et une grâce abondante reposait sur eux tous. Aucun d'entre eux n'était dans l'indigence, car tous ceux qui étaient propriétaires de domaines ou de maisons les vendaient, et ils apportaient le montant de la vente pour le déposer aux pieds des Apôtres ; puis on le distribuait en fonction des besoins de chacun.

— *Parole du Seigneur.*

PSAUME 117

℟ Rendez grâce au Seigneur : Il est bon !
Éternel est son amour !

Ou bien :

Alléluia !

Oui, que le dise Israël :
Éternel est son amour !
Que le dise la maison d'Aaron :
Éternel est son amour !
Qu'ils le disent, ceux qui craignent le Seigneur :
Éternel est son amour !

Le bras du Seigneur se lève,
le bras du Seigneur est fort !
Non, je ne mourrai pas, je vivrai,
pour annoncer les actions du Seigneur.

Temps pascal

Il m'a frappé, le Seigneur, il m'a frappé,
mais sans me livrer à la mort.

La pierre qu'ont rejetée les bâtisseurs
est devenue la pierre d'angle :
c'est là l'œuvre du Seigneur,
la merveille devant nos yeux.
Voici le jour que fit le Seigneur,
qu'il soit pour nous jour de fête et de joie !

● *Suivre les commandements de Dieu est une obligation bien légère pour qui a la foi car celle-ci fait du chrétien le « vainqueur du monde », ce « monde » qui est le siège des puissances du refus de l'amour de Dieu.* ●

Lecture de la première lettre de saint Jean 5, 1-6

BIEN-AIMÉS, celui qui croit que Jésus est le Christ, celui-là est né de Dieu ; celui qui aime le Père qui a engendré aime aussi le Fils qui est né de lui. Voici comment nous reconnaissons que nous aimons les enfants de Dieu : lorsque nous aimons Dieu et que nous accomplissons ses commandements. Car tel est l'amour de Dieu : garder ses commandements ; et ses commandements ne sont pas un fardeau, puisque tout être qui est né de Dieu est vainqueur du monde. Or la victoire remportée sur le monde, c'est notre foi. Qui donc est vainqueur du monde ? N'est-ce pas celui qui croit que Jésus est le Fils de Dieu ?
C'est lui, Jésus Christ, qui est venu par l'eau et par le sang : non pas seulement avec l'eau, mais avec l'eau

et avec le sang. Et celui qui rend témoignage, c'est l'Esprit, car l'Esprit est la vérité.
— *Parole du Seigneur.*

Alléluia. Alléluia. Thomas, parce que tu m'as vu, tu crois, dit le Seigneur. Heureux ceux qui croient sans avoir vu ! **Alléluia.**

● *Le Christ ressuscité se rend présent au milieu des Onze et suscite en eux la foi. Cette même foi reçue de l'Église et fondée sur le témoignage des Apôtres nous fait reconnaître sa présence dans nos assemblées, dans sa Parole, dans les sacrements, et au plus haut degré sous les espèces eucharistiques.* ●

Évangile de Jésus Christ selon saint Jean 20, 19-31

C'ÉTAIT APRÈS LA MORT de Jésus. Le soir venu, en ce premier jour de la semaine, alors que les portes du lieu où se trouvaient les disciples étaient verrouillées par crainte des Juifs, Jésus vint, et il était là au milieu d'eux. Il leur dit : « La paix soit avec vous ! » Après cette parole, il leur montra ses mains et son côté. Les disciples furent remplis de joie en voyant le Seigneur. Jésus leur dit de nouveau : « La paix soit avec vous ! De même que le Père m'a envoyé, moi aussi, je vous envoie. » Ayant ainsi parlé, il souffla sur eux et il leur dit : « Recevez l'Esprit Saint. À qui vous remettrez ses péchés, ils seront remis ; à qui vous maintiendrez ses péchés, ils seront maintenus. »
Or, l'un des Douze, Thomas, appelé Didyme (c'est-à-dire Jumeau), n'était pas avec eux quand Jésus était venu. Les autres disciples lui disaient : « Nous avons vu le Seigneur ! » Mais il leur déclara : « Si je ne vois pas

dans ses mains la marque des clous, si je ne mets pas mon doigt dans la marque des clous, si je ne mets pas la main dans son côté, non, je ne croirai pas ! »
Huit jours plus tard, les disciples se trouvaient de nouveau dans la maison, et Thomas était avec eux. Jésus vient, alors que les portes étaient verrouillées, et il était là au milieu d'eux. Il dit : « La paix soit avec vous ! » Puis il dit à Thomas : « Avance ton doigt ici, et vois mes mains ; avance ta main, et mets-la dans mon côté : cesse d'être incrédule, sois croyant. » Alors Thomas lui dit : « Mon Seigneur et mon Dieu ! » Jésus lui dit : « Parce que tu m'as vu, tu crois. Heureux ceux qui croient sans avoir vu. »
Il y a encore beaucoup d'autres signes que Jésus a faits en présence des disciples et qui ne sont pas écrits dans ce livre. Mais ceux-là ont été écrits pour que vous croyiez que Jésus est le Christ, le Fils de Dieu, et pour qu'en croyant, vous ayez la vie en son nom.
— *Acclamons la Parole de Dieu.*

Credo — page 395

Prière sur les offrandes. Accueille, nous t'en prions, Seigneur, les offrandes de ton peuple, et, en particulier, de ceux que tu as fait renaître ; ils ont été renouvelés en confessant ton nom et en recevant le baptême : accorde-leur de parvenir au bonheur sans fin. Par le Christ, notre Seigneur.

Préface de Pâques I — page 404

Prière eucharistique I, II ou III — pages 409 à 420

Antienne de la communion. Jésus dit à Thomas : « Avance ta main, touche du doigt l'endroit des clous ; cesse d'être incrédule, sois croyant », alléluia.

PRIÈRE APRÈS LA COMMUNION. Nous t'en prions, Dieu tout-puissant : que le mystère pascal accueilli dans cette communion ne cesse jamais d'agir en nos cœurs. Par le Christ, notre Seigneur.

BÉNÉDICTION SOLENNELLE

Le célébrant peut employer la formule de bénédiction suivante.

En ressuscitant son Fils unique,
Dieu vous a accordé le bienfait de la rédemption,
il a fait de vous ses enfants :
qu'il vous donne la joie de sa bénédiction.
Amen.

Du Rédempteur, vous avez reçu d'être libres à jamais :
qu'il vous accorde aussi d'avoir part à l'héritage éternel.
Amen.

Par la foi au Christ,
dans le baptême vous êtes déjà ressuscités ;
par la droiture de votre vie présente,
puissiez-vous mériter de lui être unis dans la patrie du ciel.
Amen.

Et que la bénédiction de Dieu tout-puissant,
le Père, et le Fils, ✠ et le Saint-Esprit,
descende sur vous et y demeure toujours.
Amen.
Allez, dans la paix du Christ, alléluia, alléluia !
Nous rendons grâce à Dieu, alléluia, alléluia !

MÉDITONS

AVEC SAINT MÉLITON DE SARDES

Mon Seigneur et mon Dieu

Le Seigneur, étant Dieu, revêtit l'homme, souffrit pour celui qui souffrait, fut enchaîné pour celui qui était captif, fut jugé pour le coupable, fut enseveli pour celui qui était enseveli. Il ressuscita des morts et déclara à haute voix :

« Qui disputera contre moi ?
Qu'il se présente en face de moi !
C'est moi qui ai délivré le condamné ;
c'est moi qui ai rendu la vie au mort ;
c'est moi qui ai ressuscité l'enseveli.
Qui ose me contredire ?
C'est moi, dit-il, qui suis le Christ,
qui ai détruit la mort,
qui ai triomphé de l'adversaire,
qui ai lié l'ennemi puissant,
et qui ai emporté l'homme vers les hauteurs des cieux ;
c'est moi, dit-il, qui suis le Christ. »

Méliton (IIe siècle) fut évêque de Sardes, en Asie Mineure. Son œuvre littéraire, longtemps connue par des fragments et aujourd'hui enrichie de textes retrouvés sur papyrus, est d'une christologie remarquable.

Cette semaine

Lu 8	Annonciation du Seigneur / sol.	Is 7, 10-14 et 8, 10 ; Ps 39 ; He 10, 4-10 ; Lc 1, 26-38
	« Comblée-de-grâce, le Seigneur est avec toi. » Lc 1, 28	
Ma 9	Férie	Ac 4, 32-37 ; Ps 92 ; Jn 3, 7b-15
	« Nul n'est monté au ciel sinon celui qui est descendu du ciel, le Fils de l'homme. » Jn 3, 13	
Me 10	Férie	Ac 5, 17-26 ; Ps 33 ; Jn 3, 16-21
	« Dieu a tellement aimé le monde qu'il a donné son Fils unique. » Jn 3, 16	
Je 11	Saint Stanislas	Ac 5, 27-33 ; Ps 33 ; Jn 3, 31-36
	« Le Père aime le Fils et il a tout remis dans sa main. » Jn 3, 35	
Ve 12	Férie	Ac 5, 34-42 ; Ps 26 ; Jn 6, 1-15
	« Jésus prit les pains et, après avoir rendu grâce, il les distribua aux convives. » Jn 6, 11	

Sa 13	Férie ou saint Martin Ier	Ac 6, 1-7 ; Ps 32 ; Jn 6, 16-21
	« *N'ayez plus peur.* » Jn 6, 20	

Bonne fête ! 7 : Jean-Baptiste • 8 : Julie, Gauthier • 9 : Dimitri, Casilde • 10 : Fulbert • 11 : Stanislas • 12 : Jules, Constantin • 13 : Ida

Nous fêtons

Saint Michel des Saints, prêtre (1591-1625), le 10 avril

Michel Argemir naquit à Vic, en Catalogne, en 1591. Enfant, il aspirait à imiter saint François et ses vœux saints de pauvreté mais, après la mort de ses parents, il fut envoyé apprendre le métier de commerçant. Pourtant, le jeune Michel conserva sa détermination. À l'âge de 12 ans, il parvint à gagner la porte de l'ordre des Trinitaires, à Barcelone, et supplia qu'on le laissât entrer. À 15 ans, il prononça ses vœux à Saragosse. Peu après, il rejoignit les trinitaires déchaussés de Madrid, attiré par leur vie austère et la profondeur des prières qu'elle permettait. C'est parmi eux qu'il devint Miguel de los Santos, Michel « des Saints ».

Il fut ordonné prêtre et devint supérieur du couvent de Valladolid. Il prêchait dans les villes voisines et aidait les pauvres et les nécessiteux dès qu'il en avait l'occasion. Les longues heures qu'il passait en prière devant le Saint-Sacrement le soutinrent. Lorsqu'il disait la messe, le moment de la consécration le plongeait dans un état de ravissement, si bien que les trinitaires le surnommèrent « l'Extatique ».

Michel mourut le 10 avril 1625 à Valladolid, à l'âge de 33 ans. Dans les arts, il est représenté à genoux devant un ostensoir, vêtu de l'habit des Trinitaires portant la croix rouge et bleue caractéristique. Canonisé en 1862, il est notamment invoqué par les malades du cancer.

Intentions • Résolutions • Action de grâce

LUNDI 8 AVRIL 2024

Solennité de l'Annonciation du Seigneur

À neuf mois de Noël, *nous célébrons l'Incarnation du Fils de Dieu. Toute la liturgie de ce jour est éclairée par la parole du psalmiste que la lettre aux Hébreux met sur les lèvres du Christ entrant dans le monde : « Je suis venu, mon Dieu, pour faire ta volonté. »*

Antienne d'ouverture. Le Christ, en entrant dans le monde, dit : « Me voici, mon Dieu ; je viens pour faire ta volonté. »

Gloire à Dieu ———— page 392

Prière. Seigneur Dieu, tu as voulu que ton Verbe prît chair en toute vérité dans le sein de la Vierge Marie ; puisque nous reconnaissons en lui notre Rédempteur, à la fois Dieu et homme, accorde-nous d'être participants de sa nature divine. Lui qui vit et règne avec toi dans l'unité du Saint-Esprit, Dieu, pour les siècles des siècles.

● *La prophétie d'Isaïe porte la promesse de Dieu de venir au milieu des hommes pour sauver son peuple. Ce signe sera la naissance de celui qui sera appelé « Dieu avec nous », enfanté par une jeune femme vierge.* ●

Lecture du livre du prophète Isaïe 7, 10-14 et 8, 10

En ces jours-là, le Seigneur parla ainsi au roi Acaz : « Demande pour toi un signe de la part du Seigneur ton Dieu, au fond du séjour des morts ou sur les sommets,

là-haut. » Acaz répondit : « Non, je n'en demanderai pas, je ne mettrai pas le Seigneur à l'épreuve. » Isaïe dit alors : « Écoutez, maison de David ! Il ne vous suffit donc pas de fatiguer les hommes : il faut encore que vous fatiguiez mon Dieu ! C'est pourquoi le Seigneur lui-même vous donnera un signe : Voici que la vierge est enceinte, elle enfantera un fils, qu'elle appellera Emmanuel, car Dieu est avec nous. »
— *Parole du Seigneur.*

Psaume 39

℟ Me voici, Seigneur,
je viens faire ta volonté.

Tu ne voulais ni offrande ni sacrifice,
tu as ouvert mes oreilles ;
tu ne demandais ni holocauste ni victime,
alors j'ai dit : « Voici je viens.

« Dans le livre, est écrit pour moi
ce que tu veux que je fasse.
Mon Dieu, voilà ce que j'aime :
ta loi me tient aux entrailles. »

J'annonce la justice
dans la grande assemblée ;
vois, je ne retiens pas mes lèvres,
Seigneur, tu le sais.

Je n'ai pas enfoui ta justice au fond de mon cœur,
je n'ai pas caché ta fidélité, ton salut ;
j'ai dit ton amour et ta vérité
à la grande assemblée.

● *Le Christ est venu dans le monde afin de faire la volonté de son Père. Par là même, « nous sommes sanctifiés, par l'offrande que Jésus Christ a faite de son corps, une fois pour toutes ».* ●

Lecture de la lettre aux Hébreux 10, 4-10

FRÈRES, il est impossible que du sang de taureaux et de boucs enlève les péchés. Aussi, en entrant dans le monde, le Christ dit : *Tu n'as voulu ni sacrifice ni offrande, mais tu m'as formé un corps. Tu n'as pas agréé les holocaustes ni les sacrifices pour le péché ; alors, j'ai dit : Me voici, je suis venu, mon Dieu, pour faire ta volonté, ainsi qu'il est écrit de moi dans le Livre.* Le Christ commence donc par dire : *Tu n'as pas voulu ni agréé les sacrifices et les offrandes, les holocaustes et les sacrifices pour le péché,* ceux que la Loi prescrit d'offrir. Puis il déclare : *Me voici, je suis venu pour faire ta volonté.* Ainsi, il supprime le premier état de choses pour établir le second. Et c'est grâce à cette volonté que nous sommes sanctifiés, par l'offrande que Jésus Christ a faite de son corps, une fois pour toutes.

— Parole du Seigneur.

Alléluia. Alléluia. Le Verbe s'est fait chair, il a habité parmi nous et nous avons vu sa gloire. **Alléluia. Alléluia.**

Temps pascal

● *L'annonce faite à Marie par l'ange Gabriel est l'un des événements décisifs de l'histoire de notre salut. En Marie, l'accueil de la volonté de Dieu se fait humble et parfait. Son « oui » à l'initiative du Seigneur signe là l'accomplissement anticipé du salut en elle.* ●

Évangile de Jésus Christ selon saint Luc 1,26-38

En ce temps-là, l'ange Gabriel fut envoyé par Dieu dans une ville de Galilée, appelée Nazareth, à une jeune fille vierge, accordée en mariage à un homme de la maison de David, appelé Joseph ; et le nom de la jeune fille était Marie. L'ange entra chez elle et dit : « Je te salue, Comblée-de-grâce, le Seigneur est avec toi. » À cette parole, elle fut toute bouleversée, et elle se demandait ce que pouvait signifier cette salutation. L'ange lui dit alors : « Sois sans crainte, Marie, car tu as trouvé grâce auprès de Dieu. Voici que tu vas concevoir et enfanter un fils ; tu lui donneras le nom de Jésus. Il sera grand, il sera appelé Fils du Très-Haut ; le Seigneur Dieu lui donnera le trône de David son père ; il régnera pour toujours sur la maison de Jacob, et son règne n'aura pas de fin. » Marie dit à l'ange : « Comment cela va-t-il se faire, puisque je ne connais pas d'homme ? » L'ange lui répondit : « L'Esprit Saint viendra sur toi, et la puissance du Très-Haut te prendra sous son ombre ; c'est pourquoi celui qui va naître sera saint, il sera appelé Fils de Dieu. Or voici que, dans sa vieillesse, Élisabeth, ta parente, a conçu, elle aussi, un fils et en est à son sixième mois, alors qu'on l'appelait la femme stérile. Car rien n'est impossible à Dieu. » Marie dit alors : « Voici la servante du Seigneur ; que tout m'advienne selon ta parole. »
Alors l'ange la quitta.
— *Acclamons la Parole de Dieu.*

Credo page 395

Prière sur les offrandes. Daigne accepter, Dieu tout-puissant, les dons offerts par ton Église : elle reconnaît son origine dans l'incarnation de ton Fils unique ; en ce jour de fête, qu'elle trouve sa joie à célébrer les mystères du Christ. Lui qui vit et règne pour les siècles des siècles.

Préface. Vraiment, il est juste et bon, pour ta gloire et notre salut, de t'offrir notre action de grâce, toujours et en tout lieu, Seigneur, Père très saint, Dieu éternel et tout-puissant, par le Christ, notre Seigneur. C'est lui qui pour sauver les hommes devait naître parmi les hommes, par la puissance de l'Esprit Saint qui couvrit Marie de son ombre ; c'est lui que le messager du ciel annonça à la Vierge, lui qu'elle accueillit dans la foi, lui qu'elle porta avec amour dans son corps immaculé. Il venait accomplir en vérité les promesses faites aux enfants d'Israël, combler, et même dépasser, l'espérance des nations. C'est par lui que les anges adorent ta majesté et se réjouissent en ta présence à jamais. À leur hymne de louange, laisse-nous joindre nos voix, pour chanter et proclamer : **Saint !...**

Prière eucharistique I, II ou III ——— pages 409 à 420

Antienne de la communion. Voici que la Vierge concevra, et elle enfantera un fils ; on lui donnera le nom d'Emmanuel.

Prière après la communion. Nous t'en prions, Seigneur, affermis dans nos cœurs les mystères de la vraie foi ; puisque nous proclamons vrai Dieu et vrai homme celui qui a été conçu dans le sein de la Vierge, puissions-nous parvenir à la joie éternelle par la puissance de sa résurrection qui nous sauve. Lui qui vit et règne pour les siècles des siècles.

Temps pascal

MÉDITONS

AVEC SAINT ÉPHREM

Marie, « ciel qui porte Dieu »

Lorsqu'on t'annonce la naissance de Dieu, observe le silence. Que la parole de Gabriel te soit présente à l'esprit,

car il n'y a rien d'impossible à cette glorieuse Majesté qui s'est abaissée pour nous et qui est née de notre humanité. En ce jour, Marie est devenue pour nous le ciel qui porte Dieu, car la Divinité sublime est descendue et a établi en elle sa demeure. En elle, Dieu s'est fait petit – mais sans amoindrir sa nature – pour nous faire grandir. En elle, il nous a tissé un habit avec lequel il nous sauverait. En elle se sont accomplies toutes les paroles des prophètes et des justes. D'elle s'est levée la lumière qui a chassé les ténèbres du paganisme.

Nombreux sont les titres de Marie, et il convient que je les rapporte. Elle est le palais dans lequel a habité le puissant Roi des rois. Et il ne l'a pas quittée comme il était venu, car c'est d'elle qu'il a pris chair et qu'il est né. Elle est aussi le nouveau ciel dans lequel a habité le Roi des rois. En elle s'est levé le Christ et d'elle il est sorti pour entrer dans la création, formé et façonné à son image. Elle est le cep de vigne qui a porté la grappe. Elle a donné un fruit supérieur à la nature ; et lui, bien que différent d'elle par sa nature, a revêtu sa couleur et est né d'elle. Elle est la source de laquelle ont jailli les eaux vives pour les assoiffés, et ceux qui ont goûté de sa boisson portent des fruits au centuple.

Saint Éphrem († 373), diacre en Turquie et docteur de l'Église, fut surnommé la « harpe du Saint-Esprit » en raison de la beauté de ses poèmes composés en syriaque.

DIMANCHE 14 AVRIL 2024

3E DIMANCHE DE PÂQUES

JÉSUS RESSUSCITÉ SE DONNE À VOIR À SES DISCIPLES *pour les envoyer en mission. Ce Christ qui les envoie n'est pas un pur esprit, mais quelqu'un qui a un corps. C'est sur cette expérience tangible de rencontre que naît la foi des Apôtres qui embrase la foule des témoins appelés à annoncer le salut par toute la terre.*

ANTIENNE D'OUVERTURE. Acclamez Dieu, toute la terre ; fêtez la gloire de son nom, glorifiez-le en célébrant sa louange, alléluia.

GLOIRE À DIEU page 392

PRIÈRE. Garde à ton peuple sa joie, Seigneur Dieu, car tu renouvelles la jeunesse de son âme ; il se réjouit d'avoir retrouvé la gloire de l'adoption filiale : qu'il attende désormais le jour de la résurrection, dans la ferme espérance du bonheur que tu donnes. Par Jésus Christ, ton Fils, notre Seigneur, qui vit et règne avec toi dans l'unité du Saint-Esprit, Dieu, pour les siècles des siècles.

• *Saint Pierre insiste sur la responsabilité des hommes dans la mort de Jésus. Non pour les enfermer dans leur crime mais, au contraire, pour les inciter à se tourner vers le Christ ressuscité et accueillir la miséricorde de Dieu.* •

Lecture du livre des Actes des Apôtres 3, 13-15.17-19

EN CES JOURS-LÀ, devant le peuple, Pierre prit la parole : « Hommes d'Israël, le Dieu d'Abraham, d'Isaac et de

Temps pascal

Jacob, le Dieu de nos pères, a glorifié son serviteur Jésus, alors que vous, vous l'aviez livré, vous l'aviez renié en présence de Pilate qui était décidé à le relâcher. Vous avez renié le Saint et le Juste, et vous avez demandé qu'on vous accorde la grâce d'un meurtrier. Vous avez tué le Prince de la vie, lui que Dieu a ressuscité d'entre les morts, nous en sommes témoins. D'ailleurs, frères, je sais bien que vous avez agi dans l'ignorance, vous et vos chefs. Mais Dieu a ainsi accompli ce qu'il avait d'avance annoncé par la bouche de tous les prophètes : que le Christ, son Messie, souffrirait. Convertissez-vous donc et tournez-vous vers Dieu pour que vos péchés soient effacés. »

— *Parole du Seigneur.*

PSAUME 4

℟ Sur nous, Seigneur,
que s'illumine ton visage !

Ou bien :

Alléluia !

Quand je crie, réponds-moi,
Dieu, ma justice !
Toi qui me libères dans la détresse,
pitié pour moi, écoute ma prière !

Sachez que le Seigneur a mis à part son fidèle,
le Seigneur entend quand je crie vers lui.
Beaucoup demandent :
« Qui nous fera voir le bonheur ? »
Sur nous, Seigneur, que s'illumine ton visage !

Dans la paix moi aussi,
je me couche et je dors,
car tu me donnes d'habiter, Seigneur,
seul, dans la confiance.

● *Nous qui sommes pécheurs avons un « défenseur »: Jésus le Juste qui a obtenu le pardon des péchés sur la croix pour le monde entier. C'est sur la parole de Dieu, c'est-à-dire sur le Christ, que nous devons nous appuyer.* ●

Lecture de la première lettre de saint Jean 2, 1-5a

MES PETITS ENFANTS, je vous écris cela pour que vous évitiez le péché. Mais si l'un de nous vient à pécher, nous avons un défenseur devant le Père: Jésus Christ, le Juste. C'est lui qui, par son sacrifice, obtient le pardon de nos péchés, non seulement des nôtres, mais encore de ceux du monde entier. Voici comment nous savons que nous le connaissons: si nous gardons ses commandements. Celui qui dit: « Je le connais », et qui ne garde pas ses commandements, est un menteur: la vérité n'est pas en lui. Mais en celui qui garde sa parole, l'amour de Dieu atteint vraiment la perfection.

— *Parole du Seigneur.*

Alléluia. Alléluia. Seigneur Jésus, ouvre-nous les Écritures! Que notre cœur devienne brûlant tandis que tu nous parles. **Alléluia.**

● *Jésus vient à la rencontre de ses disciples pour leur apporter la paix. C'est bien lui qui est là, au milieu d'eux. Cette expérience de la rencontre avec le corps du Ressuscité ouvre « leur intelligence à la compréhension des Écritures ».* ●

Évangile de Jésus Christ selon saint Luc 24, 35-48

En ce temps-là, les disciples qui rentraient d'Emmaüs racontaient aux onze Apôtres et à leurs compagnons ce qui s'était passé sur la route, et comment le Seigneur s'était fait reconnaître par eux à la fraction du pain. Comme ils en parlaient encore, lui-même fut présent au milieu d'eux, et leur dit : « La paix soit avec vous ! » Saisis de frayeur et de crainte, ils croyaient voir un esprit. Jésus leur dit : « Pourquoi êtes-vous bouleversés ? Et pourquoi ces pensées qui surgissent dans votre cœur ? Voyez mes mains et mes pieds : c'est bien moi ! Touchez-moi, regardez : un esprit n'a pas de chair ni d'os comme vous constatez que j'en ai. » Après cette parole, il leur montra ses mains et ses pieds. Dans leur joie, ils n'osaient pas encore y croire, et restaient saisis d'étonnement. Jésus leur dit : « Avez-vous ici quelque chose à manger ? » Ils lui présentèrent une part de poisson grillé qu'il prit et mangea devant eux. Puis il leur déclara : « Voici les paroles que je vous ai dites quand j'étais encore avec vous : "Il faut que s'accomplisse tout ce qui a été écrit à mon sujet dans la loi de Moïse, les Prophètes et les Psaumes." » Alors il ouvrit leur intelligence à la compréhension des Écritures. Il leur dit : « Ainsi est-il écrit que le Christ souffrirait, qu'il ressusciterait d'entre les morts le troisième jour, et que la conversion serait proclamée en son nom, pour le pardon des péchés, à toutes les nations, en commençant par Jérusalem. À vous d'en être les témoins. »

— *Acclamons la Parole de Dieu.*

Credo page 395

Prière sur les offrandes. Accueille, nous t'en prions, Seigneur, les dons de ton Église en fête ; tu es pour elle à l'origine d'un si grand bonheur : qu'il s'épanouisse en joie éternelle. Par le Christ, notre Seigneur.

Préface de Pâques I-V ——— pages 404-405

Antienne de la communion. Il fallait que le Christ connaisse la souffrance, qu'il ressuscite d'entre les morts le troisième jour, et que la conversion soit proclamée en son nom, pour le pardon des péchés, à toutes les nations, alléluia.

Prière après la communion. Regarde avec bonté, Seigneur, nous t'en prions, le peuple que tu as rénové par tes sacrements ; accorde-nous de parvenir à la vie incorruptible lorsque notre chair ressuscitera dans la gloire. Par le Christ, notre Seigneur.

Bénédiction solennelle ——— page 323

MÉDITONS
AVEC SAINT JUSTIN

Recevoir le corps du Christ livré pour nous

Personne ne doit prendre part à l'eucharistie sinon celui qui croit à la vérité de notre doctrine, qui a été baptisé pour obtenir le pardon des péchés et la nouvelle naissance, et qui vit selon l'enseignement que le Christ nous a transmis.

Car nous ne prenons pas l'eucharistie comme un pain ordinaire ou une boisson ordinaire. De même que Jésus Christ notre Sauveur, en s'incarnant par la parole de Dieu, a pris chair et sang pour notre salut : ainsi l'aliment devenu eucharistie par la prière contenant sa parole, et qui nourrit notre sang et notre chair en les transformant, cet aliment est la chair et le sang de ce Jésus qui s'est incarné. Voilà ce qui nous est enseigné.

En effet, les Apôtres, dans leurs mémoires qu'on appelle Évangiles, nous ont ainsi transmis l'ordre de Jésus : *Il prit du pain, il rendit grâce et il dit : « Faites cela en mémoire de moi. Ceci est mon corps. » Il prit la coupe de la même façon, il rendit grâce et il dit : « Ceci est mon sang. »* Et c'est à eux seuls qu'il le distribua.

Depuis ce temps, nous n'avons jamais cessé d'en renouveler la mémoire entre nous. Parmi nous, ceux qui ont de quoi viennent en aide à tous ceux qui sont dans le besoin, et nous sommes toujours unis entre nous. Dans toutes nos offrandes nous bénissons le créateur de l'univers par son Fils Jésus Christ et par l'Esprit Saint.

Philosophe, membre de la communauté des chrétiens de Rome, Justin (IIe s.) fut martyrisé en 165. Ses écrits témoignent de la vie de cette communauté.

Cette semaine

Lu 15	Férie	Ac 6, 8-15 ; Ps 118 ; Jn 6, 22-29
	« Travaillez non pas pour la nourriture qui se perd, mais pour la nourriture qui demeure. » Jn 6, 27	
Ma 16	Férie	Ac 7, 51 à 8, 1a ; Ps 30 ; Jn 6, 30-35
	« Je suis le pain de la vie. Celui qui vient à moi n'aura jamais faim. » Jn 6, 35	
Me 17	Férie	Ac 8, 1b-8 ; Ps 65 ; Jn 6, 35-40
	« Celui qui vient à moi, je ne vais pas le jeter dehors. » Jn 6, 37	
Je 18	Férie	Ac 8, 26-40 ; Ps 65 ; Jn 6, 44-51
	« Amen, amen, je vous le dis : il a la vie éternelle, celui qui croit. » Jn 6, 47	
Ve 19	Férie	Ac 9, 1-20 ; Ps 116 ; Jn 6, 52-59
	« Ma chair est la vraie nourriture, et mon sang est la vraie boisson. » Jn 6, 55	

Sa 20	Férie	Ac 9, 31-42 ; Ps 115 ; Jn 6, 60-69
	« Personne ne peut venir à moi si cela ne lui est pas donné par le Père. » Jn 6, 65	

Bonne fête ! 14 : Maxime • 15 : Paterne, César • 16 : Benoît-Joseph • 17 : Kateri • 18 : Parfait • 19 : Léon • 20 : Marcellin, Odette

Nous fêtons

Sainte Kateri Tekakwitha (1656-1680), le 17 avril

Tekakwitha vit le jour dans les profondes forêts de la région de l'actuel État de New York, aux États-Unis. Son père était un Mohawk, sa mère une Algonquine chrétienne. Alors qu'elle avait 4 ans, ses parents et son frère succombèrent à la petite vérole. Tekakwitha, faible et presque aveugle, fut confiée à son oncle, un chef indien.

Elle avait 11 ans lorsque des missionnaires jésuites français séjournèrent trois jours dans son village, qui lui firent forte impression. Quand, sept ans plus tard, le frère Jacques de Lamberville vint à son tour, elle demanda le baptême. Le jour de Pâques de l'an 1676, elle devint Kateri, ou Catherine.

Dès lors, son peuple fut des plus rudes envers elle. On la privait de nourriture parce qu'elle s'abstenait de travailler le dimanche et on se moquait d'elle lorsqu'elle se rendait à la messe. Son désir de ne pas se marier suscita colère et ressentiment. Pourtant, elle persévéra dans cette voie, tout en accomplissant avec les autres femmes le dur labeur de s'occuper des cultures et de préparer les repas. À ces tâches, elle ajouta le secours aux pauvres et aux malades de son village. Dans le silence de la forêt, elle s'adonna en secret à des mortifications et à la prière.

Deux ans après son baptême, Kateri partit pour la mission Saint-François-Xavier, dans l'actuelle Kahnawake, au Québec. Le 25 mars 1679, elle fit vœu de virginité. Elle succomba à la maladie l'année suivante. Ses dernières paroles furent : « *Jesos konoronkwa* », c'est-à-dire : « Jésus, je t'aime. »

Intentions • Résolutions • Action de grâce

DIMANCHE 21 AVRIL 2024

4ᴱ DIMANCHE DE PÂQUES

Journée mondiale de prière pour les vocations

EN SE PRÉSENTANT COMME LE BON PASTEUR, *le Christ s'identifie à Dieu qui s'était révélé comme le berger d'Israël. Présent au milieu de son peuple, le Ressuscité nous rassemble et nous nourrit de sa parole et de son pain.*

ANTIENNE D'OUVERTURE. La terre est remplie de l'amour du Seigneur ; il a fait les cieux par sa parole, alléluia.

GLOIRE À DIEU page 392

PRIÈRE. Dieu éternel et tout-puissant, guide-nous jusqu'au bonheur du ciel ; que le troupeau parvienne, malgré sa faiblesse, là où son pasteur est entré victorieux. Lui qui vit et règne avec toi dans l'unité du Saint-Esprit, Dieu, pour les siècles des siècles.

● *Pierre ne peut pas se taire : annoncer le salut est une mission urgente. La force agissante de Jésus Christ ressuscité est à l'œuvre pour apporter la plénitude de la vie aux hommes.* ●

Lecture du livre des Actes des Apôtres 4, 8-12

EN CES JOURS-LÀ, Pierre, rempli de l'Esprit Saint, déclara : « Chefs du peuple et anciens, nous sommes interrogés aujourd'hui pour avoir fait du bien à un infirme, et l'on nous demande comment cet homme a été sauvé. Sachez-le donc, vous tous, ainsi que tout le peuple

Temps pascal

d'Israël : c'est par le nom de Jésus le Nazaréen, lui que vous avez crucifié mais que Dieu a ressuscité d'entre les morts, c'est par lui que cet homme se trouve là, devant vous, bien portant. Ce Jésus est la pierre méprisée de vous, les bâtisseurs, mais devenue la pierre d'angle. En nul autre que lui, il n'y a de salut, car, sous le ciel, aucun autre nom n'est donné aux hommes, qui puisse nous sauver. »
— *Parole du Seigneur.*

PSAUME 117

℟ La pierre qu'ont rejetée les bâtisseurs
est devenue la pierre d'angle.

Ou bien :

Alléluia !

Rendez grâce au Seigneur : Il est bon !
Éternel est son amour !
Mieux vaut s'appuyer sur le Seigneur
que de compter sur les hommes ;
mieux vaut s'appuyer sur le Seigneur
que de compter sur les puissants !

Je te rends grâce car tu m'as exaucé :
tu es pour moi le salut.
La pierre qu'ont rejetée les bâtisseurs
est devenue la pierre d'angle :
c'est là l'œuvre du Seigneur,
la merveille devant nos yeux.

Béni soit au nom du Seigneur celui qui vient !
De la maison du Seigneur,
nous vous bénissons !
Tu es mon Dieu, je te rends grâce,

mon Dieu, je t'exalte !
Rendez grâce au Seigneur : Il est bon !
Éternel est son amour !

● *Saint Jean parle de la foi avec une grande tendresse : nous sommes les enfants de Dieu, un jour nous verrons le Christ Jésus face à face et nous serons alors tout amour, comme lui.* ●

Lecture de la première lettre de saint Jean 3, 1-2

BIEN-AIMÉS, voyez quel grand amour nous a donné le Père pour que nous soyons appelés enfants de Dieu – et nous le sommes. Voici pourquoi le monde ne nous connaît pas : c'est qu'il n'a pas connu Dieu. Bien-aimés, dès maintenant, nous sommes enfants de Dieu, mais ce que nous serons n'a pas encore été manifesté. Nous le savons : quand cela sera manifesté, nous lui serons semblables car nous le verrons tel qu'il est.
— *Parole du Seigneur.*

Alléluia. Alléluia. Je suis le bon pasteur, dit le Seigneur ; je connais mes brebis et mes brebis me connaissent. **Alléluia.**

● *Sous la houlette du bon pasteur qui « donne sa vie pour ses brebis », nous sommes conduits vers les pâturages de la vie divine. Nous pouvons le suivre avec confiance pour former son troupeau qui est l'Église, sûrs qu'il ne l'abandonnera pas.* ●

Évangile de Jésus Christ selon saint Jean 10, 11-18

EN CE TEMPS-LÀ, Jésus déclara : « Moi, je suis le bon pasteur, le vrai berger, qui donne sa vie pour ses brebis. Le berger mercenaire n'est pas le pasteur, les brebis ne sont

pas à lui : s'il voit venir le loup, il abandonne les brebis et s'enfuit ; le loup s'en empare et les disperse. Ce berger n'est qu'un mercenaire, et les brebis ne comptent pas vraiment pour lui. Moi, je suis le bon pasteur ; je connais mes brebis, et mes brebis me connaissent, comme le Père me connaît, et que je connais le Père ; et je donne ma vie pour mes brebis. J'ai encore d'autres brebis, qui ne sont pas de cet enclos : celles-là aussi, il faut que je les conduise. Elles écouteront ma voix : il y aura un seul troupeau et un seul pasteur. Voici pourquoi le Père m'aime : parce que je donne ma vie, pour la recevoir de nouveau. Nul ne peut me l'enlever : je la donne de moi-même. J'ai le pouvoir de la donner, j'ai aussi le pouvoir de la recevoir de nouveau : voilà le commandement que j'ai reçu de mon Père. »

— Acclamons la Parole de Dieu.

CREDO —————— page 395

PRIÈRE SUR LES OFFRANDES. Donne-nous, Seigneur, nous t'en prions, de toujours te rendre grâce par ces mystères de Pâques ; qu'ils continuent l'œuvre de notre relèvement et deviennent pour nous une source intarissable de joie. Par le Christ, notre Seigneur.

PRÉFACE DE PÂQUES I-V —————— pages 404-405

ANTIENNE DE LA COMMUNION. Le bon pasteur est ressuscité, lui qui a donné sa vie pour ses brebis, lui qui a choisi de mourir pour son troupeau, alléluia.

PRIÈRE APRÈS LA COMMUNION. Seigneur, Pasteur plein de bonté, regarde avec bienveillance ton troupeau ; tu l'as racheté par le sang précieux de ton Fils : ouvre-lui les pâturages de la vie éternelle. Par le Christ, notre Seigneur.

BÉNÉDICTION SOLENNELLE —————— page 323

MÉDITONS
AVEC SAINT AUGUSTIN D'HIPPONE
Je suis le Bon Pasteur

Qui n'aime pas son frère qu'il voit, comment peut-il aimer le Dieu qu'il ne voit pas ? (1 Jn 4, 20). Témoigne, dans l'amour des brebis, ton amour pour le pasteur. Car les brebis, elles-mêmes, sont les membres du pasteur. Pour que les brebis soient ses membres, il a consenti à se faire brebis ; pour que les brebis soient ses membres, comme une brebis, il a été conduit à la boucherie. Pour que les brebis soient ses membres, il a été dit de lui : « *Voici l'agneau de Dieu, qui ôte les péchés du monde* » (Jn 1, 29). Mais cet agneau possède une grande force. Veux-tu savoir quelle force a paru en cet agneau ? L'agneau a été mis en croix et le lion a été vaincu. Voyez et considérez avec quelle puissance le Seigneur Christ gouverne le monde quand, par sa mort, il a vaincu le démon.

Saint Augustin († 430), évêque d'Hippone en Afrique du Nord, a remis en lumière la Trinité en Dieu et, par analogie, en l'homme.

Cette semaine

Lu 22	Férie	Ac 11, 1-18 ; Ps 41-42 ; Jn 10, 1-10
	« Je suis venu pour que les brebis aient la vie, la vie en abondance. » Jn 10, 10	
Ma 23	Férie ou saint Georges ou saint Adalbert	Ac 11, 19-26 ; Ps 86 ; Jn 10, 22-30
	« Jamais mes brebis ne périront, et personne ne les arrachera de ma main. » Cf. Jn 10, 28	
Me 24	Férie ou saint Fidèle de S.	Ac 12, 24 à 13, 5 ; Ps 66 ; Jn 12, 44-50
	« Je ne suis pas venu juger le monde, mais le sauver. » Jn 12, 47	

Je 25	Saint Marc / fête	1 P 5, 5b-14 ; Ps 88 ; Mc 16, 15-20
	« Allez dans le monde entier. Proclamez l'Évangile à toute la création. » Mc 16, 15	
Ve 26	Férie	Ac 13, 26-33 ; Ps 2 ; Jn 14, 1-6
	« Je suis le Chemin, la Vérité et la Vie. » Jn 14, 6	
Sa 27	Férie	Ac 13, 44-52 ; Ps 97 ; Jn 14, 7-14
	« Celui qui croit en moi fera les œuvres que je fais. » Jn 14, 12	

Bonne fête ! 21 : Anselme • 22 : Théodore • 23 : Georges, Adalbert • 24 : Fidèle • 25 : Marc • 26 : Alida • 27 : Zita

Nous fêtons

Saint Georges (v. 275-303), le 23 avril

Georges, martyr, est vénéré depuis l'Antiquité à Lydda (actuelle Lod), en Israël. Au Ve siècle, il existait déjà à Rome une chapelle en son honneur. Pourtant, au-delà de ce culte ancien et de la popularité indubitable dont il jouit en tant que saint patron, sa vie est très peu connue. Une citation célèbre attribuée au pape Gélase explique qu'il fait partie de ces saints « dont les noms sont justement révérés parmi les hommes, mais dont les actions ne sont connues que de Dieu ».

Au Moyen Âge, Georges devint immensément populaire, du fait notamment d'une vision miraculeuse. Le chroniqueur Guillaume de Malmesbury rapporta que les saints Georges et Démétrius, les « chevaliers martyrs », apparurent aux croisés francs en 1098 lors du siège d'Antioche, alors aux mains des Turcs seldjoukides. Au XIIe siècle, le roi anglais Richard Ier plaça son armée sous sa protection. C'est également à cette époque que la légende de saint Georges terrassant le dragon qui terrorisait les campagnes commença à se propager dans l'imaginaire collectif.

Dans l'art religieux, saint Georges symbolise l'héroïsme brut du martyr. Il est généralement représenté tuant le dragon de sa lance ou menant les croisés à la bataille. Ses attributs sont une épée, une bannière et un puissant étalon. De ce personnage vaillant, les cavaliers ont fait leur saint patron.

Intentions • Résolutions • Action de grâce

DIMANCHE 28 AVRIL 2024

5ᴱ DIMANCHE DE PÂQUES

LE CHRIST EST LA VIGNE *et nous sommes les sarments. Nous avons part à sa « propre nature divine » qui produit en nous le fruit de l'amour en acte et en vérité. Ainsi vivons-nous en « enfants d'adoption » de Dieu qui a élevé notre humanité au niveau de sa divinité.*

ANTIENNE D'OUVERTURE. Chantez au Seigneur un chant nouveau, car il a fait des merveilles ; aux nations, il a révélé sa justice, alléluia.

GLOIRE À DIEU page 392

PRIÈRE. Dieu éternel et tout-puissant, continue d'accomplir en nous le mystère pascal ; soutiens et protège ceux que tu as voulu renouveler dans le saint baptême : qu'ils portent beaucoup de fruits et parviennent aux joies de la vie éternelle. Par Jésus Christ, ton Fils, notre Seigneur, qui vit et règne avec toi dans l'unité du Saint-Esprit, Dieu, pour les siècles des siècles.

• *Paul se joint aux disciples car il est devenu un témoin du Christ. Toutefois, cet ancien persécuteur doit faire authentifier sa mission au sein de la communauté chrétienne. Pour cela, la reconnaissance par les Apôtres de la sincérité de sa conversion est décisive.* •

Lecture du livre des Actes des Apôtres **9, 26-31**

EN CES JOURS-LÀ, arrivé à Jérusalem, Saul cherchait à se joindre aux disciples, mais tous avaient peur de

lui, car ils ne croyaient pas que lui aussi était un disciple. Alors Barnabé le prit avec lui et le présenta aux Apôtres ; il leur raconta comment, sur le chemin, Saul avait vu le Seigneur, qui lui avait parlé, et comment, à Damas, il s'était exprimé avec assurance au nom de Jésus. Dès lors, Saul allait et venait dans Jérusalem avec eux, s'exprimant avec assurance au nom du Seigneur. Il parlait aux Juifs de langue grecque, et discutait avec eux. Mais ceux-ci cherchaient à le supprimer. Mis au courant, les frères l'accompagnèrent jusqu'à Césarée et le firent partir pour Tarse.

L'Église était en paix dans toute la Judée, la Galilée et la Samarie ; elle se construisait et elle marchait dans la crainte du Seigneur ; réconfortée par l'Esprit Saint, elle se multipliait.

— *Parole du Seigneur.*

Psaume 21

℟ Tu seras ma louange, Seigneur,
dans la grande assemblée.

Ou bien :

Alléluia !

Devant ceux qui te craignent,
je tiendrai mes promesses.
Les pauvres mangeront :
ils seront rassasiés ;
ils loueront le Seigneur,
ceux qui le cherchent :
« À vous, toujours, la vie et la joie ! »

La terre entière se souviendra
et reviendra vers le Seigneur,

chaque famille de nations
se prosternera devant lui :
« Oui, au Seigneur la royauté,
le pouvoir sur les nations ! »

Et moi, je vis pour lui :
ma descendance le servira ;
on annoncera le Seigneur
aux générations à venir.
On proclamera sa justice
au peuple qui va naître :
Voilà son œuvre !

● *« Nous devons aimer. » Le secret pour aimer nos frères comme le Christ nous le demande est de prier. « Tout ce que nous demandons à Dieu, il nous l'accorde. » L'intimité avec le Christ nous rend capables d'aimer vraiment, « par des actes et en vérité ».* ●

Lecture de la première lettre de saint Jean 3, 18-24

PETITS ENFANTS, n'aimons pas en paroles ni par des discours, mais par des actes et en vérité. Voilà comment nous reconnaîtrons que nous appartenons à la vérité, et devant Dieu nous apaiserons notre cœur ; car si notre cœur nous accuse, Dieu est plus grand que notre cœur, et il connaît toutes choses.

Bien-aimés, si notre cœur ne nous accuse pas, nous avons de l'assurance devant Dieu. Quoi que nous demandions à Dieu, nous le recevons de lui, parce que nous gardons ses commandements, et que nous faisons ce qui est agréable à ses yeux. Or, voici son commandement : mettre notre foi dans le nom de son Fils Jésus

Christ, et nous aimer les uns les autres comme il nous l'a commandé. Celui qui garde ses commandements demeure en Dieu, et Dieu en lui ; et voilà comment nous reconnaissons qu'il demeure en nous, puisqu'il nous a donné part à son Esprit.
— *Parole du Seigneur.*

Alléluia. Alléluia. Demeurez en moi, comme moi en vous, dit le Seigneur ; celui qui demeure en moi porte beaucoup de fruit. **Alléluia.**

● *Jésus est la vigne, Dieu son Père est le vigneron, et nous sommes les sarments, ces branches fortement attachées à la vigne. Porter du fruit implique de « demeurer en lui », c'est-à-dire de vivre de sa vie en se nourrissant de sa parole et en recevant les sacrements.* ●

Évangile de Jésus Christ selon saint Jean 15, 1-8

EN CE TEMPS-LÀ, Jésus disait à ses disciples : « Moi, je suis la vraie vigne, et mon Père est le vigneron. Tout sarment qui est en moi, mais qui ne porte pas de fruit, mon Père l'enlève ; tout sarment qui porte du fruit, il le purifie en le taillant, pour qu'il en porte davantage. Mais vous, déjà vous voici purifiés grâce à la parole que je vous ai dite. Demeurez en moi, comme moi en vous. De même que le sarment ne peut pas porter de fruit par lui-même s'il ne demeure pas sur la vigne, de même vous non plus, si vous ne demeurez pas en moi.
« Moi, je suis la vigne, et vous, les sarments. Celui qui demeure en moi et en qui je demeure, celui-là porte beaucoup de fruit, car, en dehors de moi, vous ne pouvez rien faire. Si quelqu'un ne demeure pas en moi,

il est, comme le sarment, jeté dehors, et il se dessèche. Les sarments secs, on les ramasse, on les jette au feu, et ils brûlent. Si vous demeurez en moi, et que mes paroles demeurent en vous, demandez tout ce que vous voulez, et cela se réalisera pour vous. Ce qui fait la gloire de mon Père, c'est que vous portiez beaucoup de fruit et que vous soyez pour moi des disciples. »

— Acclamons la Parole de Dieu.

CREDO page 395

PRIÈRE SUR LES OFFRANDES. Seigneur notre Dieu, dans l'admirable échange du sacrifice eucharistique, tu nous fais participer à ton unique et souveraine divinité ; nous avons reçu la connaissance de ta vérité : accorde-nous de lui être fidèles par toute notre vie. Par le Christ, notre Seigneur.

PRÉFACE DE PÂQUES I-V pages 404-405

ANTIENNE DE LA COMMUNION. Je suis la vraie vigne, et vous, les sarments, dit le Seigneur. Celui qui demeure en moi et en qui je demeure, celui-là porte beaucoup de fruit, alléluia.

PRIÈRE APRÈS LA COMMUNION. Dans ta bienveillance, reste auprès de ton peuple, nous t'en prions, Seigneur ; puisque tu l'as initié aux sacrements du ciel, fais-le passer de ce qui est ancien à la vie nouvelle. Par le Christ, notre Seigneur.

BÉNÉDICTION SOLENNELLE page 323

MÉDITONS

AVEC SAINT AUGUSTIN D'HIPPONE

Aimez-vous les uns les autres

Si quelqu'un dans la bousculade et la cohue t'écrase le pied, n'est-ce pas la tête qui dit : « Tu m'écrases » ? Personne n'a marché ni sur ta tête ni sur ta langue ; l'une et l'autre sont parfaitement en sûreté ; elles n'ont rien souffert, et cependant grâce au lien de la charité qui unit tous les membres de la tête aux pieds, la langue ne s'en sépare pas, elle dit: « Tu m'écrases! » sans que personne l'ait touchée.

De la même manière, le Christ, notre tête, que personne ne peut atteindre, dit pourtant: *« J'ai eu faim, et vous m'avez donné à manger… »* (Mt 25, 35).

Les fils de Dieu sont le corps du Fils unique de Dieu. Et comme lui est la tête et nous les membres, il n'y a qu'un seul Fils de Dieu.

Donc qui aime les fils de Dieu aime le Fils de Dieu; et qui aime le Fils de Dieu aime le Père; et nul ne peut aimer le Père s'il n'aime le Fils; et qui aime le Fils aime aussi les fils de Dieu.

Quels fils de Dieu? Les membres du Fils de Dieu. En aimant, il devient, lui aussi, un de ses membres, et il entre par la dilection dans l'unité du corps du Christ: et il n'y aura qu'un seul Christ qui s'aime lui-même. *Si un membre souffre, tous les membres souffrent avec lui; et si un membre est à l'honneur, tous les membres se réjouissent avec lui* (1 Co 12, 26).

Saint Augustin († 430), Père et docteur de l'Église, est un penseur chrétien qui a notamment inspiré la règle des communautés de chanoines réguliers et laissé des œuvres majeures telles que Les Confessions, La Cité de Dieu *et* De la Trinité.

Cette semaine

Lu 29	Sainte Catherine de Sienne / fête en Europe	1 Jn 1, 5 à 2, 2; Ps 102; Mt 11, 25-30
	« Mon joug est facile à porter, et mon fardeau, léger. » Mt 11, 30	
Ma 30	Férie ou saint Pie V	Ac 14, 19-28; Ps 144; Jn 14, 27-31a
	« Je vous laisse la paix, je vous donne ma paix. » Jn 14, 27	

Me 1	Férie ou saint Joseph, travailleur	Ac 15, 1-6; Ps 121; Jn 15, 1-8 (pour la mémoire: *Mt 13, 54-58)
	« D'où lui viennent cette sagesse et ces miracles? N'est-il pas le fils du charpentier? » Mt 13, 54-55	
Je 2	Saint Athanase	Ac 15, 7-21; Ps 95; Jn 15, 9-11
	« Demeurez dans mon amour. » Jn 15, 9	
Ve 3	Saints Philippe et Jacques / fête	1 Co 15, 1-8; Ps 18A; Jn 14, 6-14
	« Celui qui m'a vu, a vu le Père. » Jn 14, 9	
Sa 4	Férie	Ac 16, 1-10; Ps 99; Jn 15, 18-21
	« Si le monde a de la haine contre vous, sachez qu'il en a eu d'abord contre moi. » Jn 15, 18	

Bonne fête! 28: Jeanne, Valérie, Pierre • 29: Catherine • 30: Robert • 1: Joseph • 2: Athanase, Boris • 3: Philippe, Jacques • 4: Florian, Sylvain

Un astérisque (*) placé devant une lecture signale que celle-ci est obligatoire.

Nous fêtons

Sainte Catherine de Sienne (1347-1380), le 29 avril

Catherine était le vingt-quatrième enfant d'une famille ouvrière de Sienne, en Italie. Ses parents lui recherchèrent un mari, mais Catherine ne désirait se consacrer qu'au Christ, qui lui était apparu pour la première fois alors qu'elle avait 6 ans. Elle accepta humblement les réprimandes parfois violentes de ses parents, devenant la servante de la famille et rejoignant le tiers ordre dominicain.

Après trois années d'intenses prières, Catherine répondit à l'appel du Christ et commença à prêcher, entourée de disciples enthousiastes. Lors d'une mission pour négocier la paix pour la ville de Florence, elle se rendit en Avignon où, depuis près de soixante-dix ans, les papes résidaient parmi des nobles français. Catherine souffrait particulièrement de la blessure qui affligeait l'Église depuis le départ de l'autorité papale. Elle écrivit des lettres empreintes de révérence mais aussi de franchise à Grégoire XI qui, en 1377, se laissa convaincre de rentrer à Rome.

Grégoire mourut peu après et Urbain VI fut élu. Quelques mois plus tard, un groupe de cardinaux déçus se réunirent de nouveau et élurent Clément VII, provoquant le grand schisme d'Occident. En réaction, Catherine redoubla ses pénitences. « J'ai consommé et donné ma vie dans l'Église et pour la Sainte Église », écrivit-elle. Lors du Carême de 1380, elle entra dans une passion intense qui se conclut par sa mort le 29 avril. En 1970, le pape Paul VI la nomma docteur de l'Église, qualifiant le retour du pape à Rome de « chef-d'œuvre de son intense activité ».

Intentions • Résolutions • Action de grâce

DIMANCHE 5 MAI 2024

6e DIMANCHE DE PÂQUES

Ce dimanche dans la cinquantaine pascale *nous fait entendre la promesse de l'Esprit Saint qui nous accompagnera pour la mission que le Seigneur confie à ses disciples. Le Christ se choisit des « amis » pour vivre de son amour et en être les témoins.*

Antienne d'ouverture. Avec des cris de joie, répandez la nouvelle, portez-la jusqu'aux extrémités de la terre : le Seigneur a libéré son peuple, alléluia.

Gloire à Dieu page 392

Prière. Dieu tout-puissant, accorde-nous, en ces jours de fête, de célébrer avec ferveur le Seigneur ressuscité : puissions-nous mettre en œuvre fidèlement tout ce dont nous faisons mémoire. Par Jésus Christ, ton Fils, notre Seigneur, qui vit et règne avec toi dans l'unité du Saint-Esprit, Dieu, pour les siècles des siècles.

• *« Dieu ne fait pas de différence entre les hommes. » L'Esprit Saint se manifeste aussi chez les païens. Pierre et Corneille sont tous les deux saisis par la puissance de l'Esprit et le centurion païen reçoit le baptême au nom de Jésus Christ. Tous deux sont membres de la même Église.* •

Lecture du livre des Actes des Apôtres — 10, 25-26.34-35.44-48

Comme Pierre arrivait à Césarée chez Corneille, centurion de l'armée romaine, celui-ci vint à sa rencontre, et, tombant à ses pieds, il se prosterna. Mais

Pierre le releva en disant : « Lève-toi. Je ne suis qu'un homme, moi aussi. » Alors Pierre prit la parole et dit : « En vérité, je le comprends, Dieu est impartial : il accueille, quelle que soit la nation, celui qui le craint et dont les œuvres sont justes. » Pierre parlait encore quand l'Esprit Saint descendit sur tous ceux qui écoutaient la Parole. Les croyants qui accompagnaient Pierre, et qui étaient juifs d'origine, furent stupéfaits de voir que, même sur les nations, le don de l'Esprit Saint avait été répandu. En effet, on les entendait parler en langues et chanter la grandeur de Dieu. Pierre dit alors : « Quelqu'un peut-il refuser l'eau du baptême à ces gens qui ont reçu l'Esprit Saint tout comme nous ? » Et il donna l'ordre de les baptiser au nom de Jésus Christ. Alors ils lui demandèrent de rester quelques jours avec eux.

— Parole du Seigneur.

Psaume 97

℟ **Le Seigneur a fait connaître sa victoire**
et révélé sa justice aux nations.

Ou bien :

Alléluia !

Chantez au Seigneur
un chant nouveau,
car il a fait des merveilles ;
par son bras très saint,
par sa main puissante,
il s'est assuré la victoire.

Le Seigneur a fait connaître sa victoire
et révélé sa justice aux nations ;

il s'est rappelé sa fidélité, son amour,
en faveur de la maison d'Israël.

La terre tout entière a vu
la victoire de notre Dieu.
Acclamez le Seigneur, terre entière,
sonnez, chantez, jouez !

● *Dans sa lettre, saint Jean emploie à dix reprises le verbe « aimer » ou le mot « amour », pour nous livrer son expérience intime de Dieu reçue du Christ : « Dieu est amour. » Accueillir son amour et en vivre est la voie authentique pour connaître Dieu.* ●

Lecture de la première lettre de saint Jean 4, 7-10

BIEN-AIMÉS, aimons-nous les uns les autres, puisque l'amour vient de Dieu. Celui qui aime est né de Dieu et connaît Dieu. Celui qui n'aime pas n'a pas connu Dieu, car Dieu est amour.
Voici comment l'amour de Dieu s'est manifesté parmi nous : Dieu a envoyé son Fils unique dans le monde pour que nous vivions par lui. Voici en quoi consiste l'amour : ce n'est pas nous qui avons aimé Dieu, mais c'est lui qui nous a aimés, et il a envoyé son Fils en sacrifice de pardon pour nos péchés.
— Parole du Seigneur.

Alléluia. Alléluia. Si quelqu'un m'aime, il gardera ma parole, dit le Seigneur ; mon Père l'aimera, et nous viendrons vers lui. **Alléluia.**

● *Aimer n'est pas seulement avoir un cœur qui bat pour quelqu'un. Aimer comme le Christ nous a aimés engage aussi la volonté de se mettre*

Qu'il était éloigné de nous, le Verbe qui était Dieu et en Dieu dès le commencement, et par lequel toutes choses ont été faites !

Mais il s'est rapproché de nous pour devenir ce que nous sommes et s'unir à nous intimement : *Le Verbe s'est fait chair et il a habité parmi nous* (Jn 1, 14).

Saint Augustin († 430), converti, a été baptisé par saint Ambroise à Pâques 387. Évêque d'Hippone en 395, il est l'un des plus grands théologiens chrétiens.

Cette semaine

Lu 6	Férie	Ac 16, 11-15 ; Ps 149 ; Jn 15, 26 à 16, 4a
	« Vous aussi, vous allez rendre témoignage. » Jn 15, 27	
Ma 7	Férie	Ac 16, 22-34 ; Ps 137 ; Jn 16, 5-11
	« Déjà le prince de ce monde est jugé. » Jn 16, 11	
Me 8	Férie	Ac 17, 15.22 à 18, 1 ; Ps 148 ; Jn 16, 12-15
	« L'Esprit de vérité vous conduira dans la vérité tout entière. » Jn 16, 13	
Je 9	Ascension du Seigneur / sol. [Sainte Louise de Marillac (en France)]	Ac 1, 1-11 ; Ps 46 ; Ep 4, 1-13 ; Mc 16, 15-20
	« Celui qui croira et sera baptisé sera sauvé. » Mc 16, 16	
Ve 10	Férie ou saint Jean d'Avila	Ac 18, 9-18 ; Ps 46 ; Jn 16, 20-23a
	« Votre peine se changera en joie. » Jn 16, 20	
Sa 11	Férie	Ac 18, 23-28 ; Ps 46 ; Jn 16, 23b-28
	« Demandez, et vous recevrez : ainsi votre joie sera parfaite. » Jn 16, 24	

Bonne fête ! 5 : Judith, Maxime • 6 : Prudence, Marien • 7 : Gisèle, Domitille • 8 : Désiré, Aloys, Loïc • 9 : Pacôme, Isaïe • 10 : Solange, Job • 11 : Maïeul, Estelle

Nous fêtons

Saint François de Laval, évêque (1623-1708), le 6 mai

Issu d'une grande famille française, François devint prêtre avec l'espoir de partir en mission en Orient. Au lieu de cela, à l'âge de 36 ans, il fut choisi pour devenir le premier évêque du Canada. Lorsqu'il arriva en Nouvelle-France, le vaste territoire ne comptait que vingt-quatre prêtres. François y fonda un séminaire, une école de garçons et un établissement d'enseignement technique. Il accepta de très difficiles conditions pour s'occuper de ses ouailles, malgré la distance qui les séparait en ces vastes territoires. En dépit de ses revenus modestes, il « trouva » régulièrement de quoi aider les nécessiteux. « Il vit comme un saint et comme un apôtre », écrivit une future sainte, l'ursuline Marie de l'Incarnation.

François prit conscience du mal que causait le commerce d'alcool des Français dans les familles amérindiennes. Il prit des mesures drastiques pour le stopper en recourant à tous les moyens dont il disposait, en excommuniant notamment à de nombreuses reprises ceux qui vendaient de l'alcool aux Indiens. Il dut affronter l'âpre résistance des autorités, si bien qu'il regagna deux fois la France pour plaider sa cause auprès du roi. Au bout de vingt années de pressions, il reçut la décision royale : la vente d'alcool serait désormais prohibée à l'extérieur des colonies – ce qui n'était pas l'interdiction complète qu'il avait souhaitée.

Le fragile évêque prit sa retraite à 65 ans pour se consacrer entièrement aux séminaristes.

Intentions • Résolutions • Action de grâce

....

....

JEUDI 9 MAI 2024

Solennité de l'Ascension du Seigneur

La résurrection et l'ascension du Christ *participent d'un même mouvement de glorification de Jésus qui emporte notre humanité vers le Père. Le Christ s'éleva « au ciel pour nous rendre participants de sa divinité ». Il nous a « appelés à vivre en espérance dans la gloire où il nous a précédés ».*

Antienne d'ouverture. Hommes de Galilée, pourquoi restez-vous là à regarder vers le ciel ? Il viendra de la même manière, celui que vous avez vu s'en aller vers le ciel, alléluia.

Gloire à Dieu — page 392

Prière. Dieu tout-puissant, fais-nous exulter d'une joie sainte et nous réjouir dans une fervente action de grâce, car l'ascension de ton Fils, le Christ, nous introduit déjà auprès de toi, nous, les membres du corps dont il est la tête, appelés à vivre en espérance dans la gloire où il nous a précédés. Lui qui vit et règne avec toi dans l'unité du Saint-Esprit, Dieu, pour les siècles des siècles.

Ou bien :

Nous t'en prions, Dieu tout-puissant : puisque nous croyons que ton Fils unique, notre Rédempteur, est aujourd'hui monté au ciel, accorde-nous d'habiter en esprit dans la demeure des cieux. Par Jésus Christ, ton Fils, notre Seigneur, qui vit et règne avec toi dans l'unité du Saint-Esprit, Dieu, pour les siècles des siècles.

● *Le récit de l'Ascension présente pour la deuxième fois la séparation de Jésus d'avec les Apôtres. Il ne s'agit plus de la mort de Jésus mais du mystère glorieux de son ascension et son exaltation par le Père. Désormais soustraite à nos yeux, la présence du Christ demeure par son Esprit.* ●

Lecture du livre des Actes des Apôtres 1, 1-11

Cher Théophile, dans mon premier livre j'ai parlé de tout ce que Jésus a fait et enseigné depuis le moment où il commença, jusqu'au jour où il fut enlevé au ciel, après avoir, par l'Esprit Saint, donné ses instructions aux Apôtres qu'il avait choisis. C'est à eux qu'il s'est présenté vivant après sa Passion ; il leur en a donné bien des preuves, puisque, pendant quarante jours, il leur est apparu et leur a parlé du royaume de Dieu. Au cours d'un repas qu'il prenait avec eux, il leur donna l'ordre de ne pas quitter Jérusalem, mais d'y attendre que s'accomplisse la promesse du Père. Il déclara : « Cette promesse, vous l'avez entendue de ma bouche : alors que Jean a baptisé avec l'eau, vous, c'est dans l'Esprit Saint que vous serez baptisés d'ici peu de jours. » Ainsi réunis, les Apôtres l'interrogeaient : « Seigneur, est-ce maintenant le temps où tu vas rétablir le royaume pour Israël ? » Jésus leur répondit : « Il ne vous appartient pas de connaître les temps et les moments que le Père a fixés de sa propre autorité. Mais vous allez recevoir une force quand le Saint-Esprit viendra sur vous ; vous serez alors mes témoins à Jérusalem, dans toute la Judée et la Samarie, et jusqu'aux extrémités de la terre. » Après ces paroles, tandis que les Apôtres le regardaient, il s'éleva, et une nuée vint le soustraire à leurs yeux. Et comme ils fixaient encore le ciel où Jésus s'en allait, voici que, devant eux, se tenaient deux hommes

en vêtements blancs, qui leur dirent : « Galiléens, pourquoi restez-vous là à regarder vers le ciel ? Ce Jésus qui a été enlevé au ciel d'auprès de vous, viendra de la même manière que vous l'avez vu s'en aller vers le ciel. »
— *Parole du Seigneur.*

Psaume 46

℟ **Dieu s'élève parmi les ovations,**
le Seigneur, aux éclats du cor.

Ou bien :

Alléluia !

Tous les peuples, battez des mains,
acclamez Dieu par vos cris de joie !
Car le Seigneur est le Très-Haut, le redoutable,
le grand roi sur toute la terre.

Dieu s'élève parmi les ovations,
le Seigneur, aux éclats du cor.
Sonnez pour notre Dieu, sonnez,
sonnez pour notre roi, sonnez !

Car Dieu est le roi de la terre,
que vos musiques l'annoncent !
Il règne, Dieu, sur les païens,
Dieu est assis sur son trône sacré.

● *Comme le Père, le Fils et l'Esprit Saint sont unis dans un même amour, ainsi doit-il en être du peuple des baptisés unis par « une seule foi, un seul baptême, un seul Dieu et Père de tous », dans la distinction des différents ministères reçus, pour « que se construise le corps du Christ ».* ●

Lecture de la lettre de saint Paul apôtre aux Éphésiens 4, 1-13

(Lecture brève : Éphésiens 4, 1-7.11-13)

FRÈRES, moi qui suis en prison à cause du Seigneur, je vous exhorte donc à vous conduire d'une manière digne de votre vocation : ayez beaucoup d'humilité, de douceur et de patience, supportez-vous les uns les autres avec amour ; ayez soin de garder l'unité dans l'Esprit par le lien de la paix. Comme votre vocation vous a tous appelés à une seule espérance, de même il y a un seul Corps et un seul Esprit. Il y a un seul Seigneur, une seule foi, un seul baptême, un seul Dieu et Père de tous, au-dessus de tous, par tous, et en tous. À chacun d'entre nous, la grâce a été donnée selon la mesure du don fait par le Christ.

(Arrêt de la lecture brève)

C'est pourquoi l'Écriture dit : *Il est monté sur la hauteur, il a capturé des captifs, il a fait des dons aux hommes*. Que veut dire : *Il est monté* ? – Cela veut dire qu'il était d'abord descendu dans les régions inférieures de la terre. Et celui qui était descendu est le même qui est monté au-dessus de tous les cieux pour remplir l'univers.

(Reprise de la lecture brève)

Et les *dons qu'il a faits*, ce sont les Apôtres, et aussi les prophètes, les évangélisateurs, les pasteurs et ceux qui enseignent. De cette manière, les fidèles sont organisés pour que les tâches du ministère soient accomplies et que se construise le corps du Christ, jusqu'à ce que nous parvenions tous ensemble à l'unité dans la foi et la pleine connaissance du Fils de Dieu,

à l'état de l'Homme parfait, à la stature du Christ dans sa plénitude.
— *Parole du Seigneur.*

Alléluia. Alléluia. Allez ! De toutes les nations faites des disciples, dit le Seigneur. Moi, je suis avec vous tous les jours jusqu'à la fin du monde. **Alléluia.**

● *Avant de monter vers le Père, Jésus ressuscité envoie ses Apôtres annoncer la Bonne Nouvelle à tous les hommes. Son ascension n'a pas été une perte pour ses disciples car le « Seigneur travaillait avec eux ». Par son Église, le Christ poursuit aujourd'hui sa mission rédemptrice.* ●

Évangile de Jésus Christ selon saint Marc 16, 15-20

En ce temps-là, Jésus ressuscité se manifesta aux onze Apôtres et leur dit : « Allez dans le monde entier. Proclamez l'Évangile à toute la création. Celui qui croira et sera baptisé sera sauvé ; celui qui refusera de croire sera condamné. Voici les signes qui accompagneront ceux qui deviendront croyants : en mon nom, ils expulseront les démons ; ils parleront en langues nouvelles ; ils prendront des serpents dans leurs mains et, s'ils boivent un poison mortel, il ne leur fera pas de mal ; ils imposeront les mains aux malades, et les malades s'en trouveront bien. »
Le Seigneur Jésus, après leur avoir parlé, fut enlevé au ciel et s'assit à la droite de Dieu. Quant à eux, ils s'en allèrent proclamer partout l'Évangile. Le Seigneur travaillait avec eux et confirmait la Parole par les signes qui l'accompagnaient.
— *Acclamons la Parole de Dieu.*

CREDO page 395

PRIÈRE SUR LES OFFRANDES. Seigneur, en ce jour où nous fêtons l'admirable ascension de ton Fils auprès de toi, nous te présentons humblement ce sacrifice ; nous t'en prions, fais que cet échange très saint élève nos cœurs vers les réalités célestes. Par le Christ, notre Seigneur.

PRÉFACE DE L'ASCENSION I. Vraiment, il est juste et bon, pour ta gloire et notre salut, de t'offrir notre action de grâce, toujours et en tout lieu, Seigneur, Père très saint, Dieu éternel et tout-puissant.
Car le Seigneur Jésus, le Roi de gloire, vainqueur du péché et de la mort, s'élève aujourd'hui au plus haut des cieux devant les anges émerveillés, lui, le Médiateur entre Dieu et les hommes, Juge du monde et Seigneur de l'univers.
Sans quitter notre condition humaine, le premier, il entre au ciel, tête de l'Église et commencement de tout ce qui existe, et il donne aux membres de son Corps l'espérance de le rejoindre un jour.
C'est pourquoi la joie pascale rayonne par tout l'univers, la terre entière exulte, les puissances d'en haut et les anges dans le ciel chantent sans fin l'hymne de ta gloire : **Saint !**

Ou bien :

PRÉFACE DE L'ASCENSION II. Vraiment, il est juste et bon, pour ta gloire et notre salut, de t'offrir notre action de grâce, toujours et en tout lieu, Seigneur, Père très saint, Dieu éternel et tout-puissant, par le Christ, notre Seigneur.
Car il s'est manifesté après sa résurrection, en apparaissant à tous ses disciples, et, devant leurs yeux, il s'éleva au ciel pour nous rendre participants de sa divinité.
C'est pourquoi la joie pascale rayonne par tout l'univers, la terre entière exulte, les puissances d'en haut et les anges dans le ciel chantent sans fin l'hymne de ta gloire : **Saint !**

PRIÈRE EUCHARISTIQUE I, II OU III pages 409 à 420

Antienne de la communion. Je suis avec vous tous les jours, jusqu'à la fin du monde, alléluia.

Prière après la communion. Dieu éternel et tout-puissant, tu nous donnes d'avoir part aux mystères divins alors que nous sommes encore sur la terre ; mets en nos cœurs un grand désir d'être unis au Christ en qui notre nature humaine est déjà près de toi. Lui qui vit et règne pour les siècles des siècles.

Bénédiction solennelle

Aujourd'hui, le Fils unique est entré au plus haut
des cieux,
il a ouvert la voie pour que vous puissiez vous élever
jusqu'à lui ;
que Dieu tout-puissant vous comble de sa bénédiction.
Amen.

Après sa résurrection, le Christ s'est manifesté
à ses disciples :
quand il viendra pour le jugement,
qu'il vous soit favorable à jamais.
Amen.

Le Christ, vous le croyez, siège avec le Père dans la gloire :
puissiez-vous éprouver, avec joie,
qu'il reste auprès de vous jusqu'à la fin du monde,
comme il vous l'a promis.
Amen.

Et que la bénédiction de Dieu tout-puissant,
le Père, et le Fils, X et le Saint-Esprit,
descende sur vous et y demeure toujours.
Amen.

MÉDITONS

AVEC SAINT AUGUSTIN D'HIPPONE

Un seul Corps et un seul Esprit

Aujourd'hui notre Seigneur Jésus monte au ciel. Que notre cœur y monte avec lui.

Écoutons ce que nous dit l'Apôtre: *Vous êtes ressuscités avec le Christ. Recherchez donc les réalités d'en haut: c'est là qu'est le Christ, assis à la droite de Dieu. Le but de votre vie est en haut, et non sur la terre* (Col 3, 1-2). De même que lui est monté, mais sans s'éloigner de nous, de même sommes-nous déjà là-haut avec lui, et pourtant ce qu'il nous a promis ne s'est pas encore réalisé dans notre corps. Pourquoi ne travaillons-nous pas, nous aussi, sur la terre, de telle sorte que par la foi, l'espérance, la charité, grâce auxquelles nous nous relions à lui, nous reposerions déjà maintenant avec lui, dans le ciel? Lui, alors qu'il est là-bas, est aussi avec nous ; et nous, alors que nous sommes ici, sommes aussi avec lui. Lui-même en témoigne: *« Nul n'est monté au ciel sinon celui qui est descendu du ciel, le Fils de l'homme qui est au ciel »* (Jn 3, 13).

Il a parlé ainsi en raison de l'unité qui existe entre lui et nous: il est notre tête et nous sommes son corps. Cela ne s'applique à personne sinon à lui, parce que nous sommes lui, en tant qu'il est Fils de l'homme à cause de nous, et que nous sommes fils de Dieu à cause de lui.

Le Christ, c'est donc beaucoup de membres en un seul corps.

Saint Augustin († 430), converti, a été baptisé par saint Ambroise à Pâques 387. Évêque d'Hippone en 395, il est l'un des plus grands théologiens chrétiens.

DIMANCHE 12 MAI 2024

7^{E} DIMANCHE DE PÂQUES

Journée mondiale des communications sociales

La messe de ce dimanche s'ouvre par l'antienne *qui reprend les paroles du psalmiste : « C'est ta face, Seigneur, que je cherche. » Le Christ s'est dérobé aux yeux de ses disciples mais il nous a laissé son Esprit d'amour, par lequel « il demeure avec nous jusqu'à la fin du monde ».*

Antienne d'ouverture. Écoute, Seigneur, je t'appelle. Mon cœur m'a redit ta parole : Cherchez ma face. C'est ta face, Seigneur, que je cherche : ne me cache pas ta face, alléluia.

Gloire à Dieu page 392

Prière. Sois favorable à nos supplications, Seigneur : nous croyons que le Sauveur du genre humain est auprès de toi dans la gloire ; puissions-nous éprouver qu'il demeure avec nous jusqu'à la fin du monde, comme lui-même l'a promis. Lui qui vit et règne avec toi dans l'unité du Saint-Esprit, Dieu, pour les siècles des siècles.

● *Jésus s'était choisi douze Apôtres en référence aux douze tribus d'Israël. En l'absence de Judas, Pierre, pour respecter la volonté de Jésus et assurer l'unité de la communauté des Apôtres, décide d'adjoindre un douzième homme, Matthias.* ●

Temps pascal

Lecture du livre des Actes des Apôtres — 1, 15-17.20a.20c-26

En ces jours-là, Pierre se leva au milieu des frères qui étaient réunis au nombre d'environ cent vingt personnes,

et il déclara : « Frères, il fallait que l'Écriture s'accomplisse. En effet, par la bouche de David, l'Esprit Saint avait d'avance parlé de Judas, qui en est venu à servir de guide aux gens qui ont arrêté Jésus : ce Judas était l'un de nous et avait reçu sa part de notre ministère. Il est écrit au livre des Psaumes : *Qu'un autre prenne sa charge.* Or, il y a des hommes qui nous ont accompagnés durant tout le temps où le Seigneur Jésus a vécu parmi nous, depuis le commencement, lors du baptême donné par Jean, jusqu'au jour où il fut enlevé d'auprès de nous. Il faut donc que l'un d'entre eux devienne, avec nous, témoin de sa résurrection. » On en présenta deux : Joseph appelé Barsabbas, puis surnommé Justus, et Matthias. Ensuite, on fit cette prière : « Toi, Seigneur, qui connais tous les cœurs, désigne lequel des deux tu as choisi pour qu'il prenne, dans le ministère apostolique, la place que Judas a désertée en allant à la place qui est désormais la sienne. » On tira au sort entre eux, et le sort tomba sur Matthias, qui fut donc associé par suffrage aux onze Apôtres.
— *Parole du Seigneur.*

PSAUME 102

℟ Le Seigneur a son trône dans les cieux.

Ou bien :

Alléluia !

Bénis le Seigneur, ô mon âme,
bénis son nom très saint, tout mon être !
Bénis le Seigneur, ô mon âme,
n'oublie aucun de ses bienfaits !

Comme le ciel domine la terre,
fort est son amour pour qui le craint ;
aussi loin qu'est l'orient de l'occident,
il met loin de nous nos péchés.

Le Seigneur a son trône dans les cieux :
sa royauté s'étend sur l'univers.
Messagers du Seigneur, bénissez-le,
invincibles porteurs de ses ordres !

● *Parce qu'il est amour, Dieu notre Père a envoyé son Fils pour révéler et accomplir son dessein de salut. Parce qu'il est amour, Jésus, le Fils de Dieu, nous donne sa vie pour nous sauver. Parce qu'il est amour, l'Esprit de Dieu sanctifie l'Église et nous inspire l'amour fraternel.* ●

Lecture de la première lettre de saint Jean 4, 11-16

BIEN-AIMÉS, puisque Dieu nous a tellement aimés, nous devons, nous aussi, nous aimer les uns les autres. Dieu, personne ne l'a jamais vu. Mais si nous nous aimons les uns les autres, Dieu demeure en nous, et, en nous, son amour atteint la perfection. Voici comment nous reconnaissons que nous demeurons en lui et lui en nous : il nous a donné part à son Esprit. Quant à nous, nous avons vu et nous attestons que le Père a envoyé son Fils comme Sauveur du monde.
Celui qui proclame que Jésus est le Fils de Dieu, Dieu demeure en lui, et lui en Dieu. Et nous, nous avons reconnu l'amour que Dieu a pour nous, et nous y avons cru. Dieu est amour : qui demeure dans l'amour demeure en Dieu, et Dieu demeure en lui.

— Parole du Seigneur.

Alléluia. Alléluia. Je ne vous laisserai pas orphelins, dit le Seigneur ; je reviens vers vous, et votre cœur se réjouira. **Alléluia.**

● *À l'approche de la mort, Jésus délivre sa prière sacerdotale. Il demande à son Père de garder ses disciples dans la fidélité et l'unité, l'une et l'autre indissociables. Ainsi seront-ils « sanctifiés dans la vérité » pour annoncer l'Évangile.* ●

Évangile de Jésus Christ selon saint Jean — 17, 11b-19

EN CE TEMPS-LÀ, les yeux levés au ciel, Jésus priait ainsi : « Père saint, garde mes disciples unis dans ton nom, le nom que tu m'as donné, pour qu'ils soient un, comme nous-mêmes. Quand j'étais avec eux, je les gardais unis dans ton nom, le nom que tu m'as donné. J'ai veillé sur eux, et aucun ne s'est perdu, sauf celui qui s'en va à sa perte de sorte que l'Écriture soit accomplie. Et maintenant que je viens à toi, je parle ainsi, dans le monde, pour qu'ils aient en eux ma joie, et qu'ils en soient comblés. Moi, je leur ai donné ta parole, et le monde les a pris en haine parce qu'ils n'appartiennent pas au monde, de même que moi je n'appartiens pas au monde. Je ne prie pas pour que tu les retires du monde, mais pour que tu les gardes du Mauvais. Ils n'appartiennent pas au monde, de même que moi, je n'appartiens pas au monde.

« Sanctifie-les dans la vérité : ta parole est vérité. De même que tu m'as envoyé dans le monde, moi aussi, je les ai envoyés dans le monde. Et pour eux je me sanctifie moi-même, afin qu'ils soient, eux aussi, sanctifiés dans la vérité. »

— *Acclamons la Parole de Dieu.*

CREDO — page 395

PRIÈRE SUR LES OFFRANDES. Avec l'offrande de ce sacrifice, accueille, Seigneur, les prières de tes fidèles ; que cette liturgie célébrée avec ferveur nous fasse parvenir à la gloire du ciel. Par le Christ, notre Seigneur.

PRÉFACE DE PÂQUES I-V — pages 404-405

OU DE L'ASCENSION I-II — page 368

ANTIENNE DE LA COMMUNION. Père, dit Jésus, je prie pour qu'ils soient un comme nous sommes un, alléluia.

PRIÈRE APRÈS LA COMMUNION. Exauce-nous, Dieu notre Sauveur : par ces mystères très saints, confirme-nous dans cette assurance que s'accomplira pour le corps entier de l'Église ce qui s'est déjà réalisé pour celui qui en est la tête : le Christ. Lui qui vit et règne pour les siècles des siècles.

BÉNÉDICTION SOLENNELLE — page 323

MÉDITONS

AVEC SAINT AUGUSTIN D'HIPPONE

Crois que Dieu prête l'oreille au chant de ton cœur

La passion du Seigneur nous montre la vie présente qui nous oblige à peiner, à subir les épreuves et finalement à mourir ; la résurrection et la glorification du Seigneur nous montrent la vie que nous recevrons.

Nous vous exhortons, mes frères, à louer Dieu en ce moment, et c'est ce que nous faisons tous lorsque nous disons : Alléluia. Louez le Seigneur. Tu le dis à un autre, lui-même te dit la même chose. Lorsque tous font la même exhortation, tous y répondent. Mais louez-le par tout vous-mêmes : c'est-à-dire que votre langue et votre voix ne doivent pas être seules à louer Dieu ; louez-le aussi par votre conscience, par votre vie, par vos actions.

Évidemment, nous le louons maintenant, quand nous sommes rassemblés dans l'église. Lorsque chacun s'en va chez soi, il semble cesser de louer Dieu. S'il ne cesse pas de bien vivre, il loue Dieu continuellement. Ta louange ne cesse que lorsque tu te détournes de la justice et de ce qui plaît à Dieu. Car, si tu ne te détournes jamais de la vie vertueuse, ta bouche est muette, mais ta vie est une acclamation et Dieu prête l'oreille au chant de ton cœur.

Saint Augustin († 430), évêque d'Hippone en Afrique du Nord, a remis en lumière la Trinité en Dieu et, par analogie, en l'homme.

Cette semaine

Lu 13	Férie ou bienheureuse Vierge Marie de Fatima	Ac 19, 1-8 ; Ps 67 ; Jn 16, 29-33
	« Dans le monde, vous avez à souffrir, mais courage ! Moi, je suis vainqueur du monde. » Jn 16, 33	
Ma 14	Saint Matthias / fête	Ac 1, 15-17.20-26 ; Ps 112 ; Jn 15, 9-17
	« Tout ce que vous demanderez au Père en mon nom, il vous le donnera. » Jn 15, 16	
Me 15	Férie	Ac 20, 28-38 ; Ps 67 ; Jn 17, 11b-19
	« Sanctifie-les dans la vérité : ta parole est vérité. » Jn 17, 17	
Je 16	Férie	Ac 22, 30 et 23, 6-11 ; Ps 15 ; Jn 17, 20-26
	« Que tous soient un. » Jn 17, 21	
Ve 17	Férie	Ac 25, 13-21 ; Ps 102 ; Jn 21, 15-19
	« Simon, fils de Jean, m'aimes-tu ? » Jn 21, 17	
Sa 18	Férie ou saint Jean Ier	Ac 28, 16-20.30-31 ; Ps 10 ; Jn 21, 20-25
	« Suis-moi. » Jn 21, 22	

Bonne fête ! 12 : Achille, Pancrace • 13 : Rolande, Fatima • 14 : Matthias, Aglaé • 15 : Denise • 16 : Florent, Honoré • 17 : Pascal, Antonine • 18 : Jean, Éric

Nous fêtons

Saint Matthias (Ier siècle), le 14 mai

Au début du livre des Actes des Apôtres, les Apôtres qui viennent d'être témoins de l'ascension de Jésus vers son Père se rassemblent dans la chambre haute avec les autres disciples, Marie la mère du Seigneur et les femmes qui suivaient le Christ. Tous prient, le cœur implorant, d'être guidés dans le choix de l'homme qui remplacera Judas, celui qui a trahi Jésus, dans le groupe des Douze. Deux candidats sont proposés : Joseph Barsabbas et Matthias. Tous deux sont éminemment qualifiés, ayant suivi Jésus depuis son baptême. On tire au sort, et c'est Matthias qui est choisi.

En dehors de ce moment crucial, on sait peu de choses de Matthias. Comme les onze autres Apôtres, il a passé plusieurs années à prêcher la parole du Christ, probablement en Judée, en Cappadoce et au bord de la mer Caspienne. Sa mort serait directement liée à ses prêches en Colchide (en actuelle Géorgie) ou à Jérusalem.

Saint Clément d'Alexandrie rapporta ces paroles attribuées à Matthias : « Nous devons résister à notre chair, ne lui attribuer aucune valeur, et ne rien lui concéder pour la flatter, mais plutôt renforcer l'élévation de notre âme au moyen de la foi et de la connaissance. » Un sage conseil qui a fait de Matthias le saint patron de ceux qui mortifient leur chair en luttant contre l'alcoolisme.

Intentions • Résolutions • Action de grâce

DIMANCHE 19 MAI 2024

Solennité de la Pentecôte

Cinquante jours après Pâques, *ce dimanche clôt le temps pascal avec la célébration du mystère de la Pentecôte. Promis par le Christ, l'Esprit de Dieu nous est donné. Son effusion sanctifie l'Église et la garde dans l'unité car l'Esprit Saint est puissance de communion. Dans « l'immensité du monde », tout homme qui recevra l'Esprit entrera dans la connaissance intime de Dieu et parlera son langage, qui est amour.*

Antienne d'ouverture. L'Esprit du Seigneur remplit l'univers : lui qui tient ensemble tous les êtres, il sait se faire comprendre en toute langue, alléluia.

Ou bien :

L'amour de Dieu a été répandu dans nos cœurs par son Esprit qui habite en nous, alléluia.

Gloire à Dieu page 392

Prière. Seigneur Dieu, dans le mystère de la fête que nous célébrons aujourd'hui, tu sanctifies ton Église entière chez tous les peuples et dans toutes les nations ; répands les dons de l'Esprit Saint sur l'immensité du monde, et continue dans le cœur des croyants l'œuvre divine entreprise au début de la prédication évangélique. Par Jésus Christ, ton Fils, notre Seigneur, qui vit et règne avec toi dans l'unité du Saint-Esprit, Dieu, pour les siècles des siècles.

● *Après l'Ascension, les Apôtres sont dans l'attente de cette « force d'en haut » promise par Jésus. Réunis au cénacle, ils sont saisis par l'Esprit Saint qui donne sa note « catholique » à l'Église pour qu'elle proclame les « merveilles de Dieu » dans toutes les cultures.* •

Lecture du livre des Actes des Apôtres 2, 1-11

QUAND ARRIVA le jour de la Pentecôte, au terme des cinquante jours après Pâques, ils se trouvaient réunis tous ensemble. Soudain un bruit survint du ciel comme un violent coup de vent : la maison où ils étaient assis en fut remplie tout entière. Alors leur apparurent des langues qu'on aurait dites de feu, qui se partageaient, et il s'en posa une sur chacun d'eux. Tous furent remplis d'Esprit Saint : ils se mirent à parler en d'autres langues, et chacun s'exprimait selon le don de l'Esprit.

Or, il y avait, résidant à Jérusalem, des Juifs religieux, venant de toutes les nations sous le ciel. Lorsque ceux-ci entendirent la voix qui retentissait, ils se rassemblèrent en foule. Ils étaient en pleine confusion parce que chacun d'eux entendait dans son propre dialecte ceux qui parlaient. Dans la stupéfaction et l'émerveillement, ils disaient : « Ces gens qui parlent ne sont-ils pas tous galiléens ? Comment se fait-il que chacun de nous les entende dans son propre dialecte, sa langue maternelle ? Parthes, Mèdes et Élamites, habitants de la Mésopotamie, de la Judée et de la Cappadoce, de la province du Pont et de celle d'Asie, de la Phrygie et de la Pamphylie, de l'Égypte et des contrées de Libye proches de Cyrène, Romains de passage, Juifs de naissance et convertis, Crétois et Arabes, tous nous les entendons parler dans nos langues des merveilles de Dieu. »

— *Parole du Seigneur.*

Psaume 103

℟ Ô Seigneur, envoie ton Esprit
qui renouvelle la face de la terre !

Ou bien :

Alléluia !

Bénis le Seigneur, ô mon âme ;
Seigneur mon Dieu, tu es si grand !
Quelle profusion dans tes œuvres, Seigneur !
La terre s'emplit de tes biens.

Tu reprends leur souffle, ils expirent
et retournent à leur poussière.
Tu envoies ton souffle : ils sont créés ;
tu renouvelles la face de la terre.

Gloire au Seigneur à tout jamais !
Que Dieu se réjouisse en ses œuvres !
Que mon poème lui soit agréable ;
moi, je me réjouis dans le Seigneur.

• *Lutter contre les tendances égoïstes et se laisser conduire par l'Esprit de Dieu permet de récolter dès à présent les fruits qu'il nous donne : amour, joie, paix, patience, bonté, bienveillance, foi, humilité et maîtrise de soi.* •

Lecture de la lettre de saint Paul apôtre aux Galates — 5, 16-25

FRÈRES, je vous le dis : marchez sous la conduite de l'Esprit Saint, et vous ne risquerez pas de satisfaire les convoitises de la chair. Car les tendances de la chair s'opposent à l'Esprit, et les tendances de l'Esprit s'opposent à la chair. En effet, il y a là un affrontement qui vous empêche de faire tout ce que vous voudriez. Mais si vous vous laissez conduire par l'Esprit, vous n'êtes pas soumis à la Loi. On sait bien à quelles actions mène la chair : inconduite, impureté, débauche, idolâtrie, sorcellerie, haines, rivalité, jalousie, emportements, intrigues, divisions, sectarisme, envie, beuveries, orgies et autres choses du même genre. Je vous préviens, comme je l'ai déjà fait : ceux qui commettent de telles actions ne recevront pas en héritage le royaume de Dieu. Mais voici le fruit de l'Esprit : amour, joie, paix, patience, bonté, bienveillance, fidélité, douceur et maîtrise de soi. En ces domaines, la Loi n'intervient pas. Ceux qui sont au Christ Jésus ont crucifié en eux la chair, avec ses passions et ses convoitises. Puisque l'Esprit nous fait vivre, marchons sous la conduite de l'Esprit.

— *Parole du Seigneur.*

SÉQUENCE

Viens, Esprit Saint, en nos cœurs
et envoie du haut du ciel
un rayon de ta lumière.

Viens en nous, père des pauvres,
viens, dispensateur des dons,
viens, lumière de nos cœurs.

Consolateur souverain,
hôte très doux de nos âmes,
adoucissante fraîcheur.

Dans le labeur, le repos ;
dans la fièvre, la fraîcheur ;
dans les pleurs, le réconfort.

Ô lumière bienheureuse,
viens remplir jusqu'à l'intime
le cœur de tous tes fidèles.

Sans ta puissance divine,
il n'est rien en aucun homme,
rien qui ne soit perverti.

Lave ce qui est souillé,
baigne ce qui est aride,
guéris ce qui est blessé.

Assouplis ce qui est raide,
réchauffe ce qui est froid,
rends droit ce qui est faussé.

À tous ceux qui ont la foi
et qui en toi se confient
donne tes sept dons sacrés.

Donne mérite et vertu,
donne le salut final,
donne la joie éternelle. Amen.

Alléluia. Alléluia. Viens, Esprit Saint ! Emplis le cœur de tes fidèles ! Allume en eux le feu de ton amour ! **Alléluia.**

● *Le Christ promet à ses disciples qu'ils vont recevoir l'Esprit de vérité qui soutiendra leur témoignage. Nous qui avons reçu l'Esprit, la force d'amour que Dieu envoie pour nous accompagner chaque jour, nous pouvons aussi rendre témoignage au Père par notre vie.* ●

Évangile de Jésus Christ selon saint Jean — 15, 26-27 et 16, 12-15

En ce temps-là, Jésus disait à ses disciples : « Quand viendra le Défenseur, que je vous enverrai d'auprès du Père, lui, l'Esprit de vérité qui procède du Père, il rendra témoignage en ma faveur. Et vous aussi, vous allez rendre témoignage, car vous êtes avec moi depuis le commencement.

« J'ai encore beaucoup de choses à vous dire, mais pour l'instant vous ne pouvez pas les porter. Quand il viendra, lui, l'Esprit de vérité, il vous conduira dans la vérité tout entière. En effet, ce qu'il dira ne viendra pas de lui-même : mais ce qu'il aura entendu, il le dira ; et ce qui va venir, il vous le fera connaître. Lui me glorifiera, car il recevra ce qui vient de moi pour vous le faire connaître. Tout ce que possède le Père est à moi ; voilà pourquoi je vous ai dit : L'Esprit reçoit ce qui vient de moi pour vous le faire connaître. »

— *Acclamons la Parole de Dieu.*

Credo page 395

Prière sur les offrandes. Nous t'en prions, Seigneur, selon la promesse de ton Fils, que l'Esprit Saint nous fasse entrer plus avant dans l'intelligence du sacrifice que nous célébrons et nous ouvre à la vérité tout entière. Par le Christ, notre Seigneur.

Préface. Vraiment, il est juste et bon, pour ta gloire et notre salut, de t'offrir notre action de grâce, toujours et en tout lieu, Seigneur, Père très saint, Dieu éternel et tout-puissant. Pour accomplir jusqu'au bout le mystère de Pâques, tu as répandu largement aujourd'hui l'Esprit Saint sur ceux dont tu as fait tes enfants d'adoption en les unissant à ton Fils unique. C'est ton Esprit qui, au commencement de l'Église, a donné à tous les peuples la connaissance du vrai Dieu, et a rassemblé les diverses langues dans la confession d'une seule foi. C'est pourquoi la joie pascale rayonne par tout l'univers, la terre entière exulte, les puissances d'en haut et les anges dans le ciel chantent sans fin l'hymne de ta gloire : **Saint !…**

Prière eucharistique I, II ou III ——— pages 409 à 412

Antienne de la communion. Tous furent remplis d'Esprit Saint, et proclamaient les merveilles de Dieu, alléluia.

Prière après la communion. Seigneur Dieu, tu accordes largement les dons du ciel à ton Église, protège la grâce que tu lui as donnée : que l'effusion de l'Esprit Saint agisse avec toujours plus de force, et que cette nourriture spirituelle multiplie les effets de la rédemption éternelle. Par le Christ, notre Seigneur.

Bénédiction solennelle

Dieu, le Père des lumières,
a voulu éclairer le cœur des disciples
par l'effusion de l'Esprit Consolateur :
qu'il vous donne la joie de sa bénédiction
et vous accorde à jamais les dons de l'Esprit.
Amen.

Que le feu d'en haut venu sur les disciples
consume avec puissance tout mal au fond de vos cœurs
et les éclaire par l'effusion de sa lumière.
Amen.

L'Esprit rassemble les peuples de toutes langues
pour proclamer une seule foi :
qu'il vous donne de persévérer dans cette même foi
et de passer ainsi de l'espérance à la claire vision.
Amen.

Et que la bénédiction de Dieu tout-puissant,
le Père, et le Fils, ✠ et le Saint-Esprit,
descende sur vous et y demeure toujours.
Amen.

Allez dans la paix du Christ, alléluia, alléluia.
Nous rendons grâce à Dieu, alléluia, alléluia.

MÉDITONS AVEC GRÉGOIRE DE NAZIANZE

Recevez l'Esprit Saint

Voici maintenant une foule de témoignages qui prouveront, au moins à ceux qui ne sont pas fous ou trop étrangers à l'Esprit, que sa divinité se trouve fréquemment dans l'Écriture. Regarde : le Christ naît, l'Esprit le précède. Il est baptisé, l'Esprit rend témoignage. Il est tenté, l'Esprit le fait revenir en Galilée. Il accomplit des miracles, l'Esprit l'accompagne. Il est élevé au ciel, l'Esprit lui succède.

Il est l'Esprit qui crée, recrée par le baptême et la résurrection, il est l'Esprit qui connaît toutes choses, qui enseigne, qui souffle où il veut et comme il veut, qui conduit, qui parle, qui envoie, qui met à part certains Apôtres, qui s'irrite, qui est tenté, qui révèle, qui illumine, qui donne la vie ou plutôt qui est lui-même lumière et vie.

Saint Grégoire de Nazianze († v. 390), docteur de l'Église, est le premier après saint Jean à avoir été surnommé le « Théologien » pour la profondeur de ses discours sur Dieu.

Temps pascal

Cette semaine

Lu 20	Bienheureuse Vierge Marie, Mère de l'Église [saint Bernardin de Sienne]	Gn 3, 9-15.20 ou Ac 1, 12-14 ; Ps 86 ; Jn 19, 25-34
	« Puis il dit au disciple : "Voici ta mère". » Jn 19, 27	

Ma 21	Férie ou saint Christophe Magallanès et C.	Jc 4, 1-10 ; Ps 54 ; Mc 9, 30-37
	« Si quelqu'un veut être le premier, qu'il soit le serviteur de tous. » Cf. Mc 9, 35	
Me 22	Férie ou sainte Rita de Cascia	Jc 4, 13-17 ; Ps 48 ; Mc 9, 38-40
	« Celui qui fait un miracle en mon nom ne peut pas, aussitôt après, mal parler de moi. » Mc 9, 39	
Je 23	Férie	Jc 5, 1-6 ; Ps 48 ; Mc 9, 41-50
	« Ayez du sel en vous-mêmes, et vivez en paix entre vous. » Mc 9, 50	
Ve 24	Journée de prière pour l'Église de Chine	
	Férie	Jc 5, 9-12 ; Ps 102 ; Mc 10, 1-12
	« Ce que Dieu a uni, que l'homme ne le sépare pas ! » Mc 10, 9	
Sa 25	Férie ou saint Bède le Vénérable ou saint Grégoire VII ou sainte Marie-Madeleine de Pazzi	Jc 5, 13-20 ; Ps 140 ; Mc 10, 13-16
	« Laissez les enfants venir à moi, car le royaume de Dieu est à ceux qui leur ressemblent. » Cf. Mc 10, 14	

Bonne fête ! 19 : Yves, Erwan, Tristan • 20 : Bernardin • 21 : Christophe, Constantin • 22 : Émile, Quiterie • 23 : Didier • 24 : Donatien • 25 : Bède, Sophie

Nous fêtons

Sainte Rita de Cascia (1381-1457), le 22 mai

Née à Roccaporena, dans la région de l'Ombrie, en Italie, la jeune Rita assistait à la messe quand elle entendit le Christ s'adresser à elle : *« Je suis le Chemin, la Vérité, la Vie »* (Jn 14, 6). Elle souhaita alors ne vivre que pour lui. Pourtant, alors qu'elle avait 12 ans, ses parents la marièrent à Paul Mancini, un homme violent.

Dix-huit ans plus tard, Paul fut assassiné. Les deux fils de Rita voulurent le venger, mais Rita refusa de dévoiler l'identité des tueurs et pria pour que, d'une manière ou d'une autre, ses fils soient empêchés de commettre ce péché mortel. En l'espace de quelques mois, tous deux moururent de causes naturelles, sans avoir assouvi leur vengeance.

Après plusieurs tentatives, Rita fut admise au couvent des augustines de Cascia. Elle versa les grandes souffrances de sa vie dans ses méditations sur la passion du Christ. Dans un moment d'ardeur, elle émit le souhait de connaître son agonie, et fut exaucée quelques années plus tard en recevant une blessure profonde au front, semblable à la perforation d'une épine : une preuve de l'amour du Christ, mais aussi une plaie laide qui indisposa les autres religieuses. Afin qu'on lui permît de partir en pèlerinage à Rome, elle supplia Dieu d'effacer temporairement sa plaie, ce qu'il fit avant de la faire réapparaître après son retour.

Rita est la patronne des causes désespérées. Lors du centième anniversaire de sa canonisation, le pape Jean-Paul II dit : « Si nous demandons à sainte Rita quel est le secret de cette extraordinaire œuvre de renouveau social et spirituel, elle nous répond : la fidélité à l'amour crucifié. »

Intentions • Résolutions • Action de grâce

La liturgie de la messe

Liturgie de la messe

Rites initiaux

● *L'Église est le peuple de ceux qui sont appelés à sortir au-dehors : sortir de chez soi et du rythme quotidien ; sortir de soi ; sortir de son péché pour sortir du tombeau. Les rites d'ouverture opèrent ce passage pour mieux entrer en relation de communion avec le Seigneur et entre nous. C'est à l'initiative de Dieu, Père, Fils, et Esprit, en son nom et au titre de notre baptême, que nous sommes rassemblés.* ●

■ **Au nom du Père, et du Fils, et du Saint-Esprit.**
■ **Amen.**

Salutation

● *La salutation de l'ange à Marie résonne pour chacun et pour tous : « Le Seigneur est avec toi. » L'assemblée demande en particulier que le Seigneur habite le cœur, les pensées et les paroles de celui qui préside : « Et avec votre esprit. »* ●

■ **La grâce de Jésus, le Christ, notre Seigneur,**
l'amour de Dieu le Père,
et la communion de l'Esprit Saint
soient toujours avec vous.

(*Ou bien :*)

■ **Que la grâce et la paix de Dieu notre Père**
et du Seigneur Jésus, le Christ,
soient toujours avec vous.

(*Ou bien :*)

■ **Le Seigneur soit avec vous.**
■ **Et avec votre esprit.**

Acte pénitentiel

● *Solidaires dans l'expérience du mal et du péché, nous entrons ensemble dans la conversion, pour devenir communauté.* ●

Frères et sœurs, préparons-nous à célébrer le mystère de l'Eucharistie, en reconnaissant que nous avons péché.

1

■ **Je confesse à Dieu tout-puissant,**
je reconnais devant vous, frères et sœurs, que j'ai péché
en pensée, en parole, par action et par omission ;
oui, j'ai vraiment péché.

(On se frappe la poitrine :)

C'est pourquoi je supplie la bienheureuse Vierge Marie,
les anges et tous les saints,
et vous aussi, frères et sœurs,
de prier pour moi le Seigneur notre Dieu.

2

(Ou bien on peut dire le dialogue suivant :)

■ Prends pitié de nous, Seigneur.
■ **Nous avons péché contre toi.**
■ Montre-nous, Seigneur, ta miséricorde.
■ **Et donne-nous ton salut.**

3

(Ou encore la litanie suivante ou une autre semblable :)

■ Seigneur Jésus, envoyé pour guérir
les cœurs qui reviennent vers toi :
Seigneur, prends pitié.
■ **Seigneur, prends pitié.**

■ Ô Christ, venu appeler les pécheurs :
Ô Christ, prends pitié.
■ **Ô Christ, prends pitié.**

■ **Seigneur, qui sièges à la droite du Père**
où tu intercèdes pour nous :
Seigneur, prends pitié.
■ **Seigneur, prends pitié.**

■ **Que Dieu tout-puissant nous fasse miséricorde ;**
qu'il nous pardonne nos péchés
et nous conduise à la vie éternelle.
■ **Amen.**

Prière de supplication

● *Nous tournons notre cœur vers le Christ ; établi Seigneur par sa résurrection, il est auprès du Père celui qui intercède pour nous éternellement.* ●

■ **Seigneur, prends pitié.**	***Kyrie, eleison.***
■ **Seigneur, prends pitié.**	***Kyrie, eleison.***
■ **Ô Christ, prends pitié.**	***Christe, eleison.***
■ **Ô Christ, prends pitié.**	***Christe, eleison.***
■ **Seigneur, prends pitié.**	***Kyrie, eleison.***
■ **Seigneur, prends pitié.**	***Kyrie, eleison.***

Chant de louange

● *L'hymne pascale résonne du chant des anges de la Nativité et de la clameur des sauvés devant l'Agneau. Son omission durant l'Avent et le Carême prépare nos cœurs à une joie renouvelée, avant-goût du Royaume.* ●

Gloire à Dieu, au plus haut des cieux,
Et paix sur la terre aux hommes, qu'il aime.
Nous te louons, nous te bénissons, nous t'adorons,
Nous te glorifions, nous te rendons grâce,
pour ton immense gloire,

Seigneur Dieu, Roi du ciel, Dieu le Père tout-puissant.
Seigneur, Fils unique, Jésus Christ,
Seigneur, Dieu, Agneau de Dieu, le Fils du Père ;
Toi qui enlèves les péchés du monde,
prends pitié de nous ;
Toi qui enlèves les péchés du monde,
reçois notre prière ;
Toi qui es assis à la droite du Père,
prends pitié de nous.
Car toi seul es Saint, toi seul es Seigneur,
Toi seul es le Très-Haut : Jésus Christ,
avec le Saint-Esprit
Dans la gloire de Dieu le Père. Amen.

Gloria in excelsis Deo
et in terra pax hominibus bonae voluntatis.
Laudamus te, benedicimus te, adoramus te,
glorificamus te, gratias agimus tibi
propter magnam gloriam tuam,
Domine Deus, Rex caelestis,
Deus Pater omnipotens.
Domine Fili unigenite, Iesu Christe,
Domine Deus, Agnus Dei, Filius Patris,
qui tollis peccata mundi, miserere nobis ;
qui tollis peccata mundi,
suscipe deprecationem nostram.
Qui sedes ad dexteram Patris, miserere nobis.
Quoniam tu solus Sanctus,
tu solus Dominus,
tu solus Altissimus, Iesu Christe,
cum Sancto Spiritu :
in gloria Dei Patris. Amen.

Prière d'ouverture

● *Dans le bref silence qui précède cette prière, ce sont toutes nos intentions personnelles qui sont comme collectées.* ●

Liturgie de la Parole

● *Jésus Christ est la Parole de Dieu, qui s'adresse aux hommes comme à des amis. Dans leur progression théologique et spirituelle, les lectures (Ancien et Nouveau Testament) nous révèlent peu à peu le visage de sa miséricorde, pleinement manifesté sur la croix et au matin de la résurrection. Cette révélation de l'accomplissement des promesses de Dieu dans le Christ appelle notre réponse, debout dans la foi.* ●

Première lecture

● *L'Ancien Testament contient en germe les fruits de l'Évangile. Durant le temps pascal, nous les recueillons dans les Actes des Apôtres.* ●

■ **Parole du Seigneur.**

■ **Nous rendons grâce à Dieu.**

Psaume

● *Le chant du psaume est notre réponse à tous les hauts faits de Dieu entendus dans la première lecture.* ●

Deuxième lecture

● *L'enseignement des Apôtres nous redit comment, à chaque époque, la révélation du Seigneur peut porter du fruit dans l'Église.* ●

■ **Parole du Seigneur.**

■ **Nous rendons grâce à Dieu.**

Acclamation
(Alléluia ou autre chant en Carême)

● *En Jésus, dans ses paroles et dans ses actes, la révélation de Dieu atteint son sommet : le Christ est celui qui nous relève et nous sauve.* ●

Évangile

■ Le Seigneur soit avec vous.
■ **Et avec votre esprit.**

■ Évangile de Jésus Christ ✠ selon saint …
■ **Gloire à toi, Seigneur !**

(À la fin de l'Évangile :)

■ Acclamons la Parole de Dieu.
■ **Louange à toi, Seigneur Jésus !**

Homélie
Profession de foi

● *Chacun est responsable de la foi de toute l'Église. Et c'est ensemble, les uns grâce aux autres, que nous pouvons dire « Je crois ».* ●

Le symbole des Apôtres
(Il pourra être privilégié aux temps du Carême et de Pâques.)

Je crois en Dieu, le Père tout-puissant,
créateur du ciel et de la terre.
Et en Jésus Christ, son Fils unique, notre Seigneur,

(Aux mots qui suivent, tous s'inclinent jusqu'à : Vierge Marie)

qui a été conçu du Saint-Esprit,
est né de la Vierge Marie,
a souffert sous Ponce Pilate,
a été crucifié, est mort et a été enseveli,
est descendu aux enfers,
le troisième jour est ressuscité des morts,

est monté aux cieux,
est assis à la droite de Dieu le Père tout-puissant,
d'où il viendra juger les vivants et les morts.
Je crois en l'Esprit Saint,
à la sainte Église catholique,
à la communion des saints,
à la rémission des péchés,
à la résurrection de la chair,
à la vie éternelle. Amen.

Le symbole de Nicée-Constantinople

Je crois en un seul Dieu,
le Père tout-puissant, créateur du ciel et de la terre,
de l'univers visible et invisible.
Je crois en un seul Seigneur, Jésus Christ,
le Fils unique de Dieu,
né du Père avant tous les siècles :
Il est Dieu, né de Dieu,
lumière, née de la lumière,
vrai Dieu, né du vrai Dieu,
Engendré, non pas créé, consubstantiel au Père,
et par lui tout a été fait.
Pour nous les hommes, et pour notre salut,
il descendit du ciel ;

(Aux mots qui suivent, tous s'inclinent jusqu'à : s'est fait homme.)

par l'Esprit Saint, il a pris chair de la Vierge Marie,
et s'est fait homme.
Crucifié pour nous sous Ponce Pilate,
il souffrit sa Passion et fut mis au tombeau.
Il ressuscita le troisième jour,
conformément aux Écritures,
et il monta au ciel ; il est assis à la droite du Père.
Il reviendra dans la gloire,
pour juger les vivants et les morts ;
et son règne n'aura pas de fin.
Je crois en l'Esprit Saint,
qui est Seigneur et qui donne la vie ;

il procède du Père et du Fils ;
avec le Père et le Fils,
il reçoit même adoration et même gloire ;
il a parlé par les prophètes.
Je crois en l'Église, une, sainte, catholique
et apostolique.
Je reconnais un seul baptême
pour le pardon des péchés.
J'attends la résurrection des morts,
et la vie du monde à venir. Amen.

Credo in unum Deum,
Patrem omnipotentem, factorem caeli et terrae,
visibilium omnium et invisibilium.
Et in unum Dominum Iesum Christum,
Filium Dei unigenitum,
et ex Patre natum ante omnia saecula.
Deum de Deo,
lumen de lumine,
Deum verum de Deo vero,
genitum, non factum, consubstantialem Patri :
per quem omnia facta sunt.
Qui propter nos homines et propter nostram salutem
descendit de caelis.

(Aux mots qui suivent, tous s'inclinent jusqu'à : factus est.)

Et incarnatus est de Spiritu Sancto ex Maria Virgine,
et homo factus est.
Crucifixus etiam pro nobis sub Pontio Pilato ;
passus et sepultus est,
et resurrexit tertia die, secundum Scripturas,
et ascendit in caelum, sedet ad dexteram Patris.
Et iterum venturus est cum gloria,
iudicare vivos et mortuos,
cuius regni non erit finis.
Et in Spiritum Sanctum,
Dominum et vivificantem :
qui ex Patre Filioque procedit.

Qui cum Patre et Filio,
simul adoratur et conglorificatur :
qui locutus est per prophetas.
Et unam, sanctam, catholicam et apostolicam Ecclesiam.
Confiteor unum baptisma in remissionem peccatorum.
Et exspecto resurrectionem mortuorum,
et vitam venturi saeculi. Amen.

Prière universelle

● *L'Église est convoquée pour présenter au Père, par le Christ et dans l'Esprit, la multitude des hommes à sauver.* ●

LITURGIE EUCHARISTIQUE

● *Rendre grâce : recevant toute notre vie comme un don gratuit de Dieu, nous sommes poussés par l'amour, et dans l'Esprit, à lui rendre tous ses bienfaits. Nous nous offrons nous-mêmes, par le Christ, avec lui et en lui, au Père et, pour le monde, passant ainsi de la mort à la vie.* ●

Préparation des dons

● *Le pain et le vin représentent toute l'activité humaine. Notre contribution matérielle à la vie de l'Église est saisie dans cette offrande.* ●

■ **Tu es béni, Seigneur, Dieu de l'univers : nous avons reçu de ta bonté le pain que nous te présentons, fruit de la terre et du travail des hommes ; il deviendra pour nous le pain de la vie.**

■ **Béni soit Dieu, maintenant et toujours !**

Comme cette eau se mêle au vin pour le sacrement de l'Alliance, puissions-nous être unis à la divinité de Celui qui a voulu prendre notre humanité.

■ Tu es béni, Seigneur, Dieu de l'univers : nous avons reçu de ta bonté le vin que nous te présentons, fruit de la vigne et du travail des hommes ; il deviendra pour nous le vin du Royaume éternel.

■ **Béni soit Dieu, maintenant et toujours !**

Le cœur humble et contrit, nous te supplions, Seigneur, accueille-nous : que notre sacrifice, en ce jour, trouve grâce devant toi, Seigneur notre Dieu. Lave-moi de mes fautes, Seigneur, et purifie-moi de mon péché.

Prière sur les offrandes

1

■ Priez, frères et sœurs :
que mon sacrifice, qui est aussi le vôtre,
soit agréable à Dieu le Père tout-puissant.

■ **Que le Seigneur reçoive de vos mains ce sacrifice**
à la louange et à la gloire de son nom,
pour notre bien et celui de toute l'Église.

2

■ Prions ensemble,
au moment d'offrir le sacrifice de toute l'Église.

■ **Pour la gloire de Dieu et le salut du monde.**

Prière eucharistique

● *Le Seigneur Jésus, dont la présence est signifiée par celui qui préside la liturgie, nous prend dans le secret de sa prière. Habité par les promesses de Dieu et leur accomplissement, il se donne sans réserve à ses disciples et à son Père ; mort et ressuscité, il attire à lui, pour la rassembler, l'Église du ciel et de la terre.* ●

■ Le Seigneur soit avec vous.

■ **Et avec votre esprit.**

■ Élevons notre cœur.

■ **Nous le tournons vers le Seigneur.**

■ **Rendons grâce au Seigneur notre Dieu.**
■ **Cela est juste et bon.**

Préfaces

(Les préfaces propres se trouvent habituellement au jour concerné.)

Préface de l'Avent I

Du 1er dimanche de l'Avent au 16 décembre

Vraiment, il est juste et bon, pour ta gloire et notre salut, de t'offrir notre action de grâce, toujours et en tout lieu, Seigneur, Père très saint, Dieu éternel et tout-puissant, par le Christ, notre Seigneur.
Car il est déjà venu, en assumant l'humble condition de notre chair, pour accomplir l'éternel dessein de ton amour et nous ouvrir à jamais le chemin du salut ; il viendra de nouveau, revêtu de sa gloire, afin que nous possédions dans la pleine lumière les biens que tu nous as promis et que nous attendons en veillant dans la foi.
C'est pourquoi, avec les anges et les archanges, avec les puissances d'en haut et tous les esprits bienheureux, nous chantons l'hymne de ta gloire et sans fin nous proclamons : Saint !…

Préface de l'Avent II

Du 17 décembre au 24 décembre

Vraiment, il est juste et bon, pour ta gloire et notre salut, de t'offrir notre action de grâce, toujours et en tout lieu, Seigneur, Père très saint, Dieu éternel et tout-puissant, par le Christ, notre Seigneur.
Il est celui que tous les prophètes avaient annoncé, celui que la Vierge Mère attendait dans le secret de son amour, celui dont Jean Baptiste a proclamé la venue et manifesté la présence.
C'est lui qui nous donne la joie d'entrer déjà dans le mystère de Noël, pour qu'il nous trouve, quand il viendra, vigilants dans la prière et remplis d'allégresse.

C'est pourquoi, avec les anges et les archanges, avec les puissances d'en haut et tous les esprits bienheureux, nous chantons l'hymne de ta gloire et sans fin nous proclamons : Saint !...

Préface de la Nativité I

Vraiment, il est juste et bon, pour ta gloire et notre salut, de t'offrir notre action de grâce, toujours et en tout lieu, Seigneur, Père très saint, Dieu éternel et tout-puissant.
Car la révélation de ta gloire s'est éclairée pour nous d'une lumière nouvelle dans le mystère du Verbe incarné. Maintenant, nous connaissons en lui Dieu qui s'est rendu visible à nos yeux, et nous sommes entraînés par lui à aimer ce qui demeure invisible.
C'est pourquoi, avec les anges et les archanges, avec les puissances d'en haut et tous les esprits bienheureux, nous chantons l'hymne de ta gloire et sans fin nous proclamons : Saint !...

Préface de la Nativité II

Vraiment, il est juste et bon, pour ta gloire et notre salut, de t'offrir notre action de grâce, toujours et en tout lieu, Seigneur, Père très saint, Dieu éternel et tout-puissant, par le Christ, notre Seigneur.
Dans le mystère de la Nativité, celui qui par nature est invisible s'est rendu visible en notre chair ; engendré avant le temps, il entre dans le cours du temps. Relevant en lui la création déchue, il restaure toute chose et ramène l'homme perdu vers le royaume des Cieux.
C'est pourquoi nous te louons avec tous les anges et, dans la joie, nous te célébrons en proclamant : Saint !...

Préface de la Nativité III

Vraiment, il est juste et bon, pour ta gloire et notre salut, de t'offrir notre action de grâce, toujours et en tout lieu, Seigneur, Père très saint, Dieu éternel et tout-puissant, par le Christ, notre Seigneur.

Par lui resplendit en ce jour l'échange merveilleux où nous sommes régénérés : lorsque ton Verbe prend sur lui la fragilité humaine, notre condition mortelle en reçoit une infinie noblesse ; il devient tellement l'un de nous que nous devenons éternels.
C'est pourquoi, unis au chœur des anges, nous te louons dans la joie en proclamant : Saint !…

Préface pour l'unité des chrétiens

Vraiment, il est juste et bon, pour ta gloire et notre salut, de t'offrir notre action de grâce, toujours et en tout lieu, Seigneur, Père très saint, Dieu éternel et tout-puissant, par le Christ, notre Seigneur.
Par lui, tu nous conduis à la connaissance de ta vérité, pour que nous devenions son corps, unis dans une seule foi et un seul baptême. Par lui, tu répands ton Esprit Saint sur toutes les nations, l'Esprit qui fait une œuvre merveilleuse par la diversité de ses dons et réalise ainsi l'unité : il habite le cœur de tes enfants d'adoption, il remplit l'Église tout entière et ne cesse de la guider.
C'est pourquoi, unissant nos voix à celles des anges, nous te louons dans la joie en proclamant : Saint !…

Préface du Carême I

Vraiment, il est juste et bon, pour ta gloire et notre salut, de t'offrir notre action de grâce, toujours et en tout lieu, Seigneur, Père très saint, Dieu éternel et tout-puissant, par le Christ, notre Seigneur.
Car chaque année, tu accordes à tes fidèles de se préparer aux fêtes pascales dans la joie d'un cœur purifié ; de sorte qu'en s'adonnant à une prière plus fervente et à une charité plus active, fidèles aux sacrements qui les ont fait renaître, ils soient comblés de la grâce que tu réserves à tes enfants.
C'est pourquoi, avec les anges et les archanges, avec les puissances d'en haut et tous les esprits bienheureux, nous chantons l'hymne de ta gloire et sans fin nous proclamons : Saint !…

Préface du Carême II

Vraiment, il est juste et bon, pour ta gloire et notre salut, de t'offrir notre action de grâce, toujours et en tout lieu, Seigneur, Père très saint, Dieu éternel et tout-puissant.
Tu offres à tes enfants ce temps de grâce pour qu'ils retrouvent la pureté du cœur, afin que, l'esprit libéré des passions mauvaises, ils travaillent à ce monde qui passe, en s'attachant surtout aux réalités qui demeurent.
C'est pourquoi, avec les saints et tous les anges, nous te louons et sans fin nous proclamons : Saint !...

Préface du Carême III

Vraiment, il est juste et bon, pour ta gloire et notre salut, de t'offrir notre action de grâce, toujours et en tout lieu, Seigneur, Père très saint, Dieu éternel et tout-puissant.
Tu as voulu que nous te rendions grâce par nos privations : elles rabaissent notre orgueil de pécheurs et nous invitent à suivre l'exemple de ta bonté en nous faisant partager avec ceux qui ont faim.
C'est pourquoi, avec les anges innombrables, d'une seule voix nous célébrons ta louange en proclamant : Saint !...

Préface du Carême IV

Vraiment, il est juste et bon, pour ta gloire et notre salut, de t'offrir notre action de grâce, toujours et en tout lieu, Seigneur, Père très saint, Dieu éternel et tout-puissant.
Car tu veux, par notre jeûne et nos privations, réprimer nos penchants mauvais, élever nos esprits, nous donner la force et enfin la récompense, par le Christ, notre Seigneur.
Par lui, les anges célèbrent ta grandeur, et les esprits bienheureux adorent ta gloire ; par lui s'inclinent devant toi les puissances d'en haut et tressaillent d'une même allégresse les innombrables créatures des cieux.
À leur hymne de louange, laisse-nous joindre nos voix pour chanter et proclamer : Saint !...

Préface de Pâques I

Vraiment, il est juste et bon, pour ta gloire et notre salut, de te louer, Seigneur, en tout temps, mais plus encore de te glorifier

- en cette nuit *(la nuit de Pâques)*
- aujourd'hui *(le jour de Pâques et pendant l'octave)*
- en ces jours *(après l'octave)*

où le Christ, notre Pâque, a été immolé.

Car il est l'Agneau véritable qui a enlevé les péchés du monde : en mourant, il a détruit notre mort ; en ressuscitant, il nous a rendu la vie.

C'est pourquoi la joie pascale rayonne par tout l'univers, la terre entière exulte, les puissances d'en haut et les anges dans le ciel chantent sans fin l'hymne de ta gloire : Saint !…

Préface de Pâques II

Vraiment, il est juste et bon, pour ta gloire et notre salut, de te louer, Seigneur, en tout temps, mais plus encore de te glorifier en ces jours où le Christ, notre Pâque, a été immolé.

Grâce à lui se lèvent des enfants de lumière pour une vie éternelle, et les portes du royaume des Cieux s'ouvrent pour accueillir les croyants. Car sa mort nous affranchit de la mort et, dans sa résurrection, chacun de nous est déjà ressuscité.

C'est pourquoi la joie pascale rayonne par tout l'univers, la terre entière exulte, les puissances d'en haut et les anges dans le ciel chantent sans fin l'hymne de ta gloire : Saint !…

Préface de Pâques III

Vraiment, il est juste et bon, pour ta gloire et notre salut, de te louer, Seigneur, en tout temps, mais plus encore de te glorifier en ces jours où le Christ, notre Pâque, a été immolé.

Il ne cesse pas de s'offrir pour nous, et demeure éternellement notre défenseur auprès de toi ; immolé, il a vaincu la mort ; mis à mort, il est vivant pour toujours.

C'est pourquoi la joie pascale rayonne par tout l'univers, la terre entière exulte, les puissances d'en haut et les anges dans le ciel chantent sans fin l'hymne de ta gloire : Saint !...

Préface de Pâques IV

Vraiment, il est juste et bon, pour ta gloire et notre salut, de te louer, Seigneur, en tout temps, mais plus encore de te glorifier en ces jours où le Christ, notre Pâque, a été immolé.
Le monde ancien est détruit, la création déchue est renouvelée, et, dans le Christ, nous est rendue la vie en plénitude.
C'est pourquoi la joie pascale rayonne par tout l'univers, la terre entière exulte, les puissances d'en haut et les anges dans le ciel chantent sans fin l'hymne de ta gloire : Saint !...

Préface de Pâques V

Vraiment, il est juste et bon, pour ta gloire et notre salut, de te louer, Seigneur, en tout temps, mais plus encore de te glorifier en ces jours où le Christ, notre Pâque, a été immolé.
Par l'offrande de son corps, il mène à leur achèvement, dans la vérité de la croix, les sacrifices de l'ancienne Alliance, et quand il te remet son esprit pour notre salut, il est à lui seul le prêtre, l'autel et l'agneau du sacrifice.
C'est pourquoi la joie pascale rayonne par tout l'univers, la terre entière exulte, les puissances d'en haut et les anges dans le ciel chantent sans fin l'hymne de ta gloire : Saint !...

Préface des dimanches du temps ordinaire I

Vraiment, il est juste et bon, pour ta gloire et notre salut, de t'offrir notre action de grâce, toujours et en tout lieu, Seigneur, Père très saint, Dieu éternel et tout-puissant, par le Christ, notre Seigneur.
Dans le mystère de sa Pâque, il a fait une œuvre merveilleuse : car nous étions esclaves de la mort et du péché, et nous sommes appelés à partager sa gloire ; nous portons

désormais ces noms glorieux : descendance choisie, sacerdoce royal, nation sainte, peuple racheté ; nous pouvons annoncer au monde les merveilles que tu as accomplies, toi qui nous appelles des ténèbres à ton admirable lumière.
C'est pourquoi, avec les anges et les archanges, avec les puissances d'en haut et tous les esprits bienheureux nous chantons l'hymne de ta gloire et sans fin nous proclamons : Saint !...

Préface des dimanches du temps ordinaire II

Vraiment, il est juste et bon, pour ta gloire et notre salut, de t'offrir notre action de grâce, toujours et en tout lieu, Seigneur, Père très saint, Dieu éternel et tout-puissant, par le Christ, notre Seigneur.
Dans sa pitié pour nos égarements, il a voulu naître de la Vierge Marie. Par la souffrance de la croix, il nous a délivrés de la mort éternelle ; par sa résurrection d'entre les morts, il nous a donné la vie qui n'aura pas de fin.
C'est pourquoi, avec les anges et les archanges, avec les puissances d'en haut et tous les esprits bienheureux, nous chantons l'hymne de ta gloire et sans fin nous proclamons : Saint !...

Préface des dimanches du temps ordinaire III

Vraiment, il est juste et bon, pour ta gloire et notre salut, de t'offrir notre action de grâce, toujours et en tout lieu, Seigneur, Père très saint, Dieu éternel et tout-puissant.
Nous reconnaissons le signe de ton immense gloire, quand tu portes secours à la faiblesse humaine par ta puissance divine, mais plus encore quand ton Fils prend notre condition mortelle pour nous guérir de la mort : ainsi, tu fais de notre existence périssable un passage vers le salut, par le Christ, notre Seigneur.
Par lui, les anges adorent ta majesté et se réjouissent en ta présence à jamais. À leur hymne de louange, laisse-nous joindre nos voix pour chanter et proclamer : Saint !...

Préface des dimanches du temps ordinaire IV

Vraiment, il est juste et bon, pour ta gloire et notre salut, de t'offrir notre action de grâce, toujours et en tout lieu, Seigneur, Père très saint, Dieu éternel et tout-puissant, par le Christ, notre Seigneur.
Par sa naissance, il a renouvelé la condition humaine destinée à vieillir ; par sa Passion, il a effacé nos fautes ; par sa résurrection d'entre les morts, il a donné accès à la vie éternelle ; et par son ascension auprès de toi, notre Père, il a ouvert les portes du ciel.
C'est pourquoi, avec la multitude des anges et des saints, nous chantons l'hymne de ta gloire et sans fin nous proclamons : Saint !…

Préface des dimanches du temps ordinaire V

Vraiment, il est juste et bon, pour ta gloire et notre salut, de t'offrir notre action de grâce, toujours et en tout lieu, Seigneur, Père très saint, Dieu éternel et tout-puissant.
Toi, le Créateur de tous les éléments du monde, Maître des temps et de l'histoire, tu as formé l'homme à ton image et lui as soumis l'univers et ses merveilles ; tu lui as confié ta création afin qu'il en soit le gardien et qu'en admirant ton œuvre il ne cesse de te rendre grâce, par le Christ, notre Seigneur.
C'est pourquoi nous te louons avec tous les anges et, dans la joie, nous te célébrons en proclamant : Saint !…

Préface des dimanches du temps ordinaire VI

Vraiment, il est juste et bon, pour ta gloire et notre salut, de t'offrir notre action de grâce, toujours et en tout lieu, Seigneur, Père très saint, Dieu éternel et tout-puissant.
C'est en toi que nous sont donnés la vie, le mouvement et l'être ; dans notre corps, nous éprouvons chaque jour les effets de ta tendresse, et nous avons déjà la promesse de la vie éternelle : nous avons reçu les premiers dons de l'Esprit par qui tu as ressuscité Jésus d'entre les morts,

et nous tenons cette espérance que vive à jamais en nous le mystère de Pâques.
C'est pourquoi nous te louons avec tous les anges et, dans la joie, nous te célébrons en proclamant : **Saint !...**

Préface des dimanches du temps ordinaire VII

Vraiment, il est juste et bon, pour ta gloire et notre salut, de t'offrir notre action de grâce, toujours et en tout lieu, Seigneur, Père très saint, Dieu éternel et tout-puissant.
Dans ta miséricorde, tu as tellement aimé le monde que tu nous as envoyé le Rédempteur ; tu l'as voulu à notre ressemblance en toute chose à l'exception du péché, afin d'aimer en nous ce que tu aimais en lui ; tes dons que nous avions perdus par la désobéissance du péché, nous les retrouvons par l'obéissance de ton Fils.
C'est pourquoi, avec les anges et tous les saints, nous te louons, Seigneur, et nous exultons de joie en proclamant : **Saint !...**

Préface des dimanches du temps ordinaire VIII

Vraiment, il est juste et bon, pour ta gloire et notre salut, de t'offrir notre action de grâce, toujours et en tout lieu, Seigneur, Père très saint, Dieu éternel et tout-puissant.
Par le sang de ton Fils et la force de l'Esprit, tu as voulu réunir auprès de toi tes enfants que le péché avait éloignés ; et ce peuple qui tient son unité de la Trinité sainte, à la louange de ta sagesse infinie, c'est l'Église, Corps du Christ et Temple de l'Esprit.
C'est pourquoi, unissant nos voix à celles des anges, nous te louons dans la joie en proclamant :

■ **Saint ! Saint ! Saint,**
le Seigneur, Dieu de l'univers !
Le ciel et la terre sont remplis de ta gloire.
Hosanna au plus haut des cieux.
Béni soit celui qui vient au nom du Seigneur.
Hosanna au plus haut des cieux.

■ *Sanctus, Sanctus, Sanctus*
Dominus Deus Sabaoth.
Pleni sunt caeli et terra gloria tua.
Hosanna in excelsis.
Benedictus qui venit in nomine Domini.
Hosanna in excelsis.

PRIÈRES EUCHARISTIQUES

Prière eucharistique I (Canon romain)

Toi, Père très aimant, nous te prions et te supplions par Jésus Christ, ton Fils, notre Seigneur, d'accepter et de bénir ✠ ces dons, ces offrandes, sacrifice pur et saint, que nous te présentons avant tout pour ta sainte Église catholique : accorde-lui la paix et protège-la, daigne la rassembler dans l'unité et la gouverner par toute la terre ; nous les présentons en union avec ton serviteur notre pape …, notre évêque … et tous ceux qui gardent fidèlement la foi catholique reçue des Apôtres.

Souviens-toi, Seigneur, de tes serviteurs et de tes servantes …, et de tous ceux qui sont ici réunis, dont tu connais la foi et l'attachement. Nous t'offrons pour eux, ou ils t'offrent pour eux-mêmes et tous les leurs, ce sacrifice de louange, pour leur propre rédemption, pour la paix, et le salut qu'ils espèrent ; ils te rendent cet hommage, à toi, Dieu éternel, vivant et vrai.

Unis dans une même communion, vénérant d'abord la mémoire de la bienheureuse Marie toujours Vierge, Mère de notre Dieu et Seigneur, Jésus Christ, ▶

Propre du dimanche

Unis dans une même communion, nous célébrons le jour où le Christ est ressuscité d'entre les morts ; et vénérant d'abord la mémoire de la bienheureuse Marie toujours Vierge, Mère de notre Dieu et Seigneur, Jésus Christ, ▶

Propre de l'Immaculée Conception

Unis dans une même communion, nous célébrons le jour où la Vierge Marie a été conçue sans la faute originelle, puisque tu l'avais choisie pour être la Mère du Sauveur ; et vénérant d'abord la mémoire de cette Vierge bienheureuse, Mère de notre Dieu et Seigneur, Jésus Christ, ▶

Propre de la Nativité

(De la Nativité du Seigneur jusqu'au 1er janvier inclus)

Unis dans une même communion, nous célébrons (la nuit très sainte) le jour très saint où Marie, dans la gloire de sa virginité, enfanta le Sauveur du monde ; et vénérant d'abord la mémoire de cette Vierge bienheureuse, la Mère de notre Dieu et Seigneur, Jésus Christ, ▶

Propre de l'Épiphanie

Unis dans une même communion, nous célébrons le jour très saint où ton Fils unique qui partage éternellement ta propre gloire s'est manifesté à nos yeux dans un vrai corps pris de notre chair ; et vénérant d'abord la mémoire de la bienheureuse Marie toujours Vierge, Mère de notre Dieu et Seigneur, Jésus Christ, ▶

Propre de la Présentation du Seigneur

Unis dans une même communion, nous célébrons le jour très saint où la Vierge Marie te présenta dans le Temple ton Fils unique, son enfant nouveau-né ; et vénérant d'abord la mémoire de cette Vierge bienheureuse, la Mère de notre Dieu et Seigneur, Jésus Christ, ▶

Propre de l'Annonciation

Unis dans une même communion, nous célébrons le jour où, par l'Esprit Saint, la Vierge Marie a conçu ton Fils éternel; et vénérant d'abord la mémoire de cette Vierge bienheureuse, la Mère de notre Dieu et Seigneur, Jésus Christ, ▶

Propre du Jeudi saint

Unis dans une même communion, nous célébrons le jour très saint où notre Seigneur Jésus Christ fut livré pour nous ; et vénérant d'abord la mémoire de la bienheureuse Marie toujours Vierge, Mère de notre Dieu et Seigneur, Jésus Christ, ▶

Propre de Pâques

(De la vigile pascale jusqu'au 2e dimanche de Pâques inclus)

Unis dans une même communion, nous célébrons (la nuit très sainte) le jour très saint où ressuscita selon la chair notre Seigneur Jésus Christ; et vénérant d'abord la mémoire de la bienheureuse Marie toujours Vierge, Mère de notre Dieu et Seigneur, Jésus Christ, ▶

Propre de l'Ascension

Unis dans une même communion, nous célébrons le jour très saint où notre Seigneur, ton Fils unique, ayant pris notre nature avec sa faiblesse, la fit entrer dans ta gloire, à ta droite; et vénérant d'abord la mémoire de la bienheureuse Marie toujours Vierge, Mère de notre Dieu et Seigneur, Jésus Christ, ▶

Propre de la Pentecôte

Unis dans une même communion, nous célébrons le jour très saint de la Pentecôte, où l'Esprit Saint s'est manifesté aux Apôtres par d'innombrables langues de feu; et vénérant d'abord la mémoire de la bienheureuse Marie toujours Vierge, Mère de notre Dieu et Seigneur, Jésus Christ, ▶

Propre de la Nativité de saint Jean Baptiste

Unis dans une même communion, nous célébrons le jour de la naissance de saint Jean, le Précurseur, qui a préparé le chemin au Sauveur des hommes ; et vénérant d'abord la mémoire de la bienheureuse Marie toujours Vierge, Mère de notre Dieu et Seigneur, Jésus Christ, ▶

Propre de l'Assomption

Unis dans une même communion, nous célébrons le jour où la Vierge Marie a été élevée dans la gloire du ciel ; et vénérant d'abord la mémoire de cette Vierge bienheureuse, la Mère de notre Dieu et Seigneur, Jésus Christ, ▶

Propre de la Toussaint

Unis dans une même communion, nous célébrons le jour consacré à la mémoire de tous les saints : ils ont imité le Christ pendant leur vie et, à leur mort, ils ont reçu de lui la couronne de gloire ; et vénérant d'abord la mémoire de la bienheureuse Marie toujours Vierge, Mère de notre Dieu et Seigneur, Jésus Christ, ▶

▶ Et celle de saint Joseph, son époux, des bienheureux Apôtres et martyrs Pierre et Paul, André, [Jacques et Jean, Thomas, Jacques et Philippe, Barthélemy et Matthieu, Simon et Jude, Lin, Clet, Clément, Sixte, Corneille et Cyprien, Laurent, Chrysogone, Jean et Paul, Côme et Damien,] et de tous les saints, nous t'en supplions : accorde-nous, par leur prière et leurs mérites, d'être toujours et partout, forts de ton secours et de ta protection. [Par le Christ, notre Seigneur. Amen.]

Voici donc l'offrande que nous présentons devant toi, nous, tes serviteurs, et ta famille entière : Seigneur, dans ta bienveillance, accepte-la. ▶

Propre du Jeudi saint

Voici donc l'offrande que nous présentons devant toi, nous tes serviteurs, et ta famille entière : le jour même où notre Seigneur Jésus Christ a livré à ses disciples, pour qu'ils les célèbrent, les mystères de son Corps et de son Sang. Nous t'en prions, Seigneur, dans ta bienveillance, accepte cette offrande. ▶

Propre de Pâques

(De la vigile pascale jusqu'au 2e dimanche de Pâques inclus)

Voici donc l'offrande que nous présentons devant toi, nous tes serviteurs, et ta famille entière, particulièrement pour les baptisés de Pâques que tu as fait renaître de l'eau et de l'Esprit Saint, en pardonnant tous leurs péchés. Nous t'en prions, Seigneur, dans ta bienveillance, accepte cette offrande.

▶ Assure toi-même la paix de notre vie, arrache-nous à la damnation éternelle et veuille nous admettre au nombre de tes élus. [Par le Christ, notre Seigneur. Amen.]

Seigneur Dieu, nous t'en prions, daigne bénir et accueillir cette offrande, accepte-la pleinement, rends-la parfaite et digne de toi : qu'elle devienne pour nous le Corps et le Sang de ton Fils bien-aimé, Jésus, le Christ, notre Seigneur.

La veille de sa Passion,
(le Jeudi saint : La veille du jour où il devait souffrir
pour notre salut et celui de tous les hommes,
c'est-à-dire aujourd'hui,)
il prit le pain dans ses mains très saintes et,
les yeux levés au ciel, vers toi, Dieu,
son Père tout-puissant, en te rendant grâce
il dit la bénédiction, il rompit le pain,

et le donna à ses disciples, en disant :
« Prenez, et mangez-en tous :
ceci est mon Corps livré pour vous. »

De même, après le repas,
il prit cette coupe incomparable
dans ses mains très saintes ;
et, te rendant grâce à nouveau, il dit la bénédiction,
et donna la coupe à ses disciples, en disant :
« Prenez, et buvez-en tous,
car ceci est la coupe de mon Sang,
le Sang de l'Alliance nouvelle et éternelle,
qui sera versé pour vous et pour la multitude
en rémission des péchés.
Vous ferez cela en mémoire de moi. »

■ Il est grand, le mystère de la foi :

■ **Nous annonçons ta mort, Seigneur Jésus,**
nous proclamons ta résurrection,
nous attendons ta venue dans la gloire.

(Ou bien :)

■ Acclamons le mystère de la foi :

■ **Quand nous mangeons ce Pain**
et buvons à cette Coupe,
nous annonçons ta mort, Seigneur ressuscité,
et nous attendons que tu viennes.

(Ou bien :)

1

■ Qu'il soit loué, le mystère de la foi :

■ **Sauveur du monde, sauve-nous !**
Par ta croix et ta résurrection, tu nous a libérés.

2

■ Proclamons le mystère de la foi :

■ **Gloire à toi qui étais mort,**
gloire à toi qui es vivant,
notre Sauveur et notre Dieu :
Viens, Seigneur Jésus !

Voilà pourquoi nous, tes serviteurs, et ton peuple saint avec nous, faisant mémoire de la passion bienheureuse de ton Fils, Jésus, le Christ, notre Seigneur, de sa résurrection du séjour des morts et de sa glorieuse ascension dans le ciel, nous te présentons, Dieu de gloire et de majesté, cette offrande prélevée sur les biens que tu nous donnes, le sacrifice pur et saint, le sacrifice parfait, Pain de la vie éternelle et Coupe du salut.

Et comme il t'a plu d'accueillir les présents de ton serviteur Abel le Juste, le sacrifice d'Abraham, notre père dans la foi, et celui que t'offrit Melkisédek, ton grand prêtre, oblation sainte et immaculée, regarde ces offrandes avec amour et, dans ta bienveillance, accepte-les.

Nous t'en supplions, Dieu tout-puissant : qu'elles soient portées par les mains de ton saint ange en présence de ta gloire, sur ton autel céleste, afin qu'en recevant ici, par notre communion à l'autel, le Corps et le Sang très saints de ton Fils, nous soyons comblés de la grâce et de toute bénédiction du ciel. [Par le Christ, notre Seigneur. Amen.]

Souviens-toi aussi, Seigneur, de tes serviteurs et de tes servantes [de … et …] qui nous ont précédés, marqués du signe de la foi, et qui dorment dans la paix.

Pour eux et pour tous ceux qui reposent dans le Christ, nous implorons ta bonté, Seigneur : qu'ils demeurent dans la joie, la lumière et la paix. [Par le Christ, notre Seigneur. Amen.]

Et nous pécheurs, tes serviteurs, qui mettons notre espérance en ta miséricorde inépuisable, admets-nous dans la communauté des saints Apôtres et martyrs, avec Jean Baptiste, Étienne, Matthias et Barnabé, [Ignace, Alexandre, Marcellin et Pierre, Félicité et Perpétue, Agathe, Lucie, Agnès, Cécile, Anastasie,] et tous les saints ; nous t'en prions, accueille-nous dans leur compagnie, sans nous juger sur le mérite mais en accordant largement ton pardon. Par le Christ, notre Seigneur.

Par lui, tu ne cesses de créer tous ces biens, tu les sanctifies, leur donnes la vie, les bénis, et nous en fais le don.

Par lui, avec lui et en lui, à toi, Dieu le Père tout-puissant, dans l'unité du Saint-Esprit, tout honneur et toute gloire, pour les siècles des siècles.

■ **Amen.** *Notre Père : page 429*

Prière eucharistique II

Toi qui es vraiment Saint, toi qui es la source de toute sainteté, Seigneur, nous te prions : ▶

Propre du dimanche

Toi qui es vraiment Saint, toi qui es la source de toute sainteté, Dieu notre Père, nous voici rassemblés devant toi, et, dans la communion de toute l'Église, nous célébrons le jour où le Christ est ressuscité d'entre les morts. Par lui que tu as élevé à ta droite, nous te prions : ▶

Propre de l'Immaculée Conception

Toi qui es vraiment Saint, toi qui es la source de toute sainteté, Dieu notre Père, nous voici rassemblés devant toi, et, dans la communion de toute l'Église, nous célébrons le jour où la Vierge Marie a été conçue sans la faute originelle, puisque tu l'avais choisie pour être la Mère du Sauveur. Par lui, qui a enlevé le péché du monde, nous te prions : ▶

Propre de la Nativité

(De la Nativité du Seigneur jusqu'au 1er janvier inclus)

Toi qui es vraiment Saint, toi qui es la source de toute sainteté, Dieu notre Père, nous voici rassemblés devant toi, et, dans la communion de toute l'Église, nous célébrons (la nuit très sainte) le jour très saint où Marie, dans la gloire de sa virginité, enfanta le Sauveur du monde. Par lui, notre Rédempteur et notre Seigneur, nous te prions : ▶

Propre de l'Épiphanie du Seigneur

Toi qui es vraiment Saint, toi qui es la source de toute sainteté, Dieu notre Père, nous voici rassemblés devant toi, et, dans la communion de toute l'Église, nous célébrons le jour très saint où ton Fils unique qui partage éternellement ta propre gloire s'est manifesté à nos yeux dans un vrai corps pris de notre chair. Par lui, notre Rédempteur et notre Sauveur, nous te prions : ▶

Propre de la Présentation du Seigneur

Toi qui es vraiment Saint, toi qui es la source de toute sainteté, Dieu notre Père, nous voici rassemblés devant toi et, dans la communion de toute l'Église, nous célébrons le jour très saint où la Vierge Marie te présenta dans le Temple son enfant nouveau-né, ton Fils unique, notre Seigneur. Par lui, lumière née de ta lumière, nous te prions : ▶

Propre de l'Annonciation

Toi qui es vraiment Saint, toi qui es la source de toute sainteté, Dieu notre Père, nous voici rassemblés devant toi et, dans la communion de toute l'Église, nous célébrons le jour où, par l'Esprit Saint, la Vierge Marie a conçu ton Fils éternel. Par lui, qui est devenu notre Sauveur, nous te prions : ▶

Propre du Jeudi saint

Toi qui es vraiment Saint, toi qui es la source de toute sainteté, Dieu notre Père, nous voici rassemblés devant toi et, dans la communion de toute l'Église, nous célébrons le jour très saint où notre Seigneur Jésus Christ fut livré pour nous. Par lui, notre Rédempteur et Sauveur, que tu as glorifié, nous te prions : ▶

Propre de Pâques

(De la vigile pascale jusqu'au 2e dimanche de Pâques inclus)

Toi qui es vraiment Saint, toi qui es la source de toute sainteté, Dieu notre Père, nous voici rassemblés devant toi, et, dans la communion de toute l'Église, nous célébrons (la nuit très sainte) le jour très saint où ressuscita selon la chair notre Seigneur Jésus, le Christ. Par lui, que tu as élevé à ta droite, nous te prions : ▶

Propre de l'Ascension

Toi qui es vraiment Saint, toi qui es la source de toute sainteté, Dieu notre Père, nous voici rassemblés devant toi et, dans la communion de toute l'Église, nous célébrons le jour très saint où notre Seigneur, ton Fils unique, ayant pris notre nature avec sa faiblesse, la fit entrer dans la gloire, près de toi. Par lui, qui siège désormais à ta droite, nous te prions : ▶

Propre de la Pentecôte

Toi qui es vraiment Saint, toi qui es la source de toute sainteté, Dieu notre Père, nous voici rassemblés devant toi et, dans la communion de toute l'Église, nous célébrons le jour très saint de la Pentecôte, où l'Esprit Saint s'est manifesté aux Apôtres par d'innombrables langues de feu ; et nous te prions, Seigneur : ▶

Propre de la Nativité de saint Jean Baptiste

Toi qui es vraiment Saint, toi qui es la source de toute sainteté, Dieu notre Père, nous voici rassemblés devant toi et, dans la communion de toute l'Église, nous célébrons le jour de la naissance de saint Jean le Précurseur, qui a préparé le chemin au Sauveur des hommes, le Christ Jésus, lui qui est venu après Jean, mais qui existait avant lui ; et maintenant, nous te prions : ▶

Propre de l'Assomption

Toi qui es vraiment Saint, toi qui es la source de toute sainteté, Dieu notre Père, nous voici rassemblés devant toi et, dans la communion de toute l'Église, nous célébrons le jour où la Vierge, Mère de Dieu, a été élevée au ciel, dans la gloire de son fils, Jésus Christ, notre Seigneur. Par lui, qui est à l'origine de notre foi et qui la mène à sa perfection, nous te prions : ▶

Propre de la Toussaint

Toi qui es vraiment Saint, toi qui es la source de toute sainteté, Dieu notre Père, nous voici rassemblés devant toi et, dans la communion de toute l'Église, nous célébrons le jour consacré à la mémoire de tous les saints : ils ont suivi le Christ pendant leur vie et, à leur mort, ils ont reçu de lui la couronne de gloire. Par lui, qui est à l'origine de notre foi et qui la mène à sa perfection, nous te prions : ▶

▶ Sanctifie ces offrandes en répandant sur elles ton Esprit ; qu'elles deviennent pour nous le Corps et ✠ le Sang de Jésus, le Christ, notre Seigneur.

Au moment d'être livré
et d'entrer librement dans sa Passion,
(le Jeudi saint : c'est-à-dire aujourd'hui,)
il prit le pain, il rendit grâce, il le rompit
et le donna à ses disciples, en disant :
« Prenez, et mangez-en tous :
ceci est mon Corps livré pour vous. »

De même, après le repas,
il prit la coupe ; de nouveau il rendit grâce,
et la donna à ses disciples, en disant :
« Prenez, et buvez-en tous,
car ceci est la coupe de mon Sang,
le Sang de l'Alliance nouvelle et éternelle,
qui sera versé pour vous et pour la multitude
en rémission des péchés.
Vous ferez cela en mémoire de moi. »

(Prendre une des acclamations d'anamnèse, page 414)

En faisant ainsi mémoire de la mort et de la résurrection de ton Fils, nous t'offrons, Seigneur, le Pain de la vie et la Coupe du salut, et nous te rendons grâce, car tu nous as estimés dignes de nous tenir devant toi pour te servir.

Humblement, nous te demandons qu'en ayant part au Corps et au Sang du Christ, nous soyons rassemblés par l'Esprit Saint en un seul corps.

Souviens-toi, Seigneur, de ton Église répandue à travers le monde : fais-la grandir dans ta charité en union avec notre pape …, notre évêque …, et tous les évêques, les prêtres et les diacres.

De la vigile pascale jusqu'au 2e dimanche de Pâques inclus, on peut ajouter :

Souviens-toi des baptisés de Pâques que tu as fait renaître de l'eau et de l'Esprit Saint pour une vie nouvelle dans le Christ.

Souviens-toi aussi de nos frères et sœurs qui se sont endormis dans l'espérance de la résurrection, et souviens-toi, dans ta miséricorde, de tous les défunts : accueille-les dans la lumière de ton visage.

Sur nous tous enfin, nous implorons ta bonté : permets qu'avec la Vierge Marie, la bienheureuse Mère de Dieu, avec saint Joseph, son époux, les Apôtres et tous les saints qui ont fait ta joie au long des âges, nous ayons part à la vie éternelle et que nous chantions ta louange et ta gloire, par ton Fils Jésus, le Christ.

Par lui, avec lui et en lui, à toi, Dieu le Père tout-puissant, dans l'unité du Saint-Esprit, tout honneur et toute gloire, pour les siècles des siècles.

■ **Amen.** *Notre Père : page 429*

Prière eucharistique III

Tu es vraiment Saint, Dieu de l'univers, et il est juste que toute la création proclame ta louange, car c'est toi qui donnes la vie, c'est toi qui sanctifies toutes choses, par ton Fils, Jésus Christ, notre Seigneur, avec la puissance de l'Esprit Saint ; et tu ne cesses de rassembler ton peuple, afin que, du levant au couchant du soleil, une offrande pure soit présentée à ton nom.

C'est pourquoi nous te supplions, Seigneur, de consacrer toi-même les offrandes que nous apportons : ▶

Propre du dimanche

C'est pourquoi nous voici rassemblés devant toi, Dieu notre Père, et, dans la communion de toute l'Église, nous célébrons le jour où le Christ est ressuscité d'entre les morts.

Par lui, que tu as élevé à ta droite, nous te supplions de consacrer toi-même les offrandes que nous apportons : ▶

Propre de l'Immaculée Conception

C'est pourquoi nous voici rassemblés devant toi, Dieu notre Père, et, dans la communion de toute l'Église, nous célébrons le jour où la Vierge Marie a été conçue sans la faute originelle, puisque tu l'avais choisie pour être la Mère du Sauveur. Par lui, qui a enlevé le péché du monde, nous te supplions de consacrer toi-même les offrandes que nous apportons : ▶

Propre de la Nativité

(De la Nativité du Seigneur jusqu'au 1er janvier inclus)

C'est pourquoi nous voici rassemblés devant toi, Dieu notre Père, et, dans la communion de toute l'Église, nous célébrons (la nuit très sainte) le jour très saint où Marie, dans la gloire de sa virginité, enfanta le Sauveur du monde. Par lui, notre Rédempteur et notre Seigneur, nous te supplions de consacrer toi-même les offrandes que nous apportons : ▶

Propre de l'Épiphanie

C'est pourquoi nous voici rassemblés devant toi, Dieu notre Père, et, dans la communion de toute l'Église, nous célébrons le jour très saint où ton Fils unique qui partage éternellement ta propre gloire s'est manifesté à nos yeux dans un vrai corps pris de notre chair. Par lui, notre Rédempteur et notre Sauveur, nous te supplions de consacrer toi-même les offrandes que nous apportons : ▶

Propre de la Présentation du Seigneur

C'est pourquoi nous voici rassemblés devant toi, Dieu notre Père, et, dans la communion de toute l'Église, nous célébrons le jour où la Vierge Marie te présenta dans le Temple son enfant nouveau-né, ton Fils unique, notre Seigneur. Par lui, lumière née de ta lumière, nous te supplions de consacrer toi-même les offrandes que nous apportons : ▶

Propre de l'Annonciation

C'est pourquoi nous voici rassemblés devant toi, Dieu notre Père, et, dans la communion de toute l'Église, nous célébrons le jour où, par l'Esprit Saint, la Vierge Marie a conçu ton Fils éternel. Par lui, qui est devenu notre Sauveur, nous te supplions de consacrer toi-même les offrandes que nous apportons : ▶

Propre du Jeudi saint

C'est pourquoi nous voici rassemblés devant toi, Dieu notre Père, et, dans la communion de toute l'Église, nous célébrons le jour très saint où notre Seigneur Jésus Christ fut livré pour nous. Par lui, notre Rédempteur et Sauveur, que tu as glorifié, nous te supplions de consacrer toi-même les offrandes que nous apportons : ▶

Propre de Pâques

(De la vigile pascale jusqu'au 2e dimanche de Pâques inclus)

C'est pourquoi nous voici rassemblés devant toi, Dieu notre Père, et, dans la communion de toute l'Église, nous célébrons (la nuit très sainte) le jour très saint où ressuscita selon la chair notre Seigneur Jésus, le Christ. Par lui que tu as élevé à ta droite, nous te supplions de consacrer toi-même les offrandes que nous apportons : ▶

PROPRE DE L'ASCENSION

C'est pourquoi nous voici rassemblés devant toi, Dieu notre Père, et, dans la communion de toute l'Église, nous célébrons le jour très saint où notre Seigneur, ton Fils unique, ayant pris notre nature avec sa faiblesse, la fit entrer dans la gloire, près de toi. Par lui, qui siège désormais à ta droite, nous te supplions de consacrer toi-même les offrandes que nous apportons : ▶

PROPRE DE LA PENTECÔTE

C'est pourquoi nous voici rassemblés devant toi, Dieu notre Père, et, dans la communion de toute l'Église, nous célébrons le jour très saint de la Pentecôte, où l'Esprit Saint s'est manifesté aux Apôtres par d'innombrables langues de feu ; nous te supplions de consacrer toi-même les offrandes que nous apportons : ▶

PROPRE DE LA NATIVITÉ DE SAINT JEAN BAPTISTE

C'est pourquoi nous voici rassemblés devant toi, Dieu notre Père, et, dans la communion de toute l'Église, nous célébrons le jour de la naissance de saint Jean, le Précurseur, qui a préparé le chemin au Sauveur des hommes, le Christ Jésus, lui qui est venu après Jean, mais qui existait avant lui ; nous te supplions de consacrer toi-même les offrandes que nous apportons : ▶

PROPRE DE L'ASSOMPTION

C'est pourquoi nous voici rassemblés devant toi, Dieu notre Père, et, dans la communion de toute l'Église, nous célébrons le jour où la Vierge, Mère de Dieu, a été élevée au ciel, dans la gloire de son fils, Jésus Christ, notre Seigneur. Par lui, qui est à l'origine de notre foi et qui la mène à sa perfection, nous te supplions de consacrer toi-même les offrandes que nous apportons : ▶

Propre de la Toussaint

C'est pourquoi nous voici rassemblés devant toi, Dieu notre Père, et, dans la communion de toute l'Église, nous célébrons le jour consacré à la mémoire de tous les saints : ils ont suivi le Christ pendant leur vie et, à leur mort, ils ont reçu de lui la couronne de gloire. Par lui, qui est à l'origine de notre foi et qui la mène à sa perfection, nous te supplions de consacrer toi-même les offrandes que nous apportons : ▶

▶ Sanctifie-les par ton Esprit pour qu'elles deviennent le Corps ✠ et le Sang de ton Fils, Jésus Christ, notre Seigneur, qui nous a dit de célébrer ce mystère.

La nuit même où il fut livré,
(le Jeudi saint : c'est-à-dire aujourd'hui,)
il prit le pain, en te rendant grâce il dit la bénédiction,
il rompit le pain, et le donna à ses disciples, en disant :
« Prenez, et mangez-en tous :
ceci est mon Corps livré pour vous. »

De même, après le repas,
il prit la coupe ; en te rendant grâce il dit la bénédiction,
et donna la coupe à ses disciples, en disant :
« Prenez, et buvez-en tous,
car ceci est la coupe de mon Sang,
le Sang de l'Alliance nouvelle et éternelle,
qui sera versé pour vous et pour la multitude
en rémission des péchés.
Vous ferez cela en mémoire de moi. »

(Prendre une des acclamations d'anamnèse, page 414)

En faisant ainsi mémoire de ton Fils, de sa Passion qui nous sauve, de sa glorieuse résurrection et de son ascension dans le ciel, alors que nous attendons son dernier avènement, nous t'offrons, Seigneur, en action de grâce, ce sacrifice vivant et saint.

Regarde, nous t'en prions, l'oblation de ton Église, et daigne y reconnaître ton Fils qui, selon ta volonté, s'est offert en sacrifice pour nous réconcilier avec toi. Quand nous serons nourris de son Corps et de son Sang, et remplis de l'Esprit Saint, accorde-nous d'être un seul corps et un seul esprit dans le Christ.

Que l'Esprit Saint fasse de nous une éternelle offrande à ta gloire, pour que nous obtenions un jour l'héritage promis, avec tes élus : en premier lieu la bienheureuse Vierge Marie, Mère de Dieu, avec saint Joseph, son époux, les bienheureux Apôtres, les glorieux martyrs, [saint…] et tous les saints, qui ne cessent d'intercéder auprès de toi et nous assurent de ton secours.

Et maintenant nous te supplions, Seigneur : par le sacrifice qui nous réconcilie avec toi, étends au monde entier le salut et la paix. Affermis ton Église, en pèlerinage sur la terre, dans la foi et la charité, en union avec ton serviteur notre pape …, et notre évêque …, l'ensemble des évêques, les prêtres, les diacres, et tout le peuple que tu as racheté.

De la vigile pascale jusqu'au 2e dimanche de Pâques inclus, on peut ajouter :

Souviens-toi des baptisés de Pâques que tu as fait renaître de l'eau et de l'Esprit Saint pour une vie nouvelle dans le Christ.

▶ Écoute, en ta bonté, les prières de ta famille, que tu as voulu rassembler devant toi. Dans ta miséricorde, ramène à toi, Père très aimant, tous tes enfants dispersés.

Pour nos frères et sœurs défunts, et pour tous ceux qui ont quitté ce monde et trouvent grâce devant toi, nous te prions : en ta bienveillance, accueille-les dans ton royaume, où nous espérons être comblés de ta gloire, tous ensemble et pour l'éternité, par le Christ, notre Seigneur, par qui tu donnes au monde toute grâce et tout bien.

Par lui, avec lui et en lui, à toi, Dieu le Père tout-puissant, dans l'unité du Saint-Esprit, tout honneur et toute gloire, pour les siècles des siècles.

■ Amen. *Notre Père : page 429*

Prière eucharistique IV

Vraiment, il est bon de te rendre grâce, il est juste et bon de te glorifier, Père très saint, car tu es le seul Dieu, le Dieu vivant et vrai : toi qui es avant tous les siècles, tu demeures éternellement, lumière au-delà de toute lumière. Toi, le Dieu de bonté, la source de la vie, tu as fait le monde pour que toute créature soit comblée de tes bénédictions, et que beaucoup se réjouissent de l'éclat de ta lumière. Ainsi, la foule innombrable des anges qui te servent jour et nuit se tiennent devant toi, et, contemplant la splendeur de ta face, n'interrompent jamais leur louange.
Unis à leur hymne d'allégresse, avec la création tout entière qui t'acclame par nos voix, Dieu, nous te chantons (louons) : Saint !...

Père très saint, nous proclamons que tu es grand et que tu as fait toutes choses avec sagesse et par amour : tu as créé l'homme à ton image et tu lui as confié l'univers, afin qu'en te servant, toi seul, son Créateur, il règne sur la création.

Comme il avait perdu ton amitié par sa désobéissance, tu ne l'as pas abandonné au pouvoir de la mort. Dans ta miséricorde, tu es venu en aide à tous les hommes pour qu'ils te cherchent et puissent te trouver. Tu as multiplié les alliances avec eux, et tu les as formés, par les prophètes, dans l'espérance du salut.

Tu as tellement aimé le monde, Père très saint, que tu nous as envoyé ton Fils unique, lorsque les temps furent accomplis, pour qu'il soit notre Sauveur.

Dieu fait homme, conçu de l'Esprit Saint, né de la Vierge Marie, il a vécu notre condition humaine en toute chose, excepté le péché, annonçant aux pauvres la bonne nouvelle du salut ; aux captifs, la délivrance ; aux affligés, la joie.

Pour accomplir le dessein de ton amour, il s'est livré lui-même à la mort, et, par sa résurrection, il a détruit la mort et renouvelé la vie. Afin que désormais notre vie ne soit plus à nous-mêmes, mais à lui qui est mort et ressuscité pour nous, il a envoyé d'auprès de toi, Père, comme premier don fait aux croyants, l'Esprit Saint qui continue son œuvre dans le monde et achève toute sanctification.

Que ce même Esprit Saint, nous t'en prions, Seigneur, sanctifie ces offrandes : qu'elles deviennent ainsi le Corps ✠ et le Sang de notre Seigneur Jésus, le Christ, dans la célébration de ce grand mystère, que lui-même nous a laissé en signe de l'Alliance éternelle.

Quand l'heure fut venue où tu allais le glorifier, Père très saint, comme il avait aimé les siens qui étaient dans le monde, il les aima jusqu'au bout :
pendant le repas qu'il partageait avec eux,
il prit le pain, dit la bénédiction, le rompit
et le donna à ses disciples, en disant :
« Prenez, et mangez-en tous :
ceci est mon Corps livré pour vous. »

De même, il prit la coupe remplie de vin,
il rendit grâce, et la donna à ses disciples, en disant :
« Prenez, et buvez-en tous,
car ceci est la coupe de mon Sang,
le Sang de l'Alliance nouvelle et éternelle,
qui sera versé pour vous et pour la multitude
en rémission des péchés.
Vous ferez cela en mémoire de moi. »

(Prendre une des acclamations d'anamnèse, page 414)

Voilà pourquoi, Seigneur, nous célébrons aujourd'hui le mémorial de notre rédemption : en rappelant la mort du Christ et sa descente au séjour des morts, en proclamant sa résurrection et son ascension à ta droite, en attendant sa venue dans la gloire, nous t'offrons son Corps et son Sang, le sacrifice qui est digne de toi et qui sauve le monde entier. Regarde, Seigneur, celui qui s'offre dans le sacrifice que toi-même as préparé pour ton Église, et, dans ta bonté, accorde à tous ceux qui vont partager ce Pain et boire à cette Coupe d'être rassemblés par l'Esprit Saint en un seul corps, pour qu'ils deviennent eux-mêmes dans le Christ une vivante offrande à la louange de ta gloire.

Et maintenant, Seigneur, rappelle-toi tous ceux pour qui nous offrons le sacrifice : en premier lieu, ton serviteur notre pape …, notre évêque …, et l'ensemble des évêques, les prêtres et les diacres, les fidèles qui présentent cette offrande, les membres de notre assemblée, le peuple entier qui t'appartient, et tous ceux qui te cherchent avec droiture.

Souviens-toi aussi de ceux qui sont morts dans la paix du Christ, et de tous les défunts dont toi seul connais la foi.

À nous qui sommes tes enfants, accorde, Père très bon, l'héritage de la vie éternelle auprès de la Vierge Marie, la bienheureuse Mère de Dieu, auprès de saint Joseph, son époux, des Apôtres et de tous les saints, dans ton royaume. Nous pourrons alors, avec la création tout entière, enfin libérée de la corruption du péché et de la mort, te glorifier par le Christ, notre Seigneur, par qui tu donnes au monde toute grâce et tout bien.

Par lui, avec lui et en lui, à toi, Dieu le Père tout-puissant, dans l'unité du Saint-Esprit, tout honneur et toute gloire, pour les siècles des siècles.
■ Amen.

Rite de la communion

• *En communiant, nous sommes appelés à porter ensemble le joug du Christ: nous nous engageons à vivre de sa vie, à vivre comme lui. Son joug est léger et facile à porter, car lui-même est avec nous, jusqu'à la fin du monde dans sa parole, dans les sacrements, dans l'eucharistie, dans la communauté de ses disciples.* •

Prière du Notre Père

• *La prière du Seigneur, qu'il enseigne à ses disciples, devient aussi la nôtre, la prière de ceux qui cherchent toujours davantage à vivre en frères.* •

Comme nous l'avons appris du Sauveur, et selon son commandement, nous osons dire :

(Ou bien :)

Unis dans le même Esprit, nous pouvons dire avec confiance la prière que nous avons reçue du Sauveur :

Notre Père, qui es aux cieux,
que ton nom soit sanctifié,
que ton règne vienne,
que ta volonté soit faite
sur la terre comme au ciel.
Donne-nous aujourd'hui
notre pain de ce jour.
Pardonne-nous nos offenses,
comme nous pardonnons aussi
à ceux qui nous ont offensés.
Et ne nous laisse pas entrer en tentation,
mais délivre-nous du Mal.

Pater noster, qui es in caelis:
sanctificetur nomen tuum;
adveniat regnum tuum;
fiat voluntas tua,
sicut in caelo, et in terra.
Panem nostrum quotidianum
da nobis hodie;
et dimitte nobis debita nostra,
sicut et nos dimittimus
debitoribus nostris;
et ne nos inducas in tentationem;
sed libera nos a Malo.

■ Délivre-nous de tout mal, Seigneur, et donne la paix à notre temps : soutenus par ta miséricorde, nous serons libérés de tout péché, à l'abri de toute épreuve, nous qui attendons que se réalise cette bienheureuse espérance : l'avènement de Jésus Christ, notre Sauveur.

■ Car c'est à toi qu'appartiennent le règne, la puissance et la gloire pour les siècles des siècles !

La paix

■ Seigneur Jésus Christ, tu as dit à tes Apôtres : « Je vous laisse la paix, je vous donne ma paix » ; ne regarde pas nos péchés mais la foi de ton Église ; pour que ta volonté s'accomplisse, donne-lui toujours cette paix, et conduis-la vers l'unité parfaite, toi qui vis et règnes pour les siècles des siècles.

■ **Amen.**

■ Que la paix du Seigneur soit toujours avec vous.

■ **Et avec votre esprit.**

(Ensuite, le prêtre, ou le diacre, peut dire aux fidèles :)

■ Dans la charité du Christ, donnez-vous la paix.

Fraction du pain : « Agneau de Dieu »

• *Dans le pain rompu, c'est la mort du Seigneur qui est signifiée ; il est l'Agneau donné au monde par Dieu, en sacrifice de paix.* •

■ **Agneau de Dieu, qui enlèves les péchés du monde,**
prends pitié de nous.
Agneau de Dieu, qui enlèves les péchés du monde,
prends pitié de nous.
Agneau de Dieu, qui enlèves les péchés du monde,
donne-nous la paix.

■ ***Agnus Dei, qui tollis peccata mundi,***
miserere nobis.
Agnus Dei, qui tollis peccata mundi,
miserere nobis.
Agnus Dei, qui tollis peccata mundi,
dona nobis pacem.

(Le prêtre laisse tomber un petit fragment de l'hostie dans le vin consacré en disant à voix basse :)

Que le Corps et le Sang de notre Seigneur Jésus Christ, réunis dans cette coupe, nourrissent en nous la vie éternelle.

Prière avant la communion

Seigneur Jésus Christ, Fils du Dieu vivant, selon la volonté du Père et avec la puissance du Saint-Esprit, tu as donné, par ta mort, la vie au monde ; que ton Corps et ton Sang très saints me délivrent de mes péchés et de tout mal ; fais que je demeure fidèle à tes commandements et que jamais je ne sois séparé de toi.

(Ou bien :)

Seigneur Jésus Christ, que cette communion à ton Corps et à ton Sang n'entraîne pour moi ni jugement ni condamnation ; mais que, par ta bonté, elle soutienne mon esprit et mon corps, et me donne la guérison.

Communion

(En présentant le pain consacré, le prêtre dit à haute voix :)

■ Voici l'Agneau de Dieu,
voici celui qui enlève les péchés du monde.
Heureux les invités au repas des noces de l'Agneau !

(Prêtre et fidèles disent ensemble :)

■ **Seigneur, je ne suis pas digne de te recevoir ;**
mais dis seulement une parole, et je serai guéri.

(Le prêtre communie au Corps et au Sang du Christ.)

• *La procession de communion nous rappelle que la vie chrétienne est un pèlerinage vers cette pleine communion à laquelle nous parviendrons au dernier jour.* •

Prière après la communion

RITE DE CONCLUSION

• *Appelée à sortir, l'Église est envoyée sur les chemins des hommes et des femmes de ce temps. Il revient à chacun de nous, et ensemble, de rendre témoignage de l'espérance qui nous habite. Il s'agit de laisser l'eucharistie porter son fruit dans toute notre vie, par les œuvres de miséricorde.* •

Annonces

Renvoi de l'assemblée

■ Le Seigneur soit avec vous.
■ **Et avec votre esprit.**

■ Que Dieu tout-puissant vous bénisse,
le Père, et le Fils, ✠ et le Saint-Esprit.

■ **Amen.**

■ Allez, dans la paix du Christ.

(Ou bien :)

■ Allez porter l'Évangile du Seigneur.

(Ou bien :)

■ Allez en paix, glorifiez le Seigneur par votre vie.

(Ou bien :)

■ Allez en paix.

■ **Nous rendons grâce à Dieu.**

La suite du temps ordinaire de l'année B

DIMANCHE 26 MAI 2024

Solennité de la Sainte Trinité

Dieu est amour. *Nous avons part à sa vie divine en tant que membres du corps du Fils de Dieu, par la grâce de l'Esprit Saint qui fait de nous des fils adoptifs et nous fait dire en vérité : « Père ! » C'est au Père, par le Fils et dans l'Esprit, que nous offrons l'eucharistie.*

Antienne d'ouverture. Béni soit Dieu le Père, et le Fils unique de Dieu, ainsi que le Saint-Esprit, car il nous a montré sa miséricorde.

Gloire à Dieu page 392

Prière. Dieu notre Père, tu as envoyé dans le monde le Verbe de vérité et l'Esprit qui sanctifie pour révéler aux hommes ton admirable mystère ; donne-nous de professer la vraie foi en reconnaissant la gloire de l'éternelle Trinité, en adorant son Unité dans sa toute-puissance. Par Jésus Christ, ton Fils, notre Seigneur, qui vit et règne avec toi dans l'unité du Saint-Esprit, Dieu, pour les siècles des siècles.

● *« C'est le Seigneur qui est Dieu [...] ; il n'y en a pas d'autre. » À Moïse, il se fait connaître comme Dieu unique, mais pas solitaire puisqu'il est à l'initiative de l'Alliance avec le peuple au sein duquel il chemine.* ●

Lecture du livre du Deutéronome **4, 32-34.39-40**

Moïse disait au peuple : « Interroge donc les temps anciens qui t'ont précédé, depuis le jour où Dieu créa l'homme sur la terre : d'un bout du monde à l'autre,

est-il arrivé quelque chose d'aussi grand, a-t-on jamais connu rien de pareil ? Est-il un peuple qui ait entendu comme toi la voix de Dieu parlant du milieu du feu, et qui soit resté en vie ? Est-il un dieu qui ait entrepris de se choisir une nation, de venir la prendre au milieu d'une autre, à travers des épreuves, des signes, des prodiges et des combats, à main forte et à bras étendu, et par des exploits terrifiants – comme tu as vu le Seigneur ton Dieu le faire pour toi en Égypte ? Sache donc aujourd'hui, et médite cela en ton cœur : c'est le Seigneur qui est Dieu, là-haut dans le ciel comme ici-bas sur la terre ; il n'y en a pas d'autre. Tu garderas les décrets et les commandements du Seigneur que je te donne aujourd'hui, afin d'avoir, toi et tes fils, bonheur et longue vie sur la terre que te donne le Seigneur ton Dieu, tous les jours. »

— *Parole du Seigneur.*

Psaume 32

℟ **Heureux le peuple**
dont le Seigneur est le Dieu.

Oui, elle est droite, la parole du Seigneur ;
il est fidèle en tout ce qu'il fait.
Il aime le bon droit et la justice ;
la terre est remplie de son amour.

Le Seigneur a fait les cieux par sa parole,
l'univers, par le souffle de sa bouche.
Il parla, et ce qu'il dit exista ;
il commanda, et ce qu'il dit survint.

Dieu veille sur ceux qui le craignent,
qui mettent leur espoir en son amour,

pour les délivrer de la mort,
les garder en vie aux jours de famine.

Nous attendons notre vie du Seigneur :
il est pour nous un appui, un bouclier.
Que ton amour, Seigneur, soit sur nous,
comme notre espoir est en toi !

● *C'est par l'Esprit Saint qui fait de nous des fils et des filles de Dieu que nous pouvons dire : « Abba ! » c'est-à-dire « papa ! » ou « père ! », vivre de la liberté des enfants du Père et recevoir son héritage avec le Christ.* ●

Lecture de la lettre de saint Paul apôtre aux Romains 8, 14-17

Frères, tous ceux qui se laissent conduire par l'Esprit de Dieu, ceux-là sont fils de Dieu. Vous n'avez pas reçu un esprit qui fait de vous des esclaves et vous ramène à la peur ; mais vous avez reçu un Esprit qui fait de vous des fils ; et c'est en lui que nous crions « *Abba !* », c'est-à-dire : Père ! C'est donc l'Esprit Saint lui-même qui atteste à notre esprit que nous sommes enfants de Dieu. Puisque nous sommes ses enfants, nous sommes aussi ses héritiers : héritiers de Dieu, héritiers avec le Christ, si du moins nous souffrons avec lui pour être avec lui dans la gloire.
— Parole du Seigneur.

Alléluia. Alléluia. Gloire au Père, et au Fils, et au Saint-Esprit : au Dieu qui est, qui était et qui vient ! **Alléluia.**

● *Jésus envoie ses disciples en mission pour qu'ils baptisent « au nom du Père, et du Fils, et du Saint-*

Esprit ». Le geste du signe de croix accompagné de ces mêmes mots, en mémoire de notre baptême, résume toute la foi de l'Église. ●

Évangile de Jésus Christ selon saint Matthieu — 28, 16-20

En ce temps-là, les onze disciples s'en allèrent en Galilée, à la montagne où Jésus leur avait ordonné de se rendre. Quand ils le virent, ils se prosternèrent, mais certains eurent des doutes. Jésus s'approcha d'eux et leur adressa ces paroles : « Tout pouvoir m'a été donné au ciel et sur la terre. Allez ! De toutes les nations faites des disciples : baptisez-les au nom du Père, et du Fils, et du Saint-Esprit, apprenez-leur à observer tout ce que je vous ai commandé. Et moi, je suis avec vous tous les jours jusqu'à la fin du monde. »

— Acclamons la Parole de Dieu.

Credo page 395

Prière sur les offrandes. Nous t'en prions, Seigneur notre Dieu : par ton nom que nous invoquons, sanctifie ces présents offerts par ceux qui te servent, et fais de nous-mêmes, par ces dons, une éternelle offrande à ta gloire. Par le Christ, notre Seigneur.

Préface. Vraiment, il est juste et bon, pour ta gloire et notre salut, de t'offrir notre action de grâce, toujours et en tout lieu, Seigneur, Père très saint, Dieu éternel et tout-puissant. Avec ton Fils unique et le Saint-Esprit, tu es un seul Dieu, tu es un seul Seigneur, non pas en une seule personne mais une seule substance en trois personnes. Ce que nous croyons de ta gloire, parce que tu l'as révélé, nous le croyons pareillement, et de ton Fils et du Saint-Esprit ; et quand nous proclamons notre foi au Dieu éternel et véritable, nous adorons en même temps chacune des personnes, dans leur unique nature et leur égale majesté. C'est ainsi que les anges et les archanges et les plus hautes puissances des cieux ne cessent de chanter d'une même voix, en proclamant : **Saint !…**

Antienne de la communion. Puisque vous êtes des fils, Dieu a envoyé dans vos cœurs l'Esprit de son Fils, qui crie *Abba*, c'est-à-dire : Père !

Prière après la communion. Seigneur notre Dieu, puissions-nous trouver le salut de l'âme et du corps dans notre communion à ce sacrement, en professant notre foi en la Trinité, éternelle et sainte, comme en son indivisible Unité. Par le Christ, notre Seigneur.

Méditons avec Grégoire de Nazianze

Ô bienheureuse Trinité !

L'Ancien Testament a clairement manifesté le Père, obscurément le Fils. Le Nouveau Testament a révélé le Fils et a insinué la divinité de l'Esprit. Aujourd'hui l'Esprit vit parmi nous et il se fait plus clairement connaître.

Car il eût été périlleux, alors que la divinité du Père n'était point reconnue, de prêcher ouvertement le Fils, et, tant que la divinité du Fils n'était point admise, d'imposer, si j'ose dire, comme une surcharge le Saint-Esprit. Il convenait bien plutôt que, par des additions partielles et, comme dit David, par des ascensions de gloire en gloire, la splendeur de la Trinité rayonnât progressivement.

Vous voyez comment la lumière nous vient peu à peu. Vous voyez l'ordre dans lequel Dieu nous est révélé : ordre qu'il nous faut respecter à notre tour, ne dévoilant pas tout sans délai et sans discernement et ne tenant pourtant rien de caché jusqu'au bout. Car l'un serait imprudent et l'autre, impie. L'un risquerait de blesser ceux du dehors, et l'autre, d'écarter de nous nos propres frères.

Le Sauveur connaissait certaines choses qu'il estimait que ses disciples ne pourraient encore porter, bien qu'ils fussent pleins déjà d'une doctrine abondante. Et il leur répétait que l'Esprit, lors de sa venue, leur enseignerait tout.

Je pense donc qu'au nombre de ces choses était la divinité elle-même du Saint-Esprit ; elle devait être déclarée plus clairement dans la suite, lorsque, après le triomphe du Sauveur, la connaissance de sa propre divinité serait affermie.

Saint Grégoire de Nazianze († v. 390), docteur de l'Église, est le premier après saint Jean à avoir été surnommé le « Théologien » pour la profondeur de ses discours sur Dieu.

Cette semaine

Lu 27	Férie ou saint Augustin de Cantorbéry	1 P 1, 3-9; Ps 110; Mc 10, 17-27
	« Va, vends ce que tu as et donne-le aux pauvres; alors tu auras un trésor au ciel. » Mc 10, 21	
Ma 28	Férie	1 P 1, 10-16; Ps 97; Mc 10, 28-31
	« Beaucoup de premiers seront derniers, et les derniers seront les premiers. » Mc 10, 31	
Me 29	Férie ou saint Paul VI	1 P 1, 18-25; Ps 147; Mc 10, 32-45
	« Pouvez-vous boire la coupe que je vais boire? » Mc 10, 38	
Je 30	Sainte Jeanne d'Arc (en France)	1 P 2, 2-5.9-12; Ps 99; Mc 10, 46b-52
	« Confiance, lève-toi ; il t'appelle. » Mc 10, 49	
Ve 31	Visitation de la bienheureuse Vierge Marie/fête	So 3, 14-18 ou Rm 12, 9-16b; Ct Is 12; Lc 1, 39-56
	« Le Puissant fit pour moi des merveilles; Saint est son nom! » Lc 1, 49	

Sa 1	Saint Justin	Jude 17.20b-25 ; Ps 62 ; Mc 11, 27-33
	« Ils lui demandaient : " Par quelle autorité fais-tu cela ?" » Mc 11, 28	

Bonne fête ! 26 : Philippe, Bérenger • 27 : Augustin • 28 : Guilhem, Germain • 29 : Maximin, Ursule • 30 : Jeanne • 31 : Noé • 1 : Justin, Ronan

Nous fêtons

Saint Augustin de Cantorbéry († v. 604), le 27 mai

Augustin fit partie des quarante moines que le pape Grégoire le Grand envoya, en 596, évangéliser l'Angleterre païenne. Cette mission s'avéra si colossale que les moines faillirent abandonner alors qu'ils n'étaient encore qu'en France, découragés par des récits faisant état de l'hostilité à laquelle ils seraient confrontés. Lorsqu'un groupe revint demander conseil à Grégoire, celui-ci plaça Augustin à leur tête et leur enjoignit de poursuivre leur route. Arrivés dans le Kent, sur l'île de Thanet, Augustin réussit en peu de temps à baptiser le roi Ethelbert. Une multitude de conversions s'ensuivirent.

Augustin, « l'apôtre des Anglais », devint le premier évêque de Cantorbéry. Il établit les évêchés de Londres et de Rochester et fonda le monastère Saint-Pierre-et-Saint-Paul.

Au cours de son œuvre évangélisatrice, Augustin introduisit en Angleterre la pratique des Cendres. Les Romains païens se réunissaient trois fois par an pour invoquer la protection des dieux : à l'époque des semis (en décembre), des récoltes (en juin) et des vendanges (en septembre). Les chrétiens s'approprièrent ces célébrations et purifièrent leur sens. Une quatrième fut ajoutée après le mercredi des Cendres, pour coïncider avec le début du printemps. Chacun de ces Quatre-Temps qui durait trois jours était marqué par des prières de remerciement et une assistance accrue aux nécessiteux. C'est également lors des

Cendres que les prêtres étaient ordonnés. Jusqu'en 1966, il s'agissait de jours de jeûne.

Intentions • Résolutions • Action de grâce

DIMANCHE 2 JUIN 2024

Solennité du Saint-Sacrement du Corps et du Sang du Christ

Communier au Corps et au Sang du Christ, *c'est s'incorporer à celui qui se donne pour le salut du monde. Nourriture céleste de notre vie, le sacrement du Corps et du Sang du Christ fait mémoire de la passion du Christ, fonde l'unité de l'Église et nous invite à nous donner à notre tour à nos frères.*

Antienne d'ouverture. Le Seigneur a nourri son peuple de la fleur du froment, il l'a rassasié avec le miel du rocher.

Gloire à Dieu page 392

Prière. Seigneur Jésus Christ, dans cet admirable sacrement, tu nous as laissé le mémorial de ta Passion ; donne-nous de vénérer avec une telle ferveur les saints mystères de ton Corps et de ton Sang, que nous puissions goûter sans cesse en nous le fruit de ta rédemption. Toi qui vis et règnes avec le Père dans l'unité du Saint-Esprit, Dieu, pour les siècles des siècles.

• *Le sang qui circule dans tout être vivant est le signe de la vie. C'est pourquoi dans la Bible il est devenu le symbole de l'Alliance entre Dieu et son peuple. Dieu donne vie à son peuple et celui-ci la reçoit avec gratitude et déférence.* •

Lecture du livre de l'Exode — 24, 3-8

En ces jours-là, Moïse vint rapporter au peuple toutes les paroles du Seigneur et toutes ses ordonnances.

Tout le peuple répondit d'une seule voix : « Toutes ces paroles que le Seigneur a dites, nous les mettrons en pratique. » Moïse écrivit toutes les paroles du Seigneur. Il se leva de bon matin et il bâtit un autel au pied de la montagne, et il dressa douze pierres pour les douze tribus d'Israël. Puis il chargea quelques jeunes garçons parmi les fils d'Israël d'offrir des holocaustes, et d'immoler au Seigneur des taureaux en sacrifice de paix. Moïse prit la moitié du sang et le mit dans des coupes ; puis il aspergea l'autel avec le reste du sang. Il prit le livre de l'Alliance et en fit la lecture au peuple. Celui-ci répondit : « Tout ce que le Seigneur a dit, nous le mettrons en pratique, nous y obéirons. » Moïse prit le sang, en aspergea le peuple, et dit : « Voici le sang de l'Alliance que, sur la base de toutes ces paroles, le Seigneur a conclue avec vous. »
— *Parole du Seigneur.*

Psaume 115

℟ J'élèverai la coupe du salut,
j'invoquerai le nom du Seigneur.

Ou bien :

Alléluia !

Comment rendrai-je au Seigneur
tout le bien qu'il m'a fait ?
J'élèverai la coupe du salut,
j'invoquerai le nom du Seigneur.

Il en coûte au Seigneur
de voir mourir les siens !
Ne suis-je pas, Seigneur, ton serviteur,
moi, dont tu brisas les chaînes ?

Je t'offrirai le sacrifice d'action de grâce,
j'invoquerai le nom du Seigneur.
Je tiendrai mes promesses au Seigneur,
oui, devant tout son peuple.

● *Par sa mort sur la croix, le Christ a accompli tous les sacrifices offerts au Seigneur pour rétablir et maintenir l'ancienne Alliance. En donnant son sang, sa vie, le Christ maintenant ressuscité et vivant auprès de son Père s'est offert lui-même pour établir l'Alliance nouvelle et éternelle.* ●

Lecture de la lettre aux Hébreux — 9, 11-15

Frères, le Christ est venu, grand prêtre des biens à venir. Par la tente plus grande et plus parfaite, celle qui n'est pas œuvre de mains humaines et n'appartient pas à cette création, il est entré une fois pour toutes dans le sanctuaire, en répandant, non pas le sang de boucs et de jeunes taureaux, mais son propre sang. De cette manière, il a obtenu une libération définitive. S'il est vrai qu'une simple aspersion avec le sang de boucs et de taureaux, et de la cendre de génisse, sanctifie ceux qui sont souillés, leur rendant la pureté de la chair, le sang du Christ fait bien davantage, car le Christ, poussé par l'Esprit éternel, s'est offert lui-même à Dieu comme une victime sans défaut ; son sang purifiera donc notre conscience des actes qui mènent à la mort, pour que nous puissions rendre un culte au Dieu vivant. Voilà pourquoi il est le médiateur d'une alliance nouvelle, d'un testament nouveau : puisque sa mort a permis le rachat des transgressions commises sous le premier

Testament, ceux qui sont appelés peuvent recevoir l'héritage éternel jadis promis.

— *Parole du Seigneur.*

Séquence

Sion, célèbre ton Sauveur,
chante ton chef et ton pasteur
par des hymnes et des chants.

Tant que tu peux, tu dois oser,
car il dépasse tes louanges,
tu ne peux trop le louer.

Le Pain vivant, le Pain de vie,
il est aujourd'hui proposé
comme objet de tes louanges.

Au repas sacré de la Cène,
il est bien vrai qu'il fut donné
au groupe des douze frères.

Louons-le à voix pleine et forte,
que soit joyeuse et rayonnante
l'allégresse de nos cœurs !

C'est en effet la journée solennelle
où nous fêtons de ce banquet divin
la première institution.

À ce banquet du nouveau Roi,
la Pâque de la Loi nouvelle
met fin à la Pâque ancienne.

L'ordre ancien le cède au nouveau,
la réalité chasse l'ombre,
et la lumière, la nuit.

Ce que fit le Christ à la Cène,
il ordonna qu'en sa mémoire
nous le fassions après lui.

Instruits par son précepte saint,
nous consacrons le pain, le vin,
en victime de salut.

C'est un dogme pour les chrétiens
que le pain se change en son corps,
que le vin devient son sang.

Ce qu'on ne peut comprendre et voir,
notre foi ose l'affirmer,
hors des lois de la nature.

L'une et l'autre de ces espèces,
qui ne sont que de purs signes,
voilent un réel divin.

Sa chair nourrit, son sang abreuve,
mais le Christ tout entier demeure
sous chacune des espèces.

On le reçoit sans le briser,
le rompre ni le diviser;
il est reçu tout entier.

Qu'un seul ou mille communient,
il se donne à l'un comme aux autres,
il nourrit sans disparaître.

Bons et mauvais le consomment,
mais pour un sort bien différent,
pour la vie ou pour la mort.

Mort des pécheurs, vie pour les justes;
vois: ils prennent pareillement;
quel résultat différent!

Si l'on divise les espèces,
n'hésite pas, mais souviens-toi
qu'il est présent dans un fragment
aussi bien que dans le tout.

Le signe seul est partagé,
le Christ n'est en rien divisé,
ni sa taille ni son état
n'ont en rien diminué.

Le voici, le pain des anges,
il est le pain de l'homme en route,
le vrai pain des enfants de Dieu,
qu'on ne peut jeter aux chiens.

D'avance il fut annoncé
par Isaac en sacrifice,
par l'agneau pascal immolé,
par la manne de nos pères.

Ô bon Pasteur, notre vrai pain,
ô Jésus, aie pitié de nous,
nourris-nous et protège-nous,
fais-nous voir les biens éternels
dans la terre des vivants.

Toi qui sais tout et qui peux tout,
toi qui sur terre nous nourris,
conduis-nous au banquet du ciel
et donne-nous ton héritage,
en compagnie de tes saints.

Amen.

Alléluia. Alléluia. Moi, je suis le pain vivant, qui est descendu du ciel, dit le Seigneur ; si quelqu'un mange de ce pain, il vivra éternellement. **Alléluia.**

● *Nous célébrons à chaque messe le mémorial du sacrifice de Jésus le Christ, l'agneau pascal qui offre sa vie, son corps et son sang pour nous initier au mystère de l'Alliance avec Dieu. À travers le pain et le vin consacrés, le Christ se rend réellement présent pour nous faire entrer en communion avec lui.* ●

Évangile de Jésus Christ selon saint Marc 14, 12-16.22-26

LE PREMIER JOUR de la fête des pains sans levain, où l'on immolait l'agneau pascal, les disciples de Jésus lui disent : « Où veux-tu que nous allions faire les préparatifs pour que tu manges la Pâque ? » Il envoie deux de ses disciples en leur disant : « Allez à la ville ; un homme portant une cruche d'eau viendra à votre rencontre. Suivez-le, et là où il entrera, dites au propriétaire : “Le Maître te fait dire : Où est la salle où je pourrai manger la Pâque avec mes disciples ?” Il vous indiquera, à l'étage, une grande pièce aménagée et prête pour un repas. Faites-y pour nous les préparatifs. » Les disciples partirent, allèrent à la ville ; ils trouvèrent tout comme Jésus leur avait dit, et ils préparèrent la Pâque.

Pendant le repas, Jésus, ayant pris du pain et prononcé la bénédiction, le rompit, le leur donna, et dit : « Prenez, ceci est mon corps. » Puis, ayant pris une coupe et ayant rendu grâce, il la leur donna, et ils en burent tous. Et il leur dit : « Ceci est mon sang, le sang de l'Alliance, versé pour la multitude. Amen, je vous le dis : je ne boirai plus du fruit de la vigne, jusqu'au jour où je le boirai, nouveau, dans le royaume de Dieu. » Après avoir chanté les psaumes, ils partirent pour le mont des Oliviers.

— *Acclamons la Parole de Dieu.*

Credo page 395

Prière sur les offrandes. Nous t'en prions, Seigneur : dans ta bonté accorde à ton Église les dons de l'unité et de la paix, signifiés mystérieusement par les présents que nous t'offrons. Par le Christ, notre Seigneur.

Préface. Vraiment, il est juste et bon, pour ta gloire et notre salut, de t'offrir notre action de grâce, toujours et en tout lieu, Seigneur, Père très saint, Dieu éternel et tout-puissant, par le Christ, notre Seigneur. Lors du dernier repas qu'il partageait avec ses Apôtres, voulant perpétuer la mémoire du salut par la croix, il s'est offert à toi, comme l'Agneau sans tache, et tu as accueilli son sacrifice de parfaite louange. Quand tes fidèles communient à ce mystère incomparable, tu les sanctifies, pour que la famille humaine, habitant un même univers, soit éclairée par une même foi et réunie par une même charité. Nous venons à la table de cet admirable sacrement, pour être imprégnés de la douceur de ta grâce et transformés à l'image de ce que nous serons au ciel. C'est pourquoi le ciel et la terre t'adorent ; ils te chantent le cantique nouveau, et nous-mêmes, unissant notre voix à celle des anges, nous t'acclamons : **Saint !...**

Ou bien :

Préface page 240

Antienne de la communion. Celui qui mange ma chair et boit mon sang demeure en moi, et moi en lui, dit le Seigneur.

Prière après la communion. Nous t'en prions, Seigneur Jésus Christ : donne-nous de goûter pleinement à ta vie divine dans l'éternité, ce que préfigure dans le temps la communion à ton Corps et à ton Sang précieux. Toi qui vis et règnes pour les siècles des siècles.

MÉDITONS AVEC BENOÎT XVI

Le corps du Christ pour l'humanité

La séquence nous a fait chanter : *Ecce Panis Angelorum, / factus cibus viatorum, / vere panis filiorum* (« Le voici, le pain des anges, / il est le pain de l'homme en route, / le vrai pain des enfants de Dieu »). Et, par la grâce du Seigneur, nous sommes ses enfants. L'eucharistie est la nourriture réservée à ceux qui, dans le baptême, ont été libérés de l'esclavage et sont devenus ses enfants ; c'est la nourriture qui les soutient sur le long chemin de l'exode à travers le désert de l'existence humaine. Comme la manne pour le peuple d'Israël, ainsi, pour chaque génération chrétienne, l'eucharistie est la nourriture indispensable qui la soutient tandis qu'elle traverse le désert de ce monde, asséché par les systèmes idéologiques et économiques qui ne promeuvent pas la vie. Mais Jésus vient à notre rencontre et nous confère la certitude : lui-même est le pain de la vie (cf. Jn 6, 35.48). Le désir du Seigneur est, en effet, que chaque être humain se nourrisse de l'eucharistie, car l'eucharistie est pour tous. Si, dans le Jeudi saint, est soulignée la relation étroite qui existe entre la dernière Cène et le mystère de la mort de Jésus sur la croix, aujourd'hui, fête du Corpus Domini [Saint-Sacrement], avec la procession et l'adoration commune de l'eucharistie, l'attention est attirée sur le fait que le Christ s'est immolé pour l'humanité tout entière.

Benoît XVI a été pape de 2005 à 2013.

Cette semaine

Lu 3	Saint Charles Lwanga et C.	2 P 1, 2-7 ; Ps 90 ; Mc 12, 1-12
	« La pierre qu'ont rejetée les bâtisseurs est devenue la pierre d'angle. » Mc 12, 10	

Ma 4	Férie ou sainte Clotilde (en France)	2 P 3, 12-15a.17-18 ; Ps 89 ; Mc 12, 13-17
	« Ce qui est à César, rendez-le à César, et à Dieu ce qui est à Dieu. » Mc 12, 17	
Me 5	Saint Boniface	2 Tm 1, 1-3.6-12 ; Ps 122 ; Mc 12, 18-27
	« Il n'est pas le Dieu des morts, mais des vivants. » Mc 12, 27	
Je 6	Férie ou saint Norbert	2 Tm 2, 8-15 ; Ps 24 ; Mc 12, 28b-34
	« L'aimer de tout son cœur, vaut mieux que toute offrande d'holocaustes. » Cf. Mc 12, 33	
Ve 7	Le Sacré Cœur de Jésus /sol.	Os 11, 1.3-4.8c-9 ; Ct Is 12 ; Ep 3, 8-12.14-19 ; Jn 19, 31-37
	« Ils lèveront les yeux vers celui qu'ils ont transpercé. » Jn 19, 37	
Sa 8	Cœur immaculé de la bienheureuse Vierge Marie	2 Tm 4, 1-8 ; Ps 70 ; *Lc 2, 41-51
	« Vois comme ton père et moi, nous avons souffert en te cherchant ! » Lc 2, 48	

Bonne fête ! 2 : Blandine, Marcellin, Pierre • 3 : Kévin, Charles • 4 : Clotilde • 5 : Igor, Boniface, Dorothée • 6 : Norbert, Pauline • 7 : Anna, Maïté, Gilbert • 8 : Médard

Un astérisque (*) placé devant une lecture signale que celle-ci est obligatoire.

Nous fêtons

Saint Paul de Constantinople († v. 350), le 7 juin

En 351, le concile de Nicée frappa d'hérésie l'arianisme, qui niait la nature divine du Christ. Pourtant, durant les années qui suivirent, ce courant se propagea, soutenu dans toute la moitié orientale de l'Empire romain par l'empereur Constantin. Les évêques d'Orient qui obéissaient aux préceptes du concile s'exposèrent par conséquent à de fréquentes interventions des autorités impériales. Lorsque Paul succéda à Alexandre à l'évêché de Constantinople en 336,

Temps ordinaire

il se vit immédiatement déposé par une faction arienne soutenue par Constantin.

Paul se rendit alors à Trèves, en Allemagne actuelle, où les évêques d'Orient trouvaient refuge – saint Athanase y trouva également asile. À la mort de l'évêque arien de Constantinople, Paul retrouva brièvement son évêché, mais un violent soulèvement civil le força à s'exiler de nouveau. En 344, il revint pour la troisième fois, cette fois avec le soutien de l'empereur occidental Constance, qui avait réussi à apaiser Constantin. Cependant, en 350, à la mort de Constance, Constantin déposa à nouveau Paul. Pour éviter l'ire de la population, qui vénérait Paul, l'envoyé de Constantin lui fit croire à un rendez-vous et l'enleva.

L'évêque fut embarqué sur un navire et conduit à Cucuse, en Arménie. Privé d'eau et de nourriture six jours durant, il fut finalement étranglé.

Intentions • Résolutions • Action de grâce

VENDREDI 7 JUIN 2024

Solennité du Sacré Cœur de Jésus

Le cœur est le lieu intime et unique *de la personne dans toutes ses dimensions : sentiments, mais aussi intelligence et volonté. Célébrer le Sacré Cœur de Jésus, c'est contempler l'amour du Christ pour les hommes, qui l'engage à s'offrir sans nulle réserve pour notre salut.*

Antienne d'ouverture. Les pensées de son Cœur subsistent d'âge en âge : il veut délivrer de la mort les âmes de ceux qui le craignent, et les nourrir aux jours de famine.

Gloire à Dieu page 392

Prière. Dieu tout-puissant, en glorifiant le Cœur de ton Fils bien-aimé, nous rappelons les admirables bienfaits de son amour pour nous ; nous t'en prions, accorde-nous de puiser à cette source divine une surabondance de grâce. Par Jésus Christ, ton Fils, notre Seigneur, qui vit et règne avec toi dans l'unité du Saint-Esprit, Dieu, pour les siècles des siècles.

Ou bien :

Seigneur notre Dieu, dans le Cœur de ton Fils meurtri par nos péchés, tu nous prodigues avec miséricorde les trésors infinis de ta tendresse ; nous t'en prions : fais que, dans l'hommage fervent de notre piété, nous lui rendions aussi les devoirs d'une juste réparation. Lui qui vit et règne avec toi dans l'unité du Saint-Esprit, Dieu, pour les siècles des siècles.

● *La pédagogie du salut que Dieu met en œuvre est profondément empreinte de l'amour et de la tendresse d'une mère pour son jeune enfant.* ●

Lecture du livre du prophète Osée 11, 1.3-4.8c-9

AINSI PARLE le Seigneur : Oui, j'ai aimé Israël dès son enfance, et, pour le faire sortir d'Égypte, j'ai appelé mon fils. C'est moi qui lui apprenais à marcher, en le soutenant de mes bras, et il n'a pas compris que je venais à son secours. Je le guidais avec humanité, par des liens d'amour ; je le traitais comme un nourrisson qu'on soulève tout contre sa joue ; je me penchais vers lui pour le faire manger. Mais ils ont refusé de revenir à moi : vais-je les livrer au châtiment ?
Non ! Mon cœur se retourne contre moi ; en même temps, mes entrailles frémissent. Je n'agirai pas selon l'ardeur de ma colère, je ne détruirai plus Israël, car moi, je suis Dieu, et non pas homme : au milieu de vous je suis le Dieu saint, et je ne viens pas pour exterminer.
— *Parole du Seigneur.*

CANTIQUE (ISAÏE 12)

℟ **Exultant de joie, vous puiserez les eaux**
aux sources du salut !

Voici le Dieu qui me sauve :
j'ai confiance, je n'ai plus de crainte.
Ma force et mon chant,
c'est le Seigneur ;
il est pour moi le salut.

Rendez grâce au Seigneur,
proclamez son nom,
annoncez parmi les peuples ses hauts faits !
Redites-le : « Sublime est son nom ! »

Jouez pour le Seigneur,
il montre sa magnificence,
et toute la terre le sait.
Jubilez, criez de joie, habitants de Sion,
car il est grand au milieu de toi,
le Saint d'Israël !

● *L'amour de Dieu pour tous les hommes est révélé dans son insondable mystère par l'amour du Christ dans toutes ses dimensions. Ce « projet éternel que Dieu a réalisé dans le Christ » est de nous faire « entrer dans toute la plénitude de Dieu ».* ●

Lecture de la lettre de saint Paul apôtre aux Éphésiens 3, 8-12.14-19

FRÈRES, à moi qui suis vraiment le plus petit de tous les fidèles, la grâce a été donnée d'annoncer aux nations l'insondable richesse du Christ, et de mettre en lumière pour tous le contenu du mystère qui était caché depuis toujours en Dieu, le créateur de toutes choses ; ainsi, désormais, les Puissances célestes elles-mêmes connaissent, grâce à l'Église, les multiples aspects de la Sagesse de Dieu. C'est le projet éternel que Dieu a réalisé dans le Christ Jésus notre Seigneur. Et notre foi au Christ nous donne l'assurance nécessaire pour accéder auprès de Dieu en toute confiance. C'est pourquoi je tombe à genoux devant le Père, de qui toute paternité au ciel et sur la terre tient son nom. Lui qui est si riche en gloire, qu'il vous donne la puissance de son Esprit, pour que se fortifie en vous l'homme intérieur. Que le Christ habite en vos cœurs par la foi ; restez enracinés dans l'amour, établis dans l'amour. Ainsi vous serez capables de comprendre avec tous les

fidèles quelle est la largeur, la longueur, la hauteur, la profondeur… Vous connaîtrez ce qui surpasse toute connaissance : l'amour du Christ. Alors vous serez comblés jusqu'à entrer dans toute la plénitude de Dieu.
— *Parole du Seigneur.*

Alléluia. Alléluia. Prenez sur vous mon joug, devenez mes disciples, car je suis doux et humble de cœur. **Alléluia.**

Ou bien :

Alléluia. Alléluia. Dieu nous a aimés, il a envoyé son Fils pour le pardon de nos péchés. **Alléluia.**

● *Du cœur transpercé de Jésus sur la croix coulent le sang et l'eau, symboles de la vie donnée par amour et de la vie offerte pour le monde.* ●

Évangile de Jésus Christ selon saint Jean 19, 31-37

Jésus venait de mourir. Comme c'était le jour de la Préparation (c'est-à-dire le vendredi), il ne fallait pas laisser les corps en croix durant le sabbat, d'autant plus que ce sabbat était le grand jour de la Pâque. Aussi les Juifs demandèrent à Pilate qu'on enlève les corps après leur avoir brisé les jambes. Les soldats allèrent donc briser les jambes du premier, puis de l'autre homme crucifié avec Jésus. Quand ils arrivèrent à Jésus, voyant qu'il était déjà mort, ils ne lui brisèrent pas les jambes, mais un des soldats avec sa lance lui perça le côté ; et aussitôt, il en sortit du sang et de l'eau.
Celui qui a vu rend témoignage, et son témoignage est véridique ; et celui-là sait qu'il dit vrai afin que vous aussi, vous croyiez. Cela, en effet, arriva pour que s'accomplisse l'Écriture : *Aucun de ses os ne sera*

brisé. Un autre passage de l'Écriture dit encore : *Ils lèveront les yeux vers celui qu'ils ont transpercé. — Acclamons la Parole de Dieu.*

CREDO page 395

PRIÈRE SUR LES OFFRANDES. Regarde, nous t'en prions, Seigneur, l'amour inexprimable du Cœur de ton Fils bien-aimé, pour que le don que nous t'offrons te soit agréable et contribue à l'expiation de nos péchés. Par le Christ, notre Seigneur.

PRÉFACE. Vraiment, il est juste et bon, pour ta gloire et notre salut, de t'offrir notre action de grâce, toujours et en tout lieu, Seigneur, Père très saint, Dieu éternel et tout-puissant, par le Christ, notre Seigneur. Dans son amour admirable, quand il fut élevé sur la croix, il s'est livré lui-même pour nous et, de son côté transpercé, il répandit le sang et l'eau d'où jaillirent les sacrements de l'Église, afin que tous, attirés vers le Cœur ouvert du Sauveur, ne cessent de venir puiser dans la joie aux sources vives du salut. C'est pourquoi, avec les saints et tous les anges, nous te louons et sans fin nous proclamons : **Saint !...**

ANTIENNE DE LA COMMUNION. Si quelqu'un a soif, dit le Seigneur, qu'il vienne à moi, et qu'il boive. Si quelqu'un croit en moi, de son cœur couleront des fleuves d'eau vive.

Ou bien :

Un des soldats avec sa lance lui perça le côté ; et aussitôt, il en sortit du sang et de l'eau.

PRIÈRE APRÈS LA COMMUNION. Par ce sacrement de ton amour, Seigneur, fais-nous brûler d'une charité qui nous attire toujours vers ton Fils, et nous apprenne ainsi à le reconnaître en nos frères. Lui qui vit et règne pour les siècles des siècles.

MÉDITONS AVEC SAINT BONAVENTURE

Venez à moi, vous tous qui peinez

Considère attentivement, toi qui as été racheté, quel est celui qui, pour toi, est suspendu à la croix, quelle est sa grandeur, quelle est sa sainteté, lui dont la mort rend la vie à ceux qui sont morts, lui dont le trépas met en deuil le ciel et la terre, et fait se briser les pierres les plus dures.

Pour que du côté du Christ endormi sur la croix surgisse l'Église, et pour que soit accomplie la parole de l'Écriture : *Ils contempleront celui qu'ils ont transpercé*, la sagesse divine a bien voulu que la lance d'un soldat ouvre et transperce ce côté. Il en sortit du sang et de l'eau, et c'était le prix de notre salut qui s'écoulait ainsi.

À cette source de vie et de lumière, accours donc, animé d'un brûlant désir, qui que tu sois, toi qui es donné à Dieu, et de toute ta force, du plus profond de ton cœur, crie vers lui : Ô beauté ineffable du Dieu très-haut, éclat très pur de l'éternelle lumière, vie qui communique la vie à tous les vivants, lumière qui donne son éclat à toute lumière, toi qui conserves dans leur immuable splendeur et leur diversité les astres qui brillent, depuis la première aurore, devant le trône de ta divinité !

Ô jaillissement éternel et inaccessible, plein de lumière et de douceur, de cette source cachée à tous les regards humains ! Profondeur sans fond, hauteur sans limite, grandeur incommensurable et pureté inviolable !

Le franciscain Jean (Giovanni) da Fidanza, dit Bonaventure († 1274), enseigna la théologie à l'université de Paris en compagnie de Thomas d'Aquin. Canonisé en 1482, le « docteur séraphique » fut proclamé docteur de l'Église en 1587.

DIMANCHE 9 JUIN 2024

10E DIMANCHE DU TEMPS ORDINAIRE

Quelles que soient l'étendue et la profondeur *du péché, le Seigneur ménage toujours un espace de réconciliation possible. Un avenir demeure ouvert pour celui qui accepte de se reconnaître pécheur et ne se ferme pas au pardon.*

Antienne d'ouverture. Le Seigneur est ma lumière et mon salut ; de qui aurais-je crainte ? Le Seigneur est le rempart de ma vie ; devant qui tremblerais-je ? Mes ennemis, mes adversaires perdent pied et succombent.

Gloire à Dieu page 392

Prière. Seigneur Dieu, source de tout bien, réponds sans te lasser à notre appel : inspire-nous de discerner ce qui est juste et dirige-nous pour que nous puissions l'accomplir. Par Jésus Christ, ton Fils, notre Seigneur.

● *Puisqu'ils sont tombés dans le piège tendu par le Tentateur, Adam et Ève sont maintenant complices du péché et vivent dans la peur et la honte. Leur relation à Dieu est abîmée mais pas rompue. Le Seigneur ne se retire pas et annonce la défaite du serpent.* ●

Lecture du livre de la Genèse **3, 9-15**

Lorsque Adam eut mangé du fruit de l'arbre, le Seigneur Dieu l'appela et lui dit : « Où es-tu donc ? » Il répondit : « J'ai entendu ta voix dans le jardin, j'ai pris peur parce que je suis nu, et je me suis caché. » Le Seigneur reprit : « Qui donc t'a dit que tu étais nu ? Aurais-tu

mangé de l'arbre dont je t'avais interdit de manger ? » L'homme répondit : « La femme que tu m'as donnée, c'est elle qui m'a donné du fruit de l'arbre, et j'en ai mangé. » Le Seigneur Dieu dit à la femme : « Qu'as-tu fait là ? » La femme répondit : « Le serpent m'a trompée, et j'ai mangé. » Alors le Seigneur Dieu dit au serpent : « Parce que tu as fait cela, tu seras maudit parmi tous les animaux et toutes les bêtes des champs. Tu ramperas sur le ventre et tu mangeras de la poussière tous les jours de ta vie. Je mettrai une hostilité entre toi et la femme, entre ta descendance et sa descendance : celle-ci te meurtrira la tête, et toi, tu lui meurtriras le talon. »
— *Parole du Seigneur.*

PSAUME 129

℟ Près du Seigneur est l'amour,
près de lui abonde le rachat.

Des profondeurs je crie vers toi, Seigneur,
Seigneur, écoute mon appel !
Que ton oreille se fasse attentive
au cri de ma prière !

Si tu retiens les fautes, Seigneur,
Seigneur, qui subsistera ?
Mais près de toi se trouve le pardon
pour que l'homme te craigne.

J'espère le Seigneur de toute mon âme ;
je l'espère, et j'attends sa parole.
Mon âme attend le Seigneur
plus qu'un veilleur ne guette l'aurore.

Oui, près du Seigneur, est l'amour ;
près de lui, abonde le rachat.
C'est lui qui rachètera Israël
de toutes ses fautes.

● *Avec la pleine assurance que donne la foi, saint Paul appelle à surmonter la détresse du moment, le regard fixé sur le Christ qui assure la croissance de l'homme intérieur promis à prendre place aux côtés du Ressuscité.* ●

Lecture de la deuxième lettre de saint Paul apôtre aux Corinthiens 4, 13 à 5, 1

FRÈRES, nous l'Écriture dit : *J'ai cru, c'est pourquoi j'ai parlé.* Et nous aussi, qui avons le même esprit de foi, nous croyons, et c'est pourquoi nous parlons. Car, nous le savons, celui qui a ressuscité le Seigneur Jésus nous ressuscitera, nous aussi, avec Jésus, et il nous placera près de lui avec vous. Et tout cela, c'est pour vous, afin que la grâce, plus largement répandue dans un plus grand nombre, fasse abonder l'action de grâce pour la gloire de Dieu. C'est pourquoi nous ne perdons pas courage, et même si en nous l'homme extérieur va vers sa ruine, l'homme intérieur se renouvelle de jour en jour. Car notre détresse du moment présent est légère par rapport au poids vraiment incomparable de gloire éternelle qu'elle produit pour nous. Et notre regard ne s'attache pas à ce qui se voit, mais à ce qui ne se voit pas ; ce qui se voit est provisoire, mais ce qui ne se voit pas est éternel. Nous le savons, en effet, même si notre corps, cette tente qui est notre demeure sur la terre,

est détruit, nous avons un édifice construit par Dieu, une demeure éternelle dans les cieux qui n'est pas l'œuvre des hommes.
— *Parole du Seigneur.*

Alléluia. Alléluia. Maintenant le prince de ce monde va être jeté dehors, dit le Seigneur ; et moi, quand j'aurai été élevé de terre, j'attirerai à moi tous les hommes. **Alléluia.**

● *La victoire dans le combat spirituel est assurée pour qui demeure ouvert à la miséricorde de Dieu. Bien plus, tous ceux qui aiment le Seigneur, et donc leur prochain, intègrent le cercle des intimes du Christ.* ●

Évangile de Jésus Christ selon saint Marc 3, 20-35

EN CE TEMPS-LÀ, Jésus revint à la maison avec ses disciples, où de nouveau la foule se rassembla, si bien qu'il n'était même pas possible de manger. Les gens de chez lui, l'apprenant, vinrent pour se saisir de lui, car ils affirmaient : « Il a perdu la tête. »
Les scribes, qui étaient descendus de Jérusalem, disaient : « Il est possédé par Béelzéboul ; c'est par le chef des démons qu'il expulse les démons. » Les appelant près de lui, Jésus leur dit en parabole : « Comment Satan peut-il expulser Satan ? Si un royaume est divisé contre lui-même, ce royaume ne peut pas tenir. Si les gens d'une même maison se divisent entre eux, ces gens ne pourront pas tenir. Si Satan s'est dressé contre lui-même, s'il est divisé, il ne peut pas tenir ; c'en est fini de lui. Mais personne ne peut entrer dans la maison d'un homme fort et piller ses biens, s'il ne l'a d'abord ligoté. Alors seulement il pillera sa maison. Amen, je vous le dis : Tout sera pardonné aux enfants des

hommes : leurs péchés et les blasphèmes qu'ils auront proférés. Mais si quelqu'un blasphème contre l'Esprit Saint, il n'aura jamais de pardon. Il est coupable d'un péché pour toujours. » Jésus parla ainsi parce qu'ils avaient dit : « Il est possédé par un esprit impur. » Alors arrivent sa mère et ses frères. Restant au-dehors, ils le font appeler. Une foule était assise autour de lui ; et on lui dit : « Voici que ta mère et tes frères sont là dehors : ils te cherchent. » Mais il leur répond : « Qui est ma mère ? qui sont mes frères ? » Et parcourant du regard ceux qui étaient assis en cercle autour de lui, il dit : « Voici ma mère et mes frères. Celui qui fait la volonté de Dieu, celui-là est pour moi un frère, une sœur, une mère. »

— Acclamons la Parole de Dieu.

CREDO page 395

PRIÈRE SUR LES OFFRANDES. Regarde favorablement tes serviteurs, Seigneur, nous t'en prions : que notre offrande soit pour toi un présent agréable et nous fasse grandir en charité. Par le Christ, notre Seigneur.

PRÉFACE pages 405 à 408

ANTIENNE DE LA COMMUNION. Le Seigneur est ma forteresse, mon refuge et mon libérateur. Mon Dieu vient à mon aide.

Ou bien :

Dieu est amour : qui demeure dans l'amour demeure en Dieu, et Dieu demeure en lui.

PRIÈRE APRÈS LA COMMUNION. Par ta force de guérison, Seigneur, dans ta bonté, libère-nous de nos égarements, et conduis-nous sur le droit chemin. Par le Christ, notre Seigneur.

MÉDITONS AVEC JEAN CHRYSOSTOME

Une semaine pour chercher la force en lisant l'Écriture sainte

Je l'espère et j'attends sa parole.

Écoutez donc, gens du monde: procurez-vous ces livres qui contiennent les remèdes de l'âme. Au moins le Nouveau Testament, les Actes des Apôtres, les Évangiles. Pénétrez-vous-en.

Ce n'est pas à moi, dit-on, de lire l'Écriture sainte, c'est à ceux qui ont renoncé au monde. Et moi je vous dis que vous en avez plus besoin que les moines. Eux sont préservés par leur genre de vie. Vous, au contraire, vous êtes dans la mêlée, exposés sans cesse à de nouvelles blessures. C'est pourquoi vous avez un besoin continuel de trouver votre force dans l'Écriture.

J'ai une faveur à vous demander : que le premier jour de la semaine ou le samedi vous preniez chacun en main le passage des Évangiles qui doit être lu dans l'assemblée; que vous vous installiez chez vous pour le lire et le relire, que vous exploriez ce qui y est dit, que vous notiez ce qui est clair et ce qui est obscur. Tout étant ainsi bien pesé et repesé, venez à l'assemblée. Vous retirerez, et nous aussi, grand profit d'une telle étude.

Beaucoup m'allégueront leurs affaires, tout leur travail. Fallacieux prétexte ! La preuve, c'est qu'ils bavardent avec leurs amis, fréquentent les théâtres, assistent aux courses; mais qu'il s'agisse de s'occuper de religion, vous estimez que cela ne mérite pas le moindre intérêt. Autre excuse: on n'a pas de livres ! Que des gens aisés parlent ainsi, c'est simplement risible !

Surnommé le «docteur de l'Eucharistie», saint Jean Chrysostome († 407), dit «Bouche d'or», archevêque de Constantinople, fut l'un des commentateurs les plus prolifiques des Écritures. Il a laissé son nom à une liturgie de la messe, pratiquée encore aujourd'hui par des millions d'Orientaux.

Cette semaine

Lu 10	Férie	1 R 17, 1-6; Ps 120; Mt 5, 1-12
	« Heureux les pauvres de cœur, car le royaume des Cieux est à eux. » Mt 5, 3	
Ma 11	Saint Barnabé	*Ac 11, 21b-26 et 13, 1-3; Ps 4; Mt 5, 13-16
	« Vous êtes le sel de la terre. » Mt 5, 13	
Me 12	Férie	1 R 18, 20-39; Ps 15; Mt 5, 17-19
	« Pas un seul trait ne disparaîtra de la Loi jusqu'à ce que tout se réalise. » Mt 5, 18	
Je 13	Saint Antoine de Padoue	1 R 18, 41-46; Ps 64; Mt 5, 20-26
	« Va d'abord te réconcilier avec ton frère, et ensuite viens présenter ton offrande. » Mt 5, 24	
Ve 14	Férie	1 R 19, 9a.11-16; Ps 26; Mt 5, 27-32
	« Et si ta main droite entraîne ta chute, coupe-la et jette-la loin de toi. » Mt 5, 30	
Sa 15	Férie	1 R 19, 19-21; Ps 15; Mt 5, 33-37
	« Que votre parole soit "oui", si c'est "oui", "non", si c'est "non". » Mt 5, 37	

Bonne fête! 9: Éphrem, Thècle • 10: Landry, Diane, Yvan • 11: Barnabé, Yolande • 12: Guy • 13: Antoine • 14: Élisée, Félix • 15: Germaine

Un astérisque (*) placé devant une lecture signale que celle-ci est obligatoire.

Nous fêtons

Saint Antoine de Padoue (1195-1231), le 13 juin

Antoine naquit à Lisbonne, au Portugal, dans une famille noble. Il étudia la théologie puis devint chanoine augustin à Coimbra jusqu'à l'année 1220, lorsque les reliques des cinq premiers martyrs franciscains furent apportées dans la ville. Aspirant à une pareille gloire, il abandonna ses fonctions de chanoine pour devenir un frère prêcheur. Toutefois la maladie contrecarra ses projets de martyre et il fut envoyé dans un petit hospice franciscain à Forli, en Italie.

Il arriva un jour, alors que des frères dominicains avaient rejoint les franciscains à l'occasion d'une messe d'ordination, que personne n'avait été désigné pour le prêche. Seul Antoine se porta volontaire. Son sermon improvisé étonna son auditoire. L'homme qui parlait semblait avoir les Écritures gravées dans le cœur! Dès lors, Antoine prêcha dans toute l'Italie et la France. Saint François lui-même lui demanda d'enseigner la théologie aux frères.

Antoine était connu pour son parler franc ; sa simplicité lui permit de pénétrer les méandres du cœur de nombreux pécheurs. À ses confrères, il donnait ce conseil: « Si tu prêches Jésus, il libère les cœurs durs; si tu l'invoques, il adoucit les tentations amères; si tu penses à lui, il illumine ton cœur; si tu le lis, il comble ton esprit. » Sa vie immensément productive prit fin lorsqu'il succomba à la maladie en 1231, non loin de Padoue, après seulement onze années passées chez les franciscains.

Intentions • Résolutions • Action de grâce

DIMANCHE 16 JUIN 2024

11E DIMANCHE DU TEMPS ORDINAIRE

Le royaume de Dieu *est comme la graine de moutarde de la parabole. Il est appelé à grandir en des dimensions insoupçonnées et nous prenons part à sa croissance lorsque nous demandons au Seigneur de nous accorder « le secours de [sa] grâce ».*

Antienne d'ouverture. Écoute, Seigneur, ma voix qui t'appelle ! Sois mon secours, ne m'abandonne pas, ne me délaisse pas, Dieu, mon salut !

Gloire à Dieu page 392

Prière. Seigneur Dieu, force de ceux qui espèrent en toi, sois favorable à nos appels : puisque, mortels et fragiles, nous ne pouvons rien sans toi, donne-nous toujours le secours de ta grâce ; ainsi pourrons-nous, en observant tes commandements, vouloir et agir de manière à te plaire. Par Jésus Christ, ton Fils, notre Seigneur.

● *Le prophète Ézékiel délivre la parabole du grand cèdre. La haute montagne représente le lieu où Dieu vient rejoindre l'humanité, et le rameau, renvoie à Jésus Christ.* ●

Lecture du livre du prophète Ézékiel 17, 22-24

Ainsi parle le Seigneur Dieu : « À la cime du grand cèdre, je prendrai une tige ; au sommet de sa ramure, j'en cueillerai une toute jeune, et je la planterai moi-même sur une montagne très élevée. Sur la haute

montagne d'Israël je la planterai. Elle portera des rameaux, et produira du fruit, elle deviendra un cèdre magnifique. En dessous d'elle habiteront tous les passereaux et toutes sortes d'oiseaux, à l'ombre de ses branches ils habiteront. Alors tous les arbres des champs sauront que Je suis le Seigneur : je renverse l'arbre élevé et relève l'arbre renversé, je fais sécher l'arbre vert et reverdir l'arbre sec. Je suis le Seigneur, j'ai parlé, et je le ferai. »
— *Parole du Seigneur.*

Psaume 91

**℟ Il est bon, Seigneur,
de te rendre grâce !**

Qu'il est bon de rendre grâce au Seigneur,
de chanter pour ton nom, Dieu Très-Haut,
d'annoncer dès le matin ton amour,
ta fidélité, au long des nuits.

Le juste grandira comme un palmier,
il poussera comme un cèdre du Liban ;
planté dans les parvis du Seigneur,
il grandira dans la maison de notre Dieu.

Vieillissant, il fructifie encore,
il garde sa sève et sa verdeur
pour annoncer : « Le Seigneur est droit !
Pas de ruse en Dieu, mon rocher ! »

● *Durant notre vie terrestre, nous n'avons pas encore la claire vision du Seigneur, mais la foi nous est donnée pour nous permettre d'avancer sur le chemin qui conduit à Dieu.* ●

Lecture de la deuxième lettre de saint Paul apôtre aux Corinthiens 5, 6-10

FRÈRES, nous gardons toujours confiance, tout en sachant que nous demeurons loin du Seigneur, tant que nous demeurons dans ce corps ; en effet, nous cheminons dans la foi, non dans la claire vision. Oui, nous avons confiance, et nous voudrions plutôt quitter la demeure de ce corps pour demeurer près du Seigneur. Mais de toute manière, que nous demeurions dans ce corps ou en dehors, notre ambition, c'est de plaire au Seigneur. Car il nous faudra tous apparaître à découvert devant le tribunal du Christ, pour que chacun soit rétribué selon ce qu'il a fait, soit en bien soit en mal, pendant qu'il était dans son corps.

— *Parole du Seigneur.*

Alléluia. Alléluia. La semence est la parole de Dieu; le semeur est le Christ; celui qui le trouve demeure pour toujours. **Alléluia.**

● *Par des paraboles, Jésus annonce la parole de Dieu, semence du Royaume. Cette parole est pour tous, féconde les cœurs et nous invite à collaborer à la croissance du Royaume.* ●

Évangile de Jésus Christ selon saint Marc 4, 26-34

EN CE TEMPS-LÀ, parlant à la foule, Jésus disait : « Il en est du règne de Dieu comme d'un homme qui jette en terre la semence : nuit et jour, qu'il dorme ou qu'il se lève, la semence germe et grandit, il ne sait comment. D'elle-même, la terre produit d'abord l'herbe, puis l'épi, enfin du blé plein l'épi. Et dès que le blé est mûr, il y met la faucille, puisque le temps de la moisson est arrivé. »

Il disait encore : « À quoi allons-nous comparer le règne de Dieu ? Par quelle parabole pouvons-nous le représenter ? Il est comme une graine de moutarde : quand on la sème en terre, elle est la plus petite de toutes les semences. Mais quand on l'a semée, elle grandit et dépasse toutes les plantes potagères ; et elle étend de longues branches, si bien que les oiseaux du ciel peuvent faire leur nid à son ombre. »

Par de nombreuses paraboles semblables, Jésus leur annonçait la Parole, dans la mesure où ils étaient capables de l'entendre. Il ne leur disait rien sans parabole, mais il expliquait tout à ses disciples en particulier.

— Acclamons la Parole de Dieu.

CREDO page 395

PRIÈRE SUR LES OFFRANDES. Seigneur Dieu, tu donnes à notre humanité la nourriture qui fortifie, et le sacrement qui renouvelle ; nous t'en prions : fais que ton secours ne manque jamais à nos corps et à nos esprits. Par le Christ, notre Seigneur.

PRÉFACE pages 405 à 408

ANTIENNE DE LA COMMUNION. J'ai demandé une chose au Seigneur, la seule que je cherche : habiter la maison du Seigneur tous les jours de ma vie.

Ou bien :

Père saint, garde mes disciples unis dans ton nom, le nom que tu m'as donné, pour qu'ils soient un, comme nous-mêmes, dit le Seigneur.

PRIÈRE APRÈS LA COMMUNION. Cette communion à tes mystères, Seigneur, préfigure l'union des fidèles en toi ; fais qu'elle produise un fruit d'unité dans ton Église. Par le Christ, notre Seigneur.

MÉDITONS AVEC SAINT PAUL VI

Une semaine pour nous tourner vers Jésus Christ

C'est pour nous qu'il a parlé, accompli ses miracles, fondé un royaume nouveau où les pauvres sont bienheureux, où la paix est le principe de la vie commune, où ceux qui ont le cœur pur et ceux qui pleurent sont relevés et consolés, où les affamés de justice sont rassasiés, où les pécheurs peuvent obtenir le pardon, où tous découvrent qu'ils sont frères. Voilà Jésus Christ. C'est à vous, chrétiens, que je répète son nom, et je l'annonce à tous les hommes : le Christ Jésus est le principe et la fin, l'alpha et l'oméga, le roi du monde nouveau, l'explication mystérieuse et ultime de l'histoire humaine, et de notre destinée ; il est le médiateur et pour ainsi dire le pont entre la terre et le ciel. Il est, de la façon la plus haute et la plus parfaite, le Fils de l'homme, parce qu'il est le Fils de Dieu, éternel, infini, et il est le fils de Marie, bénie entre toutes les femmes, sa mère selon la chair, notre mère par notre participation à l'Esprit du Corps mystique.

Jésus Christ ! Souvenez-vous : c'est lui que nous proclamons devant vous pour l'éternité.

Paul VI, pape de 1963 à 1978 et canonisé en octobre 2018, a poursuivi le travail du concile Vatican II, que saint Jean XXIII avait ouvert en 1962, et il l'a clos en 1965.

Cette semaine

Lu 17	Férie	1 R 21, 1-16 ; Ps 5 ; Mt 5, 38-42
	« À qui te demande, donne. » Mt 5, 42	
Ma 18	Férie	1 R 21, 17-29 ; Ps 50 ; Mt 5, 43-48
	« Si vous aimez ceux qui vous aiment, quelle récompense méritez-vous ? » Mt 5, 46	
Me 19	Férie ou saint Romuald	2 R 2, 1.6-14 ; Ps 30 ; Mt 6, 1-6.16-18
	« Prie ton Père qui est présent dans le secret. » Mt 6, 6	
Je 20	Férie	Si 48, 1-14 ; Ps 96 ; Mt 6, 7-15
	« Votre Père sait de quoi vous avez besoin, avant même que vous l'ayez demandé. » Mt 6, 8	
Ve 21	Saint Louis de Gonzague	2 R 11, 1-4.9-18.20 ; Ps 131 ; Mt 6, 19-23
	« Faites-vous des trésors dans le ciel. Là où est ton trésor, là aussi sera ton cœur. » Mt 6, 20.21	
Sa 22	Férie ou saint Paulin de Nole ou saint J. Fisher et saint T. More	2 Ch 24, 17-25 ; Ps 88 ; Mt 6, 24-34
	« Vous ne pouvez pas servir à la fois Dieu et l'Argent. » Mt 6, 24	

Bonne fête ! • 16 : Aurélien • 17 : Hervé • 18 : Léonce • 19 : Romuald, Gervais • 20 : Silvère, Magali • 21 : Louis, Rodolphe • 22 : Alban, Paulin

Nous fêtons

Saint Louis de Gonzague (1568-1591), le 21 juin

Issu de l'illustre famille Gonzague de Lombardie, en Italie, Louis choisit la prière et la mortification dès l'âge de 7 ans. Adolescent, il réussit l'exploit de préserver sa chasteté malgré la débauche des cours italiennes et, contre l'avis de sa famille, entra chez les jésuites à 17 ans.

Il fit son noviciat à Rome qui, en 1589, fut frappée par la peste. Son biographe rapporte : « Quelle chose horrible assurément que de voir les mourants se traîner jusqu'aux hospices, puants et répugnants, et parfois d'être témoin de leur dernier souffle dans un recoin, ou de leur chute, morts, au pied de quelque escalier. » Les jésuites s'employèrent avec ferveur à combattre le fléau. Bien que faible et fragile depuis toujours en raison d'une maladie des reins, Louis consacra toute son énergie à soigner les malades et à les accompagner dans leur dernier voyage.

Il fut bientôt atteint lui aussi. Sa communauté se réunit à son chevet. « Nous y allons, nous y allons ! » s'exclama-t-il. « Où allons-nous ? » demanda le prêtre. « Au ciel ! » répondit Louis. Le prêtre se tourna vers les autres : « Il parle de son départ pour le ciel comme d'une promenade à Frascati. » [Frascati était une ville d'eaux proche de Rome.] Louis mourut un peu plus tard cette nuit-là, le nom de Jésus aux lèvres. Il y a quelques années, les malades du sida et leurs soignants le choisirent comme saint patron.

Intentions • Résolutions • Action de grâce

DIMANCHE 23 JUIN 2024

12E DIMANCHE DU TEMPS ORDINAIRE

En apaisant la tempête sur la mer de Galilée, *siège de puissances obscures, Jésus manifeste sa puissance et se révèle comme « la force de son peuple, le refuge et le salut ».*

Antienne d'ouverture. Le Seigneur est la force de son peuple, le refuge et le salut de son messie. Sauve ton peuple, Seigneur, bénis ton héritage, et conduis-le à jamais.

Gloire à Dieu page 392

Prière. Fais-nous vivre à tout moment, Seigneur, dans l'amour et le respect de ton saint nom, toi qui ne cesses jamais de guider ceux que tu enracines solidement dans ta charité. Par Jésus Christ, ton Fils, notre Seigneur.

● *Le Seigneur se révèle à Job comme le maître de la mer. Lorsque la barque de notre existence humaine est ballottée, nous pouvons nous tourner vers Dieu.* ●

Lecture du livre de Job — 38, 1.8-11

Le Seigneur s'adressa à Job du milieu de la tempête et dit : « Qui donc a retenu la mer avec des portes, quand elle jaillit du sein primordial ; quand je lui mis pour vêtement la nuée, en guise de langes le nuage sombre ; quand je lui imposai ma limite, et que je disposai verrou et portes ? Et je dis : “Tu viendras jusqu'ici ! Tu n'iras pas plus loin, ici s'arrêtera l'orgueil de tes flots !” »

— *Parole du Seigneur.*

Psaume 106

℟ **Rendez grâce au Seigneur : Il est bon !
Éternel est son amour !**

Ou bien :

Alléluia !

Qu'ils rendent grâce au Seigneur
de son amour,
qu'ils offrent des sacrifices d'action de grâce,
ceux qui ont vu les œuvres du Seigneur
et ses merveilles parmi les océans.

Il parle, et provoque la tempête,
un vent qui soulève les vagues :
portés jusqu'au ciel, retombant aux abîmes,
leur sagesse était engloutie.

Dans leur angoisse, ils ont crié vers le Seigneur,
et lui les a tirés de la détresse,
réduisant la tempête au silence,
faisant taire les vagues.

Ils se réjouissent de les voir s'apaiser,
d'être conduits au port qu'ils désiraient.
Qu'ils rendent grâce au Seigneur
de son amour,
de ses merveilles pour les hommes.

● *Saint Paul fait part de son expérience intime de la rencontre du Ressuscité : l'amour du Christ qui nous saisit fait de nous une « créature nouvelle ».* ●

Lecture de la deuxième lettre de saint Paul apôtre aux Corinthiens 5, 14-17

FRÈRES, l'amour du Christ nous saisit quand nous pensons qu'un seul est mort pour tous, et qu'ainsi tous ont passé par la mort. Car le Christ est mort pour tous, afin que les vivants n'aient plus leur vie centrée sur eux-mêmes, mais sur lui, qui est mort et ressuscité pour eux. Désormais nous ne regardons plus personne d'une manière simplement humaine : si nous avons connu le Christ de cette manière, maintenant nous ne le connaissons plus ainsi. Si donc quelqu'un est dans le Christ, il est une créature nouvelle. Le monde ancien s'en est allé, un monde nouveau est déjà né.

— *Parole du Seigneur.*

Alléluia. Alléluia. Un grand prophète s'est levé parmi nous, et Dieu a visité son peuple. **Alléluia.**

● *L'épisode de la tempête apaisée invite les disciples à se poser la question de l'identité de Jésus et de sa relation avec Dieu : qui est-il pour que la mer lui obéisse ?* ●

Évangile de Jésus Christ selon saint Marc 4, 35-41

TOUTE LA JOURNÉE, Jésus avait parlé à la foule. Le soir venu, Jésus dit à ses disciples : « Passons sur l'autre rive. » Quittant la foule, ils emmenèrent Jésus, comme il était, dans la barque, et d'autres barques l'accompagnaient. Survient une violente tempête. Les vagues se jetaient sur la barque, si bien que déjà elle se remplissait. Lui dormait sur le coussin à l'arrière. Les disciples le réveillent et lui disent : « Maître, nous sommes perdus ; cela ne te fait rien ? » Réveillé, il menaça le vent et dit à la mer : « Silence, tais-toi ! » Le vent tomba, et il se fit un grand calme. Jésus leur dit : « Pourquoi êtes-vous si craintifs ? N'avez-vous pas encore la foi ? » Saisis d'une grande crainte, ils se disaient entre eux : « Qui est-il donc, celui-ci, pour que même le vent et la mer lui obéissent ? »

— *Acclamons la Parole de Dieu.*

CREDO page 395

PRIÈRE SUR LES OFFRANDES. Accueille, Seigneur, le sacrifice de louange et de paix ; accorde-nous d'être purifiés par son action et de t'offrir un cœur qui te plaise. Par le Christ, notre Seigneur.

PRÉFACE pages 405 à 408

ANTIENNE DE LA COMMUNION. Les yeux sur toi, tous, ils espèrent, Seigneur : tu leur donnes la nourriture au temps voulu.

Ou bien :

Je suis le bon pasteur, et je donne ma vie pour mes brebis, dit le Seigneur.

PRIÈRE APRÈS LA COMMUNION. Nourris et renouvelés par le Corps sacré et le Sang précieux de ton Fils, nous implorons ta bonté, Seigneur : fais que, sûrs de la rédemption, nous possédions ce que nous aimons célébrer avec ferveur. Par le Christ, notre Seigneur.

MÉDITONS
AVEC SAINT GRÉGOIRE DE NYSSE

Heureux les cœurs purs

On voit souvent au bord de la mer s'élever un de ces éperons rocheux qui offrent aux flots une surface abrupte du haut jusqu'en bas et dont la crête surplombe l'abîme. Le vertige que l'on ressent de cette hauteur, en jetant les yeux sur les gouffres marins, mon âme l'éprouve aujourd'hui, où cette grande parole du Seigneur la dresse au-dessus des abîmes : *« Heureux les cœurs purs, car ils verront Dieu »* (Mt 5, 8).

Dieu s'offre aux regards de ceux qui ont le cœur pur. Or *nul n'a jamais vu Dieu*, dit notre saint Jean (1, 18). Dieu est ce rocher abrupt et effilé qui n'offre pas la moindre prise à notre imagination.

Mais quoi ? La vie éternelle est la vision de Dieu et les piliers de la foi, Jean, Paul, Moïse, nous certifient que celle-ci est impossible ? À quoi donc se réduit notre espérance ?

Le Seigneur stimule cette espérance. N'en a-t-il pas donné la preuve à l'égard de Pierre ? Sous les pieds de ce disciple tout près de se noyer, il affermit et durcit les flots (cf. Mt 14, 30-32). La main du Verbe s'étendra-t-elle aussi sur nous, qui sommes submergés en ces abîmes, nous affermira-t-elle sur l'un ou l'autre de ses aspects ? Alors nous serons rassurés, parce que fermement dirigés par la main du Verbe. Heureux ceux qui ont le cœur pur, car ils verront Dieu. Une telle promesse surpasse nos joies les plus raffinées.

Saint Grégoire de Nysse († 394) est, avec son frère Basile de Césarée et avec Grégoire de Nazianze, l'un des trois Cappadociens qui constituent un sommet de la théologie au IVe siècle.

Cette semaine

Lu 24	Nativité de saint Jean Baptiste / sol.	Is 49, 1-6 ; Ps 138 ; Ac 13, 22-26 ; Lc 1, 57-66.80
	« La main du Seigneur était avec lui. » Lc 1, 66	
Ma 25	Férie	2 R 19, 9b-11.14-21.31-35a.36 ; Ps 47 ; Mt 7, 6.12-14
	« Il est resserré, le chemin qui conduit à la vie. » Mt 7, 14	

Me 26	Férie	2 R 22, 8-13 et 23, 1-3 ; Ps 118 ; Mt 7, 15-20
	« Méfiez-vous des faux prophètes. C'est à leurs fruits que vous les reconnaîtrez. » Mt 7, 15.16	
Je 27	Férie ou saint Cyrille d'Alexandrie	2 R 24, 8-17 ; Ps 78 ; Mt 7, 21-29
	« Ce n'est pas en me disant : "Seigneur, Seigneur !" qu'on entrera dans le royaume des Cieux. » Mt 7, 21	
Ve 28	Saint Irénée	2 R 25, 1-12 ; Ps 136 ; Mt 8, 1-4
	« Je le veux, sois purifié. » Mt 8, 3	
Sa 29	Saints Pierre et Paul / sol.	Ac 12, 1-11 ; Ps 33 ; 2 Tm 4, 6-8.17-18 ; Mt 16, 13-19
	« Pour vous, qui suis-je ? » Mt 16, 15	

Bonne fête ! 23 : Audrey, Walter • 24 : Jean-Baptiste • 25 : Prosper, Éléonore • 26 : Anthelme, Maxence • 27 : Cyrille, Fernand • 28 : Irénée, Pablo • 29 : Pierre, Paul

Nous fêtons

Saint Pierre, Apôtre († Iᵉʳ siècle), le 29 juin

Dans Luc 5, 1-10, Pierre, qui s'appelait encore Simon, pêcheur, nettoyait ses filets sur les rives du lac de Génésareth quand Jésus, qui s'adressait à la foule depuis la berge, monta dans son bateau et lui demanda de s'éloigner de la rive pour qu'il puisse parler depuis le lac. Pierre lui obéit et conduisit la barque.

Après avoir parlé, Jésus se tourna vers Pierre et lui dit : *« Avance au large, et jetez vos filets pour la pêche. »* Pierre lui répondit : *« Maître, nous avons peiné toute la nuit sans rien prendre ; mais, sur ta parole, je vais jeter les filets »* (v. 4-5). Ils jetèrent les filets puis les remontèrent. La prise fut si abondante que Pierre dut appeler ses amis pour l'aider. Comme les poissons remplissaient la barque, Pierre, qui connaissait bien ces eaux, prit conscience de la nature extraordinaire de cette pêche. Il tomba aux genoux de Jésus : *« Éloigne-toi de moi, Seigneur, car je suis un homme pécheur. »* Mais le Seigneur lui répondit : *« Sois sans crainte ; désormais ce sont des hommes que tu prendras »* (v. 8.10).

À propos de cette scène, le pape Benoît XVI conclut : « Pierre ne pouvait pas encore imaginer qu'un jour, il arriverait à Rome et serait ici "pêcheur d'hommes" pour le Seigneur. Il accepte cet appel surprenant, de se laisser entraîner dans cette grande aventure : il est généreux [...]. Il dit oui – un oui courageux et généreux –, et devient le disciple de Jésus. »

Intentions • Résolutions • Action de grâce

LUNDI 24 JUIN 2024

Solennité de la Nativité de saint Jean Baptiste

L'Église célèbre dans la joie *la naissance de Jean Baptiste, qui est venu pour rendre témoignage à la lumière au seuil des temps nouveaux. Jésus a souligné lui-même le rôle hors pair de son Précurseur : « Parmi ceux qui sont nés d'une femme, personne ne s'est levé de plus grand que Jean le Baptiste » (Mt 11, 11).*

Antienne d'ouverture. Il y eut un homme, envoyé par Dieu ; son nom était Jean. Il était venu comme témoin, pour rendre témoignage à la Lumière, et préparer au Seigneur un peuple bien disposé.

Gloire à Dieu page 392

Prière. Seigneur Dieu, tu as suscité le bienheureux Jean le Baptiste afin qu'il prépare pour le Christ Seigneur un peuple disposé à l'accueillir ; accorde à ton Église le don de la joie spirituelle, et guide l'esprit de tous les croyants sur le chemin du salut et de la paix. Par Jésus Christ, ton Fils, notre Seigneur.

● *Isaïe est envoyé en mission, non seulement vers le peuple d'Israël, mais encore vers toutes les nations, pour que le salut du Seigneur atteigne « les extrémités de la terre ».* ●

Lecture du livre du prophète Isaïe 49, 1-6

ÉCOUTEZ-MOI, îles lointaines ! Peuples éloignés, soyez attentifs ! J'étais encore dans le sein maternel quand le Seigneur m'a appelé ; j'étais encore dans les entrailles

de ma mère quand il a prononcé mon nom. Il a fait de ma bouche une épée tranchante, il m'a protégé par l'ombre de sa main ; il a fait de moi une flèche acérée, il m'a caché dans son carquois. Il m'a dit : « Tu es mon serviteur, Israël, en toi je manifesterai ma splendeur. » Et moi, je disais : « Je me suis fatigué pour rien, c'est pour le néant, c'est en pure perte que j'ai usé mes forces. » Et pourtant, mon droit subsistait auprès du Seigneur, ma récompense, auprès de mon Dieu. Maintenant le Seigneur parle, lui qui m'a façonné dès le sein de ma mère pour que je sois son serviteur, que je lui ramène Jacob, que je lui rassemble Israël. Oui, j'ai de la valeur aux yeux du Seigneur, c'est mon Dieu qui est ma force. Et il dit : « C'est trop peu que tu sois mon serviteur pour relever les tribus de Jacob, ramener les rescapés d'Israël : je fais de toi la lumière des nations, pour que mon salut parvienne jusqu'aux extrémités de la terre. »
— *Parole du Seigneur.*

Psaume 138

℟ **Je te rends grâce, ô mon Dieu,**
pour tant de merveilles.

Tu me scrutes, Seigneur, et tu sais !
Tu sais quand je m'assois, quand je me lève ;
de très loin, tu pénètres mes pensées,
tous mes chemins te sont familiers.

C'est toi qui as créé mes reins,
qui m'as tissé dans le sein de ma mère.
Je reconnais devant toi le prodige,
l'être étonnant que je suis.

Étonnantes sont tes œuvres,
toute mon âme le sait.
Mes os n'étaient pas cachés pour toi
quand j'étais façonné dans le secret.

● *Comme tous les prophètes, Jean Baptiste a parlé au nom de Dieu. Mais il a fait bien plus que cela puisqu'il a préparé et annoncé la venue de Jésus notre Sauveur.* ●

Lecture du livre des Actes des Apôtres 13, 22-26

En ces jours-là, dans la synagogue d'Antioche de Pisidie, Paul disait aux Juifs : « Dieu a, pour nos pères, suscité David comme roi, et il lui a rendu ce témoignage : *J'ai trouvé David, fils de Jessé ; c'est un homme selon mon cœur qui réalisera toutes mes volontés.* De la descendance de David, Dieu, selon la promesse, a fait sortir un sauveur pour Israël : c'est Jésus, dont Jean le Baptiste a préparé l'avènement en proclamant avant lui un baptême de conversion pour tout le peuple d'Israël. Au moment d'achever sa course, Jean disait : "Ce que vous pensez que je suis, je ne le suis pas. Mais le voici qui vient après moi, et je ne suis pas digne de retirer les sandales de ses pieds." Vous, frères, les fils de la lignée d'Abraham et ceux parmi vous qui craignent Dieu, c'est à nous que la parole du salut a été envoyée. »
— *Parole du Seigneur.*

Alléluia. Alléluia. Toi, petit enfant, tu seras appelé prophète du Très-Haut : tu marcheras devant, en présence du Seigneur, et tu prépareras ses chemins. **Alléluia.**

● *Le récit de la naissance de Jean entre en résonance avec celle de Jésus. Comme pour Joseph, un ange annonce à Zacharie qu'il aura un fils et lui inspire son prénom, Jean, qui signifie « Dieu fait grâce ».* ●

Évangile de Jésus Christ selon saint Luc 1, 57-66.80

Quand fut accompli le temps où Élisabeth devait enfanter, elle mit au monde un fils. Ses voisins et sa famille apprirent que le Seigneur lui avait montré la grandeur de sa miséricorde, et ils se réjouissaient avec elle. Le huitième jour, ils vinrent pour la circoncision de l'enfant. Ils voulaient l'appeler Zacharie, du nom de son père. Mais sa mère prit la parole et déclara : « Non, il s'appellera Jean. » On lui dit : « Personne dans ta famille ne porte ce nom-là ! » On demandait par signes au père comment il voulait l'appeler. Il se fit donner une tablette sur laquelle il écrivit : « Jean est son nom. » Et tout le monde en fut étonné. À l'instant même, sa bouche s'ouvrit, sa langue se délia : il parlait et il bénissait Dieu. La crainte saisit alors tous les gens du voisinage et, dans toute la région montagneuse de Judée, on racontait tous ces événements. Tous ceux qui les apprenaient les conservaient dans leur cœur et disaient : « Que sera donc cet enfant ? » En effet, la main du Seigneur était avec lui.
L'enfant grandissait et son esprit se fortifiait. Il alla vivre au désert jusqu'au jour où il se fit connaître à Israël.

— *Acclamons la Parole de Dieu.*

Credo —— page 395

Prière sur les offrandes. Accueille, Seigneur, ces offrandes ; elles sont déposées sur ton autel pour célébrer comme il convient la nativité de saint Jean, car il prophétisa que le Sauveur du monde viendrait, et montra qu'il était déjà parmi nous. Lui qui vit et règne pour les siècles des siècles.

PRÉFACE. Vraiment, il est juste et bon, pour ta gloire et notre salut, de t'offrir notre action de grâce, toujours et en tout lieu, Seigneur, Père très saint, Dieu éternel et tout-puissant, par le Christ, notre Seigneur. Nous chantons les merveilles que tu as accomplies pour Jean, le Précurseur de ton Fils ; parmi ceux qui sont nés d'une femme, tu l'as consacré, lui faisant l'honneur d'une mission sans égale. Avant même de naître, il tressaillit d'allégresse à l'approche du Sauveur ; en venant au monde il apportait une grande joie ; il fut, de tous les prophètes, celui qui désigna l'Agneau de la rédemption ; dans les eaux qui devaient en être sanctifiées il baptisa l'auteur du baptême ; et il rendit au Christ le témoignage suprême, celui de son propre sang. C'est pourquoi, avec les puissances des cieux, nous pouvons te bénir sur la terre et t'adorer sans fin en proclamant : **Saint !...**

PRIÈRE EUCHARISTIQUE I, II OU III ——— pages 409 à 420

ANTIENNE DE LA COMMUNION. Grâce à la tendresse, à l'amour de notre Dieu, l'astre d'en haut est venu nous visiter.

PRIÈRE APRÈS LA COMMUNION. Au festin des noces de l'Agneau, tu as refait nos forces, Seigneur, et nous te prions : donne à ton Église qui trouve sa joie dans la naissance du bienheureux Jean le Baptiste de reconnaître en Jésus, dont il annonçait la venue, l'auteur de la nouvelle naissance des croyants. Lui qui vit et règne pour les siècles des siècles.

MÉDITONS AVEC SAINT THOMAS D'AQUIN

Jean, témoin de Dieu

Pour porter témoignage, il faut des aptitudes. Si le témoin est incapable, quelle que soit la manière dont il est envoyé, son témoignage ne sera pas suffisant. Or, ce qui rend un homme capable d'une telle mission, c'est la grâce de Dieu. *C'est par la grâce de Dieu que je suis ce que je suis,* dit saint Paul (1 Co 15, 10). *C'est lui qui nous a faits de dignes serviteurs de l'Alliance nouvelle* (2 Co 3, 6). C'est donc bien à propos que l'évangéliste insinue l'aptitude du Précurseur par son nom même : *Son nom*, dit-il, *était Jean* (Jn 1, 6), ce qui veut dire « celui en qui est la grâce ». Ce nom ne lui fut pas donné à la légère mais, avant même sa naissance, il lui fut imposé par ordre de Dieu : *« Tu l'appelleras Jean »*, avait dit l'ange à Zacharie (Lc 1, 13). Aussi Jean peut-il s'appliquer le mot d'Isaïe : *Le Seigneur m'a appelé dès le sein de ma mère.*

Toute créature est faite pour rendre témoignage à Dieu puisque toute créature est comme une preuve de sa bonté. La grandeur de la création témoigne à sa manière de la force et de la toute-puissance divines, et sa beauté témoigne de la divine sagesse. Certains hommes reçoivent de Dieu une mission spéciale : ils rendent témoignage à Dieu non seulement d'un point de vue naturel, mais bien plutôt de manière spirituelle, par leurs bonnes œuvres. Jean est un de ces témoins.

Saint Thomas d'Aquin († 1274) est considéré comme l'un des principaux maîtres de la philosophie scolastique et de la théologie catholique. Auteur d'une Somme théologique, *il a été proclamé docteur de l'Église en 1567 et « docteur commun » en 1880. Appelé le « docteur angélique » par l'Église catholique, il est le saint patron des universités, des écoles et des académies catholiques.*

SAMEDI 29 JUIN 2024

Solennité des saints Pierre et Paul

Les conditions dans lesquelles Pierre et Paul *ont rencontré le Seigneur ont marqué différemment leur apostolat mais ils se rejoignent dans la profondeur de leur foi et la ferveur de leur amour pour le Christ. À la parole de Pierre, « Seigneur, tu sais bien que je t'aime », fait écho celle de Paul : « Pour moi, vivre, c'est le Christ. »*

Antienne d'ouverture. Voici les Apôtres qui, durant leur vie sur terre, ont enraciné l'Église au prix de leur sang. Ils ont bu à la coupe du Seigneur et sont devenus les amis de Dieu.

Gloire à Dieu page 392

Prière. Seigneur Dieu, tu nous as donné ce jour de sainte joie pour fêter les Apôtres Pierre et Paul ; accorde à ton Église une fidélité sans faille à leur enseignement, puisqu'elle a reçu par eux la première annonce de la foi. Par Jésus Christ, ton Fils, notre Seigneur.

● *En envoyant son ange délivrer Pierre prisonnier à Jérusalem, le Seigneur manifeste qu'il n'abandonne pas le disciple Pierre à qui il a confié son Église.* ●

Lecture du livre des Actes des Apôtres 12, 1-11

À cette époque, le roi Hérode Agrippa se saisit de certains membres de l'Église pour les mettre à mal. Il supprima Jacques, frère de Jean, en le faisant décapiter. Voyant que cette mesure plaisait aux Juifs, il décida

aussi d'arrêter Pierre. C'était les jours des Pains sans levain. Il le fit appréhender, emprisonner, et placer sous la garde de quatre escouades de quatre soldats ; il voulait le faire comparaître devant le peuple après la Pâque. Tandis que Pierre était ainsi détenu dans la prison, l'Église priait Dieu pour lui avec insistance. Hérode allait le faire comparaître. Or, Pierre dormait, cette nuit-là, entre deux soldats ; il était attaché avec deux chaînes et des gardes étaient en faction devant la porte de la prison. Et voici que survint l'ange du Seigneur, et une lumière brilla dans la cellule. Il réveilla Pierre en le frappant au côté et dit : « Lève-toi vite. » Les chaînes lui tombèrent des mains. Alors l'ange lui dit : « Mets ta ceinture et chausse tes sandales. » Ce que fit Pierre. L'ange ajouta : « Enveloppe-toi de ton manteau et suis-moi. » Pierre sortit derrière lui, mais il ne savait pas que tout ce qui arrivait grâce à l'ange était bien réel ; il pensait qu'il avait une vision. Passant devant un premier poste de garde, puis devant un second, ils arrivèrent au portail de fer donnant sur la ville. Celui-ci s'ouvrit tout seul devant eux. Une fois dehors, ils s'engagèrent dans une rue, et aussitôt l'ange le quitta. Alors, se reprenant, Pierre dit : « Vraiment, je me rends compte maintenant que le Seigneur a envoyé son ange, et qu'il m'a arraché aux mains d'Hérode et à tout ce qu'attendait le peuple juif. »

— *Parole du Seigneur.*

Psaume 33

℟ De toutes mes frayeurs, le Seigneur me délivre.

Je bénirai le Seigneur en tout temps,
sa louange sans cesse à mes lèvres.

Je me glorifierai dans le Seigneur :
que les pauvres m'entendent et soient en fête !

Magnifiez avec moi le Seigneur,
exaltons tous ensemble son nom.
Je cherche le Seigneur, il me répond :
de toutes mes frayeurs, il me délivre.

Qui regarde vers lui resplendira,
sans ombre ni trouble au visage.
Un pauvre crie ; le Seigneur entend :
il le sauve de toutes ses angoisses.

L'ange du Seigneur campe alentour,
pour libérer ceux qui le craignent.
Goûtez et voyez : le Seigneur est bon !
Heureux qui trouve en lui son refuge !

● *Alors qu'il approche de son martyre, Paul remet sa vie avec confiance dans les mains du Seigneur.* ●

Lecture de la deuxième lettre de saint Paul apôtre à Timothée 4, 6-8.17-18

BIEN-AIMÉ, je suis déjà offert en sacrifice, le moment de mon départ est venu. J'ai mené le bon combat, j'ai achevé ma course, j'ai gardé la foi. Je n'ai plus qu'à recevoir la couronne de la justice : le Seigneur, le juste juge, me la remettra en ce jour-là, et non seulement à moi, mais aussi à tous ceux qui auront désiré avec amour sa Manifestation glorieuse.
Tous m'ont abandonné. Le Seigneur, lui, m'a assisté. Il m'a rempli de force pour que, par moi, la proclamation de l'Évangile s'accomplisse jusqu'au bout et

que toutes les nations l'entendent. J'ai été arraché à la gueule du lion; le Seigneur m'arrachera encore à tout ce qu'on fait pour me nuire. Il me sauvera et me fera entrer dans son Royaume céleste. À lui la gloire pour les siècles des siècles. Amen.
— *Parole du Seigneur.*

Alléluia. Alléluia. Tu es Pierre, et sur cette pierre je bâtirai mon Église; et la puissance de la Mort ne l'emportera pas sur elle. **Alléluia.**

● *À la profession de foi de Pierre répond la charge que Jésus confie à son Apôtre: « Tu es Pierre et sur cette pierre je bâtirai mon Église. » Dans le même mouvement, le Christ donne à Pierre les « clés du royaume des Cieux ».* ●

Évangile de Jésus Christ selon saint Matthieu 16, 13-19

En ce temps-là, Jésus, arrivé dans la région de Césarée-de-Philippe, demandait à ses disciples: « Au dire des gens, qui est le Fils de l'homme? » Ils répondirent: « Pour les uns, Jean le Baptiste; pour d'autres, Élie; pour d'autres encore, Jérémie ou l'un des prophètes. » Jésus leur demanda: « Et vous, que dites-vous? Pour vous, qui suis-je? » Alors Simon-Pierre prit la parole et dit: « Tu es le Christ, le Fils du Dieu vivant! » Prenant la parole à son tour, Jésus lui dit: « Heureux es-tu, Simon fils de Yonas: ce n'est pas la chair et le sang qui t'ont révélé cela, mais mon Père qui est aux cieux. Et moi, je te le déclare: Tu es Pierre, et sur cette pierre je bâtirai mon Église; et la puissance de la Mort ne

l'emportera pas sur elle. Je te donnerai les clés du royaume des Cieux : tout ce que tu auras lié sur la terre sera lié dans les cieux, et tout ce que tu auras délié sur la terre sera délié dans les cieux. »
— Acclamons la Parole de Dieu.

Credo page 395

Prière sur les offrandes. Que la prière de tes Apôtres, Seigneur, accompagne l'offrande qui sera consacrée à ton nom ; qu'elle augmente notre ferveur envers toi pour célébrer le sacrifice. Par le Christ, notre Seigneur.

Préface. Vraiment, il est juste et bon, pour ta gloire et notre salut, de t'offrir notre action de grâce, toujours et en tout lieu, Seigneur, Père très saint, Dieu éternel et tout-puissant. Car tu nous donnes la joie de célébrer en ce jour les bienheureux Apôtres Pierre et Paul : celui qui fut le premier à confesser la foi, et celui qui l'a mise en lumière ; Pierre qui constitua l'Église naissante parmi les pauvres d'Israël, et Paul, maître et docteur des nations appelées au salut ; l'un et l'autre ont travaillé, par des voies différentes, à rassembler l'unique famille du Christ ; dans le martyre, une même couronne les a réunis et ils reçoivent, de par le monde, la même vénération. C'est pourquoi, avec les saints et tous les anges, nous te louons et sans fin nous proclamons : **Saint !…**

Antienne de la communion. Pierre dit à Jésus : « Tu es le Christ, le Fils du Dieu vivant. » Jésus lui répondit : « Tu es Pierre, et sur cette pierre je bâtirai mon Église. »

Prière après la communion. Après nous avoir fortifiés par ce sacrement, Seigneur, fais-nous vivre dans ton Église comme les premiers chrétiens : assidus à la fraction du pain et à l'enseignement des Apôtres, nous serons un seul cœur, une seule âme, solidement enracinés dans ton amour. Par le Christ, notre Seigneur.

Bénédiction solennelle

Que Dieu tout-puissant vous bénisse :
par la profession de foi du bienheureux Pierre,
il vous a affermis pour le salut,
il vous a fondés solidement dans la foi de l'Église.
Amen.

Par la prédication infatigable du bienheureux Paul,
Dieu vous a instruits :
que toujours son exemple enseigne
à gagner de nouveaux frères au Christ.
Amen.

Puissent les clés de Pierre et les paroles de Paul,
et l'intercession de l'un et de l'autre
nous aider à entrer dans la patrie
où, l'un par la croix, l'autre par le glaive,
ils ont eu la joie de parvenir.
Amen.

Et que la bénédiction de Dieu tout-puissant,
le Père, et le Fils, ✠ et le Saint-Esprit,
descende sur vous et y demeure toujours.
Amen.

MÉDITONS AVEC SAINT AUGUSTIN D'HIPPONE

Pierre, m'aimes-tu ?

Le martyre des saints Apôtres Pierre et Paul a fait pour nous de ce jour un jour sacré. Et c'est à juste titre que le Seigneur, après sa résurrection, confia à Pierre la charge de faire paître ses brebis. Si le Christ parle à un seul, c'est pour mettre en valeur l'unité. Et il s'adresse en premier à Pierre parce que Pierre est le premier parmi les Apôtres. Ne sois pas triste, Apôtre, d'être interrogé trois fois : réponds une fois, réponds deux fois, réponds trois fois. Que ta confession soit victorieuse trois fois par l'amour, parce que ta présomption a été trois fois vaincue par la crainte. Il faut délier trois fois ce que tu avais lié trois fois. Délie par l'amour ce que tu avais lié par la crainte. Et cependant le Seigneur, une fois, deux fois, et trois fois, a confié ses brebis à Pierre.

Saint Augustin († 430), converti, a été baptisé par saint Ambroise à Pâques 387. Évêque d'Hippone en 395, il est l'un des plus grands théologiens chrétiens.

DIMANCHE 30 JUIN 2024

13E DIMANCHE DU TEMPS ORDINAIRE

Nous écoutons ce dimanche le récit *du retour à la vie de la fille de Jaïre, que le Christ arrache avec puissance au pouvoir de la mort. C'est cette même puissance que nous invoquons quand nous prions Dieu qui agit dans ses sacrements.*

Antienne d'ouverture. Tous les peuples, battez des mains, acclamez Dieu par vos cris de joie !

Gloire à Dieu page 392

Prière. Tu as voulu, Seigneur Dieu, que par la grâce de l'adoption filiale, nous devenions des enfants de lumière ; ne permets pas que nous soyons enveloppés des ténèbres de l'erreur, mais accorde-nous d'être toujours rayonnants dans la splendeur de ta vérité. Par Jésus Christ, ton Fils, notre Seigneur, qui vit et règne avec toi dans l'unité du Saint-Esprit, Dieu, pour les siècles des siècles.

• *Dans son amour, Dieu crée tout homme à son image et à sa ressemblance. Et il veut l'homme vivant. Ce n'est pas lui qui a voulu la mort mais le diable, dont la puissance est d'avance vaincue.* •

Lecture du livre de la Sagesse 1, 13-15 et 2, 23-24

Dieu n'a pas fait la mort, il ne se réjouit pas de voir mourir les êtres vivants. Il les a tous créés pour qu'ils subsistent ; ce qui naît dans le monde est porteur de vie : on n'y trouve pas de poison qui fasse mourir.

**La puissance de la Mort ne règne pas sur la terre, car la justice est immortelle.
Dieu a créé l'homme pour l'incorruptibilité, il a fait de lui une image de sa propre identité. C'est par la jalousie du diable que la mort est entrée dans le monde ; ils en font l'expérience, ceux qui prennent parti pour lui.
— *Parole du Seigneur.***

Psaume 29

℟ **Je t'exalte, Seigneur : tu m'as relevé.**

Je t'exalte, Seigneur : tu m'as relevé,
tu m'épargnes les rires de l'ennemi.
Seigneur, tu m'as fait remonter de l'abîme
et revivre quand je descendais à la fosse.

Fêtez le Seigneur, vous, ses fidèles,
rendez grâce en rappelant son nom très saint.
Sa colère ne dure qu'un instant,
sa bonté, toute la vie.

Avec le soir, viennent les larmes,
mais au matin, les cris de joie.
Tu as changé mon deuil en une danse,
mes habits funèbres en parure de joie.

Que mon cœur ne se taise pas,
qu'il soit en fête pour toi,
et que sans fin, Seigneur, mon Dieu,
je te rende grâce !

● *Jésus, le Fils de Dieu, s'est dépouillé de sa richesse pour venir jusqu'à nous et nous la donner en partage. Devenus riches de tous les dons de Dieu, nous ne pouvons pas les accaparer car tous les hommes sont égaux aux yeux du Seigneur.* •

Lecture de la deuxième lettre de saint Paul apôtre aux Corinthiens 8, 7.9.13-15

FRÈRES, puisque vous avez tout en abondance, la foi, la Parole, la connaissance de Dieu, toute sorte d'empressement et l'amour qui vous vient de nous, qu'il y ait aussi abondance dans votre don généreux ! Vous connaissez en effet le don généreux de notre Seigneur Jésus Christ : lui qui est riche, il s'est fait pauvre à cause de vous, pour que vous deveniez riches par sa pauvreté. Il ne s'agit pas de vous mettre dans la gêne en soulageant les autres, il s'agit d'égalité. Dans la circonstance présente, ce que vous avez en abondance comblera leurs besoins, afin que, réciproquement, ce qu'ils ont en abondance puisse combler vos besoins, et cela fera l'égalité, comme dit l'Écriture à propos de la manne : *Celui qui en avait ramassé beaucoup n'eut rien de trop, celui qui en avait ramassé peu ne manqua de rien.*

— *Parole du Seigneur.*

Alléluia. Alléluia. Notre Sauveur, le Christ Jésus, a détruit la mort ; il a fait resplendir la vie par l'Évangile. **Alléluia.**

• *Par la guérison de la fille de Jaïre, Jésus manifeste son autorité sur les puissances de mort. Mais pour s'exprimer, l'autorité du Christ requiert la foi de ceux qui en appellent à lui, à l'image de la femme hémorroïsse.* •

Évangile de Jésus Christ selon saint Marc 5, 21-43

(Lecture brève : Marc 5, 21-24.35b-43)

En ce temps-là, Jésus regagna en barque l'autre rive, et une grande foule s'assembla autour de lui. Il était au bord de la mer. Arrive un des chefs de synagogue, nommé Jaïre. Voyant Jésus, il tombe à ses pieds et le supplie instamment : « Ma fille, encore si jeune, est à la dernière extrémité. Viens lui imposer les mains pour qu'elle soit sauvée et qu'elle vive. » Jésus partit avec lui, et la foule qui le suivait était si nombreuse qu'elle l'écrasait.

(Arrêt de la lecture brève)

Or, une femme, qui avait des pertes de sang depuis douze ans… – elle avait beaucoup souffert du traitement de nombreux médecins, et elle avait dépensé tous ses biens sans avoir la moindre amélioration ; au contraire, son état avait plutôt empiré –… cette femme donc, ayant appris ce qu'on disait de Jésus, vint par-derrière dans la foule et toucha son vêtement. Elle se disait en effet : « Si je parviens à toucher seulement son vêtement, je serai sauvée. » À l'instant, l'hémorragie s'arrêta, et elle ressentit dans son corps qu'elle était guérie de son mal. Aussitôt Jésus se rendit compte qu'une force était sortie de lui. Il se retourna dans la foule, et il demandait : « Qui a touché mes vêtements ? » Ses disciples lui répondirent : « Tu vois bien la foule qui t'écrase, et tu demandes : "Qui m'a touché ?" » Mais lui regardait tout autour pour voir celle qui avait fait cela. Alors la femme, saisie de crainte et toute tremblante, sachant ce qui lui était arrivé, vint se jeter à ses pieds et lui dit toute la vérité. Jésus lui dit alors : « Ma fille, ta foi t'a sauvée. Va en paix et sois guérie de ton mal. »

(Reprise de la lecture brève : Alors, des gens arrivent…)
Comme il parlait encore, des gens arrivent de la maison de Jaïre, le chef de synagogue, pour dire à celui-ci : « Ta fille vient de mourir. À quoi bon déranger encore le Maître ? » Jésus, surprenant ces mots, dit au chef de synagogue : « Ne crains pas, crois seulement. » Il ne laissa personne l'accompagner, sauf Pierre, Jacques, et Jean, le frère de Jacques. Ils arrivent à la maison du chef de synagogue. Jésus voit l'agitation, et des gens qui pleurent et poussent de grands cris. Il entre et leur dit : « Pourquoi cette agitation et ces pleurs ? L'enfant n'est pas morte : elle dort. » Mais on se moquait de lui. Alors il met tout le monde dehors, prend avec lui le père et la mère de l'enfant, et ceux qui étaient avec lui ; puis il pénètre là où reposait l'enfant. Il saisit la main de l'enfant, et lui dit : « *Talitha koum* », ce qui signifie : « Jeune fille, je te le dis, lève-toi ! » Aussitôt la jeune fille se leva et se mit à marcher – elle avait en effet douze ans. Ils furent frappés d'une grande stupeur. Et Jésus leur ordonna fermement de ne le faire savoir à personne ; puis il leur dit de la faire manger.

— *Acclamons la Parole de Dieu.*

CREDO ———— page 395

PRIÈRE SUR LES OFFRANDES. Seigneur Dieu, dans ta bonté, tu donnes à tes mystères de produire leurs effets ; nous t'en prions : que notre liturgie soit accordée à la sainteté de ces dons. Par le Christ, notre Seigneur.

PRÉFACE ———— pages 405 à 408

ANTIENNE DE LA COMMUNION. Bénis le Seigneur, ô mon âme, bénis son nom très saint, tout mon être !

Ou bien :

Père, je te prie pour eux : qu'ils soient un en nous, eux aussi, pour que le monde croie que tu m'as envoyé, dit le Seigneur.

PRIÈRE APRÈS LA COMMUNION. Nous t'en prions, Seigneur : donne-nous d'être vivifiés par le sacrifice divin que nous avons offert et reçu en communion ; ainsi, reliés à toi par une charité qui ne passera jamais, nous porterons un fruit qui demeure pour toujours. Par le Christ, notre Seigneur.

MÉDITONS AVEC SAINT FRANÇOIS DE SALES

Va en paix, sois guéri de ton mal

Encore que la divine Providence ait laissé en l'homme de grandes marques de sa sévérité parmi la grâce même de sa miséricorde, comme, par exemple, la nécessité de mourir, la maladie, les travaux, la rébellion de la sensualité, néanmoins la faveur céleste surnageant à tout cela prend plaisir de convertir toutes ces misères au plus grand profit de ceux qui l'aiment, faisant naître la patience sur les travaux, le mépris du monde, sur la nécessité de mourir, et mille victoires sur la concupiscence ; et comme l'arc-en-ciel touchant l'épine aspalathus la rend plus odorante que les lis, aussi la Rédemption de notre Seigneur touchant nos misères, elle les rend plus utiles et aimables que n'eût jamais été l'innocence originelle…

L'état de la rédemption vaut cent fois mieux que celui de l'innocence.

Grand prédicateur, François de Sales († 1622) accéda au siège d'évêque de Genève et fonda l'ordre religieux de la Visitation. Il exerça une influence marquante au sein de l'Église et également envers les détenteurs du pouvoir temporel.

Cette semaine

Lu 1	Férie	Am 2, 6-10.13-16 ; Ps 49 ; Mt 8, 18-22
	« Le Fils de l'homme n'a pas d'endroit où reposer la tête. » Mt 8, 20	
Ma 2	Férie	Am 3, 1-8 et 4, 11-12 ; Ps 5 ; Mt 8, 23-27
	« Pourquoi êtes-vous si craintifs, hommes de peu de foi ? » Mt 8, 26	
Me 3	Saint Thomas / fête	Ep 2, 19-22 ; Ps 116 ; Jn 20, 24-29
	« Heureux ceux qui croient sans avoir vu. » Jn 20, 29	
Je 4	Férie ou sainte Élisabeth de Portugal	Am 7, 10-17 ; Ps 18B ; Mt 9, 1-8
	« Confiance, mon enfant, tes péchés sont pardonnés. » Mt 9, 2	
Ve 5	Férie ou saint Antoine-Marie Zaccaria	Am 8, 4-6.9-12 ; Ps 118 ; Mt 9, 9-13
	« Je veux la miséricorde, non le sacrifice. » Mt 9, 13	
Sa 6	Férie ou sainte Maria Goretti	Am 9, 11-15 ; Ps 84 ; Mt 9, 14-17
	« Personne ne pose une pièce d'étoffe neuve sur un vieux vêtement. » Mt 9, 16	

Bonne fête ! 30 : Martial, Lancelot • **1** : Thierry • **2** : Martinien, Eugénie • **3** : Thomas, Anatole • **4** : Florent • **5** : Antoine-Marie • **6** : Mariette

Nous fêtons

Saint Thomas (Ier siècle), le 3 juillet

Nous connaissons Thomas grâce à trois épisodes de l'Évangile selon saint Jean. Le plus connu relate les doutes de Thomas lorsque les autres Apôtres racontent qu'ils ont vu le Seigneur ressuscité. Thomas explique qu'il ne les croira pas tant qu'il ne l'aura pas vu de ses propres yeux. La semaine suivante, Jésus reparaît. *Il dit à Thomas :*

« Avance ton doigt ici, et vois mes mains ; avance ta main, et mets-la dans mon côté ; cesse d'être incrédule, sois croyant. » Alors Thomas lui dit : « Mon Seigneur et mon Dieu ! » (Jn 20, 27-28).

Après la Pentecôte, les douze hommes devinrent littéralement des Apôtres, « ceux qui sont envoyés ». Les historiens s'accordent maintenant sur le fait que Thomas fut celui qui alla le plus loin. Après avoir prêché auprès des Mèdes et des Perses, il se rendit au-delà de l'Empire romain, jusqu'en Inde. Il y répandit la Parole pendant vingt ans, avant de mourir en martyr à Mylapore, quartier de Madras, actuelle Chennai.

On raconte que Thomas rencontra un jour des brahmanes en train d'accomplir un rite liturgique au cours duquel ils projetaient de l'eau dans les airs. Il demanda pourquoi l'eau retombait, refusée par leur divinité. Il pria alors Dieu, puis jeta de l'eau. Les gouttes demeurèrent en suspension, tels des pétales de fleurs. Certains des spectateurs s'enfuirent. Les autres restèrent et crurent.

Intentions • Résolutions • Action de grâce

DIMANCHE 7 JUILLET 2024

14e DIMANCHE DU TEMPS ORDINAIRE

ÊTRE TÉMOIN DES MERVEILLES DE DIEU *suppose de garder un cœur ouvert et attentif aux signes de la grâce manifestés autour de nous. À commencer par les sacrements célébrés, et en particulier l'eucharistie de ce jour.*

ANTIENNE D'OUVERTURE. Dieu, nous accueillons ta miséricorde au milieu de ton temple. Ta louange, comme ton nom, Seigneur Dieu, couvre l'étendue de la terre. Ta main droite est pleine de justice.

GLOIRE À DIEU page 392

PRIÈRE. Seigneur Dieu, par l'abaissement de ton Fils, tu as relevé le monde déchu ; donne à tes fidèles une joie sainte : tu les as tirés de l'esclavage du péché ; fais-leur connaître le bonheur éternel. Par Jésus Christ, ton Fils, notre Seigneur, qui vit et règne avec toi dans l'unité du Saint-Esprit, Dieu, pour les siècles des siècles.

● *Le Seigneur s'adresse avec persévérance au peuple rebelle qui se détourne de lui. Malgré la dureté de l'accueil, il envoie son prophète Ézékiel annoncer sans relâche sa parole.* ●

Lecture du livre du prophète Ézékiel — 2, 2-5

EN CES JOURS-LÀ, l'esprit vint en moi et me fit tenir debout. J'écoutai celui qui me parlait. Il me dit : « Fils d'homme, je t'envoie vers les fils d'Israël, vers une nation rebelle qui s'est révoltée contre moi. Jusqu'à ce jour, eux et

leurs pères se sont soulevés contre moi. Les fils ont le visage dur, et le cœur obstiné; c'est à eux que je t'envoie. Tu leur diras: "Ainsi parle le Seigneur Dieu…" Alors, qu'ils écoutent ou qu'ils n'écoutent pas – c'est une engeance de rebelles! – ils sauront qu'il y a un prophète au milieu d'eux. »
— *Parole du Seigneur.*

Psaume 122

℟ Nos yeux, levés vers le Seigneur,
attendent sa pitié.

Vers toi j'ai les yeux levés,
vers toi qui es au ciel,
comme les yeux de l'esclave
vers la main de son maître.

Comme les yeux de la servante
vers la main de sa maîtresse,
nos yeux, levés vers le Seigneur notre Dieu,
attendent sa pitié.

Pitié pour nous, Seigneur, pitié pour nous:
notre âme est rassasiée de mépris.
C'en est trop, nous sommes rassasiés
du rire des satisfaits, du mépris des orgueilleux!

• *Saint Paul aurait eu bien des raisons de se glorifier de sa rencontre personnelle avec le Christ. Mais ses propres faiblesses n'en ont pas été effacées. Elles lui ont permis de rester humble et de s'en remettre totalement à la grâce du Christ.* •

Lecture de la deuxième lettre de saint Paul apôtre aux Corinthiens 12, 7-10

FRÈRES, les révélations que j'ai reçues sont tellement extraordinaires que, pour m'empêcher de me surestimer, j'ai reçu dans ma chair une écharde, un envoyé de Satan qui est là pour me gifler, pour empêcher que je me surestime. Par trois fois, j'ai prié le Seigneur de l'écarter de moi. Mais il m'a déclaré : « Ma grâce te suffit, car ma puissance donne toute sa mesure dans la faiblesse. » C'est donc très volontiers que je mettrai plutôt ma fierté dans mes faiblesses, afin que la puissance du Christ fasse en moi sa demeure. C'est pourquoi j'accepte de grand cœur pour le Christ les faiblesses, les insultes, les contraintes, les persécutions et les situations angoissantes. Car, lorsque je suis faible, c'est alors que je suis fort.

— *Parole du Seigneur.*

Alléluia. Alléluia. L'Esprit du Seigneur est sur moi : il m'a envoyé porter la Bonne Nouvelle aux pauvres. **Alléluia.**

● *L'enseignement de Jésus se heurte à l'incrédulité de ceux qui lui sont familiers depuis l'enfance, d'où l'absence de miracle. L'accueil de la Bonne Nouvelle dans notre cœur et dans notre corps requiert la foi.* ●

Évangile de Jésus Christ selon saint Marc 6, 1-6

EN CE TEMPS-LÀ, Jésus se rendit dans son lieu d'origine, et ses disciples le suivirent. Le jour du sabbat, il se mit à enseigner dans la synagogue. De nombreux auditeurs, frappés d'étonnement, disaient : « D'où cela lui vient-il ? Quelle est cette sagesse qui lui a été donnée, et ces grands miracles qui se réalisent par ses mains ? N'est-il pas le charpentier, le fils de Marie, et le frère de Jacques, de José, de Jude et de Simon ? Ses sœurs ne sont-elles pas ici chez nous ? » Et ils étaient profondément choqués à son sujet. Jésus leur disait : « Un prophète n'est méprisé que dans son pays, sa parenté et sa maison. » Et là il ne pouvait accomplir aucun miracle ; il guérit seulement quelques malades en leur imposant les mains. Et il s'étonna de leur manque de foi. Alors, Jésus parcourait les villages d'alentour en enseignant.

— *Acclamons la Parole de Dieu.*

CREDO page 395

PRIÈRE SUR LES OFFRANDES. Puissions-nous être purifiés, Seigneur, par l'offrande consacrée à ton nom ; qu'elle nous conduise, de jour en jour, à vivre de la vie du ciel. Par le Christ, notre Seigneur.

PRÉFACE pages 405 à 408

ANTIENNE DE LA COMMUNION. Goûtez et voyez : le Seigneur est bon ! Heureux qui trouve en lui son refuge !

Ou bien :

Venez à moi, vous tous qui peinez sous le poids du fardeau, et moi, je vous procurerai le repos, dit le Seigneur.

PRIÈRE APRÈS LA COMMUNION. Comblés de si grands bienfaits, nous te supplions, Seigneur : fais que nous en retirions des fruits pour notre salut et que jamais nous ne cessions de chanter ta louange. Par le Christ, notre Seigneur.

MÉDITONS AVEC ORIGÈNE

L'aimant de la foi

Là, Jésus ne fit pas beaucoup de miracles, à cause de leur incrédulité (Mt 13, 58). Ces mots nous enseignent que les miracles se produisaient au milieu des croyants, car *à celui qui a on donnera et il surabondera* (Mt 25, 29), alors que parmi les incrédules, les miracles non seulement n'agissaient pas, mais, comme Marc l'a écrit, ils ne pouvaient même pas agir.

De même que, quand il s'agit des corps, certains exercent une attraction naturelle sur d'autres, comme la pierre aimantée sur le fer et ce que l'on appelle le naphte sur le feu, de même une telle foi attire peut-être le miracle divin. Mais Matthieu et Marc, me semble-t-il, ont voulu nettement établir la supériorité de la puissance divine, capable d'agir même au milieu de l'incrédulité, sans pour autant avoir la même puissance que devant la foi de ceux qui bénéficient du miracle, quand le premier a dit non pas qu'il ne fît pas de miracles, à cause de leur incrédulité, mais que là il ne fit pas *beaucoup de miracles*, alors que Marc, quand il a dit : *Et là il ne pouvait faire aucun miracle*, ne s'en est pas tenu là, mais a ajouté : *il guérit seulement quelques malades en leur imposant les mains*, car la puissance qui est en lui triomphe de l'incrédulité même dans ces conditions.

Origène († v. 254), prêtre né à Alexandrie, penseur et spirituel éminent, fut le plus profond exégète de l'Antiquité chrétienne.

Cette semaine

Lu 8	Férie	Os 2, 16.17b-18.21-22 ; Ps 144 ; Mt 9, 18-26
	« Ta foi t'a sauvée. » Mt 9, 22	

Ma 9	Férie ou saint Augustin Zhao Rong et C.	Os 8, 4-7.11-13 ; Ps 113B ; Mt 9, 32-38
	« Priez donc le maître de la moisson d'envoyer des ouvriers pour sa moisson. » Mt 9, 38	
Me 10	Férie	Os 10, 1-3.7-8.12 ; Ps 104 ; Mt 10, 1-7
	« Sur votre route, proclamez que le royaume des Cieux est tout proche. » Mt 10, 7	
Je 11	Saint Benoît / fête en Europe	Pr 2, 1-9 ; Ps 33 ; Mt 19, 27-29
	« Celui qui aura quitté, à cause de mon nom, aura en héritage la vie éternelle. » Cf. Mt 19, 29	
Ve 12	Férie	Os 14, 2-10 ; Ps 50 ; Mt 10, 16-23
	« Soyez donc prudents comme les serpents, et candides comme les colombes. » Mt 10, 16	
Sa 13	Férie ou saint Henri	Is 6, 1-8 ; Ps 92 ; Mt 10, 24-33
	« Ce que vous entendez au creux de l'oreille, proclamez-le sur les toits. » Mt 10, 27	

Bonne fête ! 7 : Maël, Raoul • 8 : Thibault • 9 : Augustin • 10 : Amélie • 11 : Benoît • 12 : Olivier, Louis, Zélie • 13 : Henri, Clélie

Nous fêtons

Saints Aquila et Priscille, laïcs († Ier siècle), le 8 juillet

Avant que Constantin ne promulgue l'édit de Milan en 313, les chrétiens, alors persécutés, étaient contraints de se réunir dans des habitations privées. Aquila et Priscille, couple marié et amis de l'Apôtre Paul, comptèrent parmi les premiers à ouvrir la porte de leur demeure pour y lire la parole de Dieu et célébrer l'eucharistie.
Chassés de Rome avec d'autres chrétiens juifs, Priscille et Aquila retrouvèrent Paul à Corinthe. Ils travaillèrent avec lui à la fabrication de tentes et entretinrent une profonde amitié. Dans la première épître de Paul aux Corinthiens,

on apprend que le couple partit pour Éphèse. C'est de là qu'il ajouta : *Aquilas et Prisca vous saluent bien dans le Seigneur, avec l'Église qui se rassemble dans leur maison* (1 Co 16, 19). Quelque temps après, le couple revint à Rome, où ils accueillirent de nouveau la communauté chrétienne. Aux Romains, Paul écrivit : *Saluez de ma part Prisca et Aquilas, mes compagnons de travail en Jésus Christ, eux qui ont risqué leur tête pour me sauver la vie ; je ne suis d'ailleurs pas seul à leur être reconnaissant, toutes les Églises des nations le sont aussi* (16, 3-4). Lors d'une audience du mercredi consacrée aux époux, le pape Benoît XVI se fit l'écho de la gratitude de Paul : « Pour s'enraciner dans la terre du peuple, pour se développer de façon vivante, était nécessaire l'engagement de ces familles, de ces époux, de ces communautés chrétiennes, et de fidèles laïcs qui ont offert l'"humus" à la croissance de la foi. Et c'est toujours et seulement ainsi que croît l'Église. »

Intentions • Résolutions • Action de grâce

....

....

....

....

....

....

....

....

DIMANCHE 14 JUILLET 2024

15E DIMANCHE DU TEMPS ORDINAIRE

L'Évangile de ce dimanche *nous livre le récit de l'envoi en mission des Apôtres. Témoigner de la Bonne Nouvelle implique de puiser à la source, dans les dons de l'« Église en prière » qui nous accorde « la grâce d'une sainteté plus grande ».*

Antienne d'ouverture. Moi, par ta justice, je verrai ta face ; quand ta gloire se manifestera, je serai rassasié.

Gloire à Dieu page 392

Prière. Seigneur Dieu, tu montres aux égarés la lumière de ta vérité pour qu'ils puissent reprendre le bon chemin ; donne à tous ceux qui se déclarent chrétiens de rejeter ce qui est contraire à ce nom et de rechercher ce qui lui fait honneur. Par Jésus Christ, ton Fils, notre Seigneur, qui vit et règne avec toi dans l'unité du Saint-Esprit, Dieu, pour les siècles des siècles.

● *Face aux admonestations du prêtre Amazias, Amos refuse de partir. Bien que n'ayant pas choisi d'être prophète, il restera fidèle à la mission qu'il a reçue du Seigneur.* ●

Lecture du livre du prophète Amos 7, 12-15

En ces jours-là, Amazias, prêtre de Béthel, dit au prophète Amos : « Toi, le voyant, va-t'en d'ici, fuis au pays de Juda ; c'est là-bas que tu pourras gagner ta vie en faisant ton métier de prophète. Mais ici, à Béthel, arrête de prophétiser ; car c'est un sanctuaire royal,

un temple du royaume. » Amos répondit à Amazias : « Je n'étais pas prophète ni fils de prophète ; j'étais bouvier, et je soignais les sycomores. Mais le Seigneur m'a saisi quand j'étais derrière le troupeau, et c'est lui qui m'a dit : "Va, tu seras prophète pour mon peuple Israël." »
— *Parole du Seigneur.*

Psaume 84

℟ **Fais-nous voir, Seigneur, ton amour,**
et donne-nous ton salut.

J'écoute : que dira le Seigneur Dieu ?
Ce qu'il dit, c'est la paix
pour son peuple et ses fidèles.
Son salut est proche de ceux
qui le craignent,
et la gloire habitera notre terre.

Amour et vérité se rencontrent,
justice et paix s'embrassent ;
la vérité germera de la terre
et du ciel se penchera la justice.

Le Seigneur donnera ses bienfaits,
et notre terre donnera son fruit.
La justice marchera devant lui,
et ses pas traceront le chemin.

● *La lettre de saint Paul s'ouvre par une action de grâce pour le plan de salut divin en notre faveur. Nous sommes destinés à devenir les fils adoptifs de Dieu en Christ.* ●

Lecture de la lettre de saint Paul apôtre aux Éphésiens 1, 3-14

(Lecture brève : Éphésiens 1, 3-10)

BÉNI SOIT DIEU, le Père de notre Seigneur Jésus Christ !
Il nous a bénis et comblés des bénédictions de l'Esprit, au ciel, dans le Christ.
Il nous a choisis, dans le Christ, avant la fondation du monde, pour que nous soyons saints, immaculés devant lui, dans l'amour.
Il nous a prédestinés à être, pour lui, des fils adoptifs par Jésus, le Christ.
Ainsi l'a voulu sa bonté, à la louange de gloire de sa grâce, la grâce qu'il nous donne dans le Fils bien-aimé.
En lui, par son sang, nous avons la rédemption, le pardon de nos fautes.
C'est la richesse de la grâce que Dieu a fait déborder jusqu'à nous en toute sagesse et intelligence.
Il nous dévoile ainsi le mystère de sa volonté, selon que sa bonté l'avait prévu dans le Christ : pour mener les temps à leur plénitude, récapituler toutes choses dans le Christ, celles du ciel et celles de la terre.

(Fin de la lecture brève : — *Parole du Seigneur.*)

En lui, nous sommes devenus le domaine particulier de Dieu, nous y avons été prédestinés selon le projet de celui qui réalise tout ce qu'il a décidé : il a voulu que nous vivions à la louange de sa gloire, nous qui avons d'avance espéré dans le Christ.
En lui, vous aussi, après avoir écouté la parole de vérité, l'Évangile de votre salut, et après y avoir cru, vous avez reçu la marque de l'Esprit Saint. Et l'Esprit promis

par Dieu est une première avance sur notre héritage, en vue de la rédemption que nous obtiendrons, à la louange de sa gloire.
— *Parole du Seigneur.*

Alléluia. Alléluia. Que le Père de notre Seigneur Jésus Christ ouvre à sa lumière les yeux de notre cœur, pour que nous percevions l'espérance que donne son appel. **Alléluia.**

● *Jésus envoie ses Apôtres en mission avec la consigne de ne rien emporter car l'essentiel est ailleurs : la Bonne Nouvelle doit être proclamée.* ●

Évangile de Jésus Christ selon saint Marc 6, 7-13

En ce temps-là, Jésus appela les Douze ; alors il commença à les envoyer en mission deux par deux. Il leur donnait autorité sur les esprits impurs, et il leur prescrivit de ne rien prendre pour la route, mais seulement un bâton ; pas de pain, pas de sac, pas de pièces de monnaie dans leur ceinture. « Mettez des sandales, ne prenez pas de tunique de rechange. » Il leur disait encore : « Quand vous avez trouvé l'hospitalité dans une maison, restez-y jusqu'à votre départ. Si, dans une localité, on refuse de vous accueillir et de vous écouter, partez et secouez la poussière de vos pieds : ce sera pour eux un témoignage. » Ils partirent, et proclamèrent qu'il fallait se convertir. Ils expulsaient beaucoup de démons, faisaient des onctions d'huile à de nombreux malades, et les guérissaient.
— *Acclamons la Parole de Dieu.*

Credo page 395

Prière sur les offrandes. Regarde, Seigneur, les dons de l'Église qui te supplie : accorde à tes fidèles qui vont les recevoir la grâce d'une sainteté plus grande. Par le Christ, notre Seigneur.

Préface page 405 à 408

Antienne de la communion. Le passereau lui-même s'est trouvé une maison, et la tourterelle, un nid pour abriter sa couvée: tes autels, Seigneur de l'univers, mon Roi et mon Dieu! Heureux les habitants de ta maison: ils te loueront pour les siècles des siècles.

Ou bien:

« Celui qui mange ma chair et boit mon sang demeure en moi, et moi, je demeure en lui, dit le Seigneur.

Prière après la communion. Nous avons reçu tes bienfaits, Seigneur, et nous te supplions: chaque fois que nous célébrons ce mystère, fais grandir en nous ton œuvre de salut. Par le Christ, notre Seigneur.

MÉDITONS
AVEC SAINT CYRILLE D'ALEXANDRIE

Je n'étais pas prophète

Saint Cyrille d'Alexandrie commente ainsi la réaction d'Amos :

Gagne ta vie là-bas. Mais tel n'est pas le but du prophète (à l'évidence il ne vise pas l'amour du gain, mais obéit plutôt aux volontés du maître, accomplissant précisément le service qui convient à un prophète) ! Voilà ce qu'il essaye d'expliquer, et de façon plutôt éloquente, en disant: « *Je n'étais pas prophète ni fils de prophète, mais chevrier,* menant un genre de vie agreste, simple et innocent, et pour me nourrir je me contentais parfaitement du peu que j'avais des produits des champs que personne n'aurait même voulu acheter: car telles étaient mes figues. En effet, les gardiens des troupeaux vivent dans l'oisiveté, ils s'étendent à l'ombre des arbres, se moquant ou peu s'en faut des désavantages liés à leur inactivité, et en raclant des fruits subviennent, comme ils peuvent, aux besoins du ventre. Je vivais ainsi, quand Dieu, selon son idée, m'a fait prophète et m'a ordonné de décrire par le menu à ceux issus du sang d'Israël ce qui les attendait. »

Oui, il est bien difficile de s'opposer aux volontés divines !

Saint Cyrille d'Alexandrie († 444) a été au concile d'Éphèse, en 431, le défenseur de l'unité de la personne du Christ.

Cette semaine

Lu 15	Saint Bonaventure	Is 1, 10-17 ; Ps 49 ; Mt 10, 34 à 11, 1
	« Ne pensez pas que je sois venu apporter la paix sur la terre. » Mt 10, 34	
Ma 16	Férie ou bienheureuse Vierge Marie du Mont Carmel	Is 7, 1-9 ; Ps 47 ; Mt 11, 20-24
	« Jésus se mit à faire des reproches aux villes qui ne s'étaient pas converties. » Cf. Mt 11, 20	
Me 17	Férie	Is 10, 5-7.13-16 ; Ps 93 ; Mt 11, 25-27
	« Tout m'a été remis par mon Père. » Mt 11, 27	
Je 18	Férie	Is 26, 7-9.12.16-19 ; Ps 101 ; Mt 11, 28-30
	« Devenez mes disciples, car je suis doux et humble de cœur. » Mt 11, 29	
Ve 19	Férie	Is 38, 1-6.21-22.7-8 ; Ct Is 38 ; Mt 12, 1-8
	« Je veux la miséricorde, non le sacrifice. » Mt 12, 7	
Sa 20	Férie ou saint Apollinaire	Mi 2, 1-5 ; Ps 9B ; Mt 12, 14-21
	« Beaucoup de gens le suivirent, et il les guérit tous. » Mt 12, 15	

Bonne fête ! 14 : Camille • 15 : Bonaventure, Donald, Vladimir • 16 : Carmen • 17 : Hedwige, Charlotte • 18 : Frédéric • 19 : Aure • 20 : Apollinaire

Nous fêtons

Sainte Marcelline, vierge (v. 330-v. 398), le 17 juillet

Marcelline, sœur aînée de l'évêque et docteur de l'Église saint Ambroise, exerça sur lui une influence notable. Avec leur frère Satyre, ils furent élevés à Trèves (en actuelle Allemagne) par leur père Ambrosius, préfet romain, et leur mère, une femme réputée pour sa vertu. En 352, Marcelline se rendit à Rome où elle se consacra à Dieu devant le pape Libère. L'année suivante, à la mort d'Ambrosius, le reste de la famille vint la rejoindre. Les garçons furent éduqués en vue de servir l'Empire. Marcelline, de dix ans plus âgée qu'Ambroise, lui fit découvrir la foi.

Lorsqu'Ambroise, alors gouverneur de la province, fut nommé évêque de Milan en 374, il demanda à Marcelline de l'accompagner afin de constituer un exemple. Il rédigea pour elle son célèbre traité *Le Livre des vierges*. Dans son oraison funèbre à Satyre, Ambroise loua sa « sainte sœur, honorable par son innocence, pareillement pour sa droiture et non moins pour sa gentillesse envers quiconque ».

Ambroise mourut en 397, et Marcelline peu de temps après. Sa dépouille fut placée dans la crypte de la basilique que son frère avait fait bâtir à Milan en l'honneur des martyrs (aujourd'hui basilique Saint-Ambroise). Ses reliques s'y trouvent encore.

Intentions • Résolutions • Action de grâce

DIMANCHE 21 JUILLET 2024

16E DIMANCHE DU TEMPS ORDINAIRE

LE CHRIST EST SAISI DE COMPASSION *pour les foules sans berger. Le bon pasteur qui a donné sa vie pour ses brebis « dans le sacrifice unique et parfait » fait naître des pasteurs au sein du peuple de Dieu.*

ANTIENNE D'OUVERTURE. Voici que Dieu vient à mon aide, le Seigneur est le soutien de mon âme. De grand cœur, je t'offrirai le sacrifice, je confesserai ton nom, car il est bon !

GLOIRE À DIEU —— page 392

PRIÈRE. Sois favorable à tes fidèles, Seigneur, et, dans ta bonté, multiplie pour eux les dons de ta grâce, afin que, brûlant de charité, de foi et d'espérance, ils soient toujours vigilants pour garder tes commandements. Par Jésus Christ, ton Fils, notre Seigneur, qui vit et règne avec toi dans l'unité du Saint-Esprit, Dieu, pour les siècles des siècles.

● *Par la voix de Jérémie, le Seigneur reproche aux responsables de son peuple d'avoir délaissé le troupeau ! Mais viendra le temps où Dieu donnera un roi, fils de David, pour que le peuple soit rassemblé sous sa houlette de pasteur.* ●

Lecture du livre du prophète Jérémie — 23, 1-6

QUEL MALHEUR pour vous, pasteurs ! Vous laissez périr et vous dispersez les brebis de mon pâturage – oracle du Seigneur ! C'est pourquoi, ainsi parle le Seigneur, le Dieu d'Israël, contre les pasteurs qui conduisent mon peuple : Vous avez dispersé mes brebis, vous les

avez chassées, et vous ne vous êtes pas occupés d'elles. Eh bien ! Je vais m'occuper de vous, à cause de la malice de vos actes – oracle du Seigneur. Puis, je rassemblerai moi-même le reste de mes brebis de tous les pays où je les ai chassées. Je les ramènerai dans leur enclos, elles seront fécondes et se multiplieront. Je susciterai pour elles des pasteurs qui les conduiront ; elles ne seront plus apeurées ni effrayées, et aucune ne sera perdue – oracle du Seigneur.
Voici venir des jours – oracle du Seigneur, où je susciterai pour David un Germe juste : il régnera en vrai roi, il agira avec intelligence, il exercera dans le pays le droit et la justice. En ces jours-là, Juda sera sauvé, et Israël habitera en sécurité. Voici le nom qu'on lui donnera : « Le-Seigneur-est-notre-justice. »
— *Parole du Seigneur.*

PSAUME 22

℟ Le Seigneur est mon berger :
rien ne saurait me manquer.

Le Seigneur est mon berger :
je ne manque de rien.
Sur des prés d'herbe fraîche,
il me fait reposer.

Il me mène vers les eaux tranquilles
et me fait revivre ;
il me conduit par le juste chemin
pour l'honneur de son nom.

Si je traverse les ravins de la mort,
je ne crains aucun mal,

Temps ordinaire

car tu es avec moi :
ton bâton me guide et me rassure.

Tu prépares la table pour moi
devant mes ennemis ;
tu répands le parfum sur ma tête,
ma coupe est débordante.

Grâce et bonheur m'accompagnent
tous les jours de ma vie ;
j'habiterai la maison du Seigneur
pour la durée de mes jours.

● *Saint Paul appelle solennellement les communautés chrétiennes à la paix. Non pas une paix passagère et de compromis, mais une paix fondée sur le Christ, mort et ressuscité pour tout homme, quelle que soit son origine, car « en sa personne, il a tué la haine ».* ●

Lecture de la lettre de saint Paul apôtre aux Éphésiens 2, 13-18

FRÈRES, maintenant, dans le Christ Jésus, vous qui autrefois étiez loin, vous êtes devenus proches par le sang du Christ. C'est lui, le Christ, qui est notre paix : des deux, le Juif et le païen, il a fait une seule réalité ; par sa chair crucifiée, il a détruit ce qui les séparait, le mur de la haine ; il a supprimé les prescriptions juridiques de la loi de Moïse. Ainsi, à partir des deux, le Juif et le païen, il a voulu créer en lui un seul Homme nouveau en faisant la paix, et réconcilier avec Dieu les uns et les autres en un seul corps par le moyen de la croix ; en sa personne, il a tué la haine. Il est venu annoncer

la bonne nouvelle de la paix, la paix pour vous qui étiez loin, la paix pour ceux qui étaient proches. Par lui, en effet, les uns et les autres, nous avons, dans un seul Esprit, accès auprès du Père.
— *Parole du Seigneur.*

Alléluia. Alléluia. Mes brebis écoutent ma voix, dit le Seigneur ; moi, je les connais, et elles me suivent. **Alléluia.**

● *Jésus invite ses Apôtres à se reposer à l'écart avec lui. Le silence est l'espace de la rencontre avec le Seigneur et du discernement de sa volonté pour nous.* ●

Évangile de Jésus Christ selon saint Marc 6, 30-34

En ce temps-là, après leur première mission, les Apôtres se réunirent auprès de Jésus, et lui annoncèrent tout ce qu'ils avaient fait et enseigné. Il leur dit : « Venez à l'écart dans un endroit désert, et reposez-vous un peu. » De fait, ceux qui arrivaient et ceux qui partaient étaient nombreux, et l'on n'avait même pas le temps de manger. Alors, ils partirent en barque pour un endroit désert, à l'écart. Les gens les virent s'éloigner, et beaucoup comprirent leur intention. Alors, à pied, de toutes les villes, ils coururent là-bas et arrivèrent avant eux. En débarquant, Jésus vit une grande foule. Il fut saisi de compassion envers eux, parce qu'ils étaient comme des brebis sans berger. Alors, il se mit à les enseigner longuement.
— *Acclamons la Parole de Dieu.*

Credo page 395

PRIÈRE SUR LES OFFRANDES. Seigneur Dieu, dans le sacrifice unique et parfait de ton Fils, tu as porté à leur achèvement les multiples sacrifices de l'ancienne Loi ; reçois maintenant le sacrifice offert par tes fidèles serviteurs et sanctifie-le comme tu as béni les présents d'Abel : que les dons offerts par chacun pour honorer ta gloire servent au salut de tous. Par le Christ, notre Seigneur.

PRÉFACE pages 405 à 408

ANTIENNE DE LA COMMUNION. Le Seigneur est tendresse et pitié ; de ses merveilles il a laissé un mémorial. Il a donné des vivres à ceux qui le craignent.

Ou bien :

Voici que je me tiens à la porte, et je frappe, dit le Seigneur. Si quelqu'un entend ma voix, et ouvre la porte, j'entrerai chez lui ; je prendrai mon repas avec lui, et lui avec moi.

PRIÈRE APRÈS LA COMMUNION. Dans ta bienveillance, reste auprès de ton peuple, nous t'en prions, Seigneur ; puisque tu l'as initié aux sacrements du ciel, fais-le passer de ce qui est ancien à la vie nouvelle. Par le Christ, notre Seigneur.

MÉDITONS AVEC SAINT IGNACE D'ANTIOCHE

Réunis en un seul corps

Tous, adoptez les mœurs de Dieu, respectez-vous mutuellement et que personne ne considère son prochain avec des vues charnelles, mais aimez-vous toujours les uns les autres en Jésus Christ. Qu'il n'y ait rien en vous qui puisse vous diviser : soyez unis à l'évêque et à ceux qui président pour refléter et enseigner la vie éternelle.

De même donc que le Seigneur n'a rien fait, ni par lui-même ni par ses Apôtres, sans son Père, avec qui il ne fait qu'un, ainsi vous-mêmes ne faites rien sans l'évêque et les presbytres. N'essayez pas de donner une apparence de raison à vos activités privées, mais faites tout en commun : une seule prière, une seule supplication, un seul esprit, une seule espérance dans la charité, dans la joie irréprochable ; un seul Jésus Christ, qui est au-dessus de tout. Concourez tous à former comme un seul temple de Dieu, autour d'un seul autel, en l'unique Jésus Christ, qui est sorti du Père unique, qui était auprès du Père unique, et qui est retourné à lui.

Saint Ignace (IIe siècle), l'un des Pères et des premiers docteurs de l'Église, fut le deuxième évêque d'Antioche.

Cette semaine

Lu 22	Sainte Marie Madeleine / fête	Ct 3, 1-4a ou 2 Co 5, 14-17 ; Ps 62 ; Jn 20, 1.11-18
	« Ne me retiens pas, car je ne suis pas encore monté vers le Père. » Jn 20, 17	
Ma 23	Sainte Brigitte / fête en Europe	Tb 8, 4b-7 ou Ga 2, 19-20 ; Ps 33 ; Jn 15, 1-8 ou Mc 3, 31-35
	« Celui qui fait la volonté de Dieu, celui-là est pour moi un frère, une sœur, une mère. » Mc 3, 35	
Me 24	Férie ou saint Charbel Makhlouf	Jr 1, 1.4-10 ; Ps 70 ; Mt 13, 1-9
	« D'autres sont tombés dans la bonne terre, et ils ont donné du fruit. » Mt 13, 8	
Je 25	Saint Jacques / fête	2 Co 4, 7-15 ; Ps 125 ; Mt 20, 20-28
	« Le Fils de l'homme n'est pas venu pour être servi, mais pour servir, et donner sa vie en rançon pour la multitude. » Mt 20, 28	
Ve 26	Saint Joachim et sainte Anne	Jr 3, 14-17 ; Ct Jr 31 ; Mt 13, 18-23
	« Quand vient la détresse ou la persécution à cause de la Parole, il trébuche aussitôt. » Mt 13, 21	

Sa 27	Férie	Jr 7, 1-11 ; Ps 83 ; Mt 13, 24-30
	« Le royaume des Cieux est comparable à un homme qui a semé du bon grain dans son champ. » Mt 13, 24	

Bonne fête ! 21 : Victor • 22 : Marie-Madeleine • 23 : Brigitte, Cassien • 24 : Christine, Baudouin, Ségolène • 25 : Jacques, Valentine • 26 : Joachim, Anne • 27 : Célestin, Nathalie

Nous fêtons

Saint Charbel Makhlouf, prêtre (1828-1898), le 24 juillet

Youssef naquit en 1828 dans une famille libanaise pauvre. Après la mort de son père, il s'occupa de garder les moutons dans les prés où il prit l'habitude de parler à Dieu. Sa mère avait pour lui d'autres projets mais il aspirait à devenir moine. À 23 ans, il quitta en secret la maison familiale et se rendit à pied au monastère de Notre-Dame de Maïfouk, où il prit le nom de Charbel, s'inspirant d'un martyr du IIe siècle.

Après des études de théologie et de philosophie, Charbel fut ordonné prêtre en 1859. Au monastère Saint-Maron à Annaya, il adopta un régime strict de prière, de jeûne, de pénitence et de dur labeur. Il aspirait toutefois à davantage de solitude. Avec la permission de son supérieur, il partit pour l'austère ermitage des Saints-Pierre-et-Paul, où il se contenta d'une paillasse garnie de feuilles. La journée était tout entière vouée à la messe : préparation, messe, puis adoration du Seigneur au moyen d'actions de grâces pendant plusieurs heures. Les malades et les pauvres vinrent auprès de lui chercher bénédiction et conseil.

Après vingt-trois années de solitude, Charbel eut une attaque alors qu'il disait la messe. Il mourut le 24 décembre 1898. Chrétiens et musulmans chiites se rassemblèrent pour célébrer ses funérailles. Quelques jours après sa mort, des paysans commencèrent à parler d'une extraordinaire clarté qui enveloppait le tombeau de Charbel.

Quand son corps fut exhumé, en 1950, on le découvrit intact. Les nombreux miracles qui débutèrent à cette époque se poursuivent de nos jours.

Intentions • Résolutions • Action de grâce

DIMANCHE 28 JUILLET 2024

17ᴱ DIMANCHE DU TEMPS ORDINAIRE
Journée mondiale des grands-parents et des personnes âgées

Jésus nourrit la foule *en multipliant les pains et en les distribuant à tous après avoir rendu grâce. En écho à cette annonce de l'eucharistie, et confiants dans l'amour salvifique du Christ ressuscité, nous osons le prier en ce jour : « Multiplie pour nous les signes de ta miséricorde. » Chaque dimanche, nous marchons vers l'autel pour recevoir des mains du prêtre le pain que Jésus nous donne.*

Antienne d'ouverture. Dieu se tient dans sa sainte demeure ; Dieu fait habiter les siens unanimes dans sa maison : c'est lui qui donne à son peuple force et puissance.

Gloire à Dieu ———— page 392

Prière. Tu protèges, Seigneur Dieu, ceux qui espèrent en toi ; sans toi, rien n'est fort et rien n'est saint : multiplie pour nous les signes de ta miséricorde, afin que, sous ta conduite et sous ta direction, en faisant un bon usage des biens qui passent, nous puissions déjà nous attacher à ceux qui demeurent. Par Jésus Christ, ton Fils, notre Seigneur, qui vit et règne avec toi dans l'unité du Saint-Esprit, Dieu, pour les siècles des siècles.

• *Dieu nourrit en abondance son peuple par la main de son prophète Élisée. Plus tard, c'est Jésus lui-même qui nourrira une grande foule.* •

Lecture du deuxième livre des Rois **4, 42-44**

En ces jours-là, un homme vint de Baal-Shalisha et, prenant sur la récolte nouvelle, il apporta à Élisée, l'homme

de Dieu, vingt pains d'orge et du grain frais dans un sac. Élisée dit alors : « Donne-le à tous ces gens pour qu'ils mangent. » Son serviteur répondit : « Comment donner cela à cent personnes ? » Élisée reprit : « Donne-le à tous ces gens pour qu'ils mangent, car ainsi parle le Seigneur : "On mangera, et il en restera." » Alors, il le leur donna, ils mangèrent, et il en resta, selon la parole du Seigneur.

— *Parole du Seigneur.*

Psaume 144

℟ Tu ouvres ta main, Seigneur :
nous voici rassasiés.

Que tes œuvres, Seigneur, te rendent grâce
et que tes fidèles te bénissent !
Ils diront la gloire de ton règne,
ils parleront de tes exploits.

Les yeux sur toi, tous, ils espèrent :
tu leur donnes la nourriture au temps voulu ;
tu ouvres ta main :
tu rassasies avec bonté tout ce qui vit.

Le Seigneur est juste en toutes ses voies,
fidèle en tout ce qu'il fait.
Il est proche de ceux qui l'invoquent,
de tous ceux qui l'invoquent en vérité.

● *Vivre en paix les uns avec les autres suppose de rester humbles, d'être doux, de garder patience… Ainsi, dans l'amour de Dieu le Père et la communion de l'Esprit Saint, nous vivrons dans l'unité du Corps du Christ.* ●

Lecture de la lettre de saint Paul apôtre aux Éphésiens 4, 1-6

FRÈRES, moi qui suis en prison à cause du Seigneur, je vous exhorte à vous conduire d'une manière digne de votre vocation : ayez beaucoup d'humilité, de douceur et de patience, supportez-vous les uns les autres avec amour ; ayez soin de garder l'unité dans l'Esprit par le lien de la paix. Comme votre vocation vous a tous appelés à une seule espérance, de même il y a un seul Corps et un seul Esprit. Il y a un seul Seigneur, une seule foi, un seul baptême, un seul Dieu et Père de tous, au-dessus de tous, par tous, et en tous.
— Parole du Seigneur.

Alléluia. Alléluia. Un grand prophète s'est levé parmi nous, et Dieu a visité son peuple. **Alléluia.**

● *La portée salvifique du signe de la multiplication des pains ne pourra être comprise qu'à la lumière de la foi pascale : Jésus lui-même se donne en nourriture pour notre vie.* ●

Évangile de Jésus Christ selon saint Jean 6, 1-15

EN CE TEMPS-LÀ, Jésus passa de l'autre côté de la mer de Galilée, le lac de Tibériade. Une grande foule le suivait, parce qu'elle avait vu les signes qu'il accomplissait sur les malades. Jésus gravit la montagne, et là, il était assis avec ses disciples. Or, la Pâque, la fête des Juifs, était proche. Jésus leva les yeux et vit qu'une foule nombreuse venait à lui. Il dit à Philippe : « Où pourrions-nous acheter du pain pour qu'ils aient à manger ? » Il disait cela pour le mettre à l'épreuve, car il savait

bien, lui, ce qu'il allait faire. Philippe lui répondit : « Le salaire de deux cents journées ne suffirait pas pour que chacun reçoive un peu de pain. » Un de ses disciples, André, le frère de Simon-Pierre, lui dit : « Il y a là un jeune garçon qui a cinq pains d'orge et deux poissons, mais qu'est-ce que cela pour tant de monde ! » Jésus dit : « Faites asseoir les gens. » Il y avait beaucoup d'herbe à cet endroit. Ils s'assirent donc, au nombre d'environ cinq mille hommes. Alors Jésus prit les pains et, après avoir rendu grâce, il les distribua aux convives ; il leur donna aussi du poisson, autant qu'ils en voulaient. Quand ils eurent mangé à leur faim, il dit à ses disciples : « Rassemblez les morceaux en surplus, pour que rien ne se perde. » Ils les rassemblèrent, et ils remplirent douze paniers avec les morceaux des cinq pains d'orge, restés en surplus pour ceux qui prenaient cette nourriture.

À la vue du signe que Jésus avait accompli, les gens disaient : « C'est vraiment lui le Prophète annoncé, celui qui vient dans le monde. » Mais Jésus savait qu'ils allaient l'enlever pour faire de lui leur roi ; alors de nouveau il se retira dans la montagne, lui seul.

— *Acclamons la Parole de Dieu.*

CREDO page 395

PRIÈRE SUR LES OFFRANDES. Accueille, nous t'en prions, Seigneur, les dons prélevés pour toi sur tes propres largesses ; que ces mystères très saints, où ta grâce opère avec puissance, sanctifient notre vie de tous les jours et nous conduisent aux joies éternelles. Par le Christ, notre Seigneur.

PRÉFACE pages 405 à 408

ANTIENNE DE LA COMMUNION. Bénis le Seigneur, ô mon âme, n'oublie aucun de ses bienfaits.

Ou bien :
Heureux les miséricordieux, car ils obtiendront miséricorde.
Heureux les cœurs purs, car ils verront Dieu.

Prière après la communion. Nous avons communié, Seigneur, au sacrement divin, mémorial à jamais de la passion de ton Fils ; nous t'en prions : fais servir à notre salut le don que lui-même nous a légué dans son amour inexprimable. Lui qui vit et règne pour les siècles des siècles.

MÉDITONS AVEC SAINT BASILE DE CÉSARÉE

Sois généreux

Ne vois-tu pas, au théâtre, des gens qui jettent leur fortune à des champions de boxe, à des comédiens, à des hommes qui luttent avec des bêtes fauves et dont le seul aspect inspire le dégoût ? Ils font ces prodigalités pour la gloriole d'un moment, pour recevoir les acclamations et les applaudissements de la foule. Et toi, tu restreins les dépenses dont tu vas retirer une si grande gloire ? Dieu t'approuvera, les anges t'acclameront, tous les hommes, depuis la création du monde, te proclameront bienheureux. Tu recevras la gloire éternelle, la couronne de justice, le royaume des Cieux, pour te récompenser d'avoir bien géré des richesses périssables. Mais tout cela te laisse indifférent, et tu méprises les biens que tu devais espérer, par attachement à ceux qui sont ici. Allons ! Distribue ta richesse de mille manières, sois généreux et magnifique dans tes dépenses pour les malheureux. Alors, on pourra dire de toi : *À pleines mains, il donne aux pauvres ; sa justice demeurera toujours* (2 Co 9, 9).

Saint Basile le Grand, évêque de Césarée en Cappadoce († 379), fonda pour les pauvres une cité hospitalière qu'on appela « Basiliade » et qui est devenue le centre de l'actuelle ville de Kayseri, en Turquie. Il rédigea des règles suivies encore aujourd'hui par une large partie des moines d'Orient.

Cette semaine

Lu 29	Saintes Marthe, Marie et saint Lazare	Jr 13, 1-11 ; Ct *Dt 32 ; *Jn 11, 19-27 ou *Lc 10, 38-42
	« Oui, Seigneur, je le crois: tu es le Christ, le Fils de Dieu, tu es celui qui vient dans le monde. » Jn 11, 27	
Ma 30	Férie ou saint Pierre Chrysologue	Jr 14, 17-22; Ps 78; Mt 13, 36-43
	« Celui qui a des oreilles, qu'il entende! » Mt 13, 43	
Me 31	Saint Ignace de Loyola	Jr 15, 10.16-21; Ps 58; Mt 13, 44-46
	« Le royaume des Cieux est comparable à un trésor caché dans un champ. » Mt 13, 44	
Je 1	Saint Alphonse-Marie de Liguori	Jr 18, 1-6; Ps 145; Mt 13, 47-53
	« À la fin du monde: les anges sortiront pour séparer les méchants du milieu des justes. » Mt 13, 49	
Ve 2	Férie ou saint Eusèbe de Verceil ou saint Pierre-Julien Eymard	Jr 26, 1-9; Ps 68; Mt 13, 54-58
	« N'est-il pas le fils du charpentier? » Mt 13, 55	
Sa 3	Férie	Jr 26, 11-16.24; Ps 68; Mt 14, 1-12
	« Donne-moi ici, sur un plat, la tête de Jean le Baptiste. » Mt 14, 8	

Bonne fête! 28: Timon, Samson • 29: Marthe, Lazare • 30: Juliette • 31: Ignace, Fabio • 1: Alphonse • 2: Eusèbe, Julien • 3: Sauveur, Lydie

Un astérisque (*) placé devant une lecture signale que celle-ci est obligatoire.

Nous fêtons

Saint Ignace de Loyola (1491-1556), le 31 juillet

Les Basques du centre-nord de l'Espagne et du sud-ouest de la France ont fait d'Ignace de Loyola, natif de leur région, leur saint patron. Depuis l'enfance, Ignace aspirait à une vie de conquêtes digne des romans chevaleresques.

Quand, à l'âge de 30 ans, lors d'un siège militaire, un boulet de canon lui brisa la jambe, il dut subir une douloureuse intervention chirurgicale. Ses lectures sur la vie du Christ et des saints, seul loisir possible, dirigèrent ses pensées vers la pénitence et le prêche, et il prit conscience que l'idée de pouvoir lui-même connaître une telle vie lui apportait la paix. Une nuit, la Vierge et son fils Jésus lui apparurent dans sa chambre. Lorsque sa jambe fut guérie, il était un autre homme.

Il se vêtit en mendiant, passa une année de jeûne et de mortification à Manrèse avant de se rendre en pèlerinage en Terre sainte. Il étudia à Barcelone et Alcalá puis, après avoir été arrêté deux fois sous l'Inquisition, à Paris. Il ne cessa de prier, développant une grande vie intérieure, et enseigna ses *Exercices spirituels*. Un nouveau type de travail prit forme en lui. À Montmartre, en 1534, lui et six autres hommes prononcèrent leurs vœux et devinrent les premiers membres de la Société de Jésus.

En 1541, Ignace fut élu premier supérieur des jésuites, à l'âge de 51 ans. Il s'installa à Rome et commença à envoyer ses compagnons partout où il y avait besoin d'eux. Au cours des quinze années qui suivirent, il rédigea sept mille lettres de direction spirituelle et d'encouragement, avant de mourir brutalement le 31 juillet.

Intentions • Résolutions • Action de grâce

....

....

....

....

....

....

DIMANCHE 4 AOÛT 2024

18E DIMANCHE DU TEMPS ORDINAIRE

NOUS RECEVONS CE DIMANCHE LE PAIN DE VIE, ***c'est-à-dire le Seigneur qui se donne pour nous : « Celui qui vient à moi n'aura jamais faim ; celui qui croit en moi n'aura jamais soif. » Le Seigneur reçu en nourriture fortifie notre foi pour nous combler de sa vie.***

ANTIENNE D'OUVERTURE. Dieu, viens à mon aide, Seigneur, viens vite à mon secours. Tu es mon secours, mon libérateur, Seigneur, ne tarde pas !

GLOIRE À DIEU page 392

PRIÈRE. Sois proche, Seigneur, de ceux qui te servent et montre à ceux qui t'implorent ton éternelle bonté ; c'est leur fierté d'avoir en toi leur créateur et leur guide : restaure pour eux ta création, et l'ayant renouvelée, protège-la. Par Jésus Christ, ton Fils, notre Seigneur, qui vit et règne avec toi dans l'unité du Saint-Esprit, Dieu, pour les siècles des siècles.

● *« Qu'est-ce que c'est ? » La nourriture venue du ciel interroge. « Le pain que le Seigneur donne à manger » est une source mystérieuse de vie et de liberté.* ●

Lecture du livre de l'Exode **16, 2-4.12-15**

EN CES JOURS-LÀ, dans le désert, toute la communauté des fils d'Israël récriminait contre Moïse et son frère Aaron. Les fils d'Israël leur dirent : « Ah ! Il aurait mieux valu mourir de la main du Seigneur, au pays d'Égypte, quand nous étions assis près des marmites de viande,

quand nous mangions du pain à satiété ! Vous nous avez fait sortir dans ce désert pour faire mourir de faim tout ce peuple assemblé ! » Le Seigneur dit à Moïse : « Voici que, du ciel, je vais faire pleuvoir du pain pour vous. Le peuple sortira pour recueillir chaque jour sa ration quotidienne, et ainsi je vais le mettre à l'épreuve : je verrai s'il marchera, ou non, selon ma loi. J'ai entendu les récriminations des fils d'Israël. Tu leur diras : "Au coucher du soleil, vous mangerez de la viande et, le lendemain matin, vous aurez du pain à satiété. Alors vous saurez que moi, le Seigneur, je suis votre Dieu." » Le soir même, surgit un vol de cailles qui recouvrirent le camp ; et, le lendemain matin, il y avait une couche de rosée autour du camp. Lorsque la couche de rosée s'évapora, il y avait, à la surface du désert, une fine croûte, quelque chose de fin comme du givre, sur le sol. Quand ils virent cela, les fils d'Israël se dirent l'un à l'autre : « *Mann hou ?* » (ce qui veut dire : Qu'est-ce que c'est ?), car ils ne savaient pas ce que c'était. Moïse leur dit : « C'est le pain que le Seigneur vous donne à manger. »

— *Parole du Seigneur.*

PSAUME 77

℟ Le Seigneur donne le pain du ciel !

Nous avons entendu et nous savons
ce que nos pères nous ont raconté ;
et nous redirons à l'âge qui vient
les titres de gloire du Seigneur.

Il commande aux nuées là-haut,
il ouvre les écluses du ciel :

pour les nourrir il fait pleuvoir la manne,
il leur donne le froment du ciel.

Chacun se nourrit du pain des Forts,
il les pourvoit de vivres à satiété.
Tel un berger, il conduit son peuple.
Il le fait entrer dans son domaine sacré.

● *Être disciple du Christ, c'est se revêtir de l'homme nouveau. Notre chemin vers la sainteté implique de ne plus se laisser « guider par le néant ».* ●

Lecture de la lettre de saint Paul apôtre aux Éphésiens 4, 17.20-24

FRÈRES, je vous le dis, j'en témoigne dans le Seigneur : vous ne devez plus vous conduire comme les païens qui se laissent guider par le néant de leur pensée. Mais vous, ce n'est pas ainsi que l'on vous a appris à connaître le Christ, si du moins l'annonce et l'enseignement que vous avez reçus à son sujet s'accordent à la vérité qui est en Jésus. Il s'agit de vous défaire de votre conduite d'autrefois, c'est-à-dire de l'homme ancien corrompu par les convoitises qui l'entraînent dans l'erreur. Laissez-vous renouveler par la transformation spirituelle de votre pensée. Revêtez-vous de l'homme nouveau, créé, selon Dieu, dans la justice et la sainteté conformes à la vérité.
— *Parole du Seigneur.*

Alléluia. Alléluia. L'homme ne vit pas seulement de pain, mais de toute parole qui sort de la bouche de Dieu. **Alléluia.**

● *Le Christ est le vrai « pain de la vie », le pain du ciel reçu du Père qui comble toute faim corporelle et spirituelle lorsqu'il est reçu dans la foi. Dans l'eucharistie, nous recevons la nourriture qui nous permet de vivre et de croître en enfants de Dieu.* ●

Évangile de Jésus Christ selon saint Jean 6, 24-35

EN CE TEMPS-LÀ, quand la foule vit que Jésus n'était pas là, ni ses disciples, les gens montèrent dans les barques et se dirigèrent vers Capharnaüm à la recherche de Jésus. L'ayant trouvé sur l'autre rive, ils lui dirent : « Rabbi, quand es-tu arrivé ici ? » Jésus leur répondit : « Amen, amen, je vous le dis : vous me cherchez, non parce que vous avez vu des signes, mais parce que vous avez mangé de ces pains et que vous avez été rassasiés. Travaillez non pas pour la nourriture qui se perd, mais pour la nourriture qui demeure jusque dans la vie éternelle, celle que vous donnera le Fils de l'homme, lui que Dieu, le Père, a marqué de son sceau. » Ils lui dirent alors : « Que devons-nous faire pour travailler aux œuvres de Dieu ? » Jésus leur répondit : « L'œuvre de Dieu, c'est que vous croyiez en celui qu'il a envoyé. » Ils lui dirent alors : « Quel signe vas-tu accomplir pour que nous puissions le voir, et te croire ? Quelle œuvre vas-tu faire ? Au désert, nos pères ont mangé la manne ; comme dit l'Écriture : *Il leur a donné à manger le pain venu du ciel.* » Jésus leur répondit : « Amen, amen, je vous le dis : ce n'est pas Moïse qui vous a donné le pain venu du ciel ; c'est mon Père qui vous donne le vrai pain venu du ciel. Car le pain de Dieu, c'est celui qui descend du ciel et qui donne la vie

au monde. » Ils lui dirent alors : « Seigneur, donne-nous toujours de ce pain-là. » Jésus leur répondit : « Moi, je suis le pain de la vie. Celui qui vient à moi n'aura jamais faim ; celui qui croit en moi n'aura jamais soif. »
— *Acclamons la Parole de Dieu.*

CREDO page 395

PRIÈRE SUR LES OFFRANDES. Dans ta bonté, sanctifie ces dons, nous t'en prions, Seigneur ; accepte le sacrifice spirituel que nous t'offrons, et fais de nous-mêmes une éternelle offrande pour toi. Par le Christ, notre Seigneur.

PRÉFACE pages 405 à 408

ANTIENNE DE LA COMMUNION. Tu nous as donné, Seigneur, le pain venu du ciel, pain aux multiples saveurs qui comble tous les goûts.

Ou bien :

Je suis le pain de la vie, dit le Seigneur, celui qui vient à moi n'aura jamais faim, celui qui croit en moi n'aura jamais soif.

PRIÈRE APRÈS LA COMMUNION. Seigneur, entoure d'une constante protection ceux que tu as renouvelés par le don du ciel ; puisque tu ne cesses de les réconforter, rends-les dignes de la rédemption éternelle. Par le Christ, notre Seigneur.

MÉDITONS AVEC ORIGÈNE

Qu'est-ce ?

Des divines Écritures, il ressort que c'est un dimanche que fut donnée la manne pour la première fois sur la terre. Car si, comme dit l'Écriture (cf. Ex 16, 26-27.5), on la ramassa six jours de suite, et on cessa de le faire le septième jour, qui est le sabbat, sans nul doute c'est au premier jour, le dimanche, qu'eut lieu le commencement du don. Pendant notre dimanche, le Seigneur fait toujours pleuvoir la manne du ciel. Et aujourd'hui même, moi, je l'affirme, le Seigneur fait pleuvoir la manne du ciel. Car ils sont du ciel, ces oracles qu'on nous a cités, elles sont descendues de Dieu, ces paroles qu'on nous a lues. Aussi, pour nous qui avons reçu une telle manne, toujours la manne nous est donnée du ciel.

« Manne » veut dire « Qu'est-ce ? ». Vois si le sens même du nom ne t'incite pas à t'instruire pour que, en écoutant lire la loi de Dieu, toujours tu cherches et poses la question aux docteurs (cf. Lc 2, 46) : « Qu'est-ce ? »

Origène († v. 254), prêtre né à Alexandrie, penseur et spirituel éminent, fut le plus profond exégète de l'Antiquité chrétienne.

Cette semaine

Lu 5	Férie ou Dédicace de la basilique Sainte-Marie-Majeure	Jr 28, 1-17 ; Ps 118 ; Mt 14, 13-21
	« Donnez-leur vous-mêmes à manger. » Mt 14, 16	
Ma 6	Transfiguration du Seigneur / fête	Dn 7, 9-10.13-14 ou 2 P 1, 16-19 ; Ps 96 ; Mc 9, 2-10
	« Celui-ci est mon Fils bien-aimé : écoutez-le ! » Mc 9, 7	
Me 7	Férie ou saint Sixte II et C. ou saint Gaétan	Jr 31, 1-7 ; Ct Jr 31 ; Mt 15, 21-28
	« Femme, grande est ta foi, que tout se passe pour toi comme tu le veux ! » Mt 15, 28	
Je 8	Saint Dominique	Jr 31, 31-34 ; Ps 50 ; Mt 16, 13-23
	« Et vous, que dites-vous ? Pour vous, qui suis-je ? » Mt 16, 15	
Ve 9	Sainte Thérèse-Bénédicte de la Croix / fête en Europe	Os 2, 16b.17b.21-22 ; Ps 44 ; Mt 25, 1-13
	« Veillez donc, car vous ne savez ni le jour ni l'heure. » Mt 25, 13	

Sa 10	Saint Laurent/fête	2 Co 9, 6-10; Ps 111; Jn 12, 24-26
	« Si quelqu'un veut me servir, qu'il me suive. » Jn 12, 26	

Bonne fête! 4 : Jean-Marie, Vianney • 5 : Abel • 6 : Octavien • 7 : Gaétan, Miguel • 8 : Dominique • 9 : Édith, Marianne • 10 : Laurent, Dieudonné

Nous fêtons

Saint Dominique, fondateur (1170-1221), le 8 août

Dominique naquit en 1170 à Caleruega, en Vieille-Castille. Il commença à étudier la théologie à 14 ans puis devint chanoine à la cathédrale d'Osma, sous la règle de saint Augustin. Envoyé en France en mission diplomatique pour le compte du roi de Castille, il rencontra les hérétiques cathares et œuvra à les faire revenir dans la vraie foi.

Les hérésies qui se développèrent en France et en Espagne suscitèrent fréquemment des réactions violentes de la part des fidèles catholiques. Toutefois Dominique prôna la pauvreté, la fidélité et la diffusion passionnée de la parole divine. Son témoignage attira nombre de jeunes gens. En 1215, il obtint une charte pour un groupe de prêcheurs à Toulouse et, deux ans plus tard, il disposait de suffisamment de disciples pour ouvrir des monastères en Espagne, à Paris et à Prouille. En 1220, son ordre des Frères prêcheurs, une congrégation mendiante, fut approuvé et il fonda également une branche dédiée aux femmes. À sa mort en 1221, les dominicains s'étaient établis dans plusieurs pays d'Europe.

De lui, le bienheureux Jourdain de Saxe déclara : « Il accueillait tout homme dans le vaste sein de la charité, et puisqu'il les aimait tous, tout le monde l'aimait. Il s'était fait une loi personnelle de se réjouir avec les gens joyeux et de pleurer avec ceux qui pleurent. » Un autre contemporain, Grégoire IX, le canonisa en 1234.

Intentions • Résolutions • Action de grâce

MARDI 6 AOÛT 2024

Fête de la Transfiguration du Seigneur

Quarante jours avant l'Exaltation de la Croix, *la Transfiguration du Seigneur rappelle comment le Christ voulut préparer « le cœur de ses disciples à surmonter le scandale de la croix ». Elle est aussi le « signe merveilleux de notre pleine adoption » qui fait de tous les baptisés des fils de Dieu en son Fils Jésus, et de la clarté dont resplendira un jour le corps entier de l'Église.*

Antienne d'ouverture. L'Esprit Saint apparut dans la nuée lumineuse, et la voix du Père se fit entendre : « Celui-ci est mon Fils bien-aimé, en qui je trouve ma joie : écoutez-le ! »

Gloire à Dieu page 392

Prière. Seigneur Dieu, dans la transfiguration glorieuse de ton Fils unique, tu as confirmé par le témoignage de Moïse et d'Élie la vérité des mystères de la foi, et tu as donné à l'avance un signe merveilleux de notre pleine adoption filiale ; accorde aux serviteurs que nous sommes d'écouter la voix de ton Fils bien-aimé, afin de pouvoir devenir avec lui tes héritiers. Lui qui vit et règne avec toi dans l'unité du Saint-Esprit, Dieu, pour les siècles des siècles.

● *La vision apocalyptique du prophète Daniel décrit la venue du « Fils d'homme » auquel sera donné « domination, gloire et royauté » à la suite de la défaite des puissances du monde hostiles à Dieu.* ●

Lecture du livre du prophète Daniel **7, 9-10.13-14**

La nuit, au cours d'une vision, moi, Daniel, je regardais : des trônes furent disposés, et un Vieillard prit

Temps ordinaire

place ; son habit était blanc comme la neige, et les cheveux de sa tête, comme de la laine immaculée ; son trône était fait de flammes de feu, avec des roues de feu ardent. Un fleuve de feu coulait, qui jaillissait devant lui. Des milliers de milliers le servaient, des myriades de myriades se tenaient devant lui. Le tribunal prit place et l'on ouvrit des livres.

Je regardais, au cours des visions de la nuit, et je voyais venir, avec les nuées du ciel, comme un Fils d'homme ; il parvint jusqu'au Vieillard, et on le fit avancer devant lui. Et il lui fut donné domination, gloire et royauté ; tous les peuples, toutes les nations et les gens de toutes langues le servirent. Sa domination est une domination éternelle, qui ne passera pas, et sa royauté, une royauté qui ne sera pas détruite.

— *Parole du Seigneur.*

Ou bien :

• *Saint Pierre rapporte son témoignage de la scène de la Transfiguration dont le rayonnement est un socle pour la foi, par-delà les difficultés que peuvent rencontrer les communautés chrétiennes.* •

Lecture de la deuxième lettre de saint Pierre apôtre 1, 16-19

Bien-aimés, ce n'est pas en ayant recours à des récits imaginaires sophistiqués que nous vous avons fait connaître la puissance et la venue de notre Seigneur Jésus Christ, mais c'est pour avoir été les témoins oculaires de sa grandeur. Car il a reçu de Dieu le Père

l'honneur et la gloire quand, depuis la Gloire magnifique, lui parvint une voix qui disait : *Celui-ci est mon Fils, mon bien-aimé ; en lui j'ai toute ma joie.* Cette voix venant du ciel, nous l'avons nous-mêmes entendue quand nous étions avec lui sur la montagne sainte. Et ainsi se confirme pour nous la parole prophétique ; vous faites bien de fixer votre attention sur elle, comme sur une lampe brillant dans un lieu obscur jusqu'à ce que paraisse le jour et que l'étoile du matin se lève dans vos cœurs.
— *Parole du Seigneur.*

PSAUME 96

**℟ Le Seigneur est roi,
le Très-Haut sur toute la terre !**

Le Seigneur est roi ! Exulte la terre !
Joie pour les îles sans nombre !
Ténèbre et nuée l'entourent,
justice et droit sont l'appui de son trône.

Quand ses éclairs illuminèrent le monde,
la terre le vit et s'affola ;
les montagnes fondaient comme cire
devant le Seigneur,
devant le Maître de toute la terre.

Les cieux ont proclamé sa justice,
et tous les peuples ont vu sa gloire.
Tu es, Seigneur, le Très-Haut sur toute la terre :
tu domines de haut tous les dieux.

Alléluia. Alléluia. Celui-ci est mon Fils bien-aimé, en qui je trouve ma joie : écoutez-le ! **Alléluia.**

● *La scène de la Transfiguration fait écho à celle du baptême de Jésus. La voix du Père confirme Jésus comme le « Fils bien-aimé » de Dieu, revêtu d'une grande lumière qui annonce déjà la gloire de la résurrection au moment où le Christ s'apprête à suivre le chemin de sa Passion.* ●

Évangile de Jésus Christ selon saint Marc 9, 2-10

En ce temps-là, Jésus prit avec lui Pierre, Jacques et Jean, et les emmena, eux seuls, à l'écart sur une haute montagne. Et il fut transfiguré devant eux. Ses vêtements devinrent resplendissants, d'une blancheur telle que personne sur terre ne peut obtenir une blancheur pareille. Élie leur apparut avec Moïse, et tous deux s'entretenaient avec Jésus. Pierre alors prend la parole et dit à Jésus : « Rabbi, il est bon que nous soyons ici ! Dressons donc trois tentes : une pour toi, une pour Moïse, et une pour Élie. » De fait, Pierre ne savait que dire, tant leur frayeur était grande. Survint une nuée qui les couvrit de son ombre, et de la nuée une voix se fit entendre : « Celui-ci est mon Fils bien-aimé : écoutez-le ! » Soudain, regardant tout autour, ils ne virent plus que Jésus seul avec eux.

Ils descendirent de la montagne, et Jésus leur ordonna de ne raconter à personne ce qu'ils avaient vu, avant que le Fils de l'homme soit ressuscité d'entre les morts. Et ils restèrent fermement attachés à cette parole, tout en se demandant entre eux ce que voulait dire : « ressusciter d'entre les morts ».

— *Acclamons la Parole de Dieu.*

Prière sur les offrandes. Sanctifie nos offrandes, Seigneur, par la transfiguration glorieuse de ton Fils unique ;

et, dans la splendeur de son rayonnement, purifie-nous des souillures du péché. Par le Christ, notre Seigneur.

Préface. Vraiment, il est juste et bon, pour ta gloire et notre salut, de t'offrir notre action de grâce, toujours et en tout lieu, Seigneur, Père très saint, Dieu éternel et tout-puissant, par le Christ, notre Seigneur. Car il a révélé sa gloire aux témoins qu'il avait choisis, le jour où, en son corps semblable au nôtre, se répandit une splendeur incomparable ; il préparait ainsi le cœur de ses disciples à surmonter le scandale de la croix, il manifestait que s'accomplirait dans le Corps tout entier de l'Église ce qui déjà rayonnait de manière admirable en lui qui en est la tête. C'est pourquoi, avec les puissances des cieux, nous pouvons te bénir sur la terre et t'adorer sans fin en proclamant : **Saint !...**

Antienne de la communion. Quand le Christ se manifestera, nous lui serons semblables car nous le verrons tel qu'il est.

Prière après la communion. Nous t'en prions, Seigneur, que cette nourriture venue du ciel nous transforme en l'image de ton Fils dont tu as révélé la splendeur par la gloire de la Transfiguration. Lui qui vit et règne pour les siècles des siècles.

MÉDITONS AVEC SAINT AUGUSTIN D'HIPPONE

Ils virent Jésus seul

À ces mots, les disciples tombèrent à terre. Ceci nous fait déjà comprendre que le royaume de Dieu est présent dans l'Église. Le Seigneur était là, la Loi et les Prophètes étaient là. Mais le Seigneur y était comme Seigneur. Alors le Seigneur tendit la main et remit ses disciples debout. Puis ils ne virent plus que Jésus seul. En tombant à terre,

les Apôtres symbolisent notre mort. Mais en les relevant, le Seigneur symbolise la résurrection. Et, après la résurrection, à quoi te sert la Loi ? À quoi te sert la Prophétie ? Dès lors Élie disparaît, et Moïse disparaît. Ce qui te reste, c'est : *Au commencement était le Verbe, et le Verbe était auprès de Dieu, et le Verbe était Dieu* (Jn 1, 1). Le Verbe te reste pour que Dieu soit tout en tous.

Descends, Pierre. Tu désirais te reposer sur la montagne. Voici que le Seigneur lui-même te dit : « Descends pour peiner et servir en ce monde, pour être méprisé et crucifié en ce monde. » La vie est descendue pour être mise à mort, le pain est descendu pour endurer la faim, la voie est descendue pour se fatiguer sur le chemin, la source est descendue pour endurer la soif, et toi, tu refuses de souffrir ? Ne cherche pas ton profit. Pratique la charité, annonce la vérité. Tu parviendras alors à l'immortalité et, avec elle, tu trouveras la paix.

Saint Augustin († 430), évêque d'Hippone en Afrique du Nord, a remis en lumière la Trinité en Dieu et, par analogie, en l'homme.

DIMANCHE 11 AOÛT 2024

19e DIMANCHE DU TEMPS ORDINAIRE

Dans l'eucharistie, *nous recevons « le pain vivant, qui est descendu du ciel : si quelqu'un mange de ce pain, il vivra éternellement ». La vie éternelle, voilà « l'héritage qui nous est promis » si nous laissons le Seigneur faire « grandir en nos cœurs l'esprit d'adoption filiale ».*

Antienne d'ouverture. Regarde vers ton alliance, Seigneur, ne délaisse pas sans fin l'âme de tes pauvres. Lève-toi, Seigneur, défends ta cause, n'oublie pas le cri de ceux qui te cherchent.

Gloire à Dieu page 392

Prière. Dieu éternel et tout-puissant, comme l'enseigne l'Esprit Saint, nous pouvons déjà t'appeler du nom de Père ; fais grandir en nos cœurs l'esprit d'adoption filiale, afin que nous soyons capables d'entrer un jour dans l'héritage qui nous est promis. Par Jésus Christ, ton Fils, notre Seigneur, qui vit et règne avec toi dans l'unité du Saint-Esprit, Dieu, pour les siècles des siècles.

● *Dieu n'abandonne pas son serviteur Élie au découragement qui mène à la mort. Il lui fait porter un pain pour lui redonner la vie. Ce récit annonce le pain que nous recevons dans l'eucharistie, nourriture fortifiante pour notre vie.* ●

Lecture du premier livre des Rois — 19, 4-8

En ces jours-là, le prophète Élie, fuyant l'hostilité de la reine Jézabel, marcha toute une journée dans le désert.

Il vint s'asseoir à l'ombre d'un buisson, et demanda la mort en disant : « Maintenant, Seigneur, c'en est trop ! Reprends ma vie : je ne vaux pas mieux que mes pères. » Puis il s'étendit sous le buisson, et s'endormit. Mais voici qu'un ange le toucha et lui dit : « Lève-toi, et mange ! » Il regarda, et il y avait près de sa tête une galette cuite sur des pierres brûlantes et une cruche d'eau. Il mangea, il but, et se rendormit. Une seconde fois, l'ange du Seigneur le toucha et lui dit : « Lève-toi, et mange, car il est long, le chemin qui te reste. » Élie se leva, mangea et but. Puis, fortifié par cette nourriture, il marcha quarante jours et quarante nuits jusqu'à l'Horeb, la montagne de Dieu.

— *Parole du Seigneur.*

Psaume 33

℟ **Goûtez et voyez comme est bon
le Seigneur !**

Je bénirai le Seigneur en tout temps,
sa louange sans cesse à mes lèvres.
Je me glorifierai dans le Seigneur :
que les pauvres m'entendent et soient en fête !

Magnifiez avec moi le Seigneur,
exaltons tous ensemble son nom.
Je cherche le Seigneur, il me répond :
de toutes mes frayeurs, il me délivre.

Qui regarde vers lui resplendira
sans ombre ni trouble au visage.
Un pauvre crie ; le Seigneur entend :
il le sauve de toutes ses angoisses.

L'ange du Seigneur campe alentour
pour libérer ceux qui le craignent.
Goûtez et voyez : le Seigneur est bon !
Heureux qui trouve en lui son refuge !

● *Ceux qui ont reçu l'Esprit de Dieu ont un comportement qui en manifeste la marque. Vivre en enfants de Dieu, c'est vivre dans l'amour.* ●

Lecture de la lettre de saint Paul apôtre aux Éphésiens 4, 30 à 5, 2

FRÈRES, n'attristez pas le Saint-Esprit de Dieu, qui vous a marqués de son sceau en vue du jour de votre délivrance. Amertume, irritation, colère, éclats de voix ou insultes, tout cela doit être éliminé de votre vie, ainsi que toute espèce de méchanceté. Soyez entre vous pleins de générosité et de tendresse. Pardonnez-vous les uns aux autres, comme Dieu vous a pardonné dans le Christ. Oui, cherchez à imiter Dieu, puisque vous êtes ses enfants bien-aimés. Vivez dans l'amour, comme le Christ nous a aimés et s'est livré lui-même pour nous, s'offrant en sacrifice à Dieu, comme un parfum d'agréable odeur.
— *Parole du Seigneur.*

Alléluia. Alléluia. Moi, je suis le pain vivant, qui est descendu du ciel, dit le Seigneur ; si quelqu'un mange de ce pain, il vivra éternellement. **Alléluia.**

● *Jésus se présente comme le « pain venu du ciel », en référence à la manne que les Hébreux ont mangée dans le désert. Il se donne en nourriture pour le banquet de communion dans la nouvelle Alliance.* ●

Évangile de Jésus Christ selon saint Jean 6, 41-51

En ce temps-là, les Juifs récriminaient contre Jésus parce qu'il avait déclaré : « Moi, je suis le pain qui est descendu du ciel. » Ils disaient : « Celui-là n'est-il pas Jésus, fils de Joseph ? Nous connaissons bien son père et sa mère. Alors comment peut-il dire maintenant : "Je suis descendu du ciel" ? » Jésus reprit la parole : « Ne récriminez pas entre vous. Personne ne peut venir à moi, si le Père qui m'a envoyé ne l'attire, et moi, je le ressusciterai au dernier jour. Il est écrit dans les prophètes : Ils seront tous instruits par Dieu lui-même. Quiconque a entendu le Père et reçu son enseignement vient à moi. Certes, personne n'a jamais vu le Père, sinon celui qui vient de Dieu : celui-là seul a vu le Père. Amen, amen, je vous le dis : il a la vie éternelle, celui qui croit. Moi, je suis le pain de la vie. Au désert, vos pères ont mangé la manne, et ils sont morts ; mais le pain qui descend du ciel est tel que celui qui en mange ne mourra pas. Moi, je suis le pain vivant, qui est descendu du ciel : si quelqu'un mange de ce pain, il vivra éternellement. Le pain que je donnerai, c'est ma chair, donnée pour la vie du monde. »

— *Acclamons la Parole de Dieu.*

Credo page 395

Prière sur les offrandes. Accueille favorablement, Seigneur, ces présents que, dans ta miséricorde, tu as donnés à ton Église pour qu'elle puisse te les offrir ; fais qu'ils deviennent, par ta puissance, le sacrement de notre salut. Par le Christ, notre Seigneur.

Préface pages 405 à 408

ANTIENNE DE LA COMMUNION. Glorifie le Seigneur, Jérusalem : de la fleur du froment, il te rassasie.

Ou bien :

Le pain que je donnerai, c'est ma chair, donnée pour la vie du monde, dit le Seigneur.

PRIÈRE APRÈS LA COMMUNION. Que cette communion à ton sacrement, Seigneur, nous procure le salut et qu'elle nous affermisse dans la lumière de ta vérité. Par le Christ, notre Seigneur.

MÉDITONS AVEC SAINT AUGUSTIN D'HIPPONE

Vivre dans l'amour du Christ qui nous a aimés et s'est livré pour nous

L'Église de Rome nous invite à fêter le jour où le bienheureux Laurent a triomphé, le jour où il a terrassé le monde furieux, où il a dédaigné le monde flatteur et ainsi a doublement vaincu le démon persécuteur.

Dans l'Église de Rome, vous le savez bien, il exerçait les fonctions de diacre. C'est là qu'il présentait le sang sacré du Christ, et c'est là qu'il répandit son propre sang pour le nom du Christ.

L'Apôtre saint Jean a mis en pleine clarté le mystère de la Cène du Seigneur lorsqu'il a dit : *Jésus a donné sa vie pour nous ; nous aussi, nous devons donner notre vie pour nos frères* (1 Jn 3, 16). Saint Laurent a compris cela, mes frères, il l'a compris et il l'a fait ; et ce qu'il avait consommé à cette table, c'est cela qu'il a voulu apprêter. Il a aimé le Christ par sa vie, il l'a aimé par sa mort.

Saint Augustin († 430), converti, a été baptisé par saint Ambroise à Pâques 387. Évêque d'Hippone en 395, il est l'un des plus grands théologiens chrétiens.

Cette semaine

Lu 12	Férie ou sainte Jeanne-Françoise de Chantal	Ez 1, 2-6.24-28c ; Ps 148 ; Mt 17, 22-27
	« Le Fils de l'homme va être livré aux mains des hommes. » Mt 17, 22	
Ma 13	Férie ou saints Pontien et Hippolyte	Ez 2, 8 à 3, 4 ; Ps 118 ; Mt 18, 1-5.10.12-14
	« Celui qui accueille un enfant en mon nom, il m'accueille, moi. » Cf. Mt 18, 5	
Me 14	Saint Maximilien-Marie Kolbe	Ez 9, 1-7 et 10, 18-22 ; Ps 112 ; Mt 18, 15-20
	« Quand deux ou trois sont réunis en mon nom, je suis là, au milieu d'eux. » Mt 18, 20	
Je 15	Assomption de la bienheureuse Vierge Marie / sol.	Ap 11, 19a et 12, 1-6a.10ab ; Ps 44 ; 1 Co 15, 20-27a ; Lc 1, 39-56
	« Le Puissant fit pour moi des merveilles ; Saint est son nom ! » Lc 1, 49	
Ve 16	Férie ou saint Étienne de Hongrie	Ez 16, 1-15.60.63 ou Ez 16, 59-63 ; Ct Is 12 ; Mt 19, 3-12
	« L'homme quittera son père et sa mère, il s'attachera à sa femme, et tous deux deviendront une seule chair. » Mt 19, 5	
Sa 17	Férie	Ez 18, 1-10.13b.30-32 ; Ps 50 ; Mt 19, 13-15
	« N'empêchez pas les enfants de venir à moi, car le royaume des Cieux est à ceux qui leur ressemblent. » Cf. Mt 19, 14	

Bonne fête ! 11 : Claire, Suzanne • 12 : Chantal, Clarisse • 13 : Hippolyte • 14 : Maximilien, Évrard • 15 : Marie, Muriel • 16 : Armel, Étienne • 17 : Élie

Nous fêtons

Saint Tarcisius, acolyte (263-275), le 15 août

C'est un poème du pape saint Damase qui nous apprend que Tarcisius « préféra être lapidé jusqu'à la mort plutôt que de livrer les choses saintes aux chiens ». Son histoire nous est racontée par le pape Benoît XVI lors de son audience du mercredi 4 août 2010 : Tarcisius était un acolyte, c'est-à-dire un servant d'autel, à l'époque du règne de l'empereur romain Valérien, où les chrétiens devaient garder leur pratique secrète. Un jour après la messe, il se porta volontaire pour porter l'eucharistie aux malades et aux prisonniers, malgré le grand risque qu'il encourait. « Ma jeunesse, dit Tarcisius, sera le meilleur abri pour l'eucharistie. »

Tarcisius abrita les hosties dans un sachet de lin qu'il plaça près de son cœur. En chemin, il rencontra d'autres garçons, qui lui demandèrent ce qu'il dissimulait avec autant de soin. Comme il refusa de répondre, ceux-ci se firent plus insistants. Comprenant soudain que le jeune garçon devait être un chrétien, ils le rouèrent de coups et lui lancèrent des pierres. Quand Quadratus, un membre de la garde prétorienne devenu chrétien, arriva sur les lieux, Tarcisius était déjà mourant.

Le jeune garçon fut transporté dans les catacombes de Saint-Calliste. Le Pain qu'il avait si vaillamment défendu était devenu chair de sa chair, « formant ainsi avec son propre corps, une unique hostie immaculée offerte à Dieu ».

Intentions • Résolutions • Action de grâce

....

....

....

....

....

....

....

JEUDI 15 AOÛT 2024

Solennité de l'Assomption de la Vierge Marie

Patronne principale de la France

« Au terme de sa vie terrestre, ***l'Immaculée Mère de Dieu a été élevée en son corps et en son âme à la gloire du ciel » (Pie XII). Découlant de sa maternité divine, l'assomption de Marie est pour toute l'humanité un gage d'espérance, une promesse de résurrection.***

Antienne d'ouverture. Un signe grandiose apparut dans le ciel : une femme, ayant le soleil pour manteau, la lune sous les pieds et, sur la tête, une couronne de douze étoiles.

Ou bien :

Tous ensemble, réjouissons-nous dans le Seigneur, célébrons ce jour de fête en l'honneur de la Vierge Marie. Les anges se réjouissent avec nous de son assomption dans le ciel et proclament les louanges du Fils de Dieu.

Gloire à Dieu ———— page 392

Prière. Dieu éternel et tout-puissant, tu as élevé jusqu'à la gloire du ciel, dans son âme et son corps, Marie, la Vierge immaculée, la mère de ton Fils ; fais que, toujours tendus vers les réalités d'en haut, nous obtenions de partager sa gloire. Par Jésus Christ, ton Fils, notre Seigneur.

● *La correspondance peut être aisément faite entre Marie et la figure de la femme qui enfante le Sauveur. Marie préfigure la victoire promise en Christ de l'humanité sur la mort et le péché.* ●

Lecture de l'Apocalypse de saint Jean — 11, 19a et 12, 1-6a.10ab

LE SANCTUAIRE DE DIEU, qui est dans le ciel, s'ouvrit, et l'arche de son Alliance apparut dans le Sanctuaire. Un grand signe apparut dans le ciel : une Femme, ayant le soleil pour manteau, la lune sous les pieds, et sur la tête une couronne de douze étoiles. Elle est enceinte, elle crie, dans les douleurs et la torture d'un enfantement. Un autre signe apparut dans le ciel : un grand Dragon, rouge feu, avec sept têtes et dix cornes, et, sur chacune des sept têtes, un diadème. Sa queue, entraînant le tiers des étoiles du ciel, les précipita sur la terre. Le Dragon vint se poster devant la Femme qui allait enfanter, afin de dévorer l'enfant dès sa naissance. Or, elle mit au monde un fils, un enfant mâle, celui qui sera le berger de toutes les nations, les conduisant avec un sceptre de fer. L'enfant fut enlevé jusqu'auprès de Dieu et de son Trône, et la Femme s'enfuit au désert, où Dieu lui a préparé une place. Alors j'entendis dans le ciel une voix forte, qui proclamait : « Maintenant voici le salut, la puissance et le règne de notre Dieu, voici le pouvoir de son Christ ! »
— *Parole du Seigneur.*

PSAUME 44

℟ Debout, à la droite du Seigneur,
se tient la reine, toute parée d'or.

Écoute, ma fille, regarde et tends l'oreille ;
oublie ton peuple et la maison de ton père :
le roi sera séduit par ta beauté.

Temps ordinaire

Il est ton Seigneur : prosterne-toi devant lui.
Alors, les plus riches du peuple,
chargés de présents, quêteront ton sourire.

Fille de roi, elle est là, dans sa gloire,
vêtue d'étoffes d'or ;
on la conduit, toute parée, vers le roi.

Des jeunes filles, ses compagnes, lui font cortège ;
on les conduit parmi les chants de fête :
elles entrent au palais du roi.

● *Pour nous qui sommes marqués par le mal à cause du péché d'Adam, la mort est inéluctable. Mais dans le Christ victorieux de la mort, la résurrection nous est d'ores et déjà promise à son retour.* ●

Lecture de la première lettre de saint Paul apôtre aux Corinthiens 15, 20-27a

Frères, le Christ est ressuscité d'entre les morts, lui, premier ressuscité parmi ceux qui se sont endormis. Car, la mort étant venue par un homme, c'est par un homme aussi que vient la résurrection des morts. En effet, de même que tous les hommes meurent en Adam, de même c'est dans le Christ que tous recevront la vie, mais chacun à son rang : en premier, le Christ, et ensuite, lors du retour du Christ, ceux qui lui appartiennent. Alors, tout sera achevé, quand le Christ remettra le pouvoir royal à Dieu son Père, après avoir anéanti, parmi les êtres célestes, toute Principauté, toute Souveraineté et Puissance. Car c'est lui qui doit régner jusqu'au jour où Dieu aura mis sous ses pieds

tous ses ennemis. Et le dernier ennemi qui sera anéanti, c'est la mort, car il a tout mis sous ses pieds.
— *Parole du Seigneur.*

Alléluia. Alléluia. Aujourd'hui s'est ouverte la porte du Paradis : Marie est entrée dans la gloire de Dieu ; exultez dans le ciel, tous les anges ! **Alléluia.**

> ● *« Qu'en chacun l'âme de Marie magnifie le Seigneur, qu'en chacun l'esprit de Marie exulte en Dieu. Si, selon la chair, une seule est la mère du Christ, selon la foi toutes les âmes engendrent le Christ. En effet, chacune accueille en elle le Verbe de Dieu » (saint Ambroise).* ●

Évangile de Jésus Christ selon saint Luc 1, 39-56

EN CES JOURS-LÀ, Marie se mit en route et se rendit avec empressement vers la région montagneuse, dans une ville de Judée. Elle entra dans la maison de Zacharie et salua Élisabeth. Or, quand Élisabeth entendit la salutation de Marie, l'enfant tressaillit en elle. Alors, Élisabeth fut remplie d'Esprit Saint, et s'écria d'une voix forte : « Tu es bénie entre toutes les femmes, et le fruit de tes entrailles est béni. D'où m'est-il donné que la mère de mon Seigneur vienne jusqu'à moi ? Car, lorsque tes paroles de salutation sont parvenues à mes oreilles, l'enfant a tressailli d'allégresse en moi. Heureuse celle qui a cru à l'accomplissement des paroles qui lui furent dites de la part du Seigneur. »
Marie dit alors : « Mon âme exalte le Seigneur, exulte mon esprit en Dieu, mon Sauveur ! Il s'est penché sur son humble servante ; désormais tous les âges me diront bienheureuse. Le Puissant fit pour moi des merveilles ;

Saint est son nom ! Sa miséricorde s'étend d'âge en âge sur ceux qui le craignent. Déployant la force de son bras, il disperse les superbes. Il renverse les puissants de leurs trônes, il élève les humbles. Il comble de biens les affamés, renvoie les riches les mains vides. Il relève Israël son serviteur, il se souvient de son amour, de la promesse faite à nos pères, en faveur d'Abraham et sa descendance à jamais. »
Marie resta avec Élisabeth environ trois mois, puis elle s'en retourna chez elle.
— *Acclamons la Parole de Dieu.*

CREDO page 395

PRIÈRE SUR LES OFFRANDES. Que monte vers toi, Seigneur, l'offrande que nous te présentons avec ferveur ; et tandis qu'intercède pour nous la bienheureuse Vierge Marie élevée au ciel, que nos cœurs, brûlants de charité, aspirent toujours à monter vers toi. Par le Christ, notre Seigneur.

PRÉFACE. Vraiment, il est juste et bon, pour ta gloire et notre salut, de t'offrir notre action de grâce, toujours et en tout lieu, Seigneur, Père très saint, Dieu éternel et tout-puissant, par le Christ, notre Seigneur. Aujourd'hui, la Vierge Marie, la Mère de Dieu, est élevée au ciel. Elle est le commencement et l'image de ce que deviendra ton Église en sa plénitude, elle est signe d'espérance et source de réconfort pour ton peuple encore en chemin. Ainsi tu n'as pas voulu qu'elle connaisse la corruption du tombeau, elle qui a porté dans sa chair ton propre Fils et mis au monde d'une manière incomparable l'auteur de la vie. C'est pourquoi, unissant nos voix à celles des anges, nous te louons dans la joie en proclamant : **Saint !…**

PRIÈRE EUCHARISTIQUE I, II OU III pages 409 à 420

ANTIENNE DE LA COMMUNION. Tous les âges me diront bienheureuse : le Puissant fit pour moi des merveilles.

PRIÈRE APRÈS LA COMMUNION. Nous avons reçu, Seigneur, le sacrement qui nous sauve ; par l'intercession de la bienheureuse Vierge Marie élevée au ciel, accorde-nous de parvenir à la gloire de la résurrection. Par le Christ, notre Seigneur.

BÉNÉDICTION SOLENNELLE

Dans sa bienveillance, Dieu a voulu sauver le genre humain
par son Fils, né de la bienheureuse Vierge Marie ;
qu'il vous comble de sa bénédiction.
Amen.

Puissiez-vous ressentir toujours et partout
la protection de celle qui vous a permis
de recevoir l'auteur de la vie.
Amen.

Vous qui êtes rassemblés aujourd'hui avec ferveur,
repartez dans la joie de l'Esprit et l'espérance du ciel.
Amen.

Et que la bénédiction de Dieu tout-puissant,
le Père, et le Fils, ✠ et le Saint-Esprit,
descende sur vous et y demeure toujours.
Amen.

MÉDITONS AVEC PIE XII

Voici la demeure de Dieu

Dès le VIIIe siècle, l'Église indivise contemple Marie élevée au ciel.

Saint Jean de Damas (VIIIe siècle), qui est le plus remarquable prédicateur de cette vérité traditionnelle, compare l'assomption corporelle de la Mère de Dieu à ses autres dons et privilèges. Il déclare éloquemment : « Elle qui

avait gardé sa virginité intacte dans l'enfantement, il fallait qu'elle garde son corps, même après la mort, exempt de toute corruption. Elle qui avait porté le Créateur dans son sein comme son enfant, il fallait qu'elle aille faire son séjour dans la lumière divine. Cette épouse que le Père s'était unie, il fallait qu'elle habite la chambre nuptiale. Elle qui avait contemplé son Fils cloué à la croix et qui avait reçu dans son cœur le glaive de douleur qui lui avait été épargné dans l'enfantement, il fallait qu'elle le contemple trônant avec le Père. Il fallait que la Mère de Dieu possède ce qui appartenait à son Fils, et qu'elle soit honorée par toutes les créatures comme la Mère de Dieu et sa servante. »

Ainsi la Mère de Dieu, unie à Jésus Christ d'une manière mystérieuse, dans un seul et même décret de prédestination, immaculée dans sa conception, parfaitement vierge dans sa maternité divine, généreuse collaboratrice du Rédempteur, a remporté un triomphe total sur le péché et ses conséquences. Pour finir, elle a obtenu, comme couronnement suprême de ses privilèges, d'être préservée de la corruption du tombeau. À la suite de son Fils, après avoir vaincu la mort, elle a obtenu d'être élevée corps et âme à la gloire suprême du ciel, pour y resplendir, en qualité de Reine, à la droite de son Fils, « le Roi immortel des siècles ».

Pie XII († 1958) fut le 260e pape. Il a été élu en 1939, quelques mois avant le début de la Seconde Guerre mondiale.

DIMANCHE 18 AOÛT 2024

20e DIMANCHE DU TEMPS ORDINAIRE

« IL EST GRAND LE MYSTÈRE DE LA FOI. » *Méditer la Parole de Jésus et sa Personne lors de la liturgie de la Parole puis communier à son Corps et à son Sang lors de la liturgie eucharistique sont indissociables pour vivre de l'eucharistie.*

ANTIENNE D'OUVERTURE. Dieu, notre protecteur, regarde : vois le visage de ton Christ ; un jour dans tes parvis en vaut plus que mille.

GLOIRE À DIEU page 392

PRIÈRE. Pour ceux qui t'aiment, Seigneur Dieu, tu as préparé des biens que l'œil ne peut voir : répands en nos cœurs la ferveur de ta charité, afin que t'aimant en toute chose et par-dessus tout, nous obtenions de toi l'héritage promis qui surpasse tout désir. Par Jésus Christ, ton Fils, notre Seigneur, qui vit et règne avec toi dans l'unité du Saint-Esprit, Dieu, pour les siècles des siècles.

● *Quelle est cette sagesse dont parle l'auteur du livre des Proverbes ? On a bien l'impression qu'il s'agit ici d'une personne qui parle aux hommes, les invite à son repas et leur montre le chemin de la Vie. Ne serait-elle pas une préfiguration de Jésus ?* ●

Lecture du livre des Proverbes 9, 1-6

LA SAGESSE a bâti sa maison, elle a taillé sept colonnes. Elle a tué ses bêtes, et préparé son vin, puis a dressé la table. Elle a envoyé ses servantes, elle appelle sur les hauteurs de la cité : « Vous, étourdis, passez par ici ! »

Temps ordinaire

À qui manque de bon sens, elle dit : « Venez, mangez de mon pain, buvez le vin que j'ai préparé. Quittez l'étourderie et vous vivrez, prenez le chemin de l'intelligence. »
— *Parole du Seigneur.*

Psaume 33

℟ **Goûtez et voyez comme est bon le Seigneur !**

Je bénirai le Seigneur en tout temps,
sa louange sans cesse à mes lèvres.
Je me glorifierai dans le Seigneur :
que les pauvres m'entendent et soient en fête !

Saints du Seigneur, adorez-le :
rien ne manque à ceux qui le craignent.
Des riches ont tout perdu, ils ont faim ;
qui cherche le Seigneur ne manquera
d'aucun bien.

Venez, mes fils, écoutez-moi,
que je vous enseigne la crainte du Seigneur.
Qui donc aime la vie
et désire les jours où il verra le bonheur ?

Garde ta langue du mal
et tes lèvres des paroles perfides.
Évite le mal, fais ce qui est bien,
poursuis la paix, recherche-la.

● *Loin d'un traité de bonnes manières, l'exhortation de saint Paul engage à vivre en personne profondément spirituelle, qui trouve sa joie dans la célébration de l'amour de Dieu et dans la réalisation de sa volonté: « Aime et fais ce que tu veux. »* ●

Lecture de la lettre de saint Paul apôtre aux Éphésiens 5, 15-20

FRÈRES, prenez bien garde à votre conduite : ne vivez pas comme des fous, mais comme des sages. Tirez parti du temps présent, car nous traversons des jours mauvais. Ne soyez donc pas insensés, mais comprenez bien quelle est la volonté du Seigneur. Ne vous enivrez pas de vin, car il porte à l'inconduite ; soyez plutôt remplis de l'Esprit Saint. Dites entre vous des psaumes, des hymnes et des chants inspirés, chantez le Seigneur et célébrez-le de tout votre cœur. À tout moment et pour toutes choses, au nom de notre Seigneur Jésus Christ, rendez grâce à Dieu le Père.

— *Parole du Seigneur.*

Alléluia. Alléluia. Qui mange ma chair et boit mon sang demeure en moi, et moi en lui, dit le Seigneur. **Alléluia.**

● *Le discours sur le pain de vie est scandaleux pour ceux qui n'ont pas été initiés au mystère du Christ par son Esprit. Pourtant, dans l'ombre portée de la croix qui est arbre de vie, le Christ ressuscité donne sa vie en nourriture à chaque eucharistie.* ●

Évangile de Jésus Christ selon saint Jean 6, 51-58

EN CE TEMPS-LÀ, Jésus disait à la foule : « Moi, je suis le pain vivant, qui est descendu du ciel : si quelqu'un mange de ce pain, il vivra éternellement. Le pain que je donnerai, c'est ma chair, donnée pour la vie du monde. » Les Juifs se querellaient entre eux : « Comment celui-là peut-il nous donner sa chair à manger ? » Jésus leur dit alors : « Amen, amen, je vous le dis : si vous ne mangez pas la chair du Fils de l'homme, et si vous ne buvez pas son sang, vous n'avez pas la vie en vous. Celui qui mange ma chair et boit mon sang a la vie éternelle ; et moi, je le ressusciterai au dernier jour. En effet, ma chair est la vraie nourriture, et mon sang est la vraie boisson. Celui qui mange ma chair et boit mon sang demeure en moi, et moi, je demeure en lui. De même que le Père, qui est vivant, m'a envoyé, et que moi je vis par le Père, de même celui qui me mange, lui aussi vivra par moi. Tel est le pain qui est descendu du ciel : il n'est pas comme celui que les pères ont mangé. Eux, ils sont morts ; celui qui mange ce pain vivra éternellement. »

— *Acclamons la Parole de Dieu.*

CREDO page 395

PRIÈRE SUR LES OFFRANDES. Accueille, Seigneur, ce que nous présentons pour cette eucharistie où s'accomplit un admirable échange : en offrant ce que tu nous as donné, puissions-nous te recevoir toi-même. Par le Christ, notre Seigneur.

PRÉFACE pages 405 à 408

ANTIENNE DE LA COMMUNION. Oui, près du Seigneur est la miséricorde ; près de lui abonde le rachat.

Ou bien :

Je suis le pain vivant, qui est descendu du ciel, dit le Seigneur ; si quelqu'un mange de ce pain, il vivra éternellement.

PRIÈRE APRÈS LA COMMUNION. Par ces sacrements, Seigneur, tu nous as unis au Christ, et nous implorons humblement ta bonté : sur la terre, transforme-nous à son image, pour que nous puissions partager sa vie dans le ciel. Lui qui vit et règne pour les siècles des siècles.

MÉDITONS
AVEC SAINT PIE X

Vivre dans la joie en chantant les psaumes

Dansez à la louange de son nom, jouez pour lui, tambourin et cithares (Ps 149, 3).

Les psaumes recueillis dans la Bible ont été composés sous l'inspiration divine, selon un usage déjà reçu sous la Loi ancienne. Telle est l'origine de ce que saint Basile appelle « la voix de l'Église », cette psalmodie définie par notre prédécesseur Urbain VIII comme « la fille de cette louange qui se chante sans relâche devant le trône de Dieu et de l'Agneau ».

Voici, sur ce sujet, une belle parole de saint Augustin : « Pour que l'homme puisse adresser à Dieu une digne louange, Dieu s'est loué lui-même ; et parce qu'il a bien voulu se louer, l'homme sait quelle louange il doit lui adresser. »

Les psaumes possèdent en outre une étonnante efficacité pour éveiller dans les cœurs le désir de toutes les vertus. « Certes, toute la Sainte Écriture, de l'Ancien comme du Nouveau Testament, est inspirée par Dieu et utile pour l'enseignement, ainsi qu'il est écrit ; néanmoins le Livre des Psaumes, comme un paradis contenant tous les fruits des autres livres, propose ses chants et ajoute ses propres fruits aux autres dans la psalmodie. » Ces paroles sont de saint Athanase, qui ajoute très justement : « Je pense que, pour celui qui chante les psaumes, ils sont comparables à un miroir où il peut se contempler lui-même ainsi que les mouvements de son âme, et psalmodier dans des dispositions. »

Pape de 1903 à 1914, saint Pie X fit vœu de « tout renouveler dans le Christ ». Il est surtout connu pour avoir défendu l'Église contre le modernisme et pour avoir promu la réception de l'Eucharistie. Il se montra également très préoccupé par le besoin de catéchèse chrétienne.

Cette semaine

Lu 19	Férie ou saint Jean Eudes	Ez 24, 15-24 ; Ct Dt 32 ; Mt 19, 16-22
	« Si tu veux entrer dans la vie, observe les commandements. » Mt 19, 17	
Ma 20	Saint Bernard	Ez 28, 1-10 ; Ct Dt 32 ; Mt 19, 23-30
	« Pour Dieu tout est possible. » Mt 19, 26	
Me 21	Saint Pie X	Ez 34, 1-11 ; Ps 22 ; Mt 20, 1-16
	« Je veux donner au dernier venu autant qu'à toi. » Mt 20, 14	
Je 22	Bienheureuse Vierge Marie Reine	Ez 36, 23-28 ; Ps 50 ; Mt 22, 1-14
	« Beaucoup sont appelés, mais peu sont élus. » Mt 22, 14	
Ve 23	Férie ou sainte Rose de Lima	Ez 37, 1-14 ; Ps 106 ; Mt 22, 34-40
	« Tu aimeras ton prochain comme toi-même. » Mt 22, 39	
Sa 24	St Barthélemy / fête	Ap 21, 9b-14 ; Ps 144 ; Jn 1, 45-51
	« Viens, et vois. » Jn 1, 46	

Bonne fête ! 18 : Hélène • 19 : Eudes, Bartholomé, Ézéchiel • 20 : Bernard, Samuel • 21 : Sidoine, Christophe • 22 : Fabrice, Reine • 23 : Rose, Zachée • 24 : Barthélemy, Nathanaël

Nous fêtons

Sainte Rose de Lima (1586-1617), le 23 août

Les parents de Rose émigrèrent de Porto Rico à Lima, au Pérou. Elle portait le nom d'Isabelle mais était plus connue sous son surnom, Rose. Avec une extraordinaire liberté, elle choisit le Christ dès son plus jeune âge. À 5 ans, elle décida de faire vœu de virginité. Adolescente, elle s'opposa activement à la volonté de ses parents de la marier. Lorsqu'ils la coiffèrent d'une couronne de roses, elle en fit un instrument de pénitence, ajoutant des pointes à l'intérieur de la couronne afin qu'elles s'enfoncent dans sa tête. Elle repoussait ses prétendants en se frottant le visage de poivre, qui faisait boursoufler et craqueler sa peau. Qu'on la complimente pour la finesse de ses mains, et elle les enduisait de chaux.

Ces pénitences contribuèrent toutefois à adoucir son cœur. Lorsque ses parents traversèrent une période difficile, elle vendit des fleurs pour gagner un peu d'argent. Elle ouvrit une infirmerie dans la maison familiale, qui devint le premier refuge de Lima destiné aux nécessiteux et aux personnes malades. Elle leur administra des remèdes à base d'herbes médicinales qu'elle confectionnait elle-même.

À 20 ans, Rose intégra le tiers ordre dominicain. Elle vivait alors en ermite au fond du jardin familial. Elle trouva grand plaisir dans la prière mais continua de s'adonner à ses mortifications coutumières. Quand elle mourut à l'âge de 31 ans, les jeunes comme les vieux, les riches comme les pauvres se joignirent à la procession funéraire. Première sainte des Amériques, patronne du Pérou, elle est invoquée contre la vanité.

Intentions • Résolutions • Action de grâce

DIMANCHE 25 AOÛT 2024

21E DIMANCHE DU TEMPS ORDINAIRE

La foi dans le Christ *n'est pas une option parmi d'autres, elle est le roc sur lequel « nos cœurs s'établissent fermement, là où se trouvent les vraies joies ». Sinon, « à qui irions-nous » puisque le Seigneur a les paroles de la vie éternelle ?*

Antienne d'ouverture. Incline vers moi ton oreille, Seigneur, exauce-moi. Sauve, ô mon Dieu, ton serviteur qui espère en toi. Prends pitié de moi, Seigneur, toi que j'appelle tout le jour.

Gloire à Dieu page 392

Prière. Seigneur Dieu, toi qui unis les cœurs des fidèles dans une seule volonté : donne à ton peuple d'aimer ce que tu commandes et de désirer ce que tu promets, pour qu'au milieu des changements de ce monde, nos cœurs s'établissent fermement là où se trouvent les vraies joies. Par Jésus Christ, ton Fils, notre Seigneur, qui vit et règne avec toi dans l'unité du Saint-Esprit, Dieu, pour les siècles des siècles.

● *Le peuple de Dieu qui vient d'entrer en Terre promise est placé devant un choix déterminant pour l'Alliance avec le Seigneur.* ●

Lecture du livre de Josué — 24, 1-2a.15-17.18b

En ces jours-là, Josué réunit toutes les tribus d'Israël à Sichem ; puis il appela les anciens d'Israël, avec les chefs, les juges et les scribes ; ils se présentèrent devant Dieu. Josué dit alors à tout le peuple : « S'il ne vous plaît pas

de servir le Seigneur, choisissez aujourd'hui qui vous voulez servir : les dieux que vos pères servaient au-delà de l'Euphrate, ou les dieux des Amorites dont vous habitez le pays. Moi et les miens, nous voulons servir le Seigneur. » Le peuple répondit : « Plutôt mourir que d'abandonner le Seigneur pour servir d'autres dieux ! C'est le Seigneur notre Dieu qui nous a fait monter, nous et nos pères, du pays d'Égypte, cette maison d'esclavage ; c'est lui qui, sous nos yeux, a accompli tous ces signes et nous a protégés tout le long du chemin que nous avons parcouru, chez tous les peuples au milieu desquels nous sommes passés. Nous aussi, nous voulons servir le Seigneur, car c'est lui notre Dieu. »

— Parole du Seigneur.

Psaume 33

℟ **Goûtez et voyez comme est bon le Seigneur !**

Je bénirai le Seigneur en tout temps,
sa louange sans cesse à mes lèvres.
Je me glorifierai dans le Seigneur :
que les pauvres m'entendent et soient en fête !

Le Seigneur regarde les justes,
il écoute, attentif à leurs cris.
Le Seigneur affronte les méchants
pour effacer de la terre leur mémoire.

Malheur sur malheur pour le juste,
mais le Seigneur chaque fois le délivre.
Il veille sur chacun de ses os :
pas un ne sera brisé.

Le mal tuera les méchants ;
ils seront châtiés d'avoir haï le juste.
Le Seigneur rachètera ses serviteurs :
pas de châtiment pour qui trouve
en lui son refuge.

● *Parce que leur amour est fondé sur le mystère du Christ, les époux chrétiens peuvent vivre leur mariage dans l'unité et la fidélité.* ●

Lecture de la lettre de saint Paul apôtre aux Éphésiens 5, 21-32

FRÈRES, par respect pour le Christ, soyez soumis les uns aux autres ; les femmes, à leur mari, comme au Seigneur Jésus ; car, pour la femme, le mari est la tête, tout comme, pour l'Église, le Christ est la tête, lui qui est le Sauveur de son corps. Eh bien ! puisque l'Église se soumet au Christ, qu'il en soit toujours de même pour les femmes à l'égard de leur mari.
Vous, les hommes, aimez votre femme à l'exemple du Christ : il a aimé l'Église, il s'est livré lui-même pour elle, afin de la rendre sainte en la purifiant par le bain de l'eau baptismale, accompagné d'une parole ; il voulait se la présenter à lui-même, cette Église, resplendissante, sans tache, ni ride, ni rien de tel ; il la voulait sainte et immaculée. C'est de la même façon que les maris doivent aimer leur femme : comme leur propre corps. Celui qui aime sa femme s'aime soi-même. Jamais personne n'a méprisé son propre corps : au contraire, on le nourrit, on en prend soin.
C'est ce que fait le Christ pour l'Église, parce que nous sommes les membres de son corps. Comme dit l'Écriture : *À cause de cela, l'homme quittera son père et sa*

mère, il s'attachera à sa femme, et tous deux ne feront plus qu'un. Ce mystère est grand : je le dis en référence au Christ et à l'Église.
— Parole du Seigneur.

Alléluia. Alléluia. Tes paroles, Seigneur, sont esprit et elles sont vie. Tu as les paroles de la vie éternelle. **Alléluia.**

● *Au nom des douze Apôtres, Pierre ose exprimer une vraie profession de foi : « Nous croyons. » À la messe, quand nous proclamons ensemble la foi de l'Église, reçue de Pierre et des Apôtres, nous nous soutenons mutuellement dans la foi.* ●

Évangile de Jésus Christ selon saint Jean 6, 60-69

EN CE TEMPS-LÀ, Jésus avait donné un enseignement dans la synagogue de Capharnaüm. Beaucoup de ses disciples, qui avaient entendu, déclarèrent : « Cette parole est rude ! Qui peut l'entendre ? » Jésus savait en lui-même que ses disciples récriminaient à son sujet. Il leur dit : « Cela vous scandalise ? Et quand vous verrez le Fils de l'homme monter là où il était auparavant !… C'est l'esprit qui fait vivre, la chair n'est capable de rien. Les paroles que je vous ai dites sont esprit et elles sont vie. Mais il y en a parmi vous qui ne croient pas. » Jésus savait en effet depuis le commencement quels étaient ceux qui ne croyaient pas, et qui était celui qui le livrerait. Il ajouta : « Voilà pourquoi je vous ai dit que personne ne peut venir à moi si cela ne lui est pas donné par le Père. »
À partir de ce moment, beaucoup de ses disciples s'en retournèrent et cessèrent de l'accompagner. Alors Jésus dit aux Douze : « Voulez-vous partir, vous aussi ? »

Simon-Pierre lui répondit : « Seigneur, à qui irions-nous ? Tu as les paroles de la vie éternelle. Quant à nous, nous croyons, et nous savons que tu es le Saint de Dieu. »
— *Acclamons la Parole de Dieu.*

Credo page 395

Prière sur les offrandes. Par l'unique sacrifice, offert une fois pour toutes, tu t'es donné, Seigneur, le peuple que tu as adopté ; en ta bienveillance, accorde-nous la grâce de l'unité et de la paix dans ton Église. Par le Christ, notre Seigneur.

Préface pages 405 à 408

Antienne de la communion. La terre se rassasie du fruit de tes œuvres, Seigneur, tu fais produire à la terre le pain, et le vin qui réjouit le cœur de l'homme.

Ou bien :

Qui mange ma chair et boit mon sang a la vie éternelle, dit le Seigneur ; et moi, je le ressusciterai au dernier jour.

Prière après la communion. Que ta miséricorde agisse en nous, Seigneur, nous t'en prions, et qu'elle nous guérisse entièrement ; par ta bonté, transforme-nous et rends-nous si fervents que nous puissions te plaire en toute chose. Par le Christ, notre Seigneur.

MÉDITONS
AVEC SAINT JEAN-PAUL II

Jésus nous dit : Venez et voyez

Vous rencontrerez Jésus là où les hommes souffrent et espèrent : dans les petits villages disséminés dans le monde, apparemment en marge de l'histoire, comme l'était Nazareth quand Dieu envoya son ange à Marie ; dans les métropoles où des millions d'êtres humains vivent souvent comme des étrangers. Chaque homme, en réalité, est « concitoyen » du Christ. Jésus demeure à côté de vous, dans les frères avec lesquels vous partagez l'existence quotidienne. Son visage est celui des plus pauvres, des marginaux, souvent victimes d'un modèle de développement injuste, qui met le profit à la première place et fait de l'homme un moyen plutôt qu'un but. La maison de Jésus est partout où un homme souffre parce que ses droits ont été niés, ses espoirs trahis, ses angoisses ignorées. C'est là, parmi les hommes, que se trouve la maison du Christ, qui vous demande d'essuyer, en son nom, toute larme et de rappeler à celui qui se sent seul que personne n'est jamais seul si on met en lui son espérance (cf. Mt 25, 31-46).

Jean-Paul II, pape de 1978 à 2005, a été canonisé en 2014.

Cette semaine

Lu 26	Férie ou saint Césaire d'Arles (en France)	2 Th 1, 1-5.11b-12 ; Ps 95 ; Mt 23, 13-22
	« Pharisiens hypocrites, vous fermez à clé le royaume des Cieux devant les hommes. » Cf. Mt 23, 13	
Ma 27	Sainte Monique	2 Th 2, 1-3a.14-17 ; Ps 95 ; Mt 23, 23-26
	« Guides aveugles ! Vous filtrez le moucheron, et vous avalez le chameau ! » Mt 23, 24	
Me 28	Saint Augustin	2 Th 3, 6-10.16-18 ; Ps 127 ; Mt 23, 27-32
	« Scribes et pharisiens hypocrites, vous ressemblez à des sépulcres blanchis à la chaux. » Cf. Mt 23, 27	
Je 29	Martyre de saint Jean Baptiste	1 Co 1, 1-9 ; Ps 144 ; *Mc 6, 17-29
	« Hérodiade répondit : "Demande la tête de Jean, celui qui baptise." » Cf. Mc 6, 24	
Ve 30	Férie	1 Co 1, 17-25 ; Ps 32 ; Mt 25, 1-13
	« Veillez donc, car vous ne savez ni le jour ni l'heure. » Mt 25, 13	

Sa 31	Férie 1 Co 1, 26-31 ; Ps 32 ; Mt 25, 14-30
	« Serviteur bon et fidèle, tu as été fidèle pour peu de choses, je t'en confierai beaucoup. » Mt 25, 21

Bonne fête ! 25 : Louis • 26 : Césaire, Nathacha • 27 : Monique, Guérin • 28 : Augustin, Arthur • 29 : Sabine, Médéric • 30 : Fiacre • 31 : Aristide

Un astérisque (*) placé devant une lecture signale que celle-ci est obligatoire.

Nous fêtons

Saint Augustin d'Hippone, évêque (354-430), le 28 août

Saint Augustin, Père et docteur de l'Église, est l'un des théologiens les plus importants de l'histoire. Sa *Cité de Dieu*, son traité *De la Trinité* et ses sermons contiennent des sommets de la pensée dont les chrétiens continuent de nourrir leur intelligence et leur foi. *Les Confessions*, son livre le plus célèbre, en plus d'être d'une force incomparable sur le plan de la philosophie et de la théologie spirituelle, est un récit de conversion d'une admirable franchise. Ainsi Augustin y raconte-t-il non seulement son péché, avec bien des exemples marquants, mais surtout le chemin que le Seigneur lui fait prendre pour s'y arracher et apprendre à aimer comme Dieu y appelle tout homme. Ainsi Augustin, dans une action de grâce parfois douloureuse, nous a-t-il transmis la mémoire de son arrachement à l'égoïsme de la chair, à l'orgueil de la raison et de la vaine gloire – il est un brillant rhéteur –, et aux mensonges, en particulier sectaires, qui coupent l'homme du bonheur.

Parti de Carthage à Milan, baptisé et finalement devenu prêtre, il est nommé évêque d'Hippone, dans son Algérie natale, au terme de ce chemin à la rencontre de Jésus où la découverte progressive de l'Écriture sainte et l'amitié de saint Ambroise jouèrent un rôle fondamental. Saint Augustin consacrera le reste de sa vie à garder le peuple qui lui a été confié dans la rectitude, la foi au Christ et le chemin de la liberté vers l'amour authentique.

Intentions • Résolutions • Action de grâce

DIMANCHE 1ER SEPTEMBRE 2024

22E DIMANCHE DU TEMPS ORDINAIRE
Journée de prière
pour la Sauvegarde de la Création

Le désir et la force de suivre ***de tout notre cœur le commandement de Dieu, voilà ce que nous recevons dans l'eucharistie : « Que cette nourriture fortifie en nos cœurs la charité et nous stimule à te servir dans nos frères. » Là se manifeste la purification des cœurs.***

Antienne d'ouverture. Prends pitié de moi, Seigneur, car j'ai crié vers toi tout le jour, toi qui es bon et qui pardonnes, plein de miséricorde pour tous ceux qui t'appellent.

Gloire à Dieu page 392

Prière. Dieu de l'univers, de qui vient tout don parfait, enracine en nos cœurs l'amour de ton nom ; augmente notre foi pour développer ce qui est bon en nous ; veille sur nous avec sollicitude pour protéger ce que tu as fait grandir. Par Jésus Christ, ton Fils, notre Seigneur, qui vit et règne avec toi dans l'unité du Saint-Esprit, Dieu, pour les siècles des siècles.

● *La Loi transmise par Moïse est le gage de l'Alliance que le Seigneur a conclue avec son peuple, d'où l'importance de garder les commandements.* ●

Lecture du livre du Deutéronome 4, 1-2.6-8

Moïse disait au peuple : « Maintenant, Israël, écoute les décrets et les ordonnances que je vous enseigne pour

que vous les mettiez en pratique. Ainsi vous vivrez, vous entrerez, pour en prendre possession, dans le pays que vous donne le Seigneur, le Dieu de vos pères. Vous n'ajouterez rien à ce que je vous ordonne, et vous n'y enlèverez rien, mais vous garderez les commandements du Seigneur votre Dieu tels que je vous les prescris. Vous les garderez, vous les mettrez en pratique ; ils seront votre sagesse et votre intelligence aux yeux de tous les peuples. Quand ceux-ci entendront parler de tous ces décrets, ils s'écrieront : "Il n'y a pas un peuple sage et intelligent comme cette grande nation !" Quelle est en effet la grande nation dont les dieux soient aussi proches que le Seigneur notre Dieu est proche de nous chaque fois que nous l'invoquons ? Et quelle est la grande nation dont les décrets et les ordonnances soient aussi justes que toute cette Loi que je vous donne aujourd'hui ? »
— *Parole du Seigneur.*

Psaume 14

℟ **Seigneur, qui séjournera sous ta tente ?**

Celui qui se conduit parfaitement,
qui agit avec justice
et dit la vérité selon son cœur.
Il met un frein à sa langue.

Il ne fait pas de tort à son frère
et n'outrage pas son prochain.
À ses yeux, le réprouvé est méprisable
mais il honore les fidèles du Seigneur.

Il ne reprend pas sa parole.
Il prête son argent sans intérêt,

n'accepte rien qui nuise à l'innocent.
Qui fait ainsi demeure inébranlable.

● *Nous allons entendre la lettre de saint Jacques durant plusieurs dimanches. Aujourd'hui, il nous rappelle une attitude fondamentale du disciple du Christ : mettre sa parole en pratique.* ●

Lecture de la lettre de saint Jacques 1, 17-18.21b-22.27

MES FRÈRES BIEN-AIMÉS, les présents les meilleurs, les dons parfaits, proviennent tous d'en haut, ils descendent d'auprès du Père des lumières, lui qui n'est pas, comme les astres, sujet au mouvement périodique ni aux éclipses. Il a voulu nous engendrer par sa parole de vérité, pour faire de nous comme les prémices de toutes ses créatures. Accueillez dans la douceur la Parole semée en vous ; c'est elle qui peut sauver vos âmes. Mettez la Parole en pratique, ne vous contentez pas de l'écouter : ce serait vous faire illusion. Devant Dieu notre Père, un comportement religieux pur et sans souillure, c'est de visiter les orphelins et les veuves dans leur détresse, et de se garder sans tache au milieu du monde.
— ***Parole du Seigneur.***

Alléluia. Alléluia. Le Père a voulu nous engendrer par sa parole de vérité, pour faire de nous comme les prémices de toutes ses créatures. **Alléluia.**

● *La Loi est garante de l'Alliance d'amour entre Dieu et son peuple, mais délaisser le commandement de l'amour au profit du juridisme ou du ritualisme éloigne du Seigneur.* ●

Évangile de Jésus Christ selon saint Marc 7,1-8.14-15.21-23

En ce temps-là, les pharisiens et quelques scribes, venus de Jérusalem, se réunissent auprès de Jésus, et voient quelques-uns de ses disciples prendre leur repas avec des mains impures, c'est-à-dire non lavées. – Les pharisiens en effet, comme tous les Juifs, se lavent toujours soigneusement les mains avant de manger, par attachement à la tradition des anciens ; et au retour du marché, ils ne mangent pas avant de s'être aspergés d'eau, et ils sont attachés encore par tradition à beaucoup d'autres pratiques : lavage de coupes, de carafes et de plats. Alors les pharisiens et les scribes demandèrent à Jésus : « Pourquoi tes disciples ne suivent-ils pas la tradition des anciens ? Ils prennent leurs repas avec des mains impures. » Jésus leur répondit : « Isaïe a bien prophétisé à votre sujet, hypocrites, ainsi qu'il est écrit : *Ce peuple m'honore des lèvres, mais son cœur est loin de moi. C'est en vain qu'ils me rendent un culte ; les doctrines qu'ils enseignent ne sont que des préceptes humains.* Vous aussi, vous laissez de côté le commandement de Dieu, pour vous attacher à la tradition des hommes. »

Appelant de nouveau la foule, il lui disait : « Écoutez-moi tous, et comprenez bien. Rien de ce qui est extérieur à l'homme et qui entre en lui ne peut le rendre impur. Mais ce qui sort de l'homme, voilà ce qui rend l'homme impur. »

Il disait encore à ses disciples, à l'écart de la foule : « C'est du dedans, du cœur de l'homme, que sortent les pensées perverses : inconduites, vols, meurtres, adultères, cupidités, méchancetés, fraude, débauche, envie,

diffamation, orgueil et démesure. Tout ce mal vient du dedans, et rend l'homme impur. »
— *Acclamons la Parole de Dieu.*

CREDO page 395

PRIÈRE SUR LES OFFRANDES. Que cette offrande sainte nous apporte à jamais, Seigneur, la bénédiction du salut, afin qu'elle donne toute sa force à ce qu'elle accomplit dans le sacrement. Par le Christ, notre Seigneur.

PRÉFACE pages 405 à 408

ANTIENNE DE LA COMMUNION. Qu'ils sont grands, tes bienfaits, Seigneur ! Tu les réserves à ceux qui te craignent.
Ou bien :
Heureux les artisans de paix, car ils seront appelés fils de Dieu. Heureux ceux qui sont persécutés pour la justice, car le royaume des Cieux est à eux.

PRIÈRE APRÈS LA COMMUNION. Rassasiés par le pain reçu à la table du ciel, nous te prions, Seigneur : que cette nourriture fortifie en nos cœurs la charité, et nous stimule à te servir dans nos frères. Par le Christ, notre Seigneur.

MÉDITONS
AVEC SAINT AUGUSTIN D'HIPPONE

Tu es venu à mon secours

Averti de revenir à moi-même, je suis entré au fond de mon cœur, sous ta conduite, Seigneur, et j'ai pu le faire, parce que tu es venu à mon secours. Je suis entré, et avec le regard de mon âme, quel que fût son état, au-dessus de ce même regard, au-dessus de mon intelligence, j'ai vu la lumière immuable. Ce n'était pas cette lumière ordinaire que tout le monde peut voir ; ce n'était pas non plus une lumière de même nature, mais plus puissante, qui aurait brillé de plus en plus et aurait tout rempli par son éclat. Non, cette lumière n'était pas cela, elle était autre chose, tout autre chose. Elle n'était pas au-dessus de mon esprit comme l'huile flotte à la surface de l'eau, ni comme le ciel s'étend au-dessus de la terre. Elle était au-dessous de moi parce qu'elle m'a créé ; j'étais au-dessous d'elle parce que créé par elle. Celui qui connaît la vérité la connaît, et celui qui la connaît connaît l'éternité. C'est l'amour qui la connaît !

Ô éternelle vérité, ô véritable charité, ô chère éternité ! Tu es mon Dieu, je soupire après toi jour et nuit. Quand je t'ai connu pour la première fois, tu m'as soulevé vers toi pour me faire voir l'existence de quelque chose que je devrais voir, mais que je ne pourrais pas encore voir moi-même. Tu as ébloui la faiblesse de mon regard par la puissance de ton rayonnement, et je frissonnais d'amour et d'effroi. J'ai découvert que j'étais loin de toi, dans le pays de l'exil et de la dissemblance, et il me semblait que j'entendais ta voix, venant du haut du ciel : « Je suis la nourriture des forts : grandis et tu me mangeras. Tu ne me changeras pas en toi, comme la nourriture de ton corps, c'est toi qui seras changé en moi. »

Saint Augustin († 430), évêque d'Hippone en Afrique du Nord, a remis en lumière la Trinité en Dieu et, par analogie, en l'homme.

Cette semaine

Lu 2	Férie	1 Co 2, 1-5 ; Ps 118 ; Lc 4, 16-30
	« N'est-ce pas là le fils de Joseph ? » Lc 4, 22	
Ma 3	Saint Grégoire le Grand	1 Co 2, 10b-16 ; Ps 144 ; Lc 4, 31-37
	« Quelle est cette parole ? » Lc 4, 36	
Me 4	Férie	1 Co 3, 1-9 ; Ps 32 ; Lc 4, 38-44
	« C'est toi le Fils de Dieu ! » Lc 4, 41	

Je 5	Journée internationale de la charité	
	Férie	1 Co 3, 18-23 ; Ps 23 ; Lc 5, 1-11
	« Éloigne-toi de moi, Seigneur, car je suis un homme pécheur. » Lc 5, 8	
Ve 6	Férie	1 Co 4, 1-5 ; Ps 36 ; Lc 5, 33-39
	« Pouvez-vous faire jeûner les invités de la noce, pendant que l'Époux est avec eux ? » Lc 5, 34	
Sa 7	Férie	1 Co 4, 6b-15 ; Ps 144 ; Lc 6, 1-5
	« Le Fils de l'homme est maître du sabbat. » Lc 6, 5	

Bonne fête ! 1 : Gilles, Douce • 2 : Ingrid, Habib • 3 : Grégoire • 4 : Rosalie, Hermione • 5 : Raïssa, Teresa • 6 : Bertrand • 7 : Reine, Roxanne

Nous fêtons

Saint Grégoire le Grand (v. 540-604), le 3 septembre

Issu d'une riche famille patricienne, Grégoire bénéficia d'une éducation soignée et se mit au service de l'État. À la mort de son père, il fonda un monastère sur les terres familiales, où il entra lui-même. Quatre années de vie contemplative prirent soudainement fin quand il fut appelé à servir à Constantinople, avant de devenir un conseiller de confiance du pape Pélage II.

Le pontificat de Grégoire débuta après une inondation qui dévasta Rome. Très vite, Grégoire approvisionna les Romains nécessiteux en nourriture. Il administra les biens de l'Église au profit des pauvres. Il fut confronté à de nombreuses divisions au sein de l'Église, promut l'évangélisation (notamment en Angleterre) et étendit le monachisme. Habile en matière de relations Église-État, il fut également un grand réformateur de la liturgie.

Pendant la majeure partie de sa vie, Grégoire souffrit de gastrite chronique et d'une goutte invalidante. Vers la fin de son pontificat, il restait fréquemment alité presque tout le jour. Il rédigea durant sa vie huit cent cinquante-quatre lettres, dont un grand nombre pendant ses dernières années. En l'an 600, il écrivit à Euloge d'Alexandrie : « Ma douleur est tantôt apaisée, et tantôt intense ; mais jamais levée au point de me quitter, ni jamais si intense au point de me tuer. Si bien que je me meurs chaque jour, mais sans jamais mourir. » À sa mort, en 604, le peuple romain le proclama saint.

Intentions • Résolutions • Action de grâce

DIMANCHE 8 SEPTEMBRE 2024

23E DIMANCHE DU TEMPS ORDINAIRE

Dans le récit de la guérison *de ce dimanche, Jésus dit : « Effata » (« Ouvre-toi ») en touchant les oreilles et la bouche du sourd-muet pour le délivrer. Ces mêmes paroles et gestes ont été posés sur nous lors de notre baptême pour nous ouvrir à la grâce d'entendre la Parole du salut et de la proclamer.*

Antienne d'ouverture. Toi, tu es juste, Seigneur, tu es droit dans ton jugement. Agis pour ton serviteur selon ta miséricorde.

Gloire à Dieu page 392

Prière. Seigneur Dieu, par toi nous vient la rédemption, par toi nous est donnée l'adoption filiale ; dans ta bonté, regarde avec amour tes enfants ; à ceux qui croient au Christ, accorde la vraie liberté et la vie éternelle en héritage. Par Jésus Christ, ton Fils, notre Seigneur, qui vit et règne avec toi dans l'unité du Saint-Esprit, Dieu, pour les siècles des siècles.

• *À tous ceux qui sont diminués dans leur corps et leurs relations, Isaïe annonce la bienveillante action du Messie attendu. Par lui, Dieu lui-même viendra les sauver pour la revanche sur le mal.* •

Lecture du livre du prophète Isaïe 35, 4-7a

Dites aux gens qui s'affolent : « Soyez forts, ne craignez pas. Voici votre Dieu : c'est la vengeance qui vient, la revanche de Dieu. Il vient lui-même et va vous sauver. »

Alors se dessilleront les yeux des aveugles, et s'ouvriront les oreilles des sourds. Alors le boiteux bondira comme un cerf, et la bouche du muet criera de joie ; car l'eau jaillira dans le désert, des torrents dans le pays aride. La terre brûlante se changera en lac, la région de la soif, en eaux jaillissantes.
— Parole du Seigneur.

PSAUME 145

℟ Je veux louer le Seigneur, tant que je vis.

Ou bien :

Alléluia !

Le Seigneur garde à jam_a_is sa fidélité,
il fait just_i_ce aux opprimés,
aux affamés, il d_o_nne le pain ;
le Seigneur dél_i_e les enchaînés.

Le Seigneur ouvre les ye_u_x des aveugles,
le Seigneur redr_e_sse les accablés,
le Seigneur _a_ime les justes,
le Seigneur prot_è_ge l'étranger.

Il soutient la ve_u_ve et l'orphelin,
il égare les p_a_s du méchant.
D'âge en âge, le Seigne_u_r régnera :
ton Dieu, ô Si_o_n, pour toujours !

● *Le Seigneur ne réserve pas l'accès de son Royaume aux plus riches. Il a fait des plus humbles et des plus faibles, ceux qui attendent tout de son amour, les héritiers de sa promesse.* ●

Temps ordinaire

Lecture de la lettre de saint Jacques 2, 1-5

MES FRÈRES, dans votre foi en Jésus Christ, notre Seigneur de gloire, n'ayez aucune partialité envers les personnes. Imaginons que, dans votre assemblée, arrivent en même temps un homme au vêtement rutilant, portant une bague en or, et un pauvre au vêtement sale. Vous tournez vos regards vers celui qui porte le vêtement rutilant et vous lui dites : « Assieds-toi ici, en bonne place » ; et vous dites au pauvre : « Toi, reste là debout », ou bien : « Assieds-toi au bas de mon marchepied. » Cela, n'est-ce pas faire des différences entre vous, et juger selon de faux critères ? Écoutez donc, mes frères bien-aimés ! Dieu, lui, n'a-t-il pas choisi ceux qui sont pauvres aux yeux du monde pour en faire des riches dans la foi, et des héritiers du Royaume promis par lui à ceux qui l'auront aimé ?
— *Parole du Seigneur.*

Alléluia. Alléluia. Jésus proclamait l'Évangile du Royaume et guérissait toute maladie dans le peuple. **Alléluia.**

• *Le Christ libère le sourd-muet de son enfermement intérieur, de son incapacité à communiquer. Cette guérison accomplie en terre païenne atteste la venue du Royaume au-delà des frontières de la terre d'Israël.* •

Évangile de Jésus Christ selon saint Marc 7, 31-37

EN CE TEMPS-LÀ, Jésus quitta le territoire de Tyr ; passant par Sidon, il prit la direction de la mer de Galilée et alla en plein territoire de la Décapole. Des gens lui

amènent un sourd qui avait aussi de la difficulté à parler, et supplient Jésus de poser la main sur lui. Jésus l'emmena à l'écart, loin de la foule, lui mit les doigts dans les oreilles, et, avec sa salive, lui toucha la langue. Puis, les yeux levés au ciel, il soupira et lui dit : « *Effata !* », c'est-à-dire : « Ouvre-toi ! » Ses oreilles s'ouvrirent ; sa langue se délia, et il parlait correctement. Alors Jésus leur ordonna de n'en rien dire à personne ; mais plus il leur donnait cet ordre, plus ceux-ci le proclamaient. Extrêmement frappés, ils disaient : « Il a bien fait toutes choses : il fait entendre les sourds et parler les muets. »
— *Acclamons la Parole de Dieu.*

Credo page 395

Prière sur les offrandes. Seigneur Dieu, source de la piété véritable et de la paix, nous t'en prions, accorde-nous d'honorer dignement ta gloire par cette offrande ; que, dans la participation fidèle aux saints mystères, nous prenions davantage conscience de notre unité. Par le Christ, notre Seigneur.

Préface pages 405 à 408

Antienne de la communion. Comme un cerf altéré cherche la source des eaux, ainsi mon âme te désire, toi, mon Dieu. Mon âme a soif de Dieu, le Dieu vivant et fort.

Ou bien :

Je suis la lumière du monde, dit le Seigneur. Celui qui me suit ne marchera pas dans les ténèbres, il aura la lumière de la vie.

Prière après la communion. Par ta parole, Seigneur, et par le sacrement du ciel, tu nourris tes fidèles et tu les fais vivre : accorde-nous de si bien profiter de tels dons que nous soyons associés pour toujours à la vie de ton Fils bien-aimé. Lui qui vit et règne pour les siècles des siècles.

MÉDITONS AVEC SAINT FRANÇOIS DE SALES

Ne pas juger sur la mine !

Dieu a plusieurs moyens d'appeler ses serviteurs ou servantes à son service ; ce divin artisan se plaît à faire de beaux édifices avec des bois fort tortus et qui n'ont nulle apparence d'être propres à chose du monde. Et tout ainsi qu'une personne qui ne sait que c'est de la menuiserie, voyant quelque bois tout tortu en la boutique d'un menuisier, s'étonnerait d'entendre dire que c'est pour faire quelque beau chef-d'œuvre (car, dirait-il, si cela est comme vous dites, combien de fois faudra-t-il passer le rabot par-dessus avant que d'en pouvoir faire un tel ouvrage), ainsi la divine Providence fait pour l'ordinaire de beaux chefs-d'œuvre avec des bois tortus ; et en somme fait entrer en son festin les boiteux et les aveugles pour nous faire voir qu'il ne sert de rien d'avoir deux yeux et deux jambes pour aller en Paradis ; qu'il vaut mieux aller au ciel avec une jambe, un œil ou un bras, que d'en avoir deux et se perdre. Ô Dieu, c'est sans aucune comparaison ! Car c'est une chose certaine que quand Dieu appelle quelqu'un à quelque vocation, il s'oblige, par sa prudence et Providence divine, de lui fournir toutes les conditions requises pour se rendre parfait en cette vocation.

Évêque de Genève, exilé à Annecy, François de Sales († 1622) est le fondateur, avec Jeanne-Françoise de Chantal, de l'ordre de la Visitation. Auteur de nombreux écrits, il est le patron des journalistes.

Cette semaine

Lu 9	Férie ou saint Pierre Claver	1 Co 5, 1-8 ; Ps 5 ; Lc 6, 6-11
	« Lève-toi, et tiens-toi debout. » Lc 6, 8	
Ma 10	Férie	1 Co 6, 1-11 ; Ps 149 ; Lc 6, 12-19
	« Une force sortait de Jésus et les guérissait tous. » Lc 6, 19	

Me 11	Férie	1 Co 7, 25-31 ; Ps 44 ; Lc 6, 20-26
	« Heureux, vous qui pleurez maintenant, car vous rirez. » Lc 6, 21	
Je 12	Férie ou Saint Nom de Marie	1 Co 8, 1b-7.10-13 ; Ps 138 ; Lc 6, 27-38
	« À celui qui te frappe sur une joue, présente l'autre joue. » Lc 6, 29	
Ve 13	Saint Jean Chrysostome	1 Co 9, 16-19.22-27 ; Ps 83 ; Lc 6, 39-42
	« Une fois bien formé, chacun sera comme son maître. » Lc 6, 40	
Sa 14	La Croix glorieuse / fête	Nb 21, 4b-9 ou Ph 2, 6-11 ; Ps 77 ; Jn 3, 13-17
	« Dieu a tellement aimé le monde qu'il a donné son Fils unique. » Jn 3, 16	

Bonne fête ! 8 : Ismaël, Adrien • 9 : Alain, Omar • 10 : Inès • 11 : Adelphe, Patient • 12 : Manon, Apollinaire • 13 : Aimé, Chrysostome • 14 : Materne

Nous fêtons

Saint Pierre Claver (1580-1654), le 9 septembre

Né en Catalogne de parents ouvriers, Pierre entra chez les jésuites à l'âge de 20 ans. Il étudia au collège de Palma de Majorque, où il bénéficia des conseils d'Alphonse Rodriguez, portier dévot de l'établissement et futur saint. Alphonse fit naître en lui le désir de partir en mission au Nouveau Monde.

En 1610, Pierre s'embarqua pour la Colombie, où il fut ordonné. Il débuta son œuvre à Carthagène parmi les esclaves africains amenés en nombre par bateau. Aux yeux de ces captifs, Pierre devait certainement ressembler à leurs geôliers ; pourtant il arpenta les cales souillées des navires, portant remèdes, bandages et nourriture. Il leur montra des images de celui qui fut brutalisé, lui aussi, en raison de son amour pour eux. Il les baptisa et les entendit en confession.

En quarante ans, il accomplit plus de trois cent mille baptêmes. Il s'adressa aussi à leurs propriétaires, en donnant des sermons à ciel ouvert au cœur de la ville. Il en vint à se faire appeler *Petrus Claver, Aethiopum semper servus* : Pierre Claver, esclave des Africains.

Vers la fin de sa vie, Pierre fut victime de la peste et soigné par un serviteur qui le maltraita mais dont il ne se plaignit jamais. Après sa mort, riches et pauvres affluèrent dans sa petite cellule pour récupérer tout ce qui était susceptible de devenir une relique.

Intentions • Résolutions • Action de grâce

DIMANCHE 15 SEPTEMBRE 2024

24e DIMANCHE DU TEMPS ORDINAIRE

DANS L'ÉVANGILE, *Jésus annonce sa mort et sa résurrection. À la suite de notre baptême, nous célébrons à chaque eucharistie le mémorial de la passion du Christ pour recevoir des mains du prêtre le pain de la vie éternelle.*

ANTIENNE D'OUVERTURE. Donne la paix, Seigneur, à ceux qui t'attendent ; que tes prophètes soient reconnus dignes de foi. Écoute les prières de ton serviteur, et de ton peuple Israël.

GLOIRE À DIEU page 392

PRIÈRE. Dieu créateur et maître de tout, pose sur nous ton regard et, pour que nous ressentions l'effet de ton pardon, accorde-nous de te servir avec un cœur sans partage. Par Jésus Christ, ton Fils, notre Seigneur, qui vit et règne avec toi dans l'unité du Saint-Esprit, Dieu, pour les siècles des siècles.

● *Le prophète Isaïe nous parle ici d'un homme choisi par Dieu pour porter sa parole. Or, non seulement les hommes ont refusé de l'écouter, mais ils l'ont aussi insulté, maltraité, frappé. Ce serviteur souffrant préfigure Jésus le Christ.* ●

Lecture du livre du prophète Isaïe — 50, 5-9a

LE SEIGNEUR MON DIEU m'a ouvert l'oreille, et moi, je ne me suis pas révolté, je ne me suis pas dérobé. J'ai présenté mon dos à ceux qui me frappaient, et mes joues

Temps ordinaire

à ceux qui m'arrachaient la barbe. Je n'ai pas caché ma face devant les outrages et les crachats. Le Seigneur mon Dieu vient à mon secours ; c'est pourquoi je ne suis pas atteint par les outrages, c'est pourquoi j'ai rendu ma face dure comme pierre : je sais que je ne serai pas confondu. Il est proche, Celui qui me justifie. Quelqu'un veut-il plaider contre moi ? Comparaissons ensemble ! Quelqu'un veut-il m'attaquer en justice ? Qu'il s'avance vers moi ! Voilà le Seigneur mon Dieu, il prend ma défense ; qui donc me condamnera ?
— *Parole du Seigneur.*

Psaume 114

℟ Je marcherai en présence du Seigneur
sur la terre des vivants.

Ou bien :

Alléluia !

J'aime le Seigneur :
il entend le cri de ma prière ;
il incline vers moi son oreille :
tout ma vie, je l'invoquerai.

J'étais pris dans les filets de la mort,
retenu dans les liens de l'abîme,
j'éprouvais la tristesse et l'angoisse ;
j'ai invoqué le nom du Seigneur :
« Seigneur, je t'en prie, délivre-moi ! »

Le Seigneur est justice et pitié,
notre Dieu est tendresse.
Le Seigneur défend les petits :
j'étais faible, il m'a sauvé.

Il a sauvé mon âme de la mort,
gardé mes yeux des larmes
et mes pieds du faux pas.
Je marcherai en présence du Seigneur
sur la terre des vivants.

● *Saint Jacques nous rappelle encore aujourd'hui qu'une foi vivante est une foi qui agit, une foi animée par une véritable charité à l'égard des plus démunis.* ●

Lecture de la lettre de saint Jacques 2, 14-18

Mes frères, si quelqu'un prétend avoir la foi, sans la mettre en œuvre, à quoi cela sert-il ? Sa foi peut-elle le sauver ? Supposons qu'un frère ou une sœur n'ait pas de quoi s'habiller, ni de quoi manger tous les jours ; si l'un de vous leur dit : « Allez en paix ! Mettez-vous au chaud, et mangez à votre faim ! » sans leur donner le nécessaire pour vivre, à quoi cela sert-il ? Ainsi donc, la foi, si elle n'est pas mise en œuvre, est bel et bien morte. En revanche, on va dire : « Toi, tu as la foi ; moi, j'ai les œuvres. Montre-moi donc ta foi sans les œuvres ; moi, c'est par mes œuvres que je te montrerai la foi. »

— Parole du Seigneur.

Alléluia. Alléluia. Que la croix du Seigneur soit ma seule fierté ! Par elle, le monde est crucifié pour moi, et moi pour le monde. **Alléluia.**

● *Bien que Pierre reconnaisse en Jésus le Messie, il lui reste, ainsi qu'à tous les autres disciples, à purifier l'attente qui nourrit son désir de suivre le Christ. La suite du Christ passe par la croix, seul passage possible vers la vie.* ●

Évangile de Jésus Christ selon saint Marc 8, 27-35

En ce temps-là, Jésus s'en alla, ainsi que ses disciples, vers les villages situés aux environs de Césarée-de-Philippe. Chemin faisant, il interrogeait ses disciples : « Au dire des gens, qui suis-je ? » Ils lui répondirent : « Jean le Baptiste ; pour d'autres, Élie ; pour d'autres, un des prophètes. » Et lui les interrogeait : « Et vous, que dites-vous ? Pour vous, qui suis-je ? » Pierre, prenant la parole, lui dit : « Tu es le Christ. » Alors, il leur défendit vivement de parler de lui à personne.
Il commença à leur enseigner qu'il fallait que le Fils de l'homme souffre beaucoup, qu'il soit rejeté par les anciens, les grands prêtres et les scribes, qu'il soit tué, et que, trois jours après, il ressuscite. Jésus disait cette parole ouvertement. Pierre, le prenant à part, se mit à lui faire de vifs reproches. Mais Jésus se retourna et, voyant ses disciples, il interpella vivement Pierre : « Passe derrière moi, Satan ! Tes pensées ne sont pas celles de Dieu, mais celles des hommes. » Appelant la foule avec ses disciples, il leur dit : « Si quelqu'un veut marcher à ma suite, qu'il renonce à lui-même, qu'il prenne sa croix et qu'il me suive. Car celui qui veut sauver sa vie la perdra ; mais celui qui perdra sa vie à cause de moi et de l'Évangile la sauvera. »
— *Acclamons la Parole de Dieu.*

Credo page 395

Prière sur les offrandes. Sois favorable à nos supplications, Seigneur, et dans ta bonté accueille les offrandes de ceux qui te servent : que les dons offerts par chacun en l'honneur de ton nom soient utiles au salut de tous. Par le Christ, notre Seigneur.

Préface pages 405 à 408

Antienne de la communion. Qu'elle est précieuse, ta miséricorde, ô mon Dieu ! Les hommes trouvent refuge à l'ombre de tes ailes.

Ou bien :

La coupe de bénédiction que nous bénissons est communion au sang du Christ. Le pain que nous rompons est participation au corps du Seigneur.

Prière après la communion. Que la force agissante de ce don divin, nous t'en prions, Seigneur, saisisse nos esprits et nos corps, afin que son influence, et non pas notre sentiment, prédomine toujours en nous. Par le Christ, notre Seigneur.

Méditons avec saint Cyrille de Jérusalem

Le Fils de l'homme doit beaucoup souffrir

C'est une fierté pour l'Église universelle que toute action du Christ ; mais la fierté des fiertés, c'est la croix. Parce qu'il le savait, Paul a dit : *Quant à moi, qu'il ne m'arrive pas de faire le fier, sinon dans la croix du Christ* (Ga 6, 14).

Le triomphe de la croix a conduit à la lumière ceux qu'aveuglait l'ignorance, il a délié tous ceux que retenait la faute, et il a racheté toute l'humanité. Ne sois pas surpris que le monde entier ait été racheté. Car celui qui mourait dans ce but n'était pas seulement un homme, mais le Fils unique de Dieu.

Ne rougissons pas de la croix du Christ, mais plutôt soyons-en fiers. Le mot de « croix », en effet, est pour les juifs un scandale ; pour les païens une folie, mais pour nous le salut (cf. 1 Co 1, 23). Il est aussi folie pour ceux qui périssent ; mais pour nous qui sommes sauvés, il est force de Dieu.

Jésus a donc vraiment souffert pour tous les hommes, car la croix n'était pas une apparence, autrement la rédemption n'aurait été aussi qu'apparente. La mort n'était pas imaginaire, autrement le salut aussi aurait été une fable.

Évêque de Jérusalem, saint Cyrille († 386 ou 387) prêcha les Catéchèses baptismales, modèle d'enseignement religieux au IVe siècle. Il connut trois fois l'exil à cause de sa foi en la divinité du Christ.

Cette semaine

Lu 16	Saint Corneille et saint Cyprien	1 Co 11, 17-26.33 ; Ps 39 ; Lc 7, 1-10
	« Seigneur, dis une parole, et que mon serviteur soit guéri ! » Cf. Lc 7, 7	
Ma 17	Férie ou saint Robert Bellarmin ou sainte Hildegarde de Bingen	1 Co 12, 12-14.27-31a ; Ps 99 ; Lc 7, 11-17
	« Jeune homme, je te l'ordonne, lève-toi. » Lc 7, 14	
Me 18	Férie	1 Co 12, 31 à 13, 13 ; Ps 32 ; Lc 7, 31-35
	« Par tous ses enfants, la sagesse de Dieu a été reconnue juste. » Lc 7, 35	
Je 19	Férie ou saint Janvier ou bienheureuse Vierge Marie de la Salette (en France)	1 Co 15, 1-11 ; Ps 117 ; Lc 7, 36-50
	« Ses péchés sont pardonnés, puisqu'elle a montré beaucoup d'amour. » Cf. Lc 7, 47	
Ve 20	Saint André Kim et saint P. Chong et C.	1 Co 15, 12-20; Ps 16; Lc 8, 1-3
	« Jésus proclamait et annonçait la Bonne Nouvelle du règne de Dieu. » Cf. Lc 8, 1	

Sa 21	Saint Matthieu / fête	Ep 4, 1-7.11-13 ; Ps 18A ; Mt 9, 9-13
	« Ce ne sont pas les gens bien portants qui ont besoin du médecin, mais les malades. » Mt 9, 12	

Bonne fête ! 15 : Roland, Lola • 16 : Édith, Corneille, Cyprien • 17 : Hildegarde, Renaud • 18 : Nadège, Océane, Ariane • 19 : Théodore, Émilie • 20 : Eustache • 21 : Matthieu

Nous fêtons

Saint Matthieu (Ier siècle), le 21 septembre

Matthieu était percepteur des impôts. Dans les Évangiles, les percepteurs sont comparés aux prostituées ou aux pécheurs, et cela pour une bonne raison. Il s'agissait d'indépendants qui s'acquittaient d'un droit auprès des Romains pour collecter l'impôt dans un quartier donné, parmi la population. Plus ils soutiraient d'argent au peuple, plus ils augmentaient leurs profits. L'avarice menait à l'extorsion. Sans surprise, les Juifs qui percevaient les impôts étaient détestés de leurs pairs, car non seulement ils collaboraient avec une puissance étrangère, mais ils maltraitaient également leur propre peuple. Ils étaient ainsi considérés comme des parias.

Alors que Jésus se trouvait à Capharnaüm, où il venait de guérir un paralytique, il passa devant le bureau où Matthieu travaillait. Jésus lui dit simplement : *« Suis-moi. »* La réaction fut immédiate : *L'homme se leva et le suivit* (Mt 9, 9). Puis Matthieu invita Jésus à sa table. Quand les pharisiens, choqués, demandèrent à Jésus les raisons de sa mission, il répondit : *« Ce ne sont pas les gens bien portants qui ont besoin du médecin, mais les malades.* [...] *En effet, je ne suis pas venu appeler des justes, mais des pécheurs. »* (Mt 9, 12-13).

Pécheur repenti, Matthieu serait l'auteur du premier Évangile. Il serait mort en martyr alors qu'il prêchait en Éthiopie ou en Perse.

Intentions • Résolutions • Action de grâce

DIMANCHE 22 SEPTEMBRE 2024

25e DIMANCHE DU TEMPS ORDINAIRE

La passion du Christ *se trouve au cœur du mystère de notre salut. À chaque messe, nous sommes convoqués pour y prendre part en présentant nos offrandes; aussi, ce dimanche, prions-nous le Seigneur de nous obtenir dans le mystère eucharistique les biens du salut.*

Antienne d'ouverture. Je suis le salut de mon peuple, dit le Seigneur, dans toutes les épreuves, s'il crie vers moi, je l'exaucerai; je serai son Seigneur pour toujours.

Gloire à Dieu page 392

Prière. Seigneur Dieu, tu as voulu que toute la loi de sainteté consiste à t'aimer et à aimer son prochain: donne-nous de garder tes commandements, et de parvenir ainsi à la vie éternelle. Par Jésus Christ, ton Fils, notre Seigneur, qui vit et règne avec toi dans l'unité du Saint-Esprit, Dieu, pour les siècles des siècles.

• *Cette lecture nous engage à la lucidité vis-à-vis du mal, celui qui nous entoure, mais également celui qui nous traverse. Le péché peut ronger le cœur de l'homme et le mener à l'ivresse de la destruction de l'amour.* •

Lecture du livre de la Sagesse 2, 12.17-20

Ceux qui méditent le mal se disent en eux-mêmes: « Attirons le juste dans un piège, car il nous contrarie, il s'oppose à nos entreprises, il nous reproche de désobéir à la loi de Dieu, et nous accuse d'infidélités à notre éducation. Voyons si ses paroles sont vraies, regardons comment il en sortira. Si le juste est fils de Dieu, Dieu l'assistera, et l'arrachera aux mains de ses adversaires. Soumettons-le à des outrages et à des tourments ; nous saurons ce que vaut sa douceur, nous éprouverons sa patience. Condamnons-le à une mort infâme, puisque, dit-il, quelqu'un interviendra pour lui. »

— *Parole du Seigneur.*

Psaume 53

℟ Le Seigneur est mon appui entre tous.

Par ton nom, Dieu, sauve-moi,
par ta puissance rends-moi justice ;
Dieu, entends ma prière,
écoute les paroles de ma bouche.

Des étrangers se sont levés contre moi,
des puissants cherchent ma perte :
ils n'ont pas souci de Dieu.

Mais voici que Dieu vient à mon aide,
le Seigneur est mon appui entre tous.
De grand cœur, je t'offrirai le sacrifice,
je rendrai grâce à ton nom, car il est bon !

● *Le cœur humain peut porter en lui la jalousie qui provoque les conflits. Mais il est aussi capable de recevoir l'Esprit qui inspire le pardon et la justice en vue de la paix.* ●

Lecture de la lettre de saint Jacques 3, 16 à 4, 3

BIEN-AIMÉS, la jalousie et les rivalités mènent au désordre et à toutes sortes d'actions malfaisantes. Au contraire, la sagesse qui vient d'en haut est d'abord pure, puis pacifique, bienveillante, conciliante, pleine de miséricorde et féconde en bons fruits, sans parti pris, sans hypocrisie. C'est dans la paix qu'est semée la justice, qui donne son fruit aux artisans de la paix. D'où viennent les guerres, d'où viennent les conflits entre vous ? N'est-ce pas justement de tous ces désirs qui mènent leur combat en vous-mêmes ? Vous êtes pleins de convoitises et vous n'obtenez rien, alors vous tuez ; vous êtes jaloux et vous n'arrivez pas à vos fins, alors vous entrez en conflit et vous faites la guerre. Vous n'obtenez rien parce que vous ne demandez pas ; vous demandez, mais vous ne recevez rien ; en effet, vos demandes sont mauvaises, puisque c'est pour tout dépenser en plaisirs.

— *Parole du Seigneur.*

Alléluia. Alléluia. Par l'annonce de l'Évangile, Dieu nous appelle à partager la gloire de notre Seigneur Jésus Christ. **Alléluia.**

● *Jésus annonce qu'il s'apprête à se faire jusqu'au bout le serviteur d'une humanité qui va radicalement le refuser. À ceux qui veulent le suivre, il ne montre pas d'autre voie que celle du service des autres.* ●

Évangile de Jésus Christ selon saint Marc 9, 30-37

EN CE TEMPS-LÀ, Jésus traversait la Galilée avec ses disciples, et il ne voulait pas qu'on le sache, car il enseignait

ses disciples en leur disant : « Le Fils de l'homme est livré aux mains des hommes ; ils le tueront et, trois jours après sa mort, il ressuscitera. » Mais les disciples ne comprenaient pas ces paroles et ils avaient peur de l'interroger. Ils arrivèrent à Capharnaüm, et, une fois à la maison, Jésus leur demanda : « De quoi discutiez-vous en chemin ? » Ils se taisaient, car, en chemin, ils avaient discuté entre eux pour savoir qui était le plus grand. S'étant assis, Jésus appela les Douze et leur dit : « Si quelqu'un veut être le premier, qu'il soit le dernier de tous et le serviteur de tous. » Prenant alors un enfant, il le plaça au milieu d'eux, l'embrassa, et leur dit : « Quiconque accueille en mon nom un enfant comme celui-ci, c'est moi qu'il accueille. Et celui qui m'accueille, ce n'est pas moi qu'il accueille, mais Celui qui m'a envoyé. »
— *Acclamons la Parole de Dieu.*

CREDO ———— page 395

PRIÈRE SUR LES OFFRANDES. Reçois favorablement, nous t'en prions, Seigneur, les dons présentés par ton peuple : que tous obtiennent par tes sacrements ce qu'ils proclament dans la ferveur de la foi. Par le Christ, notre Seigneur.

PRÉFACE ———— pages 405 à 408

ANTIENNE DE LA COMMUNION. Toi, tu promulgues des préceptes, à observer entièrement. Puissent mes voies s'affermir à observer tes commandements !

Ou bien :

Je suis le bon pasteur, dit le Seigneur, je connais mes brebis, et mes brebis me connaissent.

PRIÈRE APRÈS LA COMMUNION. Dans ta bonté, Seigneur, fais que ton aide soutienne toujours ceux que tu as nourris de tes sacrements, afin qu'ils puissent, dans ces mystères et par toute leur vie, recueillir les fruits de la rédemption. Par le Christ, notre Seigneur.

MÉDITONS AVEC CLÉMENT D'ALEXANDRIE

Prenant un petit enfant, il l'embrassa

La mère attire dans ses bras ses petits enfants et nous, nous recherchons notre mère, l'Église. Ce qui est faible et tendre et qui du fait même de cette faiblesse a besoin de secours, cela est agréable, plaisant et charmant, et Dieu ne ménage pas à un tel être son secours. De même que les pères et les mères voient avec plus de plaisir leurs petits – les chevaux, leurs poulains ; les bêtes à cornes, leurs petits veaux ; le lion, son lionceau ; le cerf, son faon, et l'homme, son enfant –, ainsi également le Père de l'univers accueille volontiers ceux qui se sont réfugiés près de lui. Lorsqu'il les a régénérés par son Esprit et adoptés comme fils, il apprécie leur douceur, il les aime seuls, il les aide, combat pour eux et, pour cela, il leur donne le nom de « petit enfant ».

Clément d'Alexandrie († v. 215), Père de l'Église, est le premier lettré grec chrétien. Il chercha à harmoniser la pensée grecque et le christianisme.

Cette semaine

Lu 23	Saint Pio de Pietrelcina	Pr 3, 27-34 ; Ps 14 ; Lc 8, 16-18
	« Rien n'est caché qui ne doive paraître au grand jour. » Lc 8, 17	
Ma 24	Férie	Pr 21, 1-6.10-13 ; Ps 118 ; Lc 8, 19-21
	« Ma mère et mes frères sont ceux qui mettent en pratique la parole de Dieu. » Cf. Lc 8, 21	

Me 25	Férie	Pr 30, 5-9 ; Ps 118 ; Lc 9, 1-6
	« Ne prenez rien pour la route, ni bâton, ni sac, ni pain, ni argent. » Lc 9, 3	
Je 26	Férie ou saints Côme et Damien	Qo 1, 2-11 ; Ps 89 ; Lc 9, 7-9
	« Mais qui est cet homme, Jean, dont j'entends dire de telles choses ? » Cf. Lc 9, 9	
Ve 27	Saint Vincent de Paul	Qo 3, 1-11 ; Ps 143 ; Lc 9, 18-22
	« Et vous, que dites-vous ? Pour vous, qui suis-je ? » Lc 9, 20	
Sa 28	Férie ou saint Venceslas ou saint Laurent Ruiz et C.	Qo 11, 9 à 12, 8 ; Ps 89 ; Lc 9, 43b-45
	« Le Fils de l'homme va être livré aux mains des hommes. » Lc 9, 44	

Bonne fête ! 22 : Maurice • 23 : Constance, Pio • 24 : Loup • 25 : Solenne, Prince, Herman • 26 : Côme, Damien • 27 : Vincent • 28 : Venceslas

Nous fêtons

Saint Vincent de Paul (1581-1660), le 27 septembre

Vincent naquit dans une famille de paysans à Pouy, en Gascogne, et fut ordonné à l'âge de 20 ans. En 1605, selon ses propres dires, des pilleurs turcs attaquèrent le navire à bord duquel il se trouvait, l'enlevèrent et le vendirent comme esclave en Algérie. Deux ans plus tard, il s'échappa et retourna à Rome, où il reprit ses études, avant de revenir en France, en 1609.

De retour dans son pays natal, Vincent fut marqué par la spiritualité de Pierre de Bérulle et de saint François de Sales, ainsi que par son travail pour la famille Gondi auprès des paysans de leurs terres. Ses premières œuvres charitables au sein de sa paroisse culminèrent dans la fondation de la congrégation de la Mission et des Filles de la Charité.

L'une de ses nombreuses initiatives consista à œuvrer auprès des prisonniers de Paris condamnés aux galères. Parmi ces hommes brisés par leur condition, Vincent apprit la miséricorde. « Lorsqu'il m'est arrivé de leur parler sèchement, j'ai tout gâté ; et au contraire lorsque je les ai loués de leur résignation, que je les ai plaints en leurs souffrances, que je leur ai dit qu'ils étaient heureux de faire leur purgatoire en ce monde, que j'ai baisé leurs chaînes, compati à leurs douleurs, et témoigné affliction pour leurs disgrâces, c'est alors qu'ils m'ont écouté, qu'ils ont donné gloire à Dieu, et qu'ils se sont mis en état de salut. »

Intentions • Résolutions • Action de grâce

DIMANCHE 29 SEPTEMBRE 2024

26E DIMANCHE DU TEMPS ORDINAIRE

Journée mondiale du migrant et du réfugié

Ce dimanche, nous prions le Dieu de miséricorde ***d'ouvrir « largement pour nous la source de toute bénédiction ». L'Esprit souffle où il veut, et nul ne peut être empêché de porter cette prière que l'Église fait monter vers le Père.***

Antienne d'ouverture. Tout ce que tu nous as infligé, Seigneur, tu l'as fait par un jugement de vérité, car nous avons péché contre toi, nous n'avons pas obéi à tes commandements ; mais glorifie ton nom, et agis envers nous selon l'abondance de ta miséricorde.

Gloire à Dieu page 392

Prière. Seigneur Dieu, quand tu pardonnes et prends pitié, tu manifestes au plus haut point ta toute-puissance ; multiplie pour nous les dons de ta grâce : alors, en nous hâtant vers les biens que tu promets, nous aurons part au bonheur du ciel. Par Jésus Christ, ton Fils, notre Seigneur, qui vit et règne avec toi dans l'unité du Saint-Esprit, Dieu, pour les siècles des siècles.

• *Au désert, Moïse et les anciens du peuple sont réunis dans la tente où Dieu se rend présent pour donner son Esprit. Et voici que ce même Esprit va également reposer sur d'autres hommes car l'Esprit de Dieu est libre, il souffle où il veut.* •

Lecture du livre des Nombres 11, 25-29

En ces jours-là, le Seigneur descendit dans la nuée pour parler avec Moïse. Il prit une part de l'esprit qui reposait

sur celui-ci, et le mit sur les 70 anciens. Dès que l'esprit reposa sur eux, ils se mirent à prophétiser, mais cela ne dura pas.
Or, deux hommes étaient restés dans le camp ; l'un s'appelait Eldad, et l'autre Médad. L'esprit reposa sur eux ; eux aussi avaient été choisis, mais ils ne s'étaient pas rendus à la Tente, et c'est dans le camp qu'ils se mirent à prophétiser. Un jeune homme courut annoncer à Moïse : « Eldad et Médad prophétisent dans le camp ! » Josué, fils de Noun, auxiliaire de Moïse depuis sa jeunesse, prit la parole : « Moïse, mon maître, arrête-les ! » Mais Moïse lui dit : « Serais-tu jaloux pour moi ? Ah ! Si le Seigneur pouvait faire de tout son peuple un peuple de prophètes ! Si le Seigneur pouvait mettre son esprit sur eux ! »
— *Parole du Seigneur.*

PSAUME 18B

℟ **Les préceptes du Seigneur sont droits,**
ils réjouissent le cœur.

La loi du Seigneur est parfaite,
qui redonne vie ;
la charte du Seigneur est sûre,
qui rend sages les simples.

La crainte qu'il inspire est pure,
elle est là pour toujours ;
les décisions du Seigneur sont justes
et vraiment équitables.

Aussi ton serviteur en est illuminé ;
à les garder, il trouve son profit.

Temps ordinaire

Qui peut discerner ses erreurs ?
Purifie-moi de celles qui m'échappent.

Préserve aussi ton serviteur de l'orgueil :
qu'il n'ait sur moi aucune emprise.
Alors je serai sans reproche,
pur d'un grand péché.

● *Saint Jacques nous avertit que l'exigence de justice dans la société est inscrite au cœur de l'Évangile. Plus qu'une fausse sécurité, l'accaparement des richesses est un danger.* ●

Lecture de la lettre de saint Jacques 5, 1-6

VOUS AUTRES, maintenant, les riches ! Pleurez, lamentez-vous sur les malheurs qui vous attendent. Vos richesses sont pourries, vos vêtements sont mangés des mites, votre or et votre argent sont rouillés. Cette rouille sera un témoignage contre vous, elle dévorera votre chair comme un feu. Vous avez amassé des richesses, alors que nous sommes dans les derniers jours ! Le salaire dont vous avez frustré les ouvriers qui ont moissonné vos champs, le voici qui crie, et les clameurs des moissonneurs sont parvenues aux oreilles du Seigneur de l'univers. Vous avez mené sur terre une vie de luxe et de délices, et vous vous êtes rassasiés au jour du massacre. Vous avez condamné le juste et vous l'avez tué, sans qu'il vous oppose de résistance.

— *Parole du Seigneur.*

Alléluia. Alléluia. Ta parole, Seigneur, est vérité ; dans cette vérité, sanctifie-nous. **Alléluia.**

● *« Celui qui n'est pas contre nous est pour nous » : aux Douze, prétendant limiter la pratique des actes de miséricorde aux seuls disciples reconnus, Jésus rappelle qu'ils ne sont pas propriétaires de la mission qui leur est confiée.* ●

Évangile de Jésus Christ selon saint Marc
9, 38-43.45.47-48

En ce temps-là, Jean, l'un des Douze, disait à Jésus : « Maître, nous avons vu quelqu'un expulser les démons en ton nom ; nous l'en avons empêché, car il n'est pas de ceux qui nous suivent. » Jésus répondit : « Ne l'en empêchez pas, car celui qui fait un miracle en mon nom ne peut pas, aussitôt après, mal parler de moi ; celui qui n'est pas contre nous est pour nous. Et celui qui vous donnera un verre d'eau au nom de votre appartenance au Christ, amen, je vous le dis, il ne restera pas sans récompense.

« Celui qui est un scandale, une occasion de chute, pour un seul de ces petits qui croient en moi, mieux vaudrait pour lui qu'on lui attache au cou une de ces meules que tournent les ânes, et qu'on le jette à la mer. Et si ta main est pour toi une occasion de chute, coupe-la. Mieux vaut pour toi entrer manchot dans la vie éternelle que de t'en aller dans la géhenne avec tes deux mains, là où le feu ne s'éteint pas. Si ton pied est pour toi une occasion de chute, coupe-le. Mieux vaut pour toi entrer estropié dans la vie éternelle que de t'en aller dans la géhenne avec tes deux pieds. Si ton œil est pour toi une occasion de chute, arrache-le. Mieux vaut pour toi entrer borgne dans le royaume de Dieu que de t'en

aller dans la géhenne avec tes deux yeux, là où le ver ne meurt pas et où le feu ne s'éteint pas. »
— *Acclamons la Parole de Dieu.*

CREDO page 395

PRIÈRE SUR LES OFFRANDES. Dieu de miséricorde, nous t'en prions, accueille cette offrande que nous te présentons : qu'elle ouvre largement pour nous la source de toute bénédiction. Par le Christ, notre Seigneur.

PRÉFACE pages 405 à 408

ANTIENNE DE LA COMMUNION. Rappelle-toi ta parole à ton serviteur, Seigneur, celle dont tu fis mon espoir. Elle est ma consolation dans mon épreuve.

Ou bien :

Voici comment nous avons reconnu l'amour : lui, Jésus, a donné sa vie pour nous. Nous aussi, nous devons donner notre vie pour nos frères.

PRIÈRE APRÈS LA COMMUNION. Que le sacrement du ciel, Seigneur, guérisse nos esprits et nos corps, afin qu'annonçant la mort du Christ et participant à ses souffrances, nous héritions avec lui de sa gloire. Lui qui vit et règne pour les siècles des siècles.

MÉDITONS AVEC SAINT FRANÇOIS DE SALES

Philothée, aimez les pauvres et la pauvreté, car par cet amour vous deviendrez vraiment pauvre [...]. Si vous aimez les pauvres, vous serez vraiment participante de leur pauvreté et pauvre comme eux. Or, si vous aimez les pauvres, mettez-vous souvent parmi eux : prenez plaisir à les voir chez vous et à les visiter chez eux ; conversez volontiers avec eux ; soyez bien aise qu'ils vous approchent aux églises, aux rues et ailleurs. Soyez pauvre de langue avec eux, leur parlant comme leur compagne ; mais soyez riche de vos mains, leur départant de vos biens comme plus abondante.

Voulez-vous faire encore davantage, ma Philothée ? Ne vous contentez pas d'être pauvre comme les pauvres, mais soyez plus pauvre que les pauvres. Et comment cela ? Le serviteur est moindre que son maître : rendez-vous donc servante des pauvres ; allez les servir dans leurs lits quand ils sont malades, je dis de vos propres mains ; soyez leur cuisinière et à vos propres dépens ; soyez leur lingère et blanchisseuse.

Évêque de Genève, exilé à Annecy, François de Sales († 1622) est le fondateur, avec Jeanne-Françoise de Chantal, de l'ordre de la Visitation. Auteur de nombreux écrits, il est le patron des journalistes.

Cette semaine

Lu 30	Saint Jérôme	Jb 1, 6-22 ; Ps 16 ; Lc 9, 46-50
	« Le plus petit d'entre vous tous, c'est celui-là qui est grand. » Lc 9, 48	
Ma 1	Sainte Thérèse de l'Enfant-Jésus	Jb 3, 1-3.11-17.20-23 ; Ps 87 ; Lc 9, 51-56
	« On refusa de recevoir Jésus, parce qu'il se dirigeait vers Jérusalem. » Lc 9, 53	
Me 2	Saints anges gardiens	Jb 9, 1-12.14-16 ; Ps 87 ; *Mt 18, 1-5.10
	« Gardez-vous de mépriser un seul de ces petits : leurs anges dans les cieux voient sans cesse la face de mon Père. » Cf. Mt 18, 10	
Je 3	Férie	Jb 19, 21-27 ; Ps 26 ; Lc 10, 1-12
	« Le règne de Dieu s'est approché de vous. » Lc 10, 9	
Ve 4	Saint François d'Assise	Jb 38, 1.12-21 et 40, 3-5 ; Ps 138 ; Lc 10, 13-16
	« Celui qui vous écoute m'écoute. » Lc 10, 16	

Sa 5	Férie ou sainte Faustine Kowalska	Jb 42, 1-3.5-6.12-17; Ps 118; Lc 10, 17-24
	« Réjouissez-vous parce que vos noms se trouvent inscrits dans les cieux. » Lc 10, 20	

Bonne fête! 29: Raphaël, Gabriel, Michel • 30: Jérôme • 1: Thérèse, Arielle • 2: Ange, Léger • 3: Gérard, Blanche • 4: François, Orane • 5: Faustine, Fleur, Daphné
Un astérisque (*) placé devant une lecture signale que celle-ci est obligatoire.

Nous fêtons

Saint François d'Assise, fondateur (1182-1226), le 4 octobre

François, fils d'un riche drapier, fut un enfant joyeux, voire impétueux. Sa rencontre avec un lépreux alors qu'il se déplaçait à cheval marqua un tournant dans sa vie. Malgré la répulsion qu'il ressentit au départ, il descendit de sa monture, donna de l'argent à l'homme et lui baisa la main. Dès lors, François embrassa une vie de pauvreté, d'humilité et de simplicité, dans les pas du Christ.

Ce renoncement radical fut à l'origine de l'affection célèbre de François pour les créatures de Dieu les moins loties. Selon saint François de Sales, François « montrait du respect pour presque toutes les créatures, car par une simplicité exceptionnelle mais empreinte de prudence il contemplait en elles leur Créateur ». Lorsque François aperçut un agneau sur le point d'être abattu, il le sauva car à ses yeux il représentait le Seigneur. Quand il voyait des vers sur le chemin, il les déplaçait, se souvenant des mots que la tradition place dans la bouche du Christ : *Et moi, je suis un ver et non un homme, l'opprobre des hommes et le méprisé du peuple* (Ps 21, 7).

G.K. Chesterton remarqua que l'amour de la nature dont François fit preuve fut particulièrement sensible lorsqu'à la fin de sa vie il dut se faire cautériser un œil pour lutter contre une infection sévère – un traitement plus douloureux que le mal lui-même. Tandis que le fer chauffait,

François implora : « Frère feu, le Seigneur t'a créé noble et utile entre toutes les créatures. Use envers moi de courtoisie. » Même quand la « nature » était cruelle, François la contemplait avec, dans son regard, l'amour de la création de Dieu.

Intentions • Résolutions • Action de grâce

DIMANCHE 6 OCTOBRE 2024

27E DIMANCHE DU TEMPS ORDINAIRE

L'AMOUR INÉPUISABLE DE DIEU NOUS COMBLE *bien au-delà de nos mérites et de nos désirs et donne plus que ce que nous osons demander. Cette infinie miséricorde est la source intarissable de l'amour humain, notamment de celui qui s'exprime entre des époux.*

ANTIENNE D'OUVERTURE. Seigneur, tout est soumis à ta volonté, personne ne peut s'opposer à toi, car c'est toi qui as fait le ciel et la terre et toutes les merveilles qui sont sous le ciel. Tu es le Seigneur de l'univers.

GLOIRE À DIEU page 392

PRIÈRE. Dieu éternel et tout-puissant, dans ta tendresse inépuisable, tu combles ceux qui t'implorent, bien au-delà de leurs mérites et de leurs désirs ; répands sur nous ta miséricorde en délivrant notre conscience de ce qui l'inquiète et en donnant plus que nous n'osons demander. Par Jésus Christ, ton Fils, notre Seigneur, qui vit et règne avec toi dans l'unité du Saint-Esprit, Dieu, pour les siècles des siècles.

● *Dans le projet créateur de Dieu, l'homme et la femme sont « faits » l'un pour l'autre, c'est-à-dire pour vivre une relation particulière et unique qui les unit l'un à l'autre.* ●

Lecture du livre de la Genèse — 2, 18-24

LE SEIGNEUR DIEU DIT : « Il n'est pas bon que l'homme soit seul. Je vais lui faire une aide qui lui correspondra. » Avec de la terre, le Seigneur Dieu modela toutes

les bêtes des champs et tous les oiseaux du ciel, et il les amena vers l'homme pour voir quels noms il leur donnerait. C'étaient des êtres vivants, et l'homme donna un nom à chacun. L'homme donna donc leurs noms à tous les animaux, aux oiseaux du ciel et à toutes les bêtes des champs. Mais il ne trouva aucune aide qui lui corresponde. Alors le Seigneur Dieu fit tomber sur lui un sommeil mystérieux, et l'homme s'endormit. Le Seigneur Dieu prit une de ses côtes, puis il referma la chair à sa place. Avec la côte qu'il avait prise à l'homme, il façonna une femme et il l'amena vers l'homme. L'homme dit alors : « Cette fois-ci, voilà l'os de mes os et la chair de ma chair ! On l'appellera femme – Ishsha –, elle qui fut tirée de l'homme – Ish. » À cause de cela, l'homme quittera son père et sa mère, il s'attachera à sa femme, et tous deux ne feront plus qu'un.

— *Parole du Seigneur.*

PSAUME 127

℟ Que le Seigneur nous bénisse
tous les jours de notre vie !

Heureux qui craint le Seigneur
et marche selon ses voies !
Tu te nourriras du travail de tes mains :
Heureux es-tu ! À toi, le bonheur !

Ta femme sera dans ta maison
comme une vigne généreuse,
et tes fils, autour de la table,
comme des plants d'olivier.

Voilà comment sera béni
l'homme qui craint le Seigneur.

De Sion, que le Seigneur te bénisse !
Tu verras le bonheur de Jérusalem
tous les jours de ta vie,
et tu verras les fils de tes fils. Paix sur Israël.

● *Jésus, bien que Fils de Dieu, est venu dans notre humanité. Il s'est fait l'un d'entre nous pour nous conduire à Dieu son Père. Il s'est fait notre frère pour nous conduire à Dieu notre Père.* ●

Lecture de la lettre aux Hébreux 2, 9-11

FRÈRES, Jésus, qui a été abaissé un peu au-dessous des anges, nous le voyons couronné de gloire et d'honneur à cause de sa Passion et de sa mort. Si donc il a fait l'expérience de la mort, c'est, par grâce de Dieu, au profit de tous. Celui pour qui et par qui tout existe voulait conduire une multitude de fils jusqu'à la gloire ; c'est pourquoi il convenait qu'il mène à sa perfection, par des souffrances, celui qui est à l'origine de leur salut. Car celui qui sanctifie et ceux qui sont sanctifiés doivent tous avoir même origine ; pour cette raison, Jésus n'a pas honte de les appeler ses frères.
— *Parole du Seigneur.*

Alléluia. Alléluia. Si nous nous aimons les uns les autres, Dieu demeure en nous, et, en nous, son amour atteint la perfection. **Alléluia.**

● *Dès l'Ancien Testament, le récit de la création fonde le mariage. L'union entre les époux relève de l'œuvre du Créateur et constitue l'un des piliers de son alliance avec l'humanité. Le mariage est une voie irréductible de sainteté.* ●

Évangile de Jésus Christ selon saint Marc 10, 2-16

(Lecture brève : Marc 10, 2-12)

EN CE TEMPS-LÀ, des pharisiens abordèrent Jésus et, pour le mettre à l'épreuve, ils lui demandaient : « Est-il permis à un mari de renvoyer sa femme ? » Jésus leur répondit : « Que vous a prescrit Moïse ? » Ils lui dirent : « Moïse a permis de renvoyer sa femme à condition d'établir un acte de répudiation. » Jésus répliqua : « C'est en raison de la dureté de vos cœurs qu'il a formulé pour vous cette règle. Mais, au commencement de la création, Dieu les fit homme et femme. À cause de cela, l'homme quittera son père et sa mère, il s'attachera à sa femme, et tous deux deviendront une seule chair. Ainsi, ils ne sont plus deux, mais une seule chair. Donc, ce que Dieu a uni, que l'homme ne le sépare pas ! » De retour à la maison, les disciples l'interrogeaient de nouveau sur cette question. Il leur déclara : « Celui qui renvoie sa femme et en épouse une autre devient adultère envers elle. Si une femme qui a renvoyé son mari en épouse un autre, elle devient adultère. »

(Fin de la lecture brève : — *Acclamons la Parole de Dieu.*)

Des gens présentaient à Jésus des enfants pour qu'il pose la main sur eux ; mais les disciples les écartèrent vivement. Voyant cela, Jésus se fâcha et leur dit : « Laissez les enfants venir à moi, ne les empêchez pas, car le royaume de Dieu est à ceux qui leur ressemblent. Amen, je vous le dis : celui qui n'accueille pas le royaume de Dieu à la manière d'un enfant n'y entrera pas. » Il les embrassait et les bénissait en leur imposant les mains.

— *Acclamons la Parole de Dieu.*

CREDO ——— page 395

Prière sur les offrandes. Accueille, Seigneur, nous t'en prions, le sacrifice que tu as toi-même institué : dans les saints mystères que nous célébrons pour te servir comme il convient, sanctifie-nous pleinement par ton œuvre de rédemption. Par le Christ, notre Seigneur.

Préface pages 405 à 408

Antienne de la communion. Le Seigneur est bon pour qui se tourne vers lui, pour l'âme qui le cherche.

Ou bien :

Il y a un seul pain, et la multitude que nous sommes est un seul corps, car nous avons tous part à un seul pain et à une seule coupe.

Prière après la communion. Dieu tout-puissant, nous t'en prions : par la communion à ce sacrement, comble notre soif et notre faim de toi, afin que nous puissions devenir ce que nous avons reçu. Par le Christ, notre Seigneur.

MÉDITONS AVEC SAINTE THÉRÈSE DE L'ENFANT-JÉSUS

Laissez les enfants venir à moi

Je veux chercher le moyen d'aller au Ciel par une petite voie bien droite, bien courte, une petite voie toute nouvelle. Nous sommes dans un siècle d'inventions, maintenant ce n'est plus la peine de gravir les marches d'un escalier, chez les riches un ascenseur le remplace avantageusement. Moi, je voudrais aussi trouver un ascenseur pour m'élever jusqu'à Jésus, car je suis trop petite pour monter le rude escalier de la perfection. Alors j'ai recherché dans les livres saints l'indication de l'ascenseur objet de mon désir et j'ai lu ces mots sortis de la bouche de la Sagesse éternelle : *« Si quelqu'un est tout petit, qu'il vienne à moi.* » Alors je suis venue, devinant que j'avais trouvé ce que je cherchais, et voulant savoir, ô mon Dieu! ce que vous feriez au tout-petit qui répondrait à votre appel, j'ai continué mes recherches et voici ce que j'ai trouvé: *Comme une mère caresse son enfant, ainsi je vous consolerai, je vous porterai sur mon sein et je vous balancerai sur mes genoux* (Is 66, 12-13)! Ah! jamais paroles plus tendres, plus mélodieuses, ne sont venues réjouir mon âme, l'ascenseur qui doit m'élever jusqu'au Ciel, ce sont vos bras, ô Jésus! Pour cela je n'ai pas besoin de grandir, au contraire il faut que je reste petite, que je le devienne de plus en plus. Ô mon Dieu, vous avez dépassé mon attente et moi je veux chanter vos miséricordes. Vous m'avez instruite dès ma jeunesse et jusqu'à présent j'ai annoncé vos merveilles, je continuerai de les publier dans l'âge le plus avancé.

Sainte Thérèse de l'Enfant-Jésus († 1897), docteur de l'Église, délivra dans ses écrits un message spirituel qui la rendit très populaire.

Cette semaine

Lu 7	Bienheureuse Vierge Marie du Rosaire	Ga 1, 6-12; Ps 110; Lc 10, 25-37
	« Tu aimeras ton prochain comme toi-même. » Lc 10, 27	
Ma 8	Férie	Ga 1, 13-24; Ps 138; Lc 10, 38-42
	« Tu te donnes du souci et tu t'agites pour bien des choses. Une seule est nécessaire. » Lc 10, 41-42	
Me 9	Férie ou saint Denis et C. ou saint Jean Léonardi	Ga 2, 1-2.7-14; Ps 116; Lc 11, 1-4
	« Quand vous priez, dites: Père, donne-nous le pain dont nous avons besoin pour chaque jour. » cf. Lc 11, 2. 3	
Je 10	Férie	Ga 3, 1-5; Ct Lc 1; Lc 11, 5-13
	« Cherchez, vous trouverez. » Lc 11, 9	

Ve 11	Férie ou saint Jean XXIII	Ga 3, 6-14; Ps 110; Lc 11, 15-26
	« Tout royaume divisé contre lui-même devient désert. » Lc 11, 17	
Sa 12	Férie	Ga 3, 22-29; Ps 104; Lc 11, 27-28
	« Heureux ceux qui écoutent la parole de Dieu, et qui la gardent! » Lc 11, 28	

Bonne fête! 6: Bruno, Foy • 7: Serge, Marco • 8: Pélagie, Thaïs • 9: Denis, Ghislain • 10: Angèle-Marie, Daniel • 11: Firmin, Emmanuelle • 12: Séraphin, Carlo

Nous fêtons

Saint Denis, évêque et martyr († vers 258), le 9 octobre

L'historien saint Grégoire de Tours relata, au VIe siècle, la vie de l'évêque Denis, l'un des sept missionnaires romains envoyés au IIIe siècle au peuple de Gaule. Avec deux compagnons, un prêtre et un diacre, il s'installa sur une île de la Seine. Leurs valeureux efforts auprès des païens de Paris suscitèrent l'ire des prêtres païens, qui les livrèrent aux persécuteurs romains. Les hommes furent décapités à Montmartre et leurs corps, jetés dans le fleuve. Une femme pieuse les récupéra et leurs dépouilles reçurent un tombeau qui, vers l'an 630, devint l'abbaye de Saint-Denis.

Au Moyen Âge, l'histoire de saint Denis se mêla à celle de saint Denys l'Aréopagite, le païen que Paul convertit dans Actes 17 (cf. v. 34). Ce saint était déjà considéré à tort comme l'auteur de textes spirituels datant du Ve siècle, appelé « Pseudo-Denys l'Aréopagite ». Vers cette époque également apparut une légende au sujet de Denis: après sa décapitation, il se serait levé, aurait repris sa tête et l'aurait emportée jusqu'au lieu où il fut enterré. Cette histoire explique pourquoi Denis est souvent représenté portant sa propre tête.

Sainte Geneviève, pourtant, ne connaissait aucune de ces histoires quand, au Ve siècle, elle œuvra pour que la basilique soit érigée en l'honneur de l'homme qui avait planté la graine de la foi dans sa chère ville de Paris. Elle et Denis sont tous deux considérés comme les protecteurs de la capitale.

Intentions • Résolutions • Action de grâce

DIMANCHE 13 OCTOBRE 2024

28E DIMANCHE DU TEMPS ORDINAIRE

TOUS NE SONT PAS APPELÉS *à se déposséder de tout pour suivre le Christ. En revanche, tous, nous sommes invités à nous défaire de tout ce qui pourrait faire obstacle à la grâce. Celle-ci est en effet nécessaire « pour nous rendre attentifs à faire le bien sans relâche » et à mener une vie eucharistique.*

ANTIENNE D'OUVERTURE. Si tu retiens les fautes, Seigneur, Seigneur, qui subsistera ? Mais près de toi se trouve le pardon, Dieu d'Israël.

GLOIRE À DIEU page 392

PRIÈRE. Nous t'en prions, Seigneur, que ta grâce nous devance et qu'elle nous accompagne toujours, pour nous rendre attentifs à faire le bien sans relâche. Par Jésus Christ, ton Fils, notre Seigneur, qui vit et règne avec toi dans l'unité du Saint-Esprit, Dieu, pour les siècles des siècles.

● *Tel le roi Salomon, le vrai sage sait que la sagesse est le plus grand des dons parce qu'elle est la source de tous les autres. Depuis saint Paul, nous confessons que la sagesse de Dieu a pour nom Jésus Christ.* ●

Lecture du livre de la Sagesse 7, 7-11

J'AI PRIÉ, et le discernement m'a été donné. J'ai supplié, et l'esprit de la Sagesse est venu en moi. Je l'ai préférée aux trônes et aux sceptres ; à côté d'elle, j'ai tenu pour rien

la richesse ; je ne l'ai pas comparée à la pierre la plus précieuse ; tout l'or du monde auprès d'elle n'est qu'un peu de sable, et, en face d'elle, l'argent sera regardé comme de la boue. Plus que la santé et la beauté, je l'ai aimée ; je l'ai choisie de préférence à la lumière, parce que sa clarté ne s'éteint pas. Tous les biens me sont venus avec elle et, par ses mains, une richesse incalculable.
— *Parole du Seigneur.*

PSAUME 89

℟ **Rassasie-nous de ton amour, Seigneur :**
nous serons dans la joie.

Apprends-nous la vraie mes<u>u</u>re de nos jours :
que nos cœurs pén<u>è</u>trent la sagesse.
Reviens, Seign<u>eu</u>r, pourquoi tarder ?
Ravise-toi par ég<u>a</u>rd pour tes serviteurs.

Rassasie-nous de ton amo<u>u</u>r au matin,
que nous passions nos jours dans la j<u>o</u>ie
et les chants.
Rends-nous en joies tes jo<u>u</u>rs de châtiment
et les années où nous connaissi<u>o</u>ns le malheur.

Fais connaître ton œuvre à tes serviteurs
et ta splende<u>u</u>r à leurs fils.
Que vienne sur nous la douceur du Seign<u>eu</u>r
notre Dieu !
Consolide pour nous l'ouvr<u>a</u>ge de nos mains ;
oui, consolide l'ouvr<u>a</u>ge de nos mains.

● *Le glaive de la parole de Dieu pénètre au plus profond de notre cœur pour y trancher toutes les vaines apparences qui obscurcissent la clarté de nos intentions et de nos pensées devant le Seigneur.* •

Lecture de la lettre aux Hébreux 4,12-13

FRÈRES, elle est vivante, la parole de Dieu, énergique et plus coupante qu'une épée à deux tranchants ; elle va jusqu'au point de partage de l'âme et de l'esprit, des jointures et des moelles ; elle juge des intentions et des pensées du cœur. Pas une créature n'échappe à ses yeux, tout est nu devant elle, soumis à son regard ; nous aurons à lui rendre des comptes.

— *Parole du Seigneur.*

Alléluia. Alléluia. Heureux les pauvres de cœur, car le royaume des Cieux est à eux ! **Alléluia.**

• *Il n'est de trésor que le Christ. Toutes les autres richesses lui sont ordonnées. Pour le signifier, Jésus invite le jeune homme riche à tout laisser. Ce dernier n'y est pas parvenu mais d'autres, appelés par le Christ, ont accepté d'abandonner radicalement toute possession pour le suivre, jusqu'à aujourd'hui.* •

Évangile de Jésus Christ selon saint Marc 10, 17-30

(Lecture brève : Marc 10, 17-27)

EN CE TEMPS-LÀ, Jésus se mettait en route quand un homme accourut et, tombant à ses genoux, lui demanda : « Bon Maître, que dois-je faire pour avoir la vie éternelle en héritage ? » Jésus lui dit : « Pourquoi dire que je suis bon ? Personne n'est bon, sinon Dieu

seul. Tu connais les commandements : *Ne commets pas de meurtre, ne commets pas d'adultère, ne commets pas de vol, ne porte pas de faux témoignage, ne fais de tort à personne, honore ton père et ta mère.* » L'homme répondit : « Maître, tout cela, je l'ai observé depuis ma jeunesse. » Jésus posa son regard sur lui, et il l'aima. Il lui dit : « Une seule chose te manque : va, vends ce que tu as et donne-le aux pauvres ; alors tu auras un trésor au ciel. Puis viens, suis-moi. » Mais lui, à ces mots, devint sombre et s'en alla tout triste, car il avait de grands biens.
Alors Jésus regarda autour de lui et dit à ses disciples : « Comme il sera difficile à ceux qui possèdent des richesses d'entrer dans le royaume de Dieu ! » Les disciples étaient stupéfaits de ces paroles. Jésus reprenant la parole leur dit : « Mes enfants, comme il est difficile d'entrer dans le royaume de Dieu ! Il est plus facile à un chameau de passer par le trou d'une aiguille qu'à un riche d'entrer dans le royaume de Dieu. » De plus en plus déconcertés, les disciples se demandaient entre eux : « Mais alors, qui peut être sauvé ? » Jésus les regarde et dit : « Pour les hommes, c'est impossible, mais pas pour Dieu ; car tout est possible à Dieu. »

(Fin de la lecture brève : — *Acclamons la Parole de Dieu.*)

Pierre se mit à dire à Jésus : « Voici que nous avons tout quitté pour te suivre. » Jésus déclara : « Amen, je vous le dis : nul n'aura quitté, à cause de moi et de l'Évangile, une maison, des frères, des sœurs, une mère, un père, des enfants ou une terre sans qu'il reçoive, en ce temps déjà, le centuple : maisons, frères, sœurs, mères, enfants et terres, avec des persécutions, et, dans le monde à venir, la vie éternelle. »

— *Acclamons la Parole de Dieu.*

Credo page 395

Prière sur les offrandes. Avec l'offrande de ce sacrifice, accueille, Seigneur, les prières de tes fidèles ; que cette liturgie célébrée avec ferveur nous fasse parvenir à la gloire du ciel. Par le Christ, notre Seigneur.

Préface pages 405 à 408

Antienne de la communion. Des riches ont tout perdu, ils ont faim ; qui cherche le Seigneur ne manquera d'aucun bien.

Ou bien :
Quand le Seigneur sera manifesté, nous lui serons semblables car nous le verrons tel qu'il est.

Prière après la communion. Seigneur, Dieu de majesté, nous t'en supplions humblement : puisque tu nous as nourris du Corps et du Sang très saints, rends-nous participants de la nature divine. Par le Christ, notre Seigneur.

MÉDITONS AVEC LE CONCILE VATICAN II

Viens, et suis-moi

Chacun des fidèles, peu importe son état ou son rang, est appelé à la plénitude de la vie chrétienne et à la perfection de la charité. Au reste, par une telle sainteté il contribue à rendre plus humaine la manière de vivre dans la société terrestre elle-même. À l'acquisition de cette perfection les fidèles emploieront leurs forces, selon la mesure du don du Christ ; si bien que, suivant ses traces, devenus conformes à son image et soumis en tout à la volonté du Père, ils se consacreront de tout cœur à la gloire de Dieu et au service du prochain. Ainsi la sainteté du peuple de Dieu donnera des fruits abondants, comme la vie de tant de saints le manifeste excellemment dans l'histoire de l'Église.

En divers genres de vie et parmi des occupations différentes, c'est une unique sainteté que cultivent ceux qui sont mus par l'Esprit de Dieu ; obéissant à la voix du Père et adorant le Père en esprit et en vérité, ils suivent le Christ pauvre, humble et chargé de la croix, pour mériter de participer à sa gloire. Chacun doit, selon ses capacités et sans aucune hésitation, s'engager dans la voie de la foi vive qui éveille l'espérance et opère par la charité.

Le concile œcuménique Vatican II est ouvert le 11 octobre 1962 par le pape Jean XXIII et se clôture le 8 décembre 1965 sous Paul VI. Ce concile, qui rassemble tous les évêques du monde, fut un événement pour le renouvellement de la liturgie, l'ancrage de l'Église dans le monde moderne et le rapport aux autres religions.

Cette semaine

Lu 14	Férie ou saint Calliste Ier	Ga 4, 22-24.26-27.31 à 5, 1 ; Ps 112 ; Lc 11, 29-32
	« En fait de signe, il ne lui sera donné que le signe de Jonas. » Lc 11, 29	
Ma 15	Sainte Thérèse de Jésus (d'Avila)	Ga 5, 1-6 ; Ps 118 ; Lc 11, 37-41
	« Pharisiens, vous purifiez l'extérieur du plat, mais à l'intérieur de vous-mêmes vous êtes remplis de méchanceté. » Cf. Lc 11, 39	
Me 16	Férie ou sainte Edwige ou sainte Marguerite-Marie Alacoque	Ga 5, 18-25 ; Ps 1 ; Lc 11, 42-46
	« Docteurs de la Loi, vous chargez les gens de fardeaux impossibles à porter. » Lc 11, 46	
Je 17	Saint Ignace d'Antioche	Ep 1, 1-10 ; Ps 97 ; Lc 11, 47-54
	« Vous avez enlevé la clé de la connaissance ; et ceux qui voulaient entrer, vous les en avez empêchés. » Cf. Lc 11, 52	

Ve 18	Saint Luc/fête	2 Tm 4, 10-17b ; Ps 144 ; Lc 10, 1-9
	« Dans toute maison où vous entrerez, dites d'abord : "Paix à cette maison." » Lc 10, 5	
Sa 19	Férie ou saint Paul de la Croix ou saints Jean de Brébeuf, Isaac Jogues et C.	Ep 1, 15-23 ; Ps 8 ; Lc 12, 8-12
	« Si quelqu'un blasphème contre l'Esprit Saint, cela ne lui sera pas pardonné. » Lc 12, 10	

À noter : du 13 au 20 octobre, Semaine missionnaire mondiale.

Bonne fête ! 13 : Géraud, Alexandrine • 14 : Calliste • 15 : Térésa • 16 : Edwige, Maggy • 17 : Astrid, Ignace • 18 : Luc • 19 : Isaac, René, Joël

Nous fêtons

Saint Ignace d'Antioche, martyr (35-v. 107), le 17 octobre

Selon certains écrits, Ignace serait le petit enfant que Jésus plaça au milieu de ses disciples (cf. Mt 18, 1-6). D'autres affirment qu'il entendit les prêches de l'Apôtre Jean. Vers l'an 107, Ignace, alors évêque d'Antioche, fut amené devant l'empereur Trajan qui venait de lancer une campagne de persécutions à l'encontre des chrétiens. Refusant d'affirmer son obéissance aux divinités romaines, le vieil évêque fut condamné à mort.

Dix gardes brutaux le transférèrent à Rome, enchaîné. Le long du chemin, Ignace ne cessa de diffuser son enseignement au moyen de sept lettres adressées aux croyants. Dans son épître aux Romains, il les exhorte à ne pas empêcher son martyre, qu'il décrit sans détour : « Ne vous y opposez pas, ce serait une tendresse hors de saison que je vous conjure de m'épargner. Souffrez que je sois la pâture des bêtes féroces ; par elles je serai plutôt en possession du Seigneur. Je suis le froment de Dieu, je veux être broyé par la dent des bêtes pour devenir le pur et digne pain de Jésus Christ. Alors seulement je me croirai un disciple de Jésus Christ, lorsque le monde ne verra plus rien de ma dépouille mortelle. » Son pieux désir de martyre fut exaucé dans l'amphithéâtre romain où il fut la proie des lions.

Intentions • Résolutions • Action de grâce

DIMANCHE 20 OCTOBRE 2024

29E DIMANCHE DU TEMPS ORDINAIRE

Journée de la mission universelle de l'Église

L'antienne de la communion fait écho à la parole de Jésus dans l'Évangile : « Le Fils de l'homme n'est pas venu pour être servi, mais pour servir, et donner sa vie en rançon pour la multitude. » Le mystère de l'eucharistie que nous célébrons nous greffe au Christ serviteur de nos frères.

ANTIENNE D'OUVERTURE. Je t'appelle, toi, le Dieu qui répond : écoute-moi, entends ce que je dis. Garde-moi comme la prunelle de l'œil ; à l'ombre de tes ailes, cache-moi.

GLOIRE À DIEU page 392

PRIÈRE. Dieu éternel et tout-puissant, fais-nous toujours agir pour toi d'une volonté ardente, et servir ta gloire d'un cœur sans partage. Par Jésus Christ, ton Fils, notre Seigneur, qui vit et règne avec toi dans l'unité du Saint-Esprit, Dieu, pour les siècles des siècles.

• *Nous lisons également ce passage du livre d'Isaïe le Vendredi saint, quand nous faisons mémoire de la mort de Jésus sur la croix. Le Christ, par sa mort et sa résurrection, réalise ce que le prophète annonçait en la personne du Serviteur souffrant.* •

Lecture du livre du prophète Isaïe 53, 10-11

BROYÉ PAR LA SOUFFRANCE, le Serviteur a plu au Seigneur. S'il remet sa vie en sacrifice de réparation, il verra une descendance, il prolongera ses jours : par lui, ce qui plaît au Seigneur réussira. Par suite de ses tourments,

il verra la lumière, la connaissance le comblera. Le juste, mon serviteur, justifiera les multitudes, il se chargera de leurs fautes.
— *Parole du Seigneur.*

Psaume 32

℟ **Que ton amour, Seigneur, soit sur nous**
comme notre espoir est en toi !

Oui, elle est droite, la parole du Seigneur ;
il est fidèle en tout ce qu'il fait.
Il aime le bon droit et la justice ;
la terre est remplie de son amour.

Dieu veille sur ceux qui le craignent,
qui mettent leur espoir en son amour,
pour les délivrer de la mort,
les garder en vie aux jours de famine.

Nous attendons notre vie du Seigneur :
il est pour nous un appui, un bouclier.
Que ton amour, Seigneur, soit sur nous,
comme notre espoir est en toi !

• *Retourné dans la gloire du ciel, Jésus ne nous a pas abandonnés. Bien au contraire, étant venu partager notre vie humaine, il connaît bien nos faiblesses et peut nous porter vers son Père pour que nous obtenions son pardon et vivions dans la grâce de son amour.* •

Lecture de la lettre aux Hébreux 4, 14-16

FRÈRES, en Jésus, le Fils de Dieu, nous avons le grand prêtre par excellence, celui qui a traversé les cieux ;

tenons donc ferme l'affirmation de notre foi. En effet, nous n'avons pas un grand prêtre incapable de compatir à nos faiblesses, mais un grand prêtre éprouvé en toutes choses, à notre ressemblance, excepté le péché. Avançons-nous donc avec assurance vers le Trône de la grâce, pour obtenir miséricorde et recevoir, en temps voulu, la grâce de son secours.
— *Parole du Seigneur.*

Alléluia. Alléluia. Le Fils de l'homme est venu pour servir, et donner sa vie en rançon pour la multitude. **Alléluia.**

● *À Jacques et Jean qui aimeraient avoir une meilleure vue de leur avenir, Jésus répond en inversant les perspectives : dans le royaume de Dieu, le plus grand est celui qui se fait le plus petit, c'est-à-dire celui qui met sa vie, par amour, au service des autres.* ●

Évangile de Jésus Christ selon saint Marc 10, 35-45

(Lecture brève : Marc 10, 42-45)

EN CE TEMPS-LÀ, Jacques et Jean, les fils de Zébédée, s'approchent de Jésus et lui disent : « Maître, ce que nous allons te demander, nous voudrions que tu le fasses pour nous. » Il leur dit : « Que voulez-vous que je fasse pour vous ? » Ils lui répondirent : « Donne-nous de siéger, l'un à ta droite et l'autre à ta gauche, dans ta gloire. » Jésus leur dit : « Vous ne savez pas ce que vous demandez. Pouvez-vous boire la coupe que je vais boire, être baptisés du baptême dans lequel je vais être plongé ? » Ils lui dirent : « Nous le pouvons. » Jésus leur dit : « La coupe que je vais boire, vous la boirez ; et vous serez baptisés du baptême dans lequel je vais être plongé. Quant à siéger à ma droite ou à ma

gauche, ce n'est pas à moi de l'accorder ; il y a ceux pour qui cela est préparé. »
Les dix autres, qui avaient entendu, se mirent à s'indigner contre Jacques et Jean. Jésus les appela et leur dit :

(Début de la lecture brève :
En ce temps-là, Jésus disait à ses disciples…)

« Vous le savez : ceux que l'on regarde comme chefs des nations les commandent en maîtres ; les grands leur font sentir leur pouvoir. Parmi vous, il ne doit pas en être ainsi. Celui qui veut devenir grand parmi vous sera votre serviteur. Celui qui veut être parmi vous le premier sera l'esclave de tous : car le Fils de l'homme n'est pas venu pour être servi, mais pour servir, et donner sa vie en rançon pour la multitude. »
— *Acclamons la Parole de Dieu.*

Credo page 395

Prière sur les offrandes. Accorde-nous, Seigneur, nous t'en prions, de te servir d'un cœur libre en te présentant ces dons ; puissions-nous, par un effet de ta grâce, être purifiés par ces mystères que nous célébrons. Par le Christ, notre Seigneur.

Préface pages 405 à 408

Antienne de la communion. Le Seigneur veille sur ceux qui le craignent, qui mettent leur espoir en sa miséricorde, pour délivrer leur âme de la mort, les nourrir aux jours de famine.

Ou bien :

Le Fils de l'homme est venu pour donner sa vie en rançon pour la multitude.

Prière après la communion. Accorde-nous, Seigneur, nous t'en prions, de progresser en participant aux réalités du ciel ; ainsi, nous serons soutenus par tes bienfaits en ce temps et façonnés par ceux de l'éternité. Par le Christ, notre Seigneur.

MÉDITONS AVEC SAINT FRANÇOIS DE SALES

Serviteur comme le Christ

Il y en a beaucoup qui disent : « J'aime grandement mon prochain, et je voudrais bien lui rendre quelque service. » Cela est bien bon ! dit saint Bernard, mais ce n'est pas assez, il faut passer outre. « Oh ! si, je l'aime ! Je l'aime tant, que je voudrais de bon cœur employer tous mes biens pour lui. » Cela est davantage, et déjà meilleur, mais ce n'est pas encore assez. « Je l'aime tellement, je vous assure, que j'emploierais volontiers ma personne-même pour lui, et en tout ce qu'il désirerait de moi. » Voici, certes, un très bon signe de votre amour, mais encore faut-il passer plus avant, car il y a un plus haut degré en cet amour, ainsi que nous l'apprend saint Paul, lequel disait : *Soyez mes imitateurs, comme je le suis de Jésus Christ* (1 Co 11, 1). Et en l'une de ses épîtres, parlant à ses enfants très chers, il écrit : « Je suis prêt à donner ma vie pour vous, et à m'employer si absolument que je ne veux faire aucune réserve, afin de vous témoigner combien je vous aime chèrement et tendrement ; oui, même, je suis prêt à laisser faire par vous ou pour vous tout ce que l'on voudra de moi » (cf. 1 Th 2, 8). En quoi il nous enseigne que s'employer, voire jusqu'à donner sa vie pour le prochain, n'est pas tant que de se laisser employer au gré des autres, ou pour eux, ou par eux.

Évêque de Genève, exilé à Annecy, François de Sales († 1622) est le fondateur, avec Jeanne-Françoise de Chantal, de l'ordre de la Visitation. Auteur de nombreux écrits, il est le patron des journalistes.

Cette semaine

Lu 21	Férie	Ep 2, 1-10 ; Ps 99 ; Lc 12, 13-21
	« La vie de quelqu'un, même dans l'abondance, ne dépend pas de ce qu'il possède. » Lc 12, 15	
Ma 22	Férie ou saint Jean-Paul II	Ep 2, 12-22 ; Ps 84 ; Lc 12, 35-38
	« Restez en tenue de service et vos lampes allumées. » Cf. Lc 12, 35	
Me 23	Férie ou saint Jean de Capistran	Ep 3, 2-12 ; Ct Is 12 ; Lc 12, 39-48
	« C'est à l'heure où vous n'y penserez pas que le Fils de l'homme viendra. » Lc 12, 40	
Je 24	Férie ou saint Antoine-Marie Claret	Ep 3, 14-21 ; Ps 32 ; Lc 12, 49-53
	« Je suis venu apporter un feu sur la terre. » Lc 12, 49	
Ve 25	Férie (*)	Ep 4, 1-6 ; Ps 23 ; Lc 12, 54-59
	« Pourquoi aussi ne jugez-vous pas par vous-mêmes ce qui est juste ? » Lc 12, 57	
Sa 26	Férie	Ep 4, 7-16 ; Ps 121 ; Lc 13, 1-9
	« Peut-être ce figuier donnera-t-il du fruit à l'avenir. Sinon, tu le couperas. » Cf. Lc 13, 9	

(* ou dernier dimanche d'octobre). En France, solennité de la Dédicace des églises consacrées dont on ne connaît pas la date de consécration.

Bonne fête ! 20 : Adeline • 21 : Ursule, Céline • 22 : Élodie • 23 : Jean • 24 : Antoine-Marie • 25 : Crépin, Enguerrand • 26 : Cédric, Foulques, Dimitri

Un astérisque (*) placé devant une lecture signale que celle-ci est obligatoire.

Nous fêtons

Saint Jean de Capistran (1386-1456), le 23 octobre

Les mots qui sont le plus souvent associés à Jean de Capistran sont « véhémence » et « zèle ». Avocat formé à Pérouse, en Italie, il multiplia les efforts pour mettre un terme à la guerre qui sévissait dans sa région, ce qui lui valut un séjour en prison. C'est là que saint François lui apparut en songe. À sa libération, il renonça de façon théâtrale à son ancienne vie, se faisant conduire à la confrérie franciscaine à dos d'âne, une liste de ses plus graves péchés épinglée à sa chemise. En tant que novice, il revêtit le cilice et s'astreignit à un jeûne sévère.

Avec son maître Bernardin de Sienne, il promut la dévotion au Saint Nom de Jésus et poursuivit la réforme de l'Ordre, défendant avec succès les réformateurs franciscains accusés d'hérésie. En 1451, il fut lui-même chargé de la lutte contre les hérétiques en tant qu'inquisiteur en Hongrie et en Bohême. Il fut pour ses contemporains un grand prédicateur, artisan des miracles du cœur.

Après que les Turcs eurent pris Constantinople en 1453, Jean fut sollicité pour prêcher la croisade afin de rallier les chrétiens hongrois. Il mena lui-même l'aile gauche de l'armée chrétienne lors d'une bataille, à Belgrade. Il la remporta, mais succomba à l'épidémie qui s'ensuivit. Il mourut le 23 octobre 1456. Il est le saint patron des aumôniers militaires.

Intentions • Résolutions • Action de grâce

....

....

....

....

....

....

....

....

....

DIMANCHE 27 OCTOBRE 2024

30E DIMANCHE DU TEMPS ORDINAIRE

LA MESSE DE CE JOUR PORTE DES PRIÈRES *pleines de confiance en la promesse de Dieu. Nous lui demandons d'augmenter en nous la foi, cette foi qui a permis à Bartimée d'obtenir la guérison. C'est aussi cette dernière que nous recherchons quand nous demandons : « Que tes sacrements, Seigneur, achèvent de produire en nous ce qu'ils signifient. »*

ANTIENNE D'OUVERTURE. Joie pour les cœurs qui cherchent Dieu. Cherchez le Seigneur, et vous serez affermis, recherchez sans trêve sa face.

GLOIRE À DIEU page 392

PRIÈRE. Dieu éternel et tout-puissant, augmente en nous la foi, l'espérance et la charité ; et pour que nous puissions obtenir ce que tu promets, fais-nous aimer ce que tu commandes. Par Jésus Christ, ton Fils, notre Seigneur, qui vit et règne avec toi dans l'unité du Saint-Esprit, Dieu, pour les siècles des siècles.

● *Après le temps du malheur et de l'exil à Babylone, voici venu le temps de la consolation. Dieu rassemble son peuple dispersé comme un père rassemble ses enfants. Tous marchent sans fatigue et sans peine vers la source d'eau fraîche, vers la vie.* ●

Lecture du livre du prophète Jérémie — 31, 7-9

AINSI PARLE le Seigneur : Poussez des cris de joie pour Jacob, acclamez la première des nations ! Faites résonner vos louanges et criez tous : « Seigneur, sauve

ton peuple, le reste d'Israël ! » Voici que je les fais revenir du pays du nord, que je les rassemble des confins de la terre ; parmi eux, tous ensemble, l'aveugle et le boiteux, la femme enceinte et la jeune accouchée : c'est une grande assemblée qui revient. Ils avancent dans les pleurs et les supplications, je les mène, je les conduis vers les cours d'eau par un droit chemin où ils ne trébucheront pas. Car je suis un père pour Israël, Éphraïm est mon fils aîné.
— *Parole du Seigneur.*

Psaume 125

**℟ Quelles merveilles le Seigneur fit pour nous :
nous étions en grande fête !**

Quand le Seigneur ramena les captifs à Sion,
nous étions comme en rêve !
Alors notre bouche était pleine de rires,
nous poussions des cris de joie.

Alors on disait parmi les nations :
« Quelles merveilles fait pour eux le Seigneur ! »
Quelles merveilles le Seigneur fit pour nous :
nous étions en grande fête !

Ramène, Seigneur, nos captifs,
comme les torrents au désert.
Qui sème dans les larmes
moissonne dans la joie.

Il s'en va, il s'en va en pleurant,
il jette la semence ;
il s'en vient, il s'en vient dans la joie,
il rapporte les gerbes.

● *Dans l'Ancien Testament, les grands prêtres avaient la responsabilité d'offrir à Dieu les sacrifices, au nom de tout le peuple, pour lui demander pardon de ses fautes. Puis Jésus est devenu lui-même ce grand prêtre qui nous offre le pardon de Dieu.* ●

Lecture de la lettre aux Hébreux 5, 1-6

TOUT GRAND PRÊTRE est pris parmi les hommes ; il est établi pour intervenir en faveur des hommes dans leurs relations avec Dieu ; il doit offrir des dons et des sacrifices pour les péchés. Il est capable de compréhension envers ceux qui commettent des fautes par ignorance ou par égarement, car il est, lui aussi, rempli de faiblesse ; et, à cause de cette faiblesse, il doit offrir des sacrifices pour ses propres péchés comme pour ceux du peuple. On ne s'attribue pas cet honneur à soi-même, on est appelé par Dieu, comme Aaron.
Il en est bien ainsi pour le Christ : il ne s'est pas donné à lui-même la gloire de devenir grand prêtre ; il l'a reçue de Dieu, qui lui a dit : *Tu es mon Fils, moi, aujourd'hui, je t'ai engendré*, car il lui dit aussi dans un autre psaume : *Tu es prêtre de l'ordre de Melkisédek pour l'éternité.*

— Parole du Seigneur.

Alléluia. Alléluia. Notre Sauveur, le Christ Jésus, a détruit la mort ; il a fait resplendir la vie par l'Évangile. **Alléluia.**

● *La foi de Bartimée lui inspire de reconnaître en Jésus le « fils de David », le Messie. Elle lui donne aussi la confiance qui lui permet de s'approcher du Christ pour lui adresser sans détour sa supplication. En lui redonnant la vue, Jésus annonce l'accomplissement des temps messianiques.* ●

Évangile de Jésus Christ selon saint Marc

10, 46b-52

En ce temps-là, tandis que Jésus sortait de Jéricho avec ses disciples et une foule nombreuse, le fils de Timée, Bartimée, un aveugle qui mendiait, était assis au bord du chemin. Quand il entendit que c'était Jésus de Nazareth, il se mit à crier : « Fils de David, Jésus, prends pitié de moi ! » Beaucoup de gens le rabrouaient pour le faire taire, mais il criait de plus belle : « Fils de David, prends pitié de moi ! » Jésus s'arrête et dit : « Appelez-le. » On appelle donc l'aveugle, et on lui dit : « Confiance, lève-toi ; il t'appelle. » L'aveugle jeta son manteau, bondit et courut vers Jésus. Prenant la parole, Jésus lui dit : « Que veux-tu que je fasse pour toi ? » L'aveugle lui dit : « *Rabbouni*, que je retrouve la vue ! » Et Jésus lui dit : « Va, ta foi t'a sauvé. » Aussitôt l'homme retrouva la vue, et il suivait Jésus sur le chemin.

— *Acclamons la Parole de Dieu.*

Credo page 395

Prière sur les offrandes. Regarde les présents que nous t'offrons, nous t'en prions, Seigneur, Dieu de majesté : permets que notre célébration soit d'abord tournée vers ta gloire. Par le Christ, notre Seigneur.

Préface pages 405 à 408

Antienne de la communion. Nous trouverons la joie en ton salut, et la grandeur dans le nom de notre Dieu.

Ou bien :

Le Christ nous a aimés et s'est livré lui-même pour nous, s'offrant en sacrifice à Dieu, comme un parfum d'agréable odeur.

Prière après la communion. Que tes sacrements, Seigneur, nous t'en prions, achèvent de produire en nous ce qu'ils contiennent ; puissions-nous saisir dans sa pleine vérité ce que notre célébration préfigure aujourd'hui. Par le Christ, notre Seigneur.

MÉDITONS AVEC SAINT JEAN CHRYSOSTOME

Ta foi t'a sauvé

Écoutons ces aveugles (cf. Mt 20, 29-34) qui étaient meilleurs que beaucoup de ceux qui voient. Car ils n'avaient personne pour les guider et ils ne pouvaient le voir s'avancer. Ils se démenaient cependant pour aller vers lui. Ils se sont mis à crier d'une voix forte ; on les faisait taire, mais ils criaient de plus belle. Telle est l'âme persévérante : les obstacles mêmes la soulèvent.

Et si le Christ permettait qu'on les fasse taire, c'était pour que leur ferveur soit davantage manifestée et que tu saches qu'ils méritaient de profiter de la guérison. C'est pourquoi il ne demandait même pas : « Avez-vous la foi ? », ce qu'il faisait à beaucoup d'autres, car leurs cris et leurs efforts pour s'approcher suffisaient à rendre leur foi évidente pour tous. Apprends par-là, frère bien-aimé, que nous pouvons être jugés sans valeur et rejetés : si nous allons à Dieu avec ardeur, nous pourrons accomplir par nous-mêmes ce que nous demandons.

Surnommé « le docteur de l'eucharistie » ou encore « Bouche d'or », saint Jean Chrysostome († 407), archevêque de Constantinople, a laissé son nom à une liturgie de la messe pratiquée encore aujourd'hui par des millions d'Orientaux.

Cette semaine

Lu 28	Saints Simon et Jude / fête	Ep 2, 19-22 ; Ps 18A ; Lc 6, 12-19
	« *Une grande multitude était venue l'entendre.* » Cf. Lc 6, 18	
Ma 29	Férie	Ep 5, 21-33 ; Ps 127 ; Lc 13, 18-21
	« *À quoi pourrai-je comparer le règne de Dieu ?* » Lc 13, 20	
Me 30	Férie	Ep 6, 1-9 ; Ps 144 ; Lc 13, 22-30
	« *Seigneur, n'y a-t-il que peu de gens qui soient sauvés ?* » Lc 13, 23	
Je 31	Férie	Ep 6, 10-20 ; Ps 143 ; Lc 13, 31-35
	« *Vous ne me verrez plus jusqu'à ce que vienne le jour où vous direz : Béni soit celui qui vient au nom du Seigneur !* » Lc 13, 35	
Ve 1	Tous les saints / sol.	Ap 7, 2-4.9-14 ; Ps 23 ; 1 Jn 3, 1-3 ; Mt 5, 1-12a
	« *Heureux les cœurs purs, car ils verront Dieu.* » Mt 5, 8	
Sa 2	Commémoration de tous les fidèles défunts	Parmi les lectures au choix, on pourra prendre : Sg 4, 7-15 ou Rm 6, 3-9 ; Ps 26 ; Ps 114 ; Mt 11, 25-30
	« *Je suis doux et humble de cœur, et vous trouverez le repos pour votre âme.* » Mt 11, 29	

Bonne fête ! 27 : Évariste, Émeline • 28 : Jude, Simon • 29 : Narcisse, Chiara • 30 : Bienvenue, Maéva • 31 : Quentin • 1 : Mathurin, Niño • 2 : Winifred

Nous fêtons

Saint Jude,
Apôtre († Ier siècle), le 28 octobre

Ceux qui recherchent un emploi depuis longtemps trouvent réconfort en saint Jude. L'un des douze premiers Apôtres du Christ, Jude, également connu sous le nom de Thaddée, partage le jour de sa fête avec un autre Apôtre, Simon. Selon la tradition occidentale, après que Jude évangélisa la Mésopotamie et que Simon prêcha en Égypte, les deux hommes se retrouvèrent en Perse, où ils souffrirent ensemble et moururent en martyrs le même jour.

C'est à l'époque moderne que Jude est devenu le saint patron des causes désespérées. Il est probable que cette tradition provienne du fait qu'il porte le même nom que l'Apôtre qui trahit Jésus, Judas l'Iscariote ; toutefois l'évangéliste Jean précise lorsqu'il parle de Jude Thaddée, *Jude – non pas Judas l'Iscariote* (Jn 14, 22). La mention de Jude ne pouvant manquer de faire penser au traître, on était réticent à l'invoquer en prière. Il fallait être désespéré pour se tourner vers lui.

Pourtant ceux qui ont sollicité l'aide de Jude n'ont pas été déçus, si l'on en juge par les fréquentes annonces publiques relatant ses faveurs, dans la littérature et en ligne. Parmi ceux qui lui adressèrent leur dévotion figurent sainte Brigitte de Suède et saint Bernard de Clairvaux, lequel demanda que les précieuses reliques de saint Jude lui soient apportées sur son lit de mort et déposées sur le cœur.

Intentions • Résolutions • Action de grâce

VENDREDI 1ER NOVEMBRE 2024

SOLENNITÉ DE LA TOUSSAINT

LA SOLENNITÉ DE TOUS LES SAINTS ***nous met devant les yeux la foule immense des rachetés pour nous dévoiler l'avenir vers lequel nous sommes en marche. Elle nous rend aussi conscients de notre solidarité avec ceux qui nous ont précédés dans le monde invisible. Vivants près de Dieu, ils intercèdent pour nous ; ils sont des puissances dans nos vies.***

ANTIENNE D'OUVERTURE. Tous ensemble, réjouissons-nous dans le Seigneur, célébrons ce jour de fête en l'honneur de tous les saints. Les anges se réjouissent avec nous de cette fête ; ils en glorifient le Fils de Dieu.

GLOIRE À DIEU page 392

PRIÈRE. Dieu éternel et tout-puissant, tu nous donnes de célébrer dans une même fête la gloire de tous les saints ; puisqu'une telle multitude intercède pour nous, accorde-nous ce que nous désirons, l'abondance de ta miséricorde. Par Jésus Christ, ton Fils, notre Seigneur.

● *Dans une vision pleine d'espérance, saint Jean décrit la foule immense des rachetés. La symbolique du chiffre de 144 000 exprime à la fois l'élection et la multitude de ceux qui connaîtront le bonheur auprès de Dieu.* ●

Lecture de l'Apocalypse de saint Jean 7, 2-4.9-14

MOI, JEAN, j'ai vu un ange qui montait du côté où le soleil se lève, avec le sceau qui imprime la marque du Dieu vivant ; d'une voix forte, il cria aux quatre anges qui avaient reçu le pouvoir de faire du mal à la terre

et à la mer : « Ne faites pas de mal à la terre, ni à la mer, ni aux arbres, avant que nous ayons marqué du sceau le front des serviteurs de notre Dieu. » Et j'entendis le nombre de ceux qui étaient marqués du sceau : ils étaient cent quarante-quatre mille, de toutes les tribus des fils d'Israël.
Après cela, j'ai vu : et voici une foule immense, que nul ne pouvait dénombrer, une foule de toutes nations, tribus, peuples et langues. Ils se tenaient debout devant le Trône et devant l'Agneau, vêtus de robes blanches, avec des palmes à la main. Et ils s'écriaient d'une voix forte : « Le salut appartient à notre Dieu qui siège sur le Trône et à l'Agneau ! »
Tous les anges se tenaient debout autour du Trône, autour des Anciens et des quatre Vivants ; se jetant devant le Trône, face contre terre, ils se prosternèrent devant Dieu. Et ils disaient : « Amen ! Louange, gloire, sagesse et action de grâce, honneur, puissance et force à notre Dieu, pour les siècles des siècles ! Amen ! »
L'un des Anciens prit alors la parole et me dit : « Ces gens vêtus de robes blanches, qui sont-ils, et d'où viennent-ils ? » Je lui répondis : « Mon seigneur, toi, tu le sais. » Il me dit : « Ceux-là viennent de la grande épreuve ; ils ont lavé leurs robes, ils les ont blanchies par le sang de l'Agneau. »
— *Parole du Seigneur.*

Psaume 23

℟ Voici le peuple de ceux
qui cherchent ta face, Seigneur.

Au Seigneur, le monde et sa richesse,
la terre et tous ses habitants !

C'est lui qui l'a fondée sur les mers
et la garde inébranlable sur les flots.

Qui peut gravir la montagne du Seigneur
et se tenir dans le lieu saint ?
L'homme au cœur pur, aux mains innocentes,
qui ne livre pas son âme aux idoles.

Il obtient, du Seigneur, la bénédiction,
et de Dieu son Sauveur, la justice.
Voici le peuple de ceux qui le cherchent !
Voici Jacob qui recherche ta face !

● *Depuis notre baptême, nous sommes fils adoptifs du Père en son Fils unique Jésus Christ. Durant toute notre vie, il nous reste à devenir ce que nous sommes : les enfants de Dieu.* ●

Lecture de la première lettre de saint Jean 3, 1-3

BIEN-AIMÉS, voyez quel grand amour nous a donné le Père pour que nous soyons appelés enfants de Dieu – et nous le sommes. Voici pourquoi le monde ne nous connaît pas : c'est qu'il n'a pas connu Dieu. Bien-aimés, dès maintenant, nous sommes enfants de Dieu, mais ce que nous serons n'a pas encore été manifesté. Nous le savons : quand cela sera manifesté, nous lui serons semblables car nous le verrons tel qu'il est. Et quiconque met en lui une telle espérance se rend pur comme lui-même est pur.

— *Parole du Seigneur.*

Alléluia. Alléluia. Venez à moi, vous tous qui peinez sous le poids du fardeau, dit le Seigneur, et moi, je vous procurerai le repos. **Alléluia.**

• *Chemin de sainteté, les béatitudes enseignées par le Christ sont autant de marches qui nous mènent vers le bonheur céleste promis dès cette vie. Invitations à la miséricorde, la justice, la paix, elles nous rapprochent de Dieu en nous rendant proches de nos frères et sœurs.* •

Évangile de Jésus Christ selon saint Matthieu 5, 1-12a

En ce temps-là, voyant les foules, Jésus gravit la montagne. Il s'assit, et ses disciples s'approchèrent de lui. Alors, ouvrant la bouche, il les enseignait. Il disait :

« Heureux les pauvres de cœur,
car le royaume des Cieux est à eux.
Heureux ceux qui pleurent,
car ils seront consolés.
Heureux les doux,
car ils recevront la terre en héritage.
Heureux ceux qui ont faim et soif de la justice,
car ils seront rassasiés.
Heureux les miséricordieux,
car ils obtiendront miséricorde.
Heureux les cœurs purs,
car ils verront Dieu.
Heureux les artisans de paix,
car ils seront appelés fils de Dieu.
Heureux ceux qui sont persécutés pour la justice,
car le royaume des Cieux est à eux.
Heureux êtes-vous si l'on vous insulte,
si l'on vous persécute
et si l'on dit faussement toute sorte de mal
contre vous, à cause de moi.

Réjouissez-vous, soyez dans l'allégresse,
car votre récompense est grande
dans les cieux ! »
— *Acclamons la Parole de Dieu.*

Credo page 395

Prière sur les offrandes. Daigne accepter, Seigneur, l'offrande que nous te présentons en l'honneur de tous les saints ; puisque nous croyons qu'ils sont déjà dans la paix de l'immortalité, accorde-nous d'éprouver aussi leur sollicitude pour notre salut. Par le Christ, notre Seigneur.

Préface. Vraiment, il est juste et bon, pour ta gloire et notre salut, de t'offrir notre action de grâce, toujours et en tout lieu, Seigneur, Père très saint, Dieu éternel et tout-puissant. Car tu nous donnes de célébrer aujourd'hui la cité du ciel, notre mère la Jérusalem d'en haut ; c'est là que nos frères les saints, déjà rassemblés, chantent sans fin ta louange. Et nous qui marchons vers elle par le chemin de la foi, nous hâtons le pas, joyeux de voir glorifiés ces enfants de l'Église dont tu fais un exemple et un secours pour notre faiblesse. C'est pourquoi, avec la foule immense des saints et des anges, d'une seule voix, nous célébrons ta louange en proclamant : **Saint !...**

Prière eucharistique I, II ou III pages 409 à 420

Antienne de la communion. Heureux les cœurs purs, car ils verront Dieu ! Heureux les artisans de paix, car ils seront appelés fils de Dieu ! Heureux ceux qui sont persécutés pour la justice, car le royaume des Cieux est à eux !

Prière après la communion. Tu es admirable, Seigneur Dieu ; tu es le seul Saint, toi que nous adorons dans tous les saints ; nous implorons ta grâce : quand par elle nous serons parvenus à la sainteté dans la plénitude de ton amour, fais-nous passer de la table des pèlerins au banquet de la patrie du ciel. Par le Christ, notre Seigneur.

Bénédiction solennelle

Dieu lui-même est la gloire et le bonheur des saints,
il vous donne le réconfort de leurs prières :
qu'il vous bénisse à jamais.
Amen.
L'intercession des saints vous délivre du mal présent,
l'exemple de leur sainteté vous instruit :
soyez toujours prêts à servir Dieu et vos frères.
Amen.
Puissiez-vous, tous ensemble,
posséder le bonheur de la patrie
où la sainte Église se réjouit de voir ses enfants
associés aux citoyens du ciel dans la paix éternelle.
Amen.
Et que la bénédiction de Dieu tout-puissant,
le Père, et le Fils, ✠ et le Saint-Esprit,
descende sur vous et y demeure toujours.
Amen.

MÉDITONS
AVEC SAINT BERNARD DE CLAIRVAUX

Dieu des vivants, louange et gloire à toi !

Pourquoi notre louange à l'égard des saints, pourquoi notre chant à leur gloire, pourquoi cette fête même que nous célébrons ? De fait, si nous vénérons leur mémoire, c'est pour nous que cela importe, non pour eux. Pour ma part, je l'avoue, je sens que leur souvenir allume en moi un violent désir.

Le premier désir, en effet, que la mémoire des saints éveille, ou plus encore stimule en nous, le voici : nous réjouir dans leur communion tellement désirable et obtenir d'être concitoyens et compagnons des esprits bienheureux, d'être mêlés à l'assemblée des patriarches, à la troupe des prophètes, au groupe des Apôtres, à la foule immense des martyrs, à la communauté des confesseurs, au chœur des vierges, bref d'être associés à la joie et à la communion de tous les saints.

Cette Église des premiers-nés nous attend. Réveillons-nous enfin, frères ; ressuscitons avec le Christ, cherchons les réalités d'en haut ; ces réalités, savourons-les. Désirons ceux qui nous désirent, courons vers ceux qui nous attendent.

Et voici le second désir dont la commémoration des saints nous embrase : voir, comme eux, le Christ nous apparaître, lui qui est notre vie, et paraître, nous aussi, avec lui, dans la gloire.

Saint Bernard († 1153), de noble famille bourguignonne, entre au monastère de Cîteaux en 1112. Bientôt abbé de Clairvaux, il est à l'origine d'un prodigieux renouveau monastique en Occident.

SAMEDI 2 NOVEMBRE 2024

Commémoration des fidèles défunts

La prière pour les morts *appartient à la plus ancienne tradition chrétienne. Il est donc naturel qu'au lendemain de la fête de ceux qui sont entrés dans l'intimité sacrée de Dieu, notre sollicitude se porte vers nos frères morts dans l'espoir de la résurrection et qu'elle embrasse aussi « tous les morts dont seul le Seigneur connaît la foi ».*

Antienne d'ouverture. Jésus est mort et ressuscité ; de même, ceux qui se sont endormis, Dieu, par Jésus, les emmènera avec lui. En effet, de même que tous les hommes meurent en Adam, de même c'est dans le Christ que tous recevront la vie.

Prière. Écoute nos prières avec bonté, Seigneur, nous t'en prions : tandis que grandit notre foi en ton Fils ressuscité d'entre les morts, affermis aussi notre espérance, puisque nous attendons la résurrection de ceux qui t'ont servi. Par Jésus Christ, ton Fils, notre Seigneur.

• *Plus que le nombre des années, c'est la place de la justice dans nos vies qui leur confère toute leur dignité. Vivre en juste est une grâce à demander sans relâche. Elle nous rapproche de tous ceux qui nous ont devancés auprès du Seigneur.* •

Lecture du livre de la Sagesse 4, 7-15

Même s'il meurt avant l'âge, le juste trouvera le repos. La dignité du vieillard ne tient pas au grand âge, elle ne se mesure pas au nombre des années.

Pour l'homme, la sagesse tient lieu de cheveux blancs, une vie sans tache vaut une longue vieillesse. Il a su plaire à Dieu, et Dieu l'a aimé ; il vivait au milieu des pécheurs : il en fut retiré. Il a été enlevé, de peur que le mal ne corrompe sa conscience, pour que le mensonge n'égare pas son âme. Car la fascination du mal fait perdre de vue le bien, le tourbillon de la convoitise trouble un esprit sans malice. Arrivé au but en peu de temps, il a parcouru tous les âges de la vie. Parce qu'il plaisait au Seigneur, celui-ci, sans attendre, l'a retiré d'un monde mauvais. Les gens voient cela sans comprendre ; il ne leur vient pas à l'esprit que Dieu accorde à ses élus grâce et miséricorde, et qu'il intervient pour ceux qui lui sont fidèles.
— *Parole du Seigneur.*

Ou bien :

• *Cette lecture est aussi prise lors de la Vigile pascale. Elle énonce le cœur de notre foi : unis au Christ par le baptême, nous avons déjà reçu sa vie qui triomphera de notre mort lorsque les temps seront accomplis.* •

Lecture de la première lettre de saint Paul apôtre aux Corinthiens 15, 51-57

Frères, c'est un mystère que je vous annonce : nous ne mourrons pas tous, mais tous nous serons transformés, et cela en un instant, en un clin d'œil, quand, à la fin, la trompette retentira. Car elle retentira, et les morts ressusciteront, impérissables, et nous, nous serons transformés. Il faut en effet que cet être périssable que nous sommes revête ce qui est impérissable ; il faut que

cet être mortel revête l'immortalité. Et quand cet être périssable aura revêtu ce qui est impérissable, quand cet être mortel aura revêtu l'immortalité, alors se réalisera la parole de l'Écriture : *La mort a été engloutie dans la victoire. Ô Mort, où est ta victoire ? Ô Mort, où est-il, ton aiguillon ?* L'aiguillon de la mort, c'est le péché ; ce qui donne force au péché, c'est la Loi. Rendons grâce à Dieu qui nous donne la victoire par notre Seigneur Jésus Christ.
— *Parole du Seigneur.*

Psaume 142

℟ Seigneur, entends ma prière.

Ou bien :

Pour l'honneur de ton nom,
Seigneur, fais-moi vivre.

Seigneur, entends ma prière ;
dans ta justice écoute mes appels,
dans ta fidélité réponds-moi.
N'entre pas en jugement avec ton serviteur :
aucun vivant n'est juste devant toi.

Je me souviens des jours d'autrefois,
je me redis toutes tes actions,
sur l'œuvre de tes mains je médite.
Je tends les mains vers toi,
me voici devant toi comme une terre assoiffée.

Vite, réponds-moi, Seigneur :
je suis à bout de souffle !
Fais que j'entende au matin ton amour,
car je compte sur toi.

Apprends-moi à faire ta volonté,
car tu es mon Dieu.
Ton souffle est bienfaisant :
qu'il me guide en un pays de plaines.

Alléluia. Alléluia. Tu es béni, Père, Seigneur du ciel et de la terre, tu as révélé aux tout-petits les mystères du Royaume ! **Alléluia.**

● *Le Christ promet le repos à ses disciples car il est un maître « doux et humble de cœur ». Et puisque le Père lui a tout remis, il est en son pouvoir de nous offrir le repos de notre âme aussi bien dans cette vie que dans celle à venir.* ●

Évangile de Jésus Christ selon saint Matthieu

11, 25-30

EN CE TEMPS-LÀ, Jésus prit la parole et dit : « Père, Seigneur du ciel et de la terre, je proclame ta louange : ce que tu as caché aux sages et aux savants, tu l'as révélé aux tout-petits. Oui, Père, tu l'as voulu ainsi dans ta bienveillance. Tout m'a été remis par mon Père ; personne ne connaît le Fils, sinon le Père, et personne ne connaît le Père, sinon le Fils, et celui à qui le Fils veut le révéler.

« Venez à moi, vous tous qui peinez sous le poids du fardeau, et moi, je vous procurerai le repos. Prenez sur vous mon joug, devenez mes disciples, car je suis doux et humble de cœur, et vous trouverez le repos pour votre âme. Oui, mon joug est facile à porter, et mon fardeau, léger. »

— Acclamons la Parole de Dieu.

Prière sur les offrandes. Sois favorable à nos offrandes, Seigneur : que les fidèles défunts parviennent à la gloire avec ton Fils à qui nous sommes unis par l'admirable sacrement de son amour. Lui qui vit et règne pour les siècles des siècles.

Préface. Vraiment, il est juste et bon, pour ta gloire et notre salut, de t'offrir notre action de grâce, toujours et en tout lieu, Seigneur, Père très saint, Dieu éternel et tout-puissant, par le Christ, notre Seigneur. C'est en lui qu'a resplendi pour nous l'espérance de la résurrection bienheureuse ; et si la loi de la mort nous afflige, la promesse de l'immortalité nous apporte la consolation. Car pour ceux qui croient en toi, Seigneur, la vie est transformée, elle n'est pas enlevée ; et lorsque prend fin leur séjour sur la terre, ils ont déjà une demeure éternelle dans les cieux. C'est pourquoi, avec les anges et les archanges, avec les puissances d'en haut et tous les esprits bienheureux, nous chantons l'hymne de ta gloire et sans fin nous proclamons : **Saint !...**

Antienne de la communion. Je suis la résurrection et la vie, dit le Seigneur. Celui qui croit en moi, même s'il meurt, vivra ; et quiconque vit et croit en moi ne mourra jamais.

Prière après la communion. Accorde aux fidèles défunts, Seigneur, de passer dans ta demeure de lumière et de paix, car c'est pour eux que nous avons célébré le sacrement pascal. Par le Christ, notre Seigneur.

Bénédiction solennelle

Dans sa grande bonté,
le Dieu de toute consolation a créé l'homme,
et par la résurrection de son Fils unique,
il a donné aux croyants l'espérance de ressusciter :
qu'il vous accorde sa bénédiction.
Amen.
À nous, les vivants, qu'il accorde le pardon des péchés,
et, à tous les défunts, le séjour de la lumière et de la paix.
Amen.

Nous croyons vraiment que le Christ
est ressuscité d'entre les morts :
puissions-nous tous vivre sans fin avec lui dans la joie.
Amen.

Et que la bénédiction de Dieu tout-puissant,
le Père, et le Fils, ✠ et le Saint-Esprit,
descende sur vous et y demeure toujours.
Amen.

MÉDITONS AVEC SAINT AMBROISE

Une semaine pour courir joyeusement vers les noces de l'Agneau

Nous avons le médecin, adoptons le remède. Notre remède, c'est la grâce du Christ, et le corps de mort, c'est notre corps. Alors, soyons étrangers au corps pour ne pas être étrangers au Christ. Si nous sommes dans le corps, ne suivons pas ce qui vient du corps ; n'abandonnons pas les droits de la nature, mais préférons les dons de la grâce.

Qu'ajouter à cela ? Le monde a été racheté par la mort d'un seul. Car le Christ aurait pu ne pas mourir, s'il l'avait voulu. Mais il n'a pas jugé qu'il fallait fuir la mort comme inutile, car il ne pouvait mieux nous sauver que par sa mort. C'est pourquoi sa mort donne la vie à tous. Nous portons la marque de sa mort, nous annonçons sa mort par notre prière, nous proclamons sa mort par notre sacrifice. Sa mort est une victoire, sa mort est un mystère, le monde célèbre sa mort chaque année. Et l'âme peut voir tes noces, Jésus, où ton épouse est conduite de la terre jusqu'aux cieux, sous les acclamations joyeuses de tous – car vers toi vient toute chair –, ton épouse qui n'est plus exposée aux dangers du monde, mais unie à ton Esprit.

Saint Ambroise († 397), gouverneur de Milan, fut choisi comme évêque de la ville impériale en 374 alors qu'il était encore catéchumène. Orateur réputé, il a aussi écrit des hymnes pour la liturgie.

DIMANCHE 3 NOVEMBRE 2024

31E DIMANCHE DU TEMPS ORDINAIRE

CE DIMANCHE, *lors de la messe, nous faisons monter cette prière : « Tu m'apprends, Seigneur, le chemin de la vie. » Cette route qui mène au royaume de Dieu, et sur laquelle le Christ nous précède, est balisée par le double commandement de l'amour de Dieu et du prochain.*

ANTIENNE D'OUVERTURE. Ne m'abandonne jamais, Seigneur, mon Dieu, ne sois pas loin de moi. Viens vite à mon aide, Seigneur, force de mon salut !

GLOIRE À DIEU page 392

PRIÈRE. Dieu de puissance et de miséricorde, c'est ta grâce qui donne à tes fidèles de pouvoir dignement te servir ; nous t'en prions : accorde-nous de courir sans que rien ne nous arrête vers les biens que tu promets. Par Jésus Christ, ton Fils, notre Seigneur, qui vit et règne avec toi dans l'unité du Saint-Esprit, Dieu, pour les siècles des siècles.

● *« Écoute, Israël ! » (en hébreu « Shema, Israël ! »). Ainsi débute la révélation du premier des commandements. Le Seigneur est l'Unique et se révèle comme tel pour entrer dans une relation d'amour avec son peuple.* ●

Lecture du livre du Deutéronome 6, 2-6

MOÏSE DISAIT au peuple : « Tu craindras le Seigneur ton Dieu. Tous les jours de ta vie, toi, ainsi que ton fils et le fils de ton fils, tu observeras tous ses décrets et ses commandements, que je te prescris aujourd'hui,

et tu auras longue vie. Israël, tu écouteras, tu veilleras à mettre en pratique ce qui t'apportera bonheur et fécondité, dans un pays ruisselant de lait et de miel, comme te l'a dit le Seigneur, le Dieu de tes pères. Écoute, Israël : le Seigneur notre Dieu est l'Unique. Tu aimeras le Seigneur ton Dieu de tout ton cœur, de toute ton âme et de toute ta force.
« Ces paroles que je te donne aujourd'hui resteront dans ton cœur. »
— *Parole du Seigneur.*

Psaume 17

℟ Je t'aime, Seigneur, ma force.

Je t'aime, Seigneur, ma force :
Seigneur, mon roc, ma forteresse,
Dieu mon libérateur, le rocher qui m'abrite,
mon bouclier, mon fort, mon arme de victoire !

Louange à Dieu !
Quand je fais appel au Seigneur,
je suis sauvé de tous mes ennemis.

Vive le Seigneur ! Béni soit mon Rocher !
Qu'il triomphe, le Dieu de ma victoire !
Il donne à son roi de grandes victoires,
il se montre fidèle à son messie.

● *Nul besoin de nouveaux sacrifices désormais. Jésus est, auprès de son Père, le prêtre qui intercède pour toute l'humanité car il s'est offert lui-même en sacrifice pour le pardon de nos péchés.* ●

Lecture de la lettre aux Hébreux 7, 23-28

Frères, dans l'ancienne Alliance, un grand nombre de prêtres se sont succédé parce que la mort les empêchait de rester en fonction. Jésus, lui, parce qu'il demeure pour l'éternité, possède un sacerdoce qui ne passe pas. C'est pourquoi il est capable de sauver d'une manière définitive ceux qui par lui s'avancent vers Dieu, car il est toujours vivant pour intercéder en leur faveur. C'est bien le grand prêtre qu'il nous fallait : saint, innocent, immaculé ; séparé maintenant des pécheurs, il est désormais plus haut que les cieux. Il n'a pas besoin, comme les autres grands prêtres, d'offrir chaque jour des sacrifices, d'abord pour ses péchés personnels, puis pour ceux du peuple ; cela, il l'a fait une fois pour toutes en s'offrant lui-même. La loi de Moïse établit comme grands prêtres des hommes remplis de faiblesse ; mais la parole du serment divin, qui vient après la Loi, établit comme grand prêtre le Fils, conduit pour l'éternité à sa perfection.

— *Parole du Seigneur.*

Alléluia. Alléluia. Si quelqu'un m'aime, il gardera ma parole, dit le Seigneur ; mon Père l'aimera, et nous viendrons vers lui. **Alléluia.**

● *Depuis la révélation à Moïse des « dix paroles de vie », la Loi a été donnée comme guide d'une libre relation d'amour entre Dieu et son peuple. Jésus accomplit la Loi en reliant l'amour du prochain et l'amour de Dieu, qui ne font qu'un. Ce double commandement est la clé menant à Dieu qui est amour.* ●

Évangile de Jésus Christ selon saint Marc 12, 28b-34

En ce temps-là, un scribe s'avança vers Jésus pour lui demander : « Quel est le premier de tous les commandements ? » Jésus lui fit cette réponse : « Voici le premier : *Écoute, Israël : le Seigneur notre Dieu est l'unique Seigneur. Tu aimeras le Seigneur ton Dieu de tout ton cœur, de toute ton âme, de tout ton esprit et de toute ta force.* Et voici le second : *Tu aimeras ton prochain comme toi-même.* Il n'y a pas de commandement plus grand que ceux-là. » Le scribe reprit : « Fort bien, Maître, tu as dit vrai : Dieu est l'Unique et il n'y en a pas d'autre que lui. L'aimer de tout son cœur, de toute son intelligence, de toute sa force, et aimer son prochain comme soi-même, vaut mieux que toute offrande d'holocaustes et de sacrifices. » Jésus, voyant qu'il avait fait une remarque judicieuse, lui dit : « Tu n'es pas loin du royaume de Dieu. » Et personne n'osait plus l'interroger.
— *Acclamons la Parole de Dieu.*

Credo page 395

Prière sur les offrandes. Seigneur, que ce sacrifice devienne pour toi une offrande pure, et pour nous, le don généreux et saint de ta miséricorde. Par le Christ, notre Seigneur.

Préface pages 405 à 408

Antienne de la communion. Tu m'apprends, Seigneur, le chemin de la vie : devant ta face, débordement de joie !

Ou bien :

De même que le Père, qui est vivant, m'a envoyé, et que moi, je vis par le Père, de même celui qui me mange, lui aussi vivra par moi, dit le Seigneur.

Prière après la communion. Nous t'en prions, Seigneur : augmente en nous la force de ton action, afin que, renouvelés par les sacrements du ciel, nous soyons préparés par ta grâce à recevoir les biens qu'ils promettent. Par le Christ, notre Seigneur.

MÉDITONS AVEC SAINTE THÉRÈSE DE L'ENFANT-JÉSUS

Mon commandement à moi, le voici…

Deux mois avant sa mort, Thérèse de l'Enfant-Jésus se confie à mère Marie de Gonzague.

Cette année, ma Mère chérie, le bon Dieu m'a fait grâce de comprendre ce que c'est que la charité. Avant je le comprenais, il est vrai, mais d'une manière imparfaite, je n'avais pas approfondi cette parole de Jésus : *« Le second commandement est semblable au premier : tu aimeras ton prochain comme toi-même »* (Mt 22, 39). Je m'appliquais surtout à aimer Dieu et c'est en l'aimant que j'ai compris qu'il ne fallait pas que mon amour se traduise seulement par des paroles, car *ce ne sont pas ceux qui disent « Seigneur, Seigneur ! » qui entreront dans le royaume des Cieux, mais ceux qui font la volonté de Dieu* (Mt 7, 21). Cette volonté, Jésus l'a fait connaître plusieurs fois, je devrais dire presque à chaque page de son Évangile, mais à la dernière cène, lorsqu'il sait que le cœur de ses disciples brûle d'un plus ardent amour pour lui qui vient de se donner à eux dans l'ineffable mystère de son eucharistie, ce doux Sauveur veut leur donner un commandement nouveau. Il leur dit avec une inexprimable tendresse : *« Je vous fais un commandement nouveau, c'est de vous entr'aimer, et que, comme je vous ai aimés, vous vous aimiez les uns les autres. La marque à quoi tout le monde connaîtra que vous êtes mes disciples, c'est si vous vous entr'aimez »* (Jn 13, 34-35).

Lorsque le Seigneur avait ordonné à son peuple d'aimer son prochain comme soi-même, il n'était pas encore venu sur la terre ; aussi, sachant bien à quel degré l'on aime sa propre personne, il ne pouvait demander à ses créatures un amour plus grand pour le prochain. Mais, lorsque Jésus fit à ses Apôtres un commandement nouveau, son commandement à lui, comme il le dit plus loin, ce n'est plus d'aimer le prochain comme soi-même mais de l'aimer comme lui, Jésus, l'a aimé, comme il l'aimera jusqu'à la consommation des siècles…

Ah ! Seigneur, je sais que vous ne commandez rien d'impossible : vous connaissez mieux que moi ma faiblesse, mon imperfection, vous savez bien que jamais je ne pourrais aimer mes sœurs comme vous les aimez, si vous-même, ô mon Jésus, ne les aimiez encore en moi. C'est parce que vous vouliez m'accorder cette grâce que vous avez fait un commandement nouveau. Oh ! que je l'aime puisqu'il me donne l'assurance que votre volonté est d'aimer en moi tous ceux que vous me commandez d'aimer !

Thérèse Martin († 1897) entre encore adolescente au carmel de Lisieux et devient Thérèse de l'Enfant-Jésus. Plongeant au cœur de l'amour miséricordieux, elle vit dans un joyeux abandon les épreuves les plus rudes du corps et de l'âme avant de conclure, à l'âge de 24 ans : « C'est dans les bras du bon Dieu que je tombe ! »

Cette semaine

Lu 4	Saint Charles Borromée	Ph 2, 1-4 ; Ps 130 ; Lc 14, 12-14
	« Si tu donnes une réception, invite des pauvres, des estropiés, des aveugles. » Cf. Lc 14, 13	
Ma 5	Férie	Ph 2, 5-11 ; Ps 21 ; Lc 14, 15-24
	« Heureux celui qui participera au repas dans le royaume de Dieu ! » Lc 14, 15	
Me 6	Férie	Ph 2, 12-18 ; Ps 26 ; Lc 14, 25-33
	« Celui qui ne porte pas sa croix ne peut pas être mon disciple. » Cf. Lc 14, 27	

Je 7	Férie	Ph 3, 3-8a ; Ps 104 ; Lc 15, 1-10
	« Réjouissez-vous avec moi, car j'ai retrouvé ma brebis, celle qui était perdue ! » Lc 15, 6	
Ve 8	Férie	Ph 3, 17 à 4, 1 ; Ps 121 ; Lc 16, 1-8
	« Les fils de ce monde sont plus habiles entre eux que les fils de la lumière. » Lc 16, 8	
Sa 9	Dédicace de la basilique du Latran / fête	Ez 47, 1-2.8-9.12 ou 1 Co 3, 9c-11. 16-17 ; Ps 45 ; Jn 2, 13-22
	« Détruisez ce sanctuaire, et en trois jours je le relèverai. » Jn 2, 19	

Bonne fête ! 3 : Hubert, Guénaël • 4 : Charles, Jessica • 5 : Sylvie • 6 : Léonard • 7 : Carine, Ernest • 8 : Geoffroy • 9 : Grâce, Théodore

Nous fêtons

Saint Charles Borromée (1538-1584), le 4 novembre

Charles naquit dans le château familial à Arona, en Italie. Dès son jeune âge, il souffrit d'un trouble de la parole, probablement un bégaiement chronique. Lorsque son oncle fut élu pape sous le nom de Paul IV, Charles, 21 ans, fut consacré cardinal et archevêque de Milan. Il dirigea les dernières sessions du concile de Trente et rédigea un grand nombre de ses réformes. Accaparé par toutes ces charges, Charles aspirait à se retirer dans un monastère, mais un ami lui conseilla de demeurer dans le monde.

En 1566, Charles reçut enfin la permission de se rendre dans son diocèse, privé d'évêque résident depuis quatre-vingts ans. Tout ou presque avait besoin d'y être réformé. Charles montra l'exemple à ses prêtres en réduisant radicalement son propre train de vie. Il veilla à l'éducation des enfants, fondant les toutes premières écoles de catéchisme.

Il convoqua des synodes et, malgré son handicap, prêcha dans tout le diocèse. Son ami Achille Gagliardi remarqua à ce sujet : « Je me suis toujours demandé comment il se pouvait que, dépourvu d'éloquence naturelle ou de quoi que ce fût d'attirant dans ses façons, il accomplissait de tels changements dans le cœur de son auditoire. Il ne parlait que peu, gravement, d'une voix à peine audible, mais ses paroles portaient toujours. »

Lorsque la peste frappa Milan en 1576, Charles fut en première ligne, dispensant les sacrements aux mourants et distribuant ses propres biens aux pauvres. Il mourut à 46 ans.

Intentions • Résolutions • Action de grâce

DIMANCHE 10 NOVEMBRE 2024

32E DIMANCHE DU TEMPS ORDINAIRE

NOUS SOMMES APPELÉS À OFFRIR *au Seigneur ce qui fait notre vie, y compris dans sa dimension matérielle, pour recevoir en nous la vie de Dieu. L'exemple de l'obole de la veuve est un appel à donner de nous-mêmes pour partager avec nos frères.*

ANTIENNE D'OUVERTURE. Que ma prière parvienne jusqu'à toi ; ouvre ton oreille à ma plainte, Seigneur.

GLOIRE À DIEU page 392

PRIÈRE. Dieu de puissance et de miséricorde, éloigne de nous, dans ta bonté, tout ce qui nous arrête, afin que sans aucune entrave, ni d'esprit ni de corps, nous accomplissions d'un cœur libre ce qui vient de toi. Par Jésus Christ, ton Fils, notre Seigneur, qui vit et règne avec toi dans l'unité du Saint-Esprit, Dieu, pour les siècles des siècles.

● *Le geste de la veuve de Sarepta lui vaut la reconnaissance d'Élie. Par la main de son prophète, le Seigneur prend soin de la veuve et de l'orphelin. Dans cet échange généreux, Dieu manifeste qu'il n'abandonne pas les plus pauvres.* ●

Lecture du premier livre des Rois **17, 10-16**

EN CES JOURS-LÀ, le prophète Élie partit pour Sarepta, et il parvint à l'entrée de la ville. Une veuve ramassait du bois ; il l'appela et lui dit : « Veux-tu me puiser, avec ta cruche, un peu d'eau pour que je boive ? » Elle alla en puiser. Il lui dit encore : « Apporte-moi aussi un

morceau de pain. » Elle répondit : « Je le jure par la vie du Seigneur ton Dieu : je n'ai pas de pain. J'ai seulement, dans une jarre, une poignée de farine, et un peu d'huile dans un vase. Je ramasse deux morceaux de bois, je rentre préparer pour moi et pour mon fils ce qui nous reste. Nous le mangerons, et puis nous mourrons. » Élie lui dit alors : « N'aie pas peur, va, fais ce que tu as dit. Mais d'abord cuis-moi une petite galette et apporte-la-moi ; ensuite tu en feras pour toi et ton fils. Car ainsi parle le Seigneur, Dieu d'Israël : Jarre de farine point ne s'épuisera, vase d'huile point ne se videra, jusqu'au jour où le Seigneur donnera la pluie pour arroser la terre. » La femme alla faire ce qu'Élie lui avait demandé, et pendant longtemps, le prophète, elle-même et son fils eurent à manger. Et la jarre de farine ne s'épuisa pas, et le vase d'huile ne se vida pas, ainsi que le Seigneur l'avait annoncé par l'intermédiaire d'Élie.
— *Parole du Seigneur.*

Psaume 145

℟ Chante, ô mon âme,
la louange du Seigneur !

Le Seigneur garde à jam<u>a</u>is sa fidélité,
il fait just<u>i</u>ce aux opprimés,
aux affamés, il d<u>o</u>nne le pain ;
le Seigneur dél<u>i</u>e les enchaînés.

Le Seigneur ouvre les ye<u>u</u>x des aveugles,
le Seigneur redr<u>e</u>sse les accablés,
le Seigneur <u>a</u>ime les justes,
le Seigneur prot<u>è</u>ge l'étranger.

Il soutient la veuve et l'orphelin,
il égare les pas du méchant.
D'âge en âge, le Seigneur régnera :
ton Dieu, ô Sion, pour toujours !

● *Sur la croix, le Christ s'est offert en sacrifice une fois pour toutes, étant à la fois le prêtre, la victime et l'autel. Ce sacrifice a définitivement vaincu le péché et la mort.* ●

Lecture de la lettre aux Hébreux 9, 24-28

Le Christ n'est pas entré dans un sanctuaire fait de main d'homme, figure du sanctuaire véritable ; il est entré dans le ciel même, afin de se tenir maintenant pour nous devant la face de Dieu. Il n'a pas à s'offrir lui-même plusieurs fois, comme le grand prêtre qui, tous les ans, entrait dans le sanctuaire en offrant un sang qui n'était pas le sien ; car alors, le Christ aurait dû plusieurs fois souffrir la Passion depuis la fondation du monde. Mais en fait, c'est une fois pour toutes, à la fin des temps, qu'il s'est manifesté pour détruire le péché par son sacrifice. Et, comme le sort des hommes est de mourir une seule fois et puis d'être jugés, ainsi le Christ s'est-il offert une seule fois pour enlever les péchés de la multitude ; il apparaîtra une seconde fois, non plus à cause du péché, mais pour le salut de ceux qui l'attendent.

— *Parole du Seigneur.*

Alléluia. Alléluia. Heureux les pauvres de cœur, car le royaume des Cieux est à eux ! **Alléluia.**

● *Jésus distingue deux types de don : celui du superflu et celui du nécessaire. Dans le premier cas, nous restons extérieurs à notre don, dans le second, nous donnons une part de nous-mêmes. Jésus, lui, va tout donner pour le salut des hommes, jusqu'à sa vie.* ●

Évangile de Jésus Christ selon saint Marc 12, 38-44

(Lecture brève : Marc 12, 41-44)

En ce temps-là, dans son enseignement, Jésus disait aux foules : « Méfiez-vous des scribes, qui tiennent à se promener en vêtements d'apparat et qui aiment les salutations sur les places publiques, les sièges d'honneur dans les synagogues, et les places d'honneur dans les dîners. Ils dévorent les biens des veuves et, pour l'apparence, ils font de longues prières : ils seront d'autant plus sévèrement jugés. »

(Début de la lecture brève : En ce temps-là,...)

Jésus s'était assis dans le Temple en face de la salle du trésor, et regardait comment la foule y mettait de l'argent. Beaucoup de riches y mettaient de grosses sommes. Une pauvre veuve s'avança et mit deux petites pièces de monnaie. Jésus appela ses disciples et leur déclara : « Amen, je vous le dis : cette pauvre veuve a mis dans le Trésor plus que tous les autres. Car tous, ils ont pris sur leur superflu, mais elle, elle a pris sur son indigence : elle a mis tout ce qu'elle possédait, tout ce qu'elle avait pour vivre. »

— *Acclamons la Parole de Dieu.*

Credo ——— page 395

Prière sur les offrandes. Sur les offrandes que nous présentons pour le sacrifice, nous t'en prions, Seigneur, jette un regard favorable, afin que, par la ferveur de notre amour, nous obtenions ce que nous célébrons dans le mystère de la passion de ton Fils. Lui qui vit et règne pour les siècles des siècles.

Préface pages 405 à 408

Antienne de la communion. Le Seigneur est mon berger : je ne manque de rien. Sur des prés d'herbe fraîche, il me fait reposer. Il me mène vers les eaux tranquilles et me fait revivre.

Ou bien :

Les disciples reconnurent le Seigneur Jésus à la fraction du pain, alléluia.

Prière après la communion. Fortifiés par le don très saint que tu nous fais, Seigneur, nous te rendons grâce et nous implorons ta bonté : que, par le don de ton Esprit, ceux qui ont reçu la force d'en haut aient la grâce de persévérer dans la droiture. Par le Christ, notre Seigneur.

MÉDITONS AVEC SAINT GRÉGOIRE LE GRAND

Je chanterai le Seigneur tant que je vivrai

Quand le chant de la psalmodie s'élève du plus intime du cœur, il ouvre le cœur au Seigneur tout-puissant qui peut déverser sur les sens attentifs les mystères de la prophétie ou la grâce de la contrition.

Il est écrit : « *Qui offre le sacrifice d'action de grâce, celui-là me rend gloire : sur le chemin qu'il aura pris, je lui ferai voir le salut de Dieu* » (Ps 49, 23).

En effet, ce que nous appelons en latin *salutare*, salut, s'appelle en hébreu « Jésus ». Dans le chant de louange s'ouvre dès lors une voie par laquelle Jésus peut se révéler :

quand la contrition est répandue par le chant du psaume, s'ouvre en nous un chemin vers le cœur au terme duquel on rencontre Jésus…

Saint Grégoire Ier, dit le Grand († 604), docteur de l'Église, fut préfet de Rome, moine et fondateur, diacre, légat, puis pape de 590 à 604.

Cette semaine

Lu 11	Saint Martin de Tours	Tt 1, 1-9 ; Ps 23 ; Lc 17, 1-6
	« Malheureux celui par qui cela arrive ! » Lc 17, 1	
Ma 12	Saint Josaphat	Tt 2, 1-8.11-14 ; Ps 36 ; Lc 17, 7-10
	« Nous sommes de simples serviteurs : nous n'avons fait que notre devoir. » Lc 17, 10	
Me 13	Férie	Tt 3, 1-7 ; Ps 22 ; Lc 17, 11-19
	« Jésus, maître, prends pitié de nous. » Lc 17, 13	
Je 14	Férie	Phm 7-20 ; Ps 145 ; Lc 17, 20-25
	« Voici que le règne de Dieu est au milieu de vous. » Lc 17, 21	
Ve 15	Férie ou saint Albert le Grand	2 Jn 1a.4-9 ; Ps 118 ; Lc 17, 26-37
	« Là où sera le corps, là aussi se rassembleront les vautours. » Lc 17, 37	
Sa 16	Férie ou sainte Gertrude ou sainte Marguerite d'Écosse	3 Jn 5-8 ; Ps 111 ; Lc 18, 1-8
	« Le Fils de l'homme, quand il viendra, trouvera-t-il la foi sur la terre ? » Lc 18, 8	

Bonne fête ! 10 : Léon • 11 : Martin, Théodore • 12 : Josaphat, Christian • 13 : Brice • 14 : Théodote • 15 : Albert, Malo, Victoire • 16 : Marguerite, Gertrude

Nous fêtons

Saint Martin de Tours (316-397), le 11 novembre

La famille de Martin émigra de Pannonie (en Hongrie actuelle) vers l'Italie lorsqu'il était enfant. Adolescent, il s'orienta vers la foi chrétienne, ce à quoi son père païen répondit en l'enrôlant dans l'armée. Martin trouva malgré tout le moyen de vivre une vie contemplative. Alors que l'armée stationnait à Amiens, en France, il croisa un mendiant tremblant de froid à la porte de la ville. N'ayant rien d'autre à lui offrir, Martin sortit son épée et coupa son propre manteau en deux pour en donner la moitié au pauvre homme. Cette nuit-là, il vit en rêve le Christ revêtu de cette cape. « Martin, encore catéchumène, m'a revêtu de son manteau. » Il se fit aussitôt baptiser.

Lorsque le conflit entre sa foi et ses devoirs de soldat ne fut plus supportable, Martin quitta l'armée et devint un fervent disciple de saint Hilaire, évêque de Poitiers. Il rechercha une vie solitaire de prière, s'entourant de ses propres disciples.

En 371, les habitants de Tours le sollicitèrent pour devenir leur évêque. Ils l'attirèrent dans leur ville en lui faisant croire qu'un homme souffrant le demandait. Martin accepta humblement et commença à prêcher dans tout son évêché. Partout, il accomplit des guérisons. Au bout de vingt-cinq années de ministère, il prédit sa propre mort : « Seigneur, s'écria-t-il, si je suis encore nécessaire à votre peuple, je ne refuse pas le travail : que votre volonté soit faite. » Il mourut le 8 novembre 397.

Intentions • Résolutions • Action de grâce

DIMANCHE 17 NOVEMBRE 2024

33E DIMANCHE DU TEMPS ORDINAIRE

Journée mondiale des pauvres
Journée du Secours catholique (en France)

LES LECTURES DE LA FIN DE L'ANNÉE LITURGIQUE *orientent nos regards vers la fin des temps, dans l'attente de la parousie. En attendant le retour du Christ dans la gloire, nous demandons au Seigneur que, dès à présent, notre offrande nous donne « l'éternité bienheureuse ».*

ANTIENNE D'OUVERTURE. Mes pensées, dit le Seigneur, sont des pensées de paix et non de malheur. Vous m'invoquerez, je vous écouterai, et de partout je ramènerai vos captifs.

GLOIRE À DIEU page 392

PRIÈRE. Seigneur notre Dieu, nous t'en prions : accorde-nous la joie de t'appartenir sans réserve, car c'est un bonheur durable et profond de servir constamment le créateur de tout bien. Par Jésus Christ, ton Fils, notre Seigneur, qui vit et règne avec toi dans l'unité du Saint-Esprit, Dieu, pour les siècles des siècles.

● *La vision du prophète Daniel annonce la résurrection des morts à la fin des temps. Au dernier jour de ce monde, le jugement divin ouvrira les portes de la vie éternelle.* ●

Lecture du livre du prophète Daniel 12, 1-3

EN CE TEMPS-LÀ se lèvera Michel, le chef des anges, celui qui se tient auprès des fils de ton peuple. Car ce sera un temps de détresse comme il n'y en a jamais eu

depuis que les nations existent, jusqu'à ce temps-ci. Mais en ce temps-ci, ton peuple sera délivré, tous ceux qui se trouveront inscrits dans le Livre. Beaucoup de gens qui dormaient dans la poussière de la terre s'éveilleront, les uns pour la vie éternelle, les autres pour la honte et la déchéance éternelles. Ceux qui ont l'intelligence resplendiront comme la splendeur du firmament, et ceux qui sont des maîtres de justice pour la multitude brilleront comme les étoiles pour toujours et à jamais.
— Parole du Seigneur.

Psaume 15

℟ **Garde-moi mon Dieu :**
j'ai fait de toi mon refuge.

Seigneur, mon partage et ma coupe :
de toi dépend mon sort.
Je garde le Seigneur devant moi sans relâche ;
il est à ma droite : je suis inébranlable.

Mon cœur exulte, mon âme est en fête,
ma chair elle-même repose en confiance :
tu ne peux m'abandonner à la mort
ni laisser ton ami voir la corruption.

Tu m'apprends le chemin de la vie :
devant ta face, débordement de joie !
À ta droite, éternité de délices !

● *Seul le Christ, par son sacrifice, dans la gloire de sa résurrection, peut nous pardonner et nous donner la grâce de marcher avec lui sur le chemin de la sainteté.* ●

Lecture de la lettre aux Hébreux 10, 11-14.18

Dans l'ancienne Alliance, tout prêtre, chaque jour, se tenait debout dans le Lieu saint pour le service liturgique, et il offrait à maintes reprises les mêmes sacrifices, qui ne peuvent jamais enlever les péchés. Jésus Christ, au contraire, après avoir offert pour les péchés un unique sacrifice, s'est assis pour toujours à la droite de Dieu. Il attend désormais que ses ennemis soient mis sous ses pieds. Par son unique offrande, il a mené pour toujours à leur perfection ceux qu'il sanctifie. Or, quand le pardon est accordé, on n'offre plus le sacrifice pour le péché.

— *Parole du Seigneur.*

Alléluia. Alléluia. Restez éveillés et priez en tout temps : ainsi vous pourrez vous tenir debout devant le Fils de l'homme. **Alléluia.**

● *À la fin des temps, la venue du Fils de l'homme bouleversera la création avant que Dieu n'inaugure un monde nouveau, où l'amour régnera définitivement. Le moment de cette sortie de l'histoire est connu du Père seul, qui est créateur de l'espace et du temps.* ●

Évangile de Jésus Christ selon saint Marc 13, 24-32

En ce temps-là, Jésus parlait à ses disciples de sa venue : « En ces jours-là, après une grande détresse, le soleil s'obscurcira et la lune ne donnera plus sa clarté ; les étoiles tomberont du ciel, et les puissances célestes seront ébranlées. Alors on verra le Fils de l'homme venir dans les nuées avec grande puissance et avec gloire.

Il enverra les anges pour rassembler les élus des quatre coins du monde, depuis l'extrémité de la terre jusqu'à l'extrémité du ciel.
« Laissez-vous instruire par la comparaison du figuier : dès que ses branches deviennent tendres et que sortent les feuilles, vous savez que l'été est proche. De même, vous aussi, lorsque vous verrez arriver cela, sachez que le Fils de l'homme est proche, à votre porte. Amen, je vous le dis : cette génération ne passera pas avant que tout cela n'arrive. Le ciel et la terre passeront, mes paroles ne passeront pas. Quant à ce jour et à cette heure-là, nul ne les connaît, pas même les anges dans le ciel, pas même le Fils, mais seulement le Père. »
— Acclamons la Parole de Dieu.

CREDO page 395

PRIÈRE SUR LES OFFRANDES. Nous t'en prions, Seigneur, Dieu de majesté : regarde les présents que nous t'offrons et permets qu'ils nous obtiennent la grâce de te servir et de parvenir ainsi à l'éternité bienheureuse. Par le Christ, notre Seigneur.

PRÉFACE pages 405 à 408

ANTIENNE DE LA COMMUNION. Pour moi, il est bon de m'attacher à Dieu, de mettre mon espoir dans le Seigneur, mon Dieu.

Ou bien :

Amen, je vous le dis : tout ce que vous demandez dans la prière, croyez que vous l'avez obtenu, et cela vous sera accordé, dit le Seigneur.

PRIÈRE APRÈS LA COMMUNION. Seigneur, nous avons reçu les dons que tu nous as faits dans ce sacrement, et nous te supplions humblement : ton Fils nous a demandé de les célébrer en mémoire de lui, qu'ils augmentent en nous la charité. Par le Christ, notre Seigneur.

MÉDITONS AVEC SAINT AUGUSTIN D'HIPPONE

On verra venir le Fils de l'homme

Tous les arbres des forêts bondiront de joie devant la face du Seigneur, car il vient, car il vient pour juger la terre (Ps 95, 12-13). Il est venu une première fois, et il viendra. La première fois, sa parole a résonné dans l'Évangile : « *Désormais, vous verrez le Fils de l'homme venir sur les nuées.* » Pourquoi désormais ? Est-ce que le Fils de l'homme ne viendra pas plus tard, lorsque se lamenteront toutes les tribus de la terre ? Il est d'abord venu en la personne de ses prédicateurs et c'est ainsi qu'il a rempli toute la terre. Ne résistons pas au premier avènement si nous ne voulons pas redouter le second.

Que doit donc faire le chrétien ? User du monde, ne pas servir le monde. En quoi cela consiste-t-il ? À posséder comme si l'on ne possédait pas. C'est ce que dit saint Paul : *D'ailleurs, frères, le temps est limité. Elle passe, la figure de ce monde. Je veux que vous soyez libres de tout souci* (1 Co 7, 31-32). Celui qui est libre de tout souci attend avec sécurité la venue de son Seigneur. Car est-ce qu'on aime le Seigneur, lorsqu'on redoute sa venue ? Mes frères, est-ce que nous n'avons pas honte ? Nous aimons, et nous redoutons sa venue ! Aimons-nous vraiment, ou est-ce que nous n'aimons pas davantage nos péchés ? Nous haïrons nos péchés eux-mêmes, et nous aimerons celui qui va venir pour punir les péchés. Il viendra, que nous le voulions ou non. Ce n'est pas parce qu'il ne vient pas maintenant qu'il ne viendra pas. Il viendra, et tu ne sais pas quand. Et s'il te trouve prêt, cela n'a pas d'inconvénient pour toi que tu ne le saches pas. Il trouvera bondissants de joie ceux qui ont cru à son premier avènement, car il vient.

Saint Augustin († 430), Père et docteur de l'Église, est un penseur chrétien qui a notamment inspiré la règle des communautés de chanoines réguliers et laissé des œuvres majeures telles que Les Confessions, La Cité de Dieu *et* De la Trinité.

Cette semaine

Lu 18	Férie ou Dédicace des basiliques Saint-Pierre et Saint-Paul	Ap 1, 1-4 et 2, 1-5a; Ps 1; Lc 18, 35-43 (pour la mémoire : * Ac 28, 11-16. 30-31; Ps 97; *Mt 14, 22-33)
	« Retrouve la vue! Ta foi t'a sauvé. » Lc 18, 42	
Ma 19	Férie	Ap 3, 1-6.14-22; Ps 14; Lc 19, 1-10
	« Zachée, descends vite : aujourd'hui il faut que j'aille demeurer dans ta maison. » Lc 19, 5	
Me 20	Férie	Ap 4, 1-11; Ps 150; Lc 19, 11-28
	« On donnera à celui qui a; mais celui qui n'a rien se verra enlever même ce qu'il a. » Lc 19, 26	
Je 21	Présentation de la bienheureuse Vierge Marie	Ap 5, 1-10; Ps 149; Lc 19, 41-44
	« Ah! si toi aussi, tu avais reconnu en ce jour ce qui donne la paix ! » Lc 19, 42	
Ve 22	Sainte Cécile	Ap 10, 8-11; Ps 118; Lc 19, 45-48
	« Ma maison sera une maison de prière. » Lc 19, 46	
Sa 23	Férie ou saint Clément Ier ou saint Colomban	Ap 11, 4-12; Ps 143; Lc 20, 27-40
	« Il n'est pas le Dieu des morts, mais des vivants. Tous, en effet, vivent pour lui. » Lc 20, 38	

Bonne fête! 17 : Élisabeth, Hilda • 18 : Aude, Philippine, Karolina • 19 : Mechtilde, Tanguy • 20 : Edmond, Octave • 21 : Gélase • 22 : Cécile • 23 : Clément

Un astérisque (*) placé devant une lecture signale que celle-ci est obligatoire.

Temps ordinaire

Nous fêtons

Saint Philémon, laïc marié († Ier siècle), le 22 novembre

Philémon est le destinataire d'une lettre de saint Paul, trésor du Nouveau Testament. Il rencontra le Christ dans les paroles de Paul, à Colosses, où il dirigea ensuite une église domestique, avec Apphia, son épouse, et Archippe, son fils. Paul écrivit à Philémon à propos de son esclave Onésime, qui avait fui Colosses parce qu'il s'était apparemment rendu coupable de vol. Parvenu à Rome, Onésime avait retrouvé Paul, qui était en résidence surveillée. Paul avait converti l'esclave fugitif et conçu de l'affection pour lui. Après lui avoir confié sa lettre, il renvoya pourtant Onésime à son maître pour qu'il rembourse sa dette. Cela n'était pas sans risque : la loi permettait à Philémon de punir Onésime par le fer ou le fouet. Cependant Paul exhorta Philémon à faire preuve de pitié, le suppliant d'accueillir Onésime *non plus comme un esclave, mais mieux qu'un esclave, comme un frère bien-aimé : il l'est vraiment pour moi, combien plus le sera-t-il pour toi, aussi bien humainement que dans le Seigneur. Si donc tu estimes que je suis en communion avec toi, accueille-le comme si c'était moi-même* (16-17). Ce n'est pas un ordre que Paul adresse à Philémon. Il en appelle plutôt à sa liberté et à son sens de la gratitude. La tradition relate le choix de Philémon. Il libéra Onésime. Par la suite, Onésime aurait été nommé évêque de Colosses ou de Laodicée. Philémon et Apphia seraient morts en martyrs.

Intentions • Résolutions • Action de grâce

....

....

....

DIMANCHE 24 NOVEMBRE 2024

Solennité du Christ Roi de l'univers

« Les mystères de la vie de Jésus Christ commémorés au cours de l'année trouveront dans la solennité du Christ-Roi comme leur achèvement » (Pie XI). Le roi que nous célébrons a porté son titre royal sur la croix pour inaugurer dans la gloire un « règne de justice, d'amour et de paix ».

Antienne d'ouverture. Il est digne, l'Agneau immolé, de recevoir puissance, divinité, sagesse, force et honneur, alléluia. À lui, la gloire et la souveraineté pour les siècles des siècles.

Gloire à Dieu page 392

Prière. Dieu éternel et tout-puissant, tu as voulu récapituler toutes choses en ton Fils bien-aimé, le Roi de l'univers ; dans ta bonté, fais que, libérée de la servitude, toute la création serve ta gloire et chante sans fin ta louange. Par Jésus Christ, ton Fils, notre Seigneur, qui vit et règne avec toi dans l'unité du Saint-Esprit, Dieu, pour les siècles des siècles.

● *Dans l'une de ses visions, le prophète Daniel a la révélation d'un homme mystérieux auquel Dieu remet tout pouvoir et toute gloire. Dans le dénuement de sa Passion, Jésus lui-même se désignera comme ce Fils d'homme, révélant ainsi que son vrai pouvoir est de donner sa vie pour ceux qu'il aime.* ●

Lecture du livre du prophète Daniel **7, 13-14**

Moi, Daniel, je regardais, au cours des visions de la nuit, et je voyais venir, avec les nuées du ciel, comme un Fils d'homme ; il parvint jusqu'au Vieillard, et on le

fit avancer devant lui. Et il lui fut donné domination, gloire et royauté ; tous les peuples, toutes les nations et les gens de toutes langues le servirent. Sa domination est une domination éternelle, qui ne passera pas, et sa royauté, une royauté qui ne sera pas détruite.
— *Parole du Seigneur.*

Psaume 92

℟ Le Seigneur est roi ;
il s'est vêtu de magnificence.

Le Seigneur est roi ;
il s'est vêtu de magnificence,
le Seigneur a revêtu sa force.

Et la terre tient bon, inébranlable ;
dès l'origine ton trône tient bon,
depuis toujours, tu es.

Tes volontés sont vraiment immuables :
la sainteté emplit ta maison,
Seigneur, pour la suite des temps.

● *Le Christ est « le prince des rois de la terre ». Sa souveraineté s'étend sur tout l'univers dans la gloire de la résurrection.* ●

Lecture de l'Apocalypse de saint Jean 1, 5-8

À VOUS, la grâce et la paix de la part de Jésus Christ, le témoin fidèle, le premier-né des morts, le prince des rois de la terre.
À lui qui nous aime, qui nous a délivrés de nos péchés par son sang, qui a fait de nous un royaume et des prêtres pour son Dieu et Père, à lui, la gloire et la

souveraineté pour les siècles des siècles. Amen. Voici qu'il vient avec les nuées, tout œil le verra, ils le verront, ceux qui l'ont transpercé; et sur lui se lamenteront toutes les tribus de la terre. Oui! Amen!
Moi, je suis l'Alpha et l'Oméga, dit le Seigneur Dieu, Celui qui est, qui était et qui vient, le Souverain de l'univers.
— *Parole du Seigneur.*

Alléluia. Alléluia. Béni soit celui qui vient au nom du Seigneur! Béni soit le Règne qui vient, celui de David, notre père. **Alléluia.**

● *Jésus est le « Roi des rois », mais son royaume n'est pas de ce monde. Souverain d'un royaume d'amour, il se présente sans défense devant ses accusateurs et ses juges. La royauté du Christ passe par l'humiliation et la mort sur la croix avant d'éclater dans la gloire de la résurrection pour un règne qui n'aura pas de fin.* ●

Évangile de Jésus Christ selon saint Jean 18, 33b-37

En ce temps-là, Pilate appela Jésus et lui dit: « Es-tu le roi des Juifs? » Jésus lui demanda: « Dis-tu cela de toi-même, ou bien d'autres te l'ont dit à mon sujet? » Pilate répondit: « Est-ce que je suis juif, moi? Ta nation et les grands prêtres t'ont livré à moi: qu'as-tu donc fait? » Jésus déclara: « Ma royauté n'est pas de ce monde; si ma royauté était de ce monde, j'aurais des gardes qui se seraient battus pour que je ne sois pas livré aux Juifs. En fait, ma royauté n'est pas d'ici. » Pilate lui dit: « Alors, tu es roi? » Jésus répondit: « C'est toi-même qui dis que je suis roi. Moi, je suis né, je suis venu dans le monde

pour ceci : rendre témoignage à la vérité. Quiconque appartient à la vérité écoute ma voix. »
— *Acclamons la Parole de Dieu.*

Credo page 395

Prière sur les offrandes. En offrant le sacrifice qui réconcilie le genre humain avec toi, nous te supplions humblement, Seigneur : que ton Fils lui-même accorde à tous les peuples les dons de l'unité et de la paix. Lui qui vit et règne pour les siècles des siècles.

Préface. Vraiment, il est juste et bon, pour ta gloire et notre salut, de t'offrir notre action de grâce, toujours et en tout lieu, Seigneur, Père très saint, Dieu éternel et tout-puissant. Tu as consacré d'une onction d'allégresse ton Fils unique, Jésus Christ, notre Seigneur, comme Prêtre éternel et Roi de l'univers. Pour accomplir les mystères de notre rédemption, il s'est offert lui-même sur l'autel de la croix en victime pure et pacifique. Quand toutes les créatures auront été soumises à son pouvoir, il remettra aux mains de ta souveraine puissance le règne éternel et universel : règne de vie et de vérité, règne de grâce et de sainteté, règne de justice, d'amour et de paix. C'est pourquoi, avec les anges et les archanges, avec les puissances d'en haut et tous les esprits bienheureux, nous chantons l'hymne de ta gloire et sans fin nous proclamons : **Saint !…**

Antienne de la communion. Il siège, le Seigneur, il est roi pour toujours ; le Seigneur bénit son peuple en lui donnant la paix.

Prière après la communion. Après avoir reçu le pain de l'immortalité, nous te supplions, Seigneur : nous qui mettons notre gloire à obéir aux commandements du Christ Roi de l'univers, puissions-nous vivre sans fin avec lui dans le royaume des Cieux. Lui qui vit et règne pour les siècles des siècles.

MÉDITONS
AVEC SAINTE THÉRÈSE D'AVILA

Ma royauté ne vient pas de ce monde

Pour vous comporter comme il faut quand vous parlez à un si grand Seigneur, il est bon de considérer à qui vous parlez et qui vous êtes, pour parler au moins en personne bien élevée. Car comment pouvez-vous appeler le roi « Altesse », ou connaître le cérémonial qu'on observe pour parler à un Grand, si vous ne savez pas bien quelle est sa position et quelle est la vôtre ? Vos hommages en dépendent, ils doivent se conformer à l'usage, que vous devez connaître également ; sinon, on vous jugera naïves et vous n'obtiendrez rien. Mais qu'est-ce là, mon Seigneur ? Mais qu'est-ce là, mon Empereur ? Comment peut-on l'admettre ? Vous êtes Roi, mon Dieu, à jamais, puisque votre royaume n'est pas un royaume d'emprunt. Quand on dit dans le *Credo* « [votre] règne n'aura pas de fin », c'est presque toujours pour moi un régal tout particulier. Je vous loue, Seigneur, et je vous bénis à jamais ; enfin, votre royaume durera toujours. Vous, Seigneur, ne permettez donc jamais qu'on juge bon de ne parler que du bout des lèvres quand on s'adresse à vous.

L'humilité de ce Roi est telle que si en personne grossière je ne sais lui parler, cela ne l'empêche pas de m'écouter, il ne m'empêche pas de l'approcher, ses gardes ne me chassent point ; les anges qui sont là connaissent bien le caractère de leur Roi, qui préfère la grossièreté d'un humble petit berger dont il voit qu'il en dirait plus s'il en savait plus, aux élégants raisonnements de grands savants et doctes hommes, s'ils ne sont pas accompagnés d'humilité. Mais ce n'est pas parce qu'il est bon que nous devons être discourtois.

Thérèse d'Avila († 1582), première femme docteur de l'Église, incarne la vitalité mystique du Siècle d'or espagnol, tant par ses écrits que par la réforme du Carmel, qu'elle entreprit avec saint Jean de la Croix.

Cette semaine

Lu 25	Férie ou sainte Catherine d'Alexandrie	Ap 14, 1-3.4b-5 ; Ps 23 ; Lc 21, 1-4
	« Elle a pris sur son indigence : elle a mis tout ce qu'elle avait pour vivre. » Lc 21, 4	
Ma 26	Férie	Ap 14, 14-19 ; Ps 95 ; Lc 21, 5-11
	« Prenez garde de ne pas vous laisser égarer, car beaucoup viendront sous mon nom. » Lc 21, 8	
Me 27	Férie	Ap 15, 1-4 ; Ps 97 ; Lc 21, 12-19
	« C'est par votre persévérance que vous garderez votre vie. » Lc 21, 19	
Je 28	Férie	Ap 18, 1-2.21-23 et 19, 1-3.9a ; Ps 99 ; Lc 21, 20-28
	« Ce seront des jours où justice sera faite pour que soit accomplie toute l'Écriture. » Lc 21, 22	
Ve 29	Férie	Ap 20, 1-4.11 à 21, 2 ; Ps 83 ; Lc 21, 29-33
	« Sachez que le royaume de Dieu est proche. » Lc 21, 31	
Sa 30	Saint André / fête	Rm 10, 9-18 ; Ps 18A ; Mt 4, 18-22
	« Venez à ma suite, et je vous ferai pêcheurs d'hommes. » Mt 4, 19	

Bonne fête ! 24 : Flore • 25 : Catherine • 26 : Delphine • 27 : Sévrin • 28 : Catherine • 29 : Saturnin • 30 : André, Tugdual

Nous fêtons

Sainte Catherine d'Alexandrie († IVe siècle), le 25 novembre

Catherine, fille d'une famille noble d'Alexandrie, aurait osé défier l'empereur Maxence lors d'une fête païenne. Maxence appela cinquante de ses plus grands esprits pour débattre contre elle. Invoquant l'Esprit Saint, la jeune vierge de 18 ans défendit habilement sa foi, convertissant même quelques membres de l'auditoire. Maxence s'empressa de les faire assassiner – un baptême de sang, leur assura Catherine.

Elle fut conduite en prison, où elle convertit l'épouse de l'empereur et le chef de son armée. Maxence condamna alors Catherine à la torture au moyen d'une gigantesque roue hérissée de clous. Ses prières firent exploser la roue. Elle fut finalement décapitée, après avoir promis son secours à quiconque invoquerait son nom.

Il existe des sources attestant de la vénération de Catherine remontant aux environs de l'an 800, lorsque des moines découvrirent son corps sur le mont Sinaï et emportèrent ses restes au monastère qui prit ensuite son nom. Son histoire parvint jusqu'en Occident où elle devint sainte patronne des philosophes, des ingénieurs, des charrons et des jeunes femmes. Selon les dominicains, elle serait apparue à saint Dominique, dans une vision. Sainte Jeanne d'Arc la compta également parmi les voix qu'elle entendit. À cause d'un défaut de preuves historiques claires, Catherine fut retirée du calendrier universel de l'Église durant un temps, avant que saint Jean-Paul II ne la réhabilite en 2002.

Intentions • Résolutions • Action de grâce

QUELQUES GRANDES PRIÈRES CHRÉTIENNES

Signe de Croix

Au nom du Père,
Et du Fils,
Et du Saint-Esprit.
Amen.

Notre Père

Notre Père qui es aux cieux,
que ton nom soit sanctifié,
que ton règne vienne,
que ta volonté soit faite
sur la terre comme au ciel.
Donne-nous aujourd'hui
notre pain de ce jour.
Pardonne-nous nos offenses,
comme nous pardonnons aussi
à ceux qui nous ont offensés.
Et ne nous laisse pas entrer en tentation,
mais délivre-nous du Mal.
Amen.

Je vous salue Marie

Je vous salue, Marie,
pleine de grâce,
le Seigneur est avec vous.
Vous êtes bénie entre toutes les femmes,
et Jésus, le fruit de vos entrailles, est béni.
Sainte Marie, Mère de Dieu,
priez pour nous pauvres pécheurs,
maintenant et à l'heure de notre mort.
Amen.

Symbole des Apôtres

Je crois en Dieu, le Père tout-puissant,
créateur du ciel et de la terre.
Et en Jésus Christ, son Fils unique, notre Seigneur,
qui a été conçu du Saint-Esprit,
est né de la Vierge Marie,
a souffert sous Ponce Pilate,
a été crucifié, est mort et a été enseveli,
est descendu aux enfers,
le troisième jour est ressuscité des morts,
est monté aux cieux,
est assis à la droite de Dieu le Père tout-puissant,
d'où il viendra juger les vivants et les morts.
Je crois en l'Esprit Saint,
à la sainte Église catholique,
à la communion des saints,
à la rémission des péchés,
à la résurrection de la chair,
à la vie éternelle.
Amen.

Symbole de Nicée-Constantinople

Je crois en un seul Dieu,
le Père tout-puissant, créateur du ciel et de la terre,
de l'univers visible et invisible.
Je crois en un seul Seigneur, Jésus Christ,
le Fils unique de Dieu,
né du Père avant tous les siècles :
Il est Dieu, né de Dieu,
lumière née de la lumière,
vrai Dieu, né du vrai Dieu,
Engendré, non pas créé, consubstantiel au Père,
et par lui tout a été fait.
Pour nous les hommes, et pour notre salut,
il descendit du ciel ;
Par l'Esprit Saint, il a pris chair de la Vierge Marie,
et s'est fait homme.

Crucifié pour nous sous Ponce Pilate,
il souffrit sa Passion et fut mis au tombeau.
Il ressuscita le troisième jour,
conformément aux Écritures,
et il monta au ciel ; il est assis à la droite du Père.
Il reviendra dans la gloire,
pour juger les vivants et les morts ;
et son règne n'aura pas de fin.
Je crois en l'Esprit Saint,
qui est Seigneur et qui donne la vie ;
il procède du Père et du Fils ;
Avec le Père et le Fils,
il reçoit même adoration et même gloire ;
il a parlé par les prophètes.
Je crois en l'Église, une, sainte, catholique
et apostolique.
Je reconnais un seul baptême
pour le pardon des péchés.
J'attends la résurrection des morts,
et la vie du monde à venir.
Amen.

Gloire à Dieu

Gloire à Dieu, au plus haut des cieux,
Et paix sur la terre aux hommes, qu'Il aime.
Nous te louons, nous te bénissons, nous t'adorons,
Nous te glorifions, nous te rendons grâce,
pour ton immense gloire,
Seigneur Dieu, Roi du ciel, Dieu le Père tout-puissant.
Seigneur, Fils unique, Jésus Christ,
Seigneur, Dieu, Agneau de Dieu, le Fils du Père ;
Toi qui enlèves les péchés du monde,
prends pitié de nous ;
Toi qui enlèves les péchés du monde,
reçois notre prière ;
Toi qui es assis à la droite du Père,
prends pitié de nous.
Car toi seul es Saint, toi seul es Seigneur,

Toi seul es le Très-Haut : Jésus Christ,
avec le Saint-Esprit
Dans la gloire de Dieu le Père.
Amen.

Je confesse à Dieu

Je confesse à Dieu tout-puissant,
je reconnais devant vous, frères et sœurs, que j'ai péché
en pensée, en parole, par action et par omission ;
oui, j'ai vraiment péché.
C'est pourquoi je supplie la bienheureuse Vierge Marie,
les anges et tous les saints,
et vous aussi, frères et sœurs,
de prier pour moi le Seigneur notre Dieu.

Acte de foi

Mon Dieu, je crois fermement
tout ce que tu as révélé
et que la sainte Église nous propose de croire,
parce que tu es la vérité même
et que tu ne peux ni te tromper
ni nous tromper.

Acte d'espérance

Mon Dieu, j'espère avec une ferme confiance
que tu me donneras,
par les mérites de Jésus Christ,
le ciel et les grâces pour le mériter,
parce que tu es infiniment bon pour nous,
tout-puissant et fidèle dans tes promesses.

Acte de charité

Mon Dieu, je t'aime de tout mon cœur,
de toute mon âme, de toutes mes forces
et par-dessus toutes choses,

parce que tu es infiniment parfait
et infiniment aimable.
J'aime aussi mon prochain comme moi-même
pour l'amour de toi.

Acte de contrition

Père, Dieu de tendresse et de miséricorde,
j'ai péché contre toi et mes frères.
Je ne suis pas digne d'être appelé ton enfant,
mais près de toi se trouve le pardon.
Accueille mon repentir.
Que ton Esprit me donne la force
de vivre selon ton amour
en imitant celui qui est mort pour nos péchés,
ton Fils, Jésus Christ, notre Seigneur.

Ou :

Mon Dieu, j'ai un très grand regret de vous avoir offensé
parce que vous êtes infiniment bon, infiniment aimable,
et que le péché vous déplaît.
Je prends la ferme résolution,
avec le secours de votre sainte grâce
de ne plus vous offenser et de faire pénitence.

Prière de l'Angélus

V. L'ange du Seigneur apporta l'annonce à Marie.

℟ **Et elle conçut du Saint-Esprit.**

Je vous salue, Marie…

V. Voici la servante du Seigneur.

℟ **Qu'il me soit fait selon ta parole.**

Je vous salue, Marie…

V. Et le Verbe s'est fait chair.

℟ **Et il a habité parmi nous.**

Je vous salue, Marie…

V. Priez pour nous, sainte Mère de Dieu,

℟ Afin que nous soyons rendus dignes des promesses du Christ.

Prions.
Que ta grâce, Seigneur notre Père, se répande
en nos cœurs. Par le message de l'ange, tu nous as fait
connaître l'incarnation de ton Fils bien-aimé ;
conduis-nous, par sa Passion et par sa croix,
avec le secours de la Vierge Marie,
jusqu'à la gloire de la résurrection.
Par Jésus, le Christ, notre Seigneur.

℟ Amen.

Cantique de Marie (Luc 1, 46-55)

Mon âme exalte le Seigneur,
exulte mon esprit en Dieu, mon Sauveur !

Il s'est penché sur son humble servante ;
désormais, tous les âges me diront bienheureuse.

Le Puissant fit pour moi des merveilles ;
Saint est son nom !

Son amour s'étend d'âge en âge
sur ceux qui le craignent.

Déployant la force de son bras,
il disperse les superbes.

Il renverse les puissants de leurs trônes,
il élève les humbles.

Il comble de biens les affamés,
renvoie les riches les mains vides.

Il relève Israël son serviteur,
il se souvient de son amour,

de la promesse faite à nos pères,
en faveur d'Abraham et de sa race, à jamais.

Gloire au Père, et au Fils, et au Saint-Esprit,
pour les siècles des siècles. Amen.

Cantique de Zacharie (Luc 1, 68-79)

Béni soit le Seigneur, le Dieu d'Israël,
qui visite et rachète son peuple.

Il a fait surgir la force qui nous sauve
dans la maison de David, son serviteur,

comme il l'avait dit par la bouche des saints,
par ses prophètes, depuis les temps anciens :
salut qui nous arrache à l'ennemi,
à la main de tous nos oppresseurs,

amour qu'il montre envers nos pères,
mémoire de son alliance sainte,

serment juré à notre père Abraham
de nous rendre sans crainte,

afin que, délivrés de la main des ennemis, +
nous le servions dans la justice et la sainteté,
en sa présence, tout au long de nos jours.

Et toi, petit enfant, tu seras appelé prophète
du Très-Haut : *
tu marcheras devant, à la face du Seigneur,
et tu prépareras ses chemins

pour donner à son peuple de connaître le salut
par la rémission de ses péchés,

grâce à la tendresse, à l'amour de notre Dieu,
quand nous visite l'astre d'en haut,

pour illuminer ceux qui habitent les ténèbres
et l'ombre de la mort, *
pour conduire nos pas au chemin de la paix.

Gloire au Père, et au Fils, et au Saint-Esprit,
pour les siècles des siècles. Amen.

Cantique de Syméon (Luc 2, 29-32)

Maintenant, ô Maître souverain, +
tu peux laisser ton serviteur s'en aller
en paix, selon ta parole.

Car mes yeux ont vu le salut
que tu préparais à la face des peuples :

lumière qui se révèle aux nations
et donne gloire à ton peuple Israël.

Gloire au Père, et au Fils, et au Saint-Esprit,
pour les siècles des siècles. Amen.

Réjouis-toi, Marie

Réjouis-toi, Marie,
Comblée de grâce,
le Seigneur est avec toi.

Tu es bénie entre toutes les femmes
et Jésus, ton enfant, est béni.

Sainte Marie, mère de Dieu,
prie pour nous, pauvres pécheurs,
maintenant et à l'heure de la mort.
Amen.

Prière à saint Joseph du pape François

Salut, gardien du Rédempteur,
époux de la Vierge Marie.

À toi Dieu a confié son Fils ;
en toi Marie a remis sa confiance ;
avec toi le Christ est devenu homme.

Ô bienheureux Joseph,
montre-toi aussi un père pour nous,
et conduis-nous sur le chemin de la vie.

Obtiens-nous grâce, miséricorde et courage,
et défends-nous de tout mal.
Amen.

Veni Sancte Spiritus

Viens, Esprit Saint en nos cœurs,
et envoie du haut du ciel
un rayon de ta lumière.

Viens en nous, père des pauvres,
viens, dispensateur des dons,
viens, lumière de nos cœurs.

Consolateur souverain,
hôte très doux de nos âmes,
adoucissante fraîcheur.

Dans le labeur, le repos ;
dans la fièvre, la fraîcheur ;
dans les pleurs, le réconfort.

Ô lumière bienheureuse,
viens remplir jusqu'à l'intime
le cœur de tous tes fidèles.

Sans ta puissance divine,
il n'est rien en aucun homme,
rien qui ne soit perverti.

Lave ce qui est souillé,
baigne ce qui est aride,
guéris ce qui est blessé.

Assouplis ce qui est raide,
réchauffe ce qui est froid,
rends droit ce qui est faussé.

À tous ceux qui ont la foi
et qui en toi se confient
donne tes sept dons sacrés.

Donne mérite et vertu,
donne le salut final,
donne la joie éternelle.

Amen.

Veni Creator Spiritus

Viens en nous, Esprit Créateur
Visite les âmes des tiens ;
Emplis de la grâce d'en haut
Les cœurs qui sont tes créatures.

Toi qu'on appelle Conseiller
Don du Seigneur de Majesté,
Source vive, Feu, Charité,
Toi qui es onction spirituelle,

Toi le Donateur aux sept Dons,
Puissance de la main de Dieu,
Toi que le Père avait promis,
Qui fais jaillir notre louange,

Mets ta lumière en nos esprits,
Répands ton amour en nos cœurs,
Et que ta force sans déclin
Tire nos corps de leur faiblesse.

Repousse l'adversaire au loin ;
Sans tarder donne-nous la paix ;
Ouvre devant nous le chemin :
Que nous évitions toute faute !

Fais-nous connaître Dieu le Père,
Fais-nous apprendre aussi le Fils
Et croire en tout temps que tu es
L'unique Esprit de l'un et l'autre.

Amen.

Cantique des créatures de saint François

Très-haut, tout-puissant et bon Seigneur,
à toi louange, gloire, honneur,
et toute bénédiction ;
à toi seul ils conviennent, ô Très-Haut,
et nul homme n'est digne de te nommer.

Loué sois-tu, mon Seigneur, dans toutes tes créatures,
spécialement messire frère Soleil,
par qui tu nous donnes le jour, la lumière ;
il est beau, rayonnant d'une grande splendeur,
et de toi, le Très-Haut, il nous offre le symbole.

Loué sois-tu, mon Seigneur, pour sœur Lune et les étoiles :
dans le ciel tu les as formées,
claires, précieuses et belles.

Loué sois-tu, mon Seigneur, pour frère Vent,
et pour l'air et pour les nuages,
pour l'azur calme et tous les temps :
grâce à eux tu maintiens en vie toutes les créatures.

Loué sois-tu, mon Seigneur, pour sœur Eau
qui est très utile et très humble,
précieuse et chaste.

Loué sois-tu, mon Seigneur, pour frère Feu
par qui tu éclaires la nuit :
il est beau et joyeux,
indomptable et fort.

Loué sois-tu, mon Seigneur, pour sœur notre mère la Terre,
qui nous porte et nous nourrit,
qui produit la diversité des fruits,
avec les fleurs diaprées et les herbes.

Loué sois-tu, mon Seigneur, pour ceux
qui pardonnent par amour pour toi ;
qui supportent épreuves et maladies :
Heureux s'ils conservent la paix,
car par toi, le Très-Haut, ils seront couronnés.

Loué sois-tu, mon Seigneur,
pour notre sœur la Mort corporelle,
à qui nul homme vivant ne peut échapper.
Malheur à ceux qui meurent en péché mortel ;
heureux ceux qu'elle surprendra faisant ta volonté,
car la seconde mort ne pourra leur nuire.

Louez et bénissez mon Seigneur,
rendez-lui grâce et servez-le
en toute humilité !

Prière du cardinal Newman

Seigneur Jésus
Inonde-moi de ton Esprit et de Ta vie.
Prends possession de tout mon être
pour que ma vie ne soit qu'un reflet de la Tienne.

Rayonne à travers moi, habite en moi,
et tous ceux que je rencontrerai
pourront sentir Ta présence auprès de moi.
En me regardant, ils ne verront plus que Toi seul,
Seigneur !

Demeure en moi
et alors je pourrai, comme Toi, rayonner,
au point d'être à mon tour
une lumière pour les autres,
lumière, Seigneur, qui émanera complètement de Toi.

C'est Toi qui, à travers moi, illumineras les autres.
Ainsi ma vie deviendra une louange à Ta gloire,
la louange que Tu préfères,
en Te faisant rayonner sur ceux qui nous entourent.
Par la plénitude éclatante de l'amour
que Te porte mon cœur.
Amen.

Prière de saint Grégoire de Nazianze

Nous te bénissons maintenant,
mon Christ, Verbe de Dieu,
lumière de la lumière sans principe
et dispensateur de l'Esprit,
troisième lumière unie en une seule
et même gloire !

Tu as dissipé les ténèbres, tu as produit la lumière,
afin de tout créer dans la lumière
et de rendre stable l'instable matière,
en lui donnant forme dans le monde
et sa belle harmonie d'aujourd'hui.

Tu as illuminé la pensée de l'homme
par la raison et la sagesse,
en plaçant ici-bas l'image de la splendeur d'en haut,
afin que par la lumière il voie la lumière
et devienne tout entier lumière.

C'est toi qui as fait briller le ciel de mille feux,
toi qui as fait céder doucement la nuit au jour
et le jour à la nuit selon ton ordre,
rendant honneur à la loi de la fraternité et de l'amour.

Grâce à la nuit, tu mets fin à la fatigue
de la chair qui peine tant ;
grâce au jour, tu l'éveilles pour son ouvrage
et pour les œuvres que tu aimes,
afin qu'en fuyant les ténèbres, nous devancions le jour,
ce jour que la triste nuit ne fera pas sombrer.

Que la pensée, loin du corps, converse avec toi,
Dieu, qui es Père, Fils et Saint-Esprit,
à qui soit l'honneur, la gloire, la puissance
dans les siècles. Amen.

ANTIENNES MARIALES

Salve Regina

Salut, reine, mère de la miséricorde.
Vie, douceur, espérance des hommes salut !
Enfants d'Ève, nous crions vers toi dans notre exil.
Vers toi, nous soupirons parmi les cris et les pleurs
de cette vallée de larmes.
Ô toi, notre avocate,
tourne vers nous
ton regard plein de bonté.
Et montre-nous Jésus le fruit béni de tes entrailles,
à l'issue de cet exil.
Ô clémente ! Ô bonne ! Ô douce Vierge Marie.

Salve, Regína, Máter misericórdiæ
Víta, dulcédo, et spes nóstra, sálve.
Ad te clamámus, éxules, fílii Hévæ.
Ad te suspirámus, geméntes et flentes
in hac lacrimárum válle.
Eia ergo, Advocáta nóstra,
íllos túos misericórdes óculos
ad nos convérte.
Et Jésum, benedíctum frúctum véntris túi,
nóbis post hoc exsílium osténde.
Ô clémens, Ô pía, Ô dúlcis Vírgo María.

Alma Redemptoris Mater

Sainte Mère du Rédempteur
Porte du ciel, toujours ouverte,
étoile de la mer,
viens au secours du peuple qui tombe
et qui cherche à se relever.
Tu as enfanté,
ô merveille !
Celui qui t'a créée,
et tu demeures toujours Vierge.

Accueille le salut
de l'ange Gabriel
et prends pitié de nous, pécheurs.

Alma Redemptóris Mater,
quae pérvia caéli pórta mánes,
et stélla máris,
succúrre cadénti
súrgere qui cúrat pópulo:
Tu quae genuísti, natúra miránte,
túum sánctum Genitórem:
Virgo prius ac postérius,
Gabriélis ab óre
súmens íllud Ave,
peccatórum miserére.

Ave Regina cælorum

Salut, Reine des cieux !
Salut, souveraine des anges !
Salut, tige de Jessé ! Salut, porte
d'où la lumière s'est levée sur le monde !
Réjouis-toi, Vierge glorieuse,
qui l'emportes sur toutes en beauté !
Adieu, ô toute belle,
et prie le Christ pour nous.

Ave, Regina cælorum,
Ave, Dómina angelórum,
Sálve rádix, sálve, pórta,
Ex qua múndo lux est órta.
Gáude, Vírgo gloriósa,
Super ómnes speciósa ;
Vále, o valde decóra
Et pro nóbis Christum exóra.
Ave, Dómina Angelórum,
Sálve rádix, sálve, pórta,
Ex qua múndo lux est órta.
Gáude, Vírgo gloriósa,

Super ómnes speciósa ;
Vále, o valde decóra
Et pro nóbis Christum exóra.

Regina Caeli

Reine du ciel, réjouissez-vous, alléluia !
Car Celui que vous avez mérité de porter dans votre sein, alléluia !
Est ressuscité comme Il l'a dit, alléluia !
Priez Dieu pour nous, alléluia !

Regina Cœli, laetare, alleluia.
quia quem meruisti portare, alleluia.
Resurrexit, sicut dixit, alleluia.
Ora pro nobis Deum, alleluia.

Sub tuum

Sous l'abri de ta miséricorde, nous nous réfugions,
Sainte Mère de Dieu.
Ne méprise pas nos prières quand nous sommes dans l'épreuve,
mais de tous les dangers délivre-nous toujours,
Vierge glorieuse, Vierge bienheureuse.

Sub tuum praesidium confugimus,
Sancta Dei Genetrix ;
nostras deprecationes ne despicias in necessitatibus
sed a periculis cunctis libera nos semper,
Virgo gloriosa et benedicta.

CHEMIN DE CROIX

L'Église s'attache à suivre et à accompagner le Christ sur le chemin de la croix. On peut le faire à partir des stations dites « traditionnelles », on peut s'attacher au texte des Évangiles. C'est le chemin que nous vous proposons de prendre.

Ta croix, Seigneur, nous la vénérons,
et ta sainte résurrection, nous la chantons :
c'est par le bois de la croix
que la joie est venue sur le monde.

1. L'arrestation de Jésus

À peine arrivé, Judas, s'approchant de Jésus, lui dit : « Rabbi ! » Et il l'embrassa. Les autres mirent la main sur lui et l'arrêtèrent. Mc 14, 45-46

Jésus que l'on a bafoué sans raison,
prends pitié de ceux dont l'amour est trahi.

2. Jésus est condamné à mort

Pilate dit aux Juifs : « Voici votre roi. » Les grands prêtres répondirent : « Nous n'avons pas d'autre roi que l'empereur. » Alors, il leur livra Jésus pour qu'il soit crucifié. Jn 19, 14b.15c-16a

Jésus que l'amour du Royaume a perdu,
prends pitié de ceux que l'on condamne injustement.

3. Jésus est couronné d'épines

Alors les soldats rassemblent toute la garde, ils revêtent Jésus de pourpre, et lui posent sur la tête une couronne d'épines qu'ils ont tressée. Mc 15, 16b-17

Jésus soumis à la violence gratuite,
prends pitié de ceux que l'on torture sans raison.

4. Jésus est chargé de la croix

Et Jésus lui-même, portant sa croix, sortit en direction du lieu dit Le Crâne (ou Calvaire), qui se dit en hébreu Golgotha. Jn 19, 17

Jésus humilié par les hommes,
prends pitié de ceux qui peinent pour la justice.

5. Simon de Cyrène porte la croix de Jésus

Comme ils l'emmenaient, ils prirent un certain Simon de Cyrène, qui revenait des champs, et ils le chargèrent de la croix pour qu'il la porte derrière Jésus. Lc 23, 26

Jésus qui peines sur le chemin de la croix,
prends pitié de ceux qui peinent à poursuivre
leur existence.

6. La compassion des femmes de Jérusalem

Des femmes se frappaient la poitrine et se lamentaient sur Jésus. Il se retourna et leur dit : « Filles de Jérusalem, ne pleurez pas sur moi ! Pleurez plutôt sur vous-mêmes et sur vos enfants ! » Lc 23, 27b-28

Jésus consolé par les femmes,
prends pitié de ceux qui sont indifférents
au malheur des autres.

7. Jésus en croix

Après l'avoir crucifié, les soldats restaient là, assis, à le garder. Au-dessus de sa tête ils placèrent une inscription indiquant le motif de sa condamnation : « Celui-ci est Jésus, le roi des Juifs. » Mt 27, 35a.36-37

Jésus mis en croix,
prends pitié de ceux dont on restreint la liberté.

8. La tunique sans couture

Quand les soldats eurent crucifié Jésus, ils prirent ses habits ; ils en firent quatre parts, une pour chaque soldat. Ils prirent aussi la tunique ; c'était une tunique sans couture, tissée tout d'une pièce de haut en bas. Alors ils se dirent entre eux : « Ne la déchirons pas, désignons par le sort celui qui l'aura. » Jn 19, 23-24a

Jésus mis à nu devant les hommes,
prends pitié de ceux qui sont dégradés et avilis
par leurs semblables.

9. Jésus en croix est raillé et outragé

Les chefs tournaient Jésus en dérision et disaient : « Il en a sauvé d'autres : qu'il se sauve lui-même, s'il est le Messie de Dieu, l'Élu ! » Les soldats aussi se moquaient de lui. Lc 23, 35b-36a

Jésus qui n'as pas trouvé de consolateur,
prends pitié de ceux qui souffrent la dérision.

10. *Marie, la mère douloureuse*

Jésus, voyant sa mère, et près d'elle le disciple qu'il aimait, dit à sa mère : « Femme, voici ton fils. » Puis il dit au disciple : « Voici ta mère. » Jn 19, 26-27a

Jésus crucifié devant ta mère,
prends pitié des femmes dont on tue les enfants.

11. *Jésus est abreuvé de vinaigre*

On fixa donc une éponge remplie de ce vinaigre à une branche d'hysope, et on l'approcha de sa bouche. Jn 19, 29b

Jésus abreuvé de vinaigre,
prends pitié de ceux dont la confiance est trompée.

12. *La mort de Jésus*

Jésus, poussant un grand cri, expira. Mc 15, 37

Jésus mort pour nos péchés,
prends pitié des hommes de ce monde
et donne-leur le salut.

13. *Le côté ouvert*

Quand les soldats arrivèrent à Jésus, voyant qu'il était déjà mort, ils ne lui brisèrent pas les jambes, mais un des soldats avec sa lance lui perça le côté. Jn 19, 33-34a

Jésus transpercé par la lance,
prends pitié des hommes qui ont abdiqué
toute compassion.

14. *L'ensevelissement de Jésus*

Joseph d'Arimathie descendit Jésus de la croix, l'enveloppa dans un linceul et le mit dans un tombeau taillé dans le roc, où personne encore n'avait été déposé. Lc 23, 53

Jésus mis au tombeau dans le soir,
prends pitié de ceux qui espèrent contre toute espérance.

TABLES
DES RÉFÉRENCES

TABLE DES LECTURES BIBLIQUES

TABLE DES PSAUMES ET CANTIQUES

TABLE DES MÉDITATIONS

TABLE DES SAINTS

MAGNIFICAT

BON D'ABONNEMENT

❑ **OUI, je souscris** un abonnement à MAGNIFICAT

Je choisis : ☐ **Format poche** (10,3 x 15,7 cm) ☐ **Grand format** (11,6 x 17,7 cm)

❶ TARIFS		Normal	Solidarité
FRANCE	**1 an**	☐ **47€**	☐ **64€**
	2 ans	☐ **84€**	☐ **99€**
BELGIQUE, UE, DOM	**1 an**	☐ 50€	☐ 64€
	2 ans	☐ 89€	☐ 99€
SUISSE	**1 an**	☐ 65 CHF	☐ 79 CHF
	2 ans	☐ 124 CHF	☐ 149 CHF
TOM ET AUTRES PAYS	**1 an**	☐ 67€	☐ 79€
	2 ans	☐ 119€	☐ 149€
CANADA (Grand format)		1 an : ☐ 69 CDN	2 ans : ☐ 120 CDN
TARIF RÉDUIT 1 an (Format poche)		☐ France : 25€	☐ Belgique : 35€

Le tarif réduit est strictement réservé aux étudiants et aux personnes pouvant justifier de difficultés financières.

Tarifs valables jusqu'au 31/12/2024

❷ MES COORDONNÉES

M., MME, MLLE ____ NOM ____

PRÉNOM ____

ADRESSE ____

ADRESSE ____

VILLE ____

CODE POSTAL ____ PAYS ____

TÉLÉPHONE : ____

E-MAIL : ____

ANNÉE DE NAISSANCE : ____

Un abonnement à MAGNIFICAT offre 12 numéros par an, un hors-série Semaine sainte et l'accès gratuit à l'édition mensuelle sur Internet, tablette et smartphone pour les abonnés.

❸ RÈGLEMENT

❑ CHÈQUE (uniquement en euros, à l'ordre de MAGNIFICAT) BA-MISS24

❑ CARTE BANCAIRE

N° : |_|_|_|_| |_|_|_|_| |_|_|_|_| |_|_|_|_|

DATE EXP. : |_|_| |_|_|

3 DERNIERS CHIFFRES FIGURANT AU DOS DE VOTRE CARTE BANCAIRE : |_|_|_|

N° TÉL. DU TITULAIRE DE LA CARTE : |_|_|_|_|_|_|_|_|_|_|

DATE ET SIGNATURE OBLIGATOIRES :

❹ LE BON D'ABONNEMENT accompagné du règlement est à retourner sous enveloppe affranchie à :

Pour la France, l'UE, les Dom-Tom et le reste du monde :

SOTIAF / MAGNIFICAT – TSA 29021 – 35909 RENNES Cedex 9

TÉL. : 02 99 55 10 20

E-MAIL : contact@magnificat.fr

ABONNEZ-VOUS EN TOUTE SIMPLICITÉ PAR INTERNET :

www.magnificat.fr

BELGIQUE : Je verse la somme de .... €
sur le compte FR76 3000 4008 1700 0100 2456 990, BIC BNPAFRPPXXX.
MAGNIFICAT – Rue Destrée, 52 - B-6001 Marcinelle - Belgique
Tel: 071 600 150 - email: contact@magnificat.fr

SUISSE (bon d'abonnement et confirmation du versement sont à retourner à) :
SOTIAF / MAGNIFICAT SUISSE – TSA 29021 – 35909 Rennes Cedex 9 – France
Tél. : 021/ 616 80 00 – email : magnificat-suisse@sotiaf.fr
Paiement par versement : En faveur de Dargaud (Suisse) SA / Magnificat
Z.I. du Grand-Pré 2C, 1510 Moudon. IBAN CH7900767000A53196940
SWIFT : BCVLCH2LXXX – Banque Cantonale Vaudoise, 1001 Lausanne

CANADA : Je joins mon règlement de …… $CDN (taxes comprises) – grand format
ETR/MAGNIFICAT – CP 39007 CP PLAZA LAVAL – QUÉBEC, QC G1V 4W8
Tél. : 1-800-270-8122 poste 333 – email : canada@magnificat.com